全国技工院校汽车维修专业模块化教材
（中级技能层级）

汽车识图

（第二版）

王希波◎主编
周　华◎主审

中国劳动社会保障出版社

简介

本书主要内容包括绪论、制图基本知识与基本技能、投影与三视图、轴测图、截交线与相贯线、组合体、图样画法、标准件与通用件的表示法、识读汽车机械图样等。

本书由王希波任主编，吴致远参与编写，周华任主审。

图书在版编目（CIP）数据

汽车识图 / 王希波主编. --2 版. --北京：中国劳动社会保障出版社，2023

全国技工院校汽车维修专业模块化教材. 中级技能层级

ISBN 978-7-5167-5829-8

Ⅰ.①汽… Ⅱ.①王… Ⅲ.①汽车-机械图-识图法-中等专业学校-教材 Ⅳ.①U462.1

中国国家版本馆 CIP 数据核字（2023）第 028493 号

中国劳动社会保障出版社出版发行

（北京市惠新东街 1 号 邮政编码：100029）

*

北京宏伟双华印刷有限公司印刷装订 新华书店经销

787 毫米 ×1092 毫米 16 开本 14.5 印张 275 千字

2023 年 6 月第 2 版 2023 年 6 月第 1 次印刷

定价：32.00 元

营销中心电话：400-606-6496

出版社网址：http://www.class.com.cn

http://jg.class.com.cn

前　言

为了适应汽车行业的发展现状，更好地满足全国技工院校汽车维修专业的教学需求，全面提升教学质量，我们组织全国有关学校的一线教师和行业、企业专家，在充分调研企业用人需求和学校教学情况、吸收借鉴各地技工院校教学改革的成功经验的基础上，根据人力资源社会保障部颁布的《全国技工院校专业目录》及相关教学文件，对全国技工院校汽车维修专业教材进行了修订和新编。

本次修订（新编）工作的重点主要有以下几个方面。

科学规划教学模块

本套教材采用“模块化”体系构建，划分为基础模块、发动机模块、底盘模块、电气模块、维护与诊断模块、选修模块六大模块，教学操作性好，可满足技工院校汽车维修专业的教学需求。

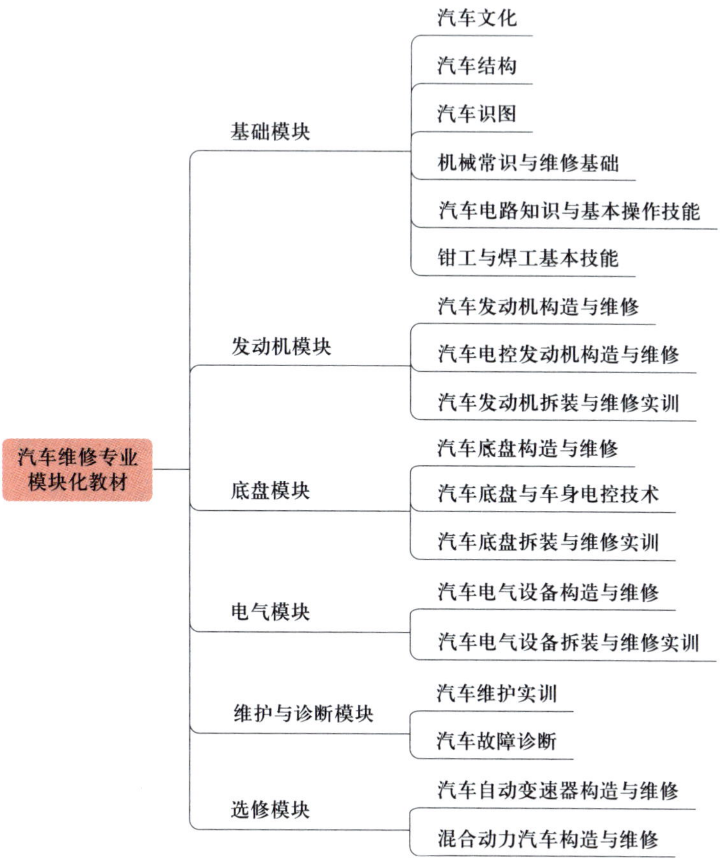

突出职业教育特色

坚持以能力为本位，突出职业教育特色。通过行业、企业调研，掌握企业对汽车维修专业人才的岗位需求和技能要求，确定人才培养目标，构建科学合理的课程体系。根据课程教学目标，合理确定学生应具备的知识与能力结构；充分考虑企业生产实际，选择当前市面上广泛使用的汽车车型进行教学。

根据汽车维修专业毕业生就业岗位的实际需要和行业发展趋势，合理确定学生应具备的能力和知识结构，对教材内容及其深度、广度、难度进行了调整。同时，进一步突出实际应用能力的培养，以满足社会对技能型人才的需求。

创新教材内容形式

在编写模式上，根据技工院校学生认知规律，以完成具体工作任务为主线组织教材内容，将理论知识的讲解与工作任务载体有机结合，激发学生的学习兴趣，提高学生的实践能力。

在教材内容的表现形式上，较多地利用实物照片和表格等形式将知识点生动地展示出来，力求让学生更直观地理解和掌握所学内容，符合学生的阅读习惯。部分教材采用四色印刷，图文并茂，增强了教材内容的表现效果，提高了教材的可读性。

根据相关专业领域的最新发展，在教材中充实新知识、新技术、新设备、新材料等方面的内容，体现教材的先进性。采用最新的国家技术标准，使教材内容更加科学和规范。

提供丰富教学资源

在教学服务方面，为方便教师教学和学生学习，配套提供了教学设计方案、电子课件、习题册答案等教学资源，可通过技工教育网（http://jg.class.com.cn）下载使用。除此之外，在部分教材中还借助二维码技术，针对教材中的重点、难点内容，制作了微视频等多媒体资源，可使用移动设备扫描二维码在线观看。

致谢

本次教材编写工作得到了黑龙江、江苏、陕西、山东、山西、广东、广西等省、自治区人力资源社会保障厅（局）及有关院校的大力支持，在此我们表示诚挚的谢意。

编者

2023 年 4 月

目　录

绪　论

模块一　制图基本知识与基本技能

课题一　绘制简单图形……5
任务一　绘制支座的平面图……5
任务二　绘制拉楔……11
课题二　识读与标注平面图上的尺寸……15
任务一　识读平面图上的尺寸……15
任务二　标注端盖的尺寸……19
课题三　绘制平面图……25
任务一　用圆弧连接图线……25
任务二　绘制手柄……31

模块二　投影与三视图

课题一　绘制简单形体的三视图……35
任务一　绘制长方体的三视图……35
任务二　根据两视图补画第三视图……44
课题二　点的投影……46
任务一　绘制点的三面投影……47
任务二　绘制点的第三投影……49
课题三　直线的投影……51
任务一　分析直线的投影……51
任务二　绘制直线的第三投影……55
课题四　平面的投影……56
任务一　分析平面的投影……56
任务二　绘制平面的第三投影……60

课题五 绘制基本几何体的三视图 …… 61
任务一 绘制正六棱柱的三视图 …… 62
任务二 绘制正四棱锥的三视图 …… 65
任务三 绘制圆柱的三视图 …… 68
任务四 绘制圆锥的三视图 …… 70
任务五 绘制球的三视图 …… 73

模块三 轴测图

课题一 绘制正等轴测图 …… 75
任务一 绘制长方体的正等轴测图 …… 75
任务二 绘制圆柱的正等轴测图 …… 79
任务三 绘制支承座的正等轴测图 …… 81
课题二 绘制斜二等轴测图 …… 84
任务一 绘制端盖的斜二等轴测图 …… 84
任务二 绘制支座的斜二等轴测图 …… 86

模块四 截交线与相贯线

课题一 绘制截交线 …… 89
任务一 绘制圆柱上的截交线 …… 89
任务二 绘制接头的主视图 …… 92
课题二 绘制相贯线 …… 95
任务一 绘制圆柱与圆柱的相贯线 …… 95
任务二 补画键槽与圆柱面交线的投影 …… 99

模块五 组合体

课题一 绘制组合体的三视图 …… 101
任务一 绘制支架的三视图 …… 101
任务二 绘制镶块的三视图 …… 104
课题二 识读组合体的视图 …… 106
任务一 识读凸缘叉的视图 …… 106
任务二 识读压块的视图 …… 111

课题三 识读与标注组合体的尺寸……114
任务一 识读活塞视图上的尺寸……114
任务二 标注轴承座的尺寸……116

模块六 图样画法

课题一 绘制视图……119
任务一 绘制挡块的基本视图……119
任务二 绘制阀体的局部视图……122
任务三 绘制挂架的斜视图……124
课题二 绘制剖视图……127
任务一 绘制汽车备胎架支架的全剖视图……127
任务二 绘制半剖视图……131
任务三 绘制局部剖视图……134
任务四 绘制用单一剖切平面剖切的剖视图……137
任务五 绘制用几个平行的剖切平面剖切的剖视图……140
任务六 绘制用几个相交的剖切平面剖切的剖视图……142
课题三 绘制断面图……143
任务一 绘制移出断面图……143
任务二 绘制重合断面图……146
课题四 图样的其他表达方法……148
任务一 绘制从动轴的局部放大图……148
任务二 用简化画法绘制端盖……150

模块七 标准件与通用件的表示法

课题一 绘制螺纹及螺纹连接图……153
任务一 绘制螺纹……153
任务二 绘制螺栓连接图……158
任务三 绘制螺钉连接图……164
任务四 绘制双头螺柱连接图……167
课题二 绘制齿轮的视图……171
任务一 绘制直齿圆柱齿轮的视图……171

任务二　绘制直齿锥齿轮的视图 …… 178
课题三　绘制键连接图和销连接图 …… 185
任务一　绘制普通型平键连接图 …… 185
任务二　绘制圆柱销连接式套筒联轴器 …… 189
课题四　绘制滚动轴承和弹簧 …… 192
任务一　绘制深沟球轴承 …… 192
任务二　绘制弹簧 …… 197

模块八　识读汽车机械图样

课题一　识读汽车零件图 …… 203
任务一　认识零件图 …… 203
任务二　识读汽车前悬架钢板弹簧销零件图 …… 207
任务三　识读卧式柴油机飞轮零件图 …… 210
任务四　识读刹车支架零件图 …… 213
课题二　识读汽车装配图 …… 215
任务一　认识装配图 …… 215
任务二　识读齿轮泵装配图 …… 219
任务三　识读气门组件结构图 …… 221
任务四　识读活塞连杆组件结构图 …… 223

绪 论

【学习目标】

1. 了解汽车识图课程的主要内容和学习要求。
2. 了解学习汽车识图的目的和注意事项。

图样是根据投影原理和相关国家标准绘制的，用于表示工程对象，并有必要的技术说明的图。自劳动开创人类文明史以来，图样与语言、文字一样，是人们认识自然、表达和交流思想的基本工具。机械图样是指表达机器及其零件的形状、大小和技术要求的图样。汽车专业的学生在学习理论知识、生产实习和今后工作过程中经常会遇到机械图样，必须具备一定的绘制和识读机械图样的能力。

在汽车维修中经常用到千斤顶，图 0-1 所示为常用的螺旋千斤顶的立体图，它利用螺旋传动来顶举重物。图 0-2 所示为螺旋千斤顶的装配图，对照螺旋千斤顶的立体图可以看出，螺旋千斤顶由六个非标准件和三个标准件组成。螺套镶嵌在底座中，用一个开槽平端紧定螺钉固定。螺杆顶部呈球面状，其上套一个顶垫。顶垫用一个开槽长圆柱端紧定螺钉轴向固定，但不限制顶垫与螺杆的相对转动。因螺杆顶端与顶垫为球面接触，所以顶垫可以有轻微的倾斜。铰杠穿在螺杆上部的孔中。当转动铰杠时，螺杆随之转动，通过螺旋

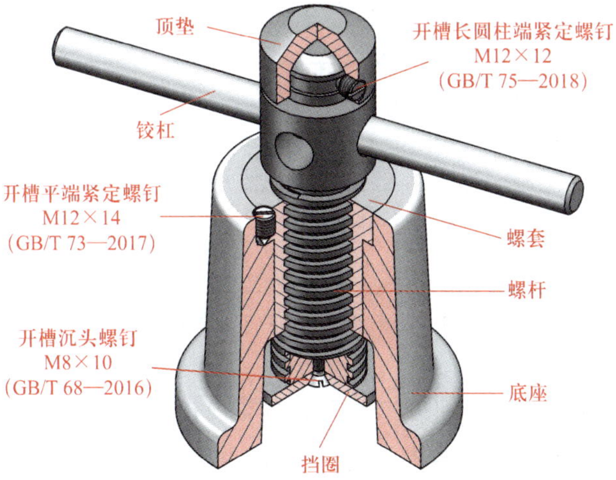

图 0-1　螺旋千斤顶立体图

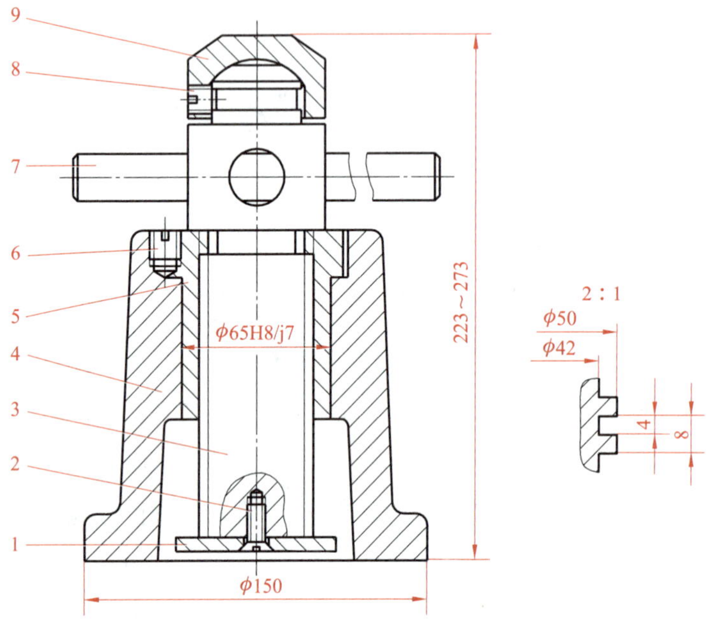

序号	代号	名称	数量	材料	单件质量	总计质量	备注
9		顶垫	1	45			
8	GB/T 75—2018	螺钉　M12×12	1				
7		铰杠	1	45			
6	GB/T 73—2017	螺钉　M12×14	1				
5		螺套	1	45			
4		底座	1	HT150			
3		螺杆	1	Q275			
2	GB/T 68—2016	螺钉　M8×10	1				
1		挡圈	1	45			

制图					
校核			比例	1∶1	螺旋千斤顶
审核			共　张　第　张		

图 0–2　螺旋千斤顶的装配图

副使螺杆向上或向下移动，通过顶垫使重物顶起或落下。图 0–3 所示为顶垫的零件图，它表达了顶垫的形状、大小及技术要求。从图中可以看出，顶垫的外形为圆柱和圆台的组合，下端沿轴向有一个由圆柱面和球面组成的不通孔，左侧有一个螺孔。

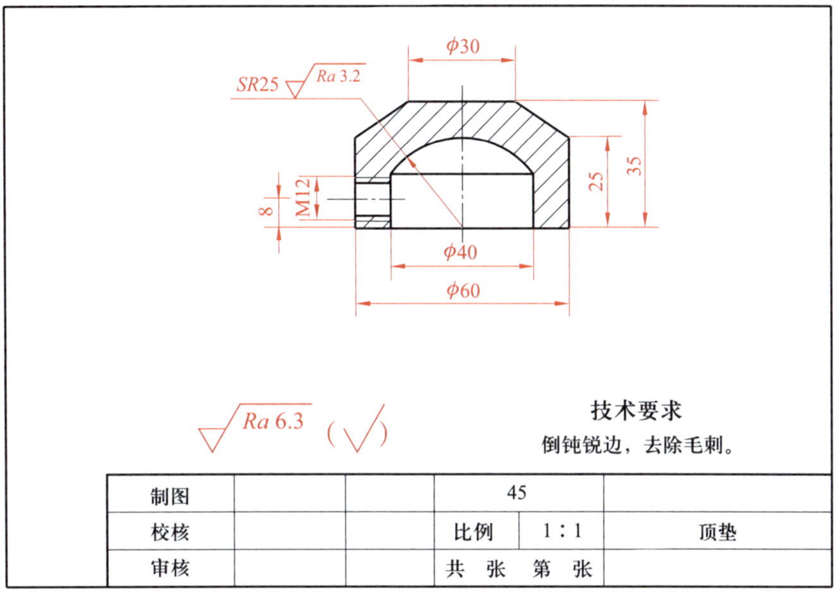

图 0–3　顶垫的零件图

现代汽车工业生产和维修保养的各个环节都离不开图样。设计者通过图样表达设计意图；制造人员通过图样了解设计要求、组织制造和指导生产；维修保养人员通过图样了解汽车的结构和性能，进行维修和保养。因此，机械图样是汽车生产和维修人员传递交流技术信息、思想的媒介和工具，是通用的技术语言，必须掌握。

一、汽车识图课程的主要内容

汽车识图是汽车维修专业的一门核心专业基础课程，主要包括制图基本知识与基本技能、投影与三视图、轴测图、截交线与相贯线、组合体、图样画法、标准件与通用件的表示法、识读汽车机械图样等内容。

二、学习汽车识图的目的

汽车维修专业的学生在学习机械常识与维修基础、汽车结构、汽车发动机构造与维修、汽车底盘构造与维修、汽车故障诊断、汽车维护实训、汽车电控发动机构造与维修、钳工与焊工基本技能、汽车自动变速器构造与维修、汽车发动机拆装与维修实训、混合动力汽车构造与维修等课程的过程中，以及在今后的生产实习及工作过程中会遇到各种各样的机械图样，只有懂得机械图样的绘图原理，掌握读图的方法，具有一定的空间想象能力，具备一定的读图和绘图能力，才能进行正常的学习和工作。

三、汽车识图课程的学习要求

1. 熟悉机械制图的基本知识，掌握三视图与轴测图的画法，能够识读一般组合体的三视图。

2. 掌握视图的表达方法，了解标准件、常用件的画法。

3. 能识读一般的机械图样。

四、学习汽车识图的注意事项

本课程的主要任务是培养识图和绘图能力，在学习过程中要注意以下几点：

1. 在进行汽车识图的学习时，要以识图为主，识图与绘图相结合，并通过绘图促进识图能力的提高。

2. 在汽车识图的学习中应特别注意实物与图形的对比分析；理解投影原理，掌握绘图规则，逐步培养空间想象能力。

3. 本课程的实践性较强，要将提高识图能力与学习专业课程及生产实习相融合。要重视练习在学习中的作用，用练习促进对理论知识的学习与掌握。

4. 要利用到企业参观或实习的机会，多接触汽车零部件实物，结合生产图样提高识图能力，增强毕业后适应工作的能力。

模块一
制图基本知识与基本技能

机械图样是设计和制造机械的重要技术文件，是交流技术思想的一种工程语言。因此，绘制机械图样时必须严格遵守机械制图国家标准中的有关规定，正确使用绘图工具和仪器，掌握正确的绘图步骤。本模块主要介绍国家标准《技术制图》和《机械制图》中的基本规定和绘制图样的步骤与方法。

课题一　绘制简单图形

任务一　绘制支座的平面图

【学习目标】

1. 掌握国家标准中关于图线的有关规定。
2. 了解常用绘图工具及其使用方法。
3. 掌握绘图的基本技能，能熟练使用绘图工具并按照国家标准的有关规定绘制简单平面图。

【任务描述】

图 1-1 所示为支座的平面图和立体图，试绘制支座的平面图，要求符合制图国家标准中关于图线的有关规定。

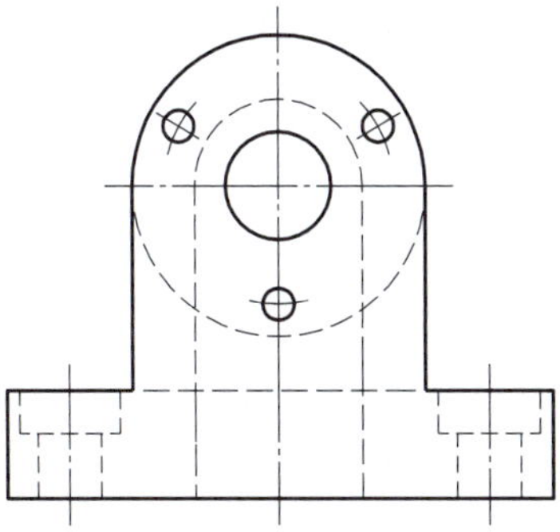

a)

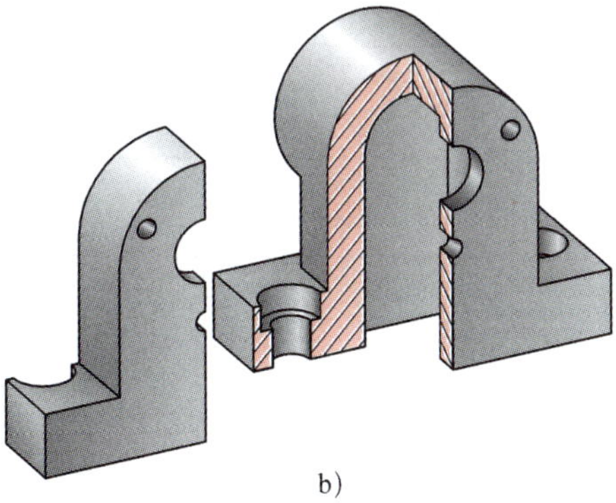

b)

图 1-1　支座
a）平面图　b）立体图

【相关知识】

一、常用图线的种类及用途

常用图线的名称、线型、线宽及主要用途见表 1-1，细虚线和粗虚线由短画和间隔组成，细点画线、细双点画线、粗点画线由长画、点和间隔组成。双折线的画法如图 1-2 所示。图线应用示例如图 1-3 所示。

表 1-1　常用图线的名称、线型、线宽及主要用途（摘自 GB/T 4457.4—2002）

名称	线型	线宽	主要用途
粗实线		d	可见棱边线、可见轮廓线、相贯线、螺纹牙顶线、螺纹终止线、齿顶圆（线）、剖切符号用线
细实线		$d/2$	尺寸线、尺寸界线、指引线、剖面线、重合断面轮廓线、短中心线、表示平面的对角线、螺纹牙底线、齿轮的齿根圆（线）、过渡线
细虚线		$d/2$	不可见棱边线、不可见轮廓线
细点画线		$d/2$	轴线、对称中心线、分度圆（线）、孔系分布的中心线、剖切线
波浪线		$d/2$	断裂处的边界线、视图与剖视图的分界线
双折线		$d/2$	
粗虚线		d	允许表面处理的表示线
粗点画线		d	限定范围表示线
细双点画线		$d/2$	相邻辅助零件的轮廓线、可动零件的极限位置轮廓线、中断线

注：d 为粗实线的线宽，其宽度系列为 0.25 mm、0.35 mm、0.5 mm、0.7 mm、1 mm、1.4 mm、2 mm，优先采用 0.5 mm 或 0.7 mm。

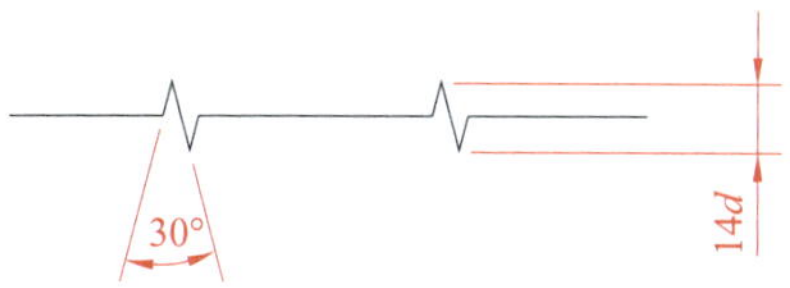

图 1-2 双折线的画法

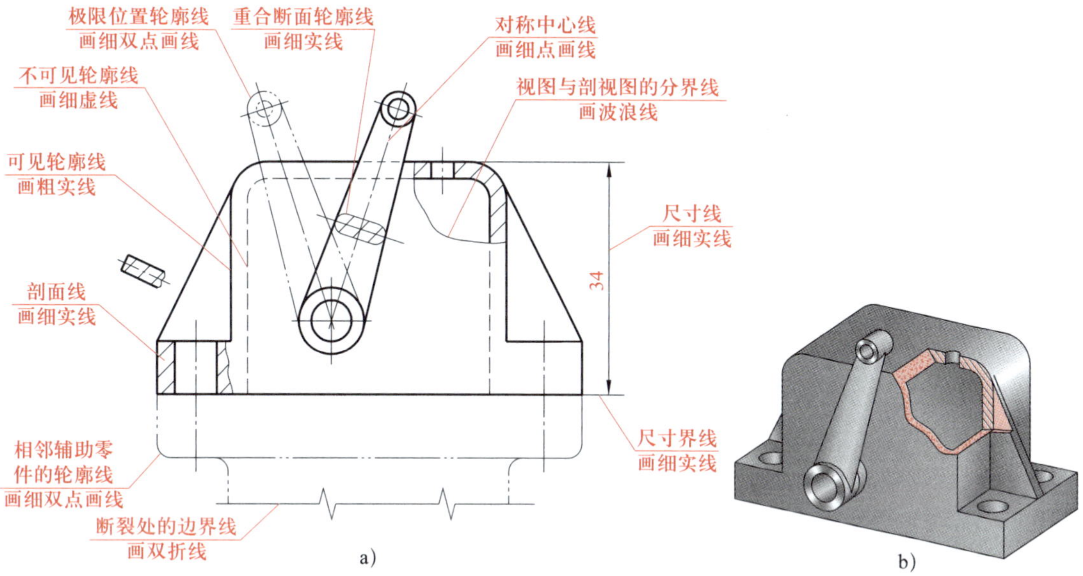

图 1-3 图线应用示例

a）视图 b）立体图

二、绘制图线的注意事项

1. 同一图样中同类图线的宽度应保持一致。细虚线、细点画线、细双点画线、双折线等的画长和间隔应各自大致相等。

2. 线型不同的图线相互重叠时，一般按粗实线、细虚线、细点画线的顺序，只画出排序在前的图线。

3. 细（粗）点画线和细双点画线的起止两端为长画而不是点，细点画线超出轮廓线 3 ~ 5 mm。细点画线和其他图线相交或自身相交时，应在长画处相交，如图 1-4 所示。

4. 当对称中心线较短时，可用细实线绘制，如图 1-5 所示。

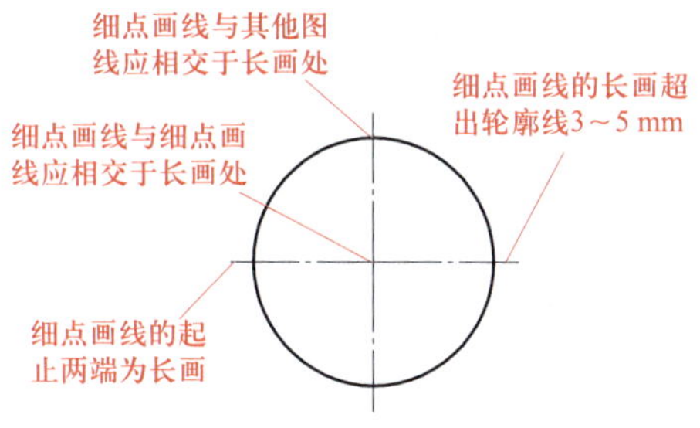

图 1-4 细点画线的画法

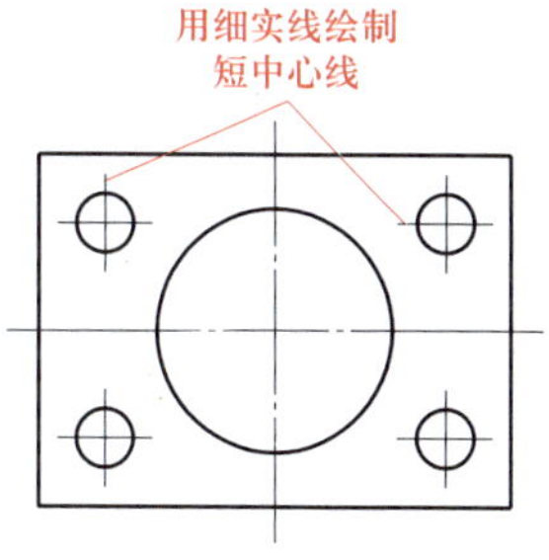

图 1-5 用细实线绘制圆心中心线

5. 细虚线在粗实线延长线上画出时，细虚线留有间隙，以便区分粗实线与细虚线的分界点，如图 1-6a 所示；细虚线圆弧与粗实线相切时，细虚线圆弧应留出空隙，如图 1-6b 所示；细虚线与其他图线相交或自身相交时，细虚线应交于画处，如图 1-6c 所示。

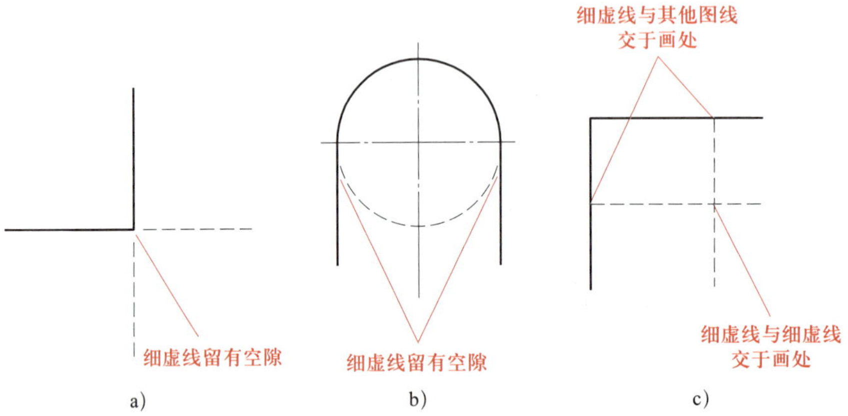

图 1-6　细虚线的画法

a）细虚线在粗实线延长线上　b）细虚线圆弧与粗实线相切

c）细虚线与其他图线相交或自身相交

三、常用绘图工具及其使用方法

1. 三角尺

三角尺又称三角板，一副三角尺由 45° 和 30°（60°）两块直角三角尺组成，如图 1-7 所示。两块三角尺配合使用，可画出任意已知直线的平行线或垂直线，如图 1-8 所示。

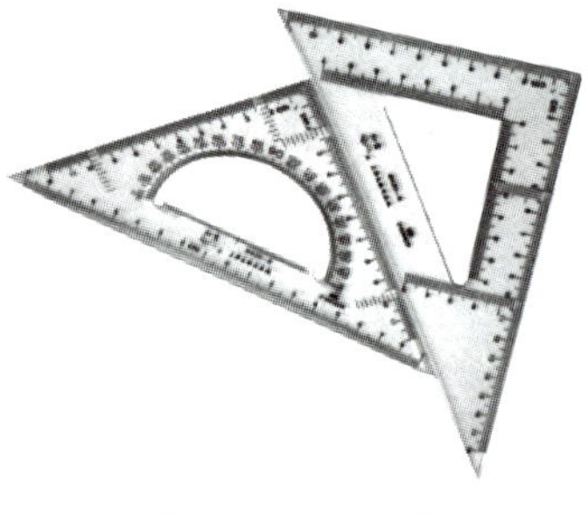

图 1-7　三角尺

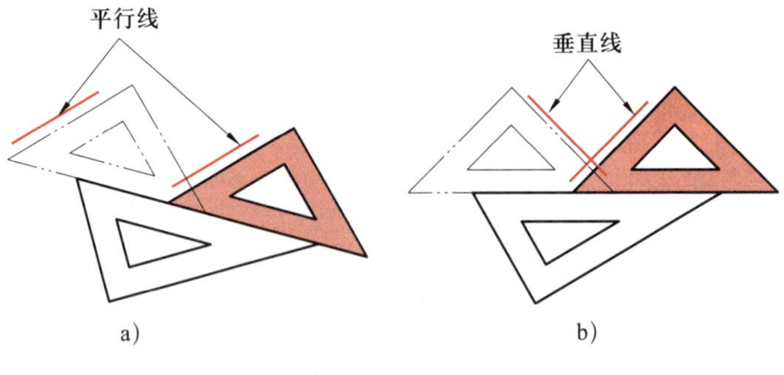

图 1-8　三角尺的使用

a）画平行线　b）画垂直线

2. 圆规

圆规的结构如图 1-9 所示，圆规上的一个插脚用于装钢针，另一个插脚用于装铅芯，使用前应先调整好钢针，使带台阶端的针尖朝外，并稍长于铅芯。画图前，先将圆规的两腿分开至所需的半径尺寸，将针尖扎入圆心，画圆时，圆规要向画线方向稍微倾斜，从下方开始顺时针画线，如图 1-10 所示。

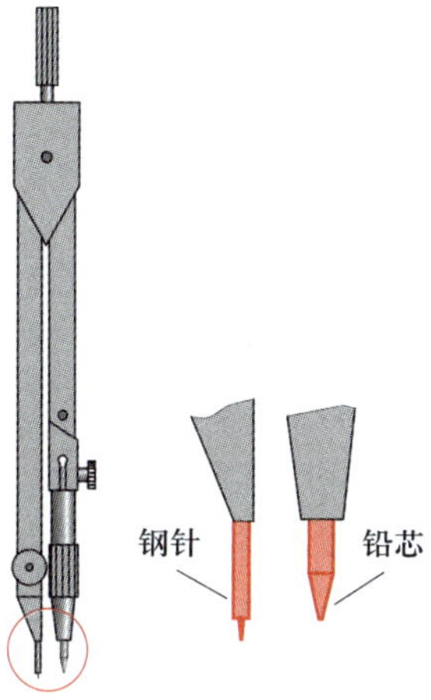

图 1–9　圆规的结构

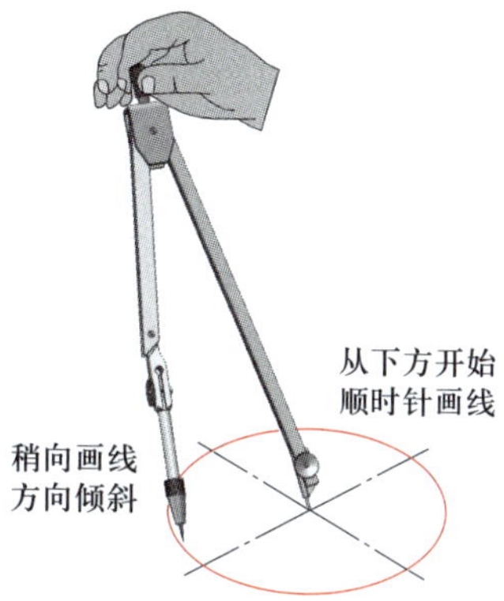

图 1–10　圆规的用法

3. 铅笔

铅笔的笔杆上标有型号标记，如 2H、H、HB、B、2B 等。标记中 B 前的数字越大，表示铅芯越软，绘出的图线颜色越深；H 前的数字越大，表示铅芯越硬，绘出的图线颜色越浅；HB 铅芯的软硬和颜色适中。一般将 B、2B 型铅笔笔芯修磨成四棱柱形（见图 1–11a，图中尺寸 *d* 为粗实线宽度），将 2H、H、HB 型铅笔笔芯修磨成圆锥形（见图 1–11b）。

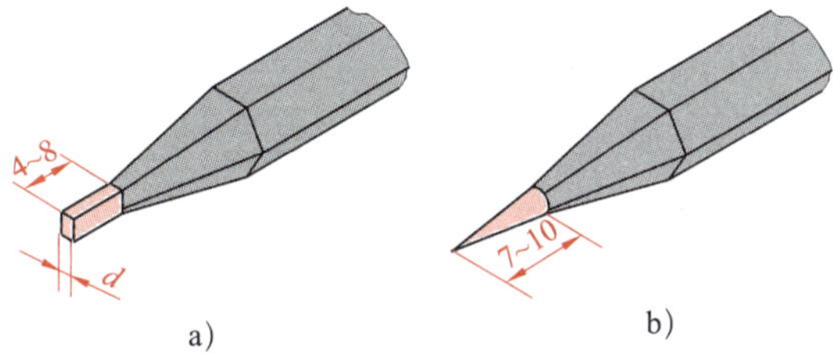

图 1–11　铅笔的修磨

一般情况下，可用 2H 型铅笔绘制底图，用 H 型铅笔描深细型图线（如细实线、细虚线、细点画线等）或注写符号、文字等，用 HB 型铅笔描深粗实线直线，用 B 型铅笔描深粗实线圆。

【任务实施】

一、准备绘图工具

准备 2H、H、HB、B 型铅笔各一支，橡皮一块，三角尺一副，圆规一副。

二、绘制图形

绘制图 1–1a 所示支座平面图的步骤见表 1–2。

表 1-2　绘制支座平面图的步骤

步骤	图示
1. 在图纸上确定作图的位置（绘制作图基准线）	
2. 绘制外轮廓线和中间圆	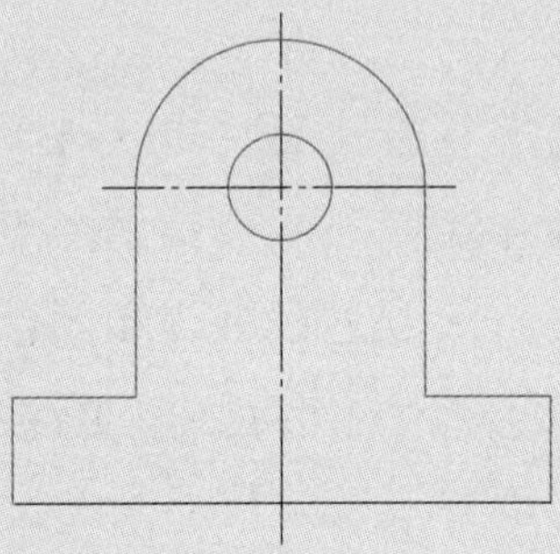
3. 绘制底座上两端沉孔的轴线	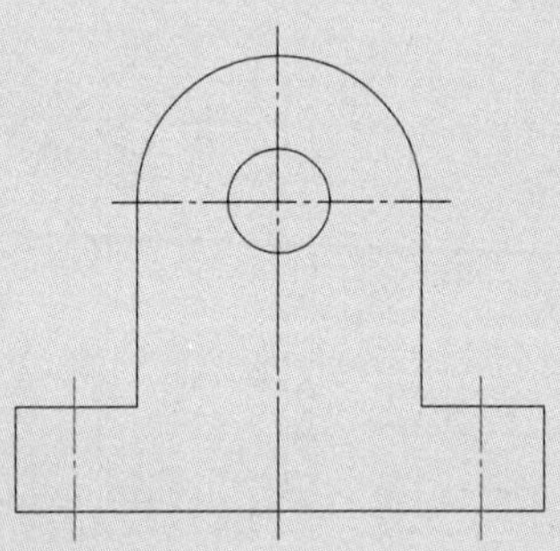
4. 绘制不可见轮廓线	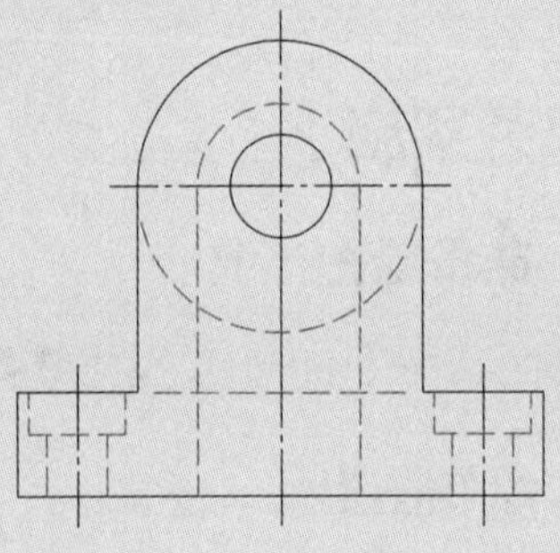

续表

步骤	图示
5. 绘制上部三个小圆及中心线 先绘制三个小圆的中心线，再绘制三个小圆	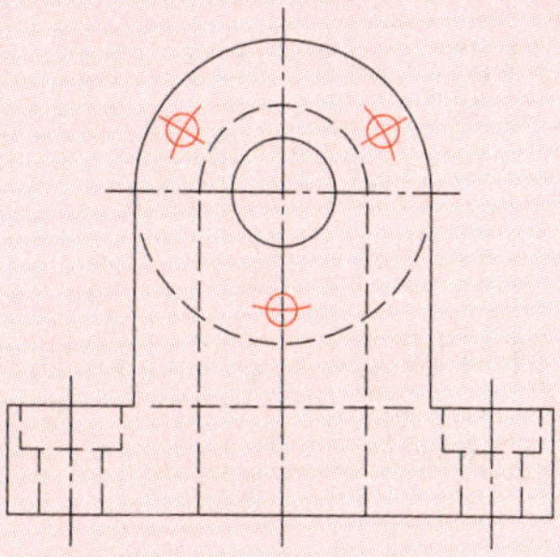
6. 校核，擦除作图线，按线型描深各种图线 先描深粗实线圆弧，再描深粗实线直线，最后描深细点画线和细虚线	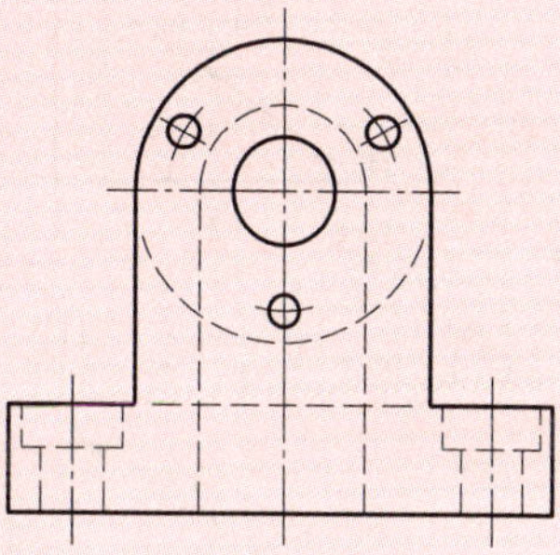

任务二　绘制拉楔

【学习目标】

1. 掌握斜度的画法及标注。
2. 掌握锥度的画法及标注。

【任务描述】

绘制如图 1-12a 所示的拉楔平面图，并标注其斜度、锥度和尺寸。

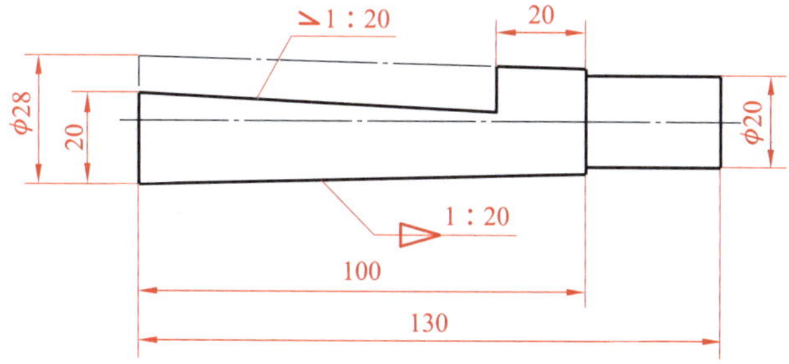

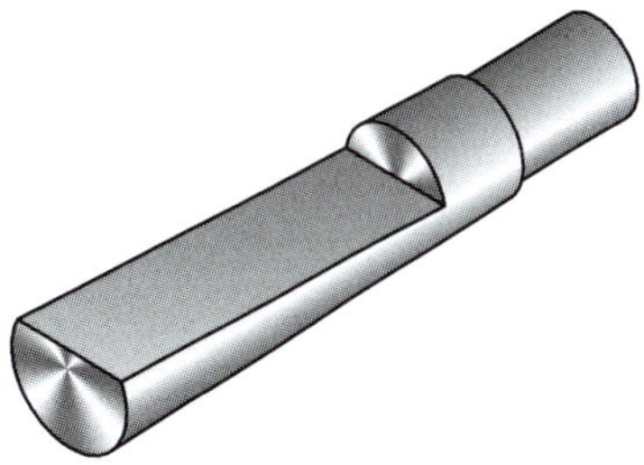

图 1-12　拉楔
a）平面图　b）立体图

【相关知识】

一、斜度

斜度是指一直线（或平面）对另一直线（或平面）的倾斜程度。其大小用其夹角的正切表示，如图 1-13 所示，斜度 $=\tan\alpha=AC/AB=H/L$。在图样上，斜度用 1∶n 的形式表示。

斜度符号的形状及尺寸如图 1-14 所示，图中所注尺寸 h 为字高，斜度符号的线宽为 $h/10$。斜度的标注如图 1-15 所示。

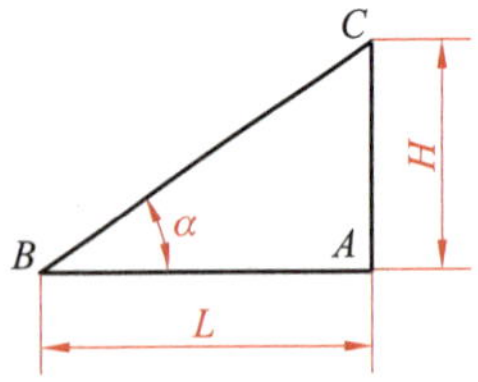

图 1-13　斜度

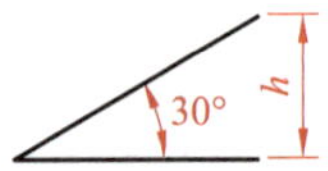

图 1-14　斜度符号

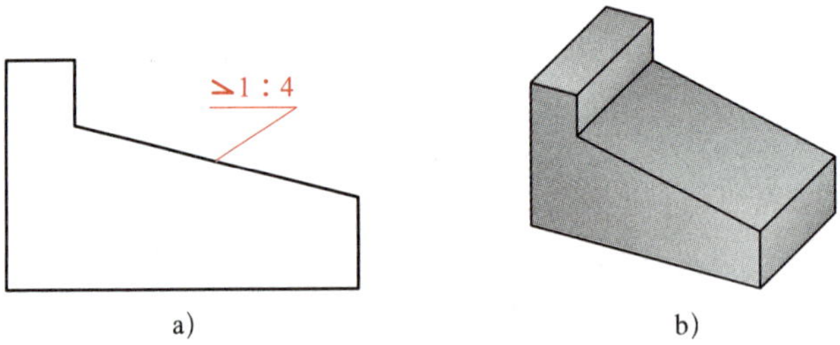

图 1-15　斜度的标注

a）平面图　b）立体图

标注斜度时，斜度符号的斜线所示方向应与所标要素的倾斜方向一致。图 1-16a 所示为斜度的正确注法，图 1-16b 所示为错误注法。

图 1-16　斜度的标注示例

a）正确注法　b）错误注法

二、锥度

锥度是指正圆锥底圆直径与圆锥高之比，对于圆台，其锥度则为两底圆直径之差与圆台高度之比。在图 1-17 中，锥度 $=D/L=(D-d)/l=2\tan(\alpha/2)$。在图样上，锥度也用 $1:n$ 的形式表示。

锥度符号的形状及尺寸如图 1-18 所示，图中所注尺寸 h 为字高。锥度的标注如图 1-19 所示。

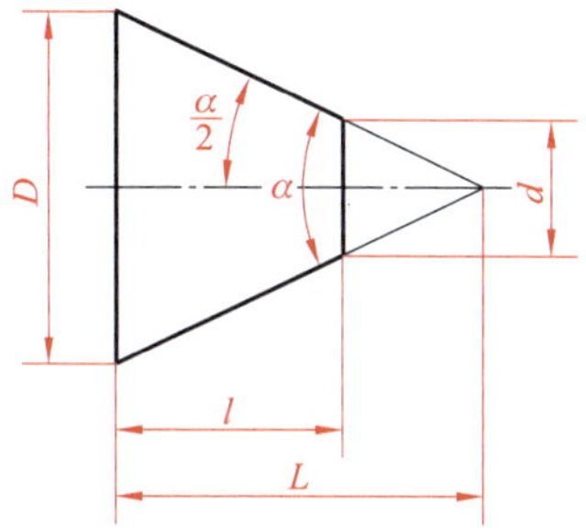

图 1-17　锥度

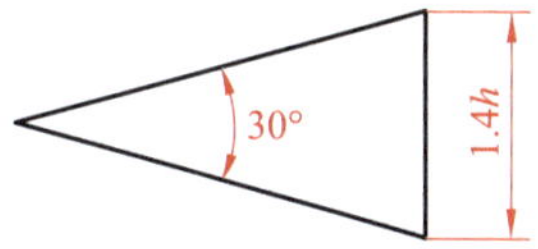

图 1-18　锥度符号

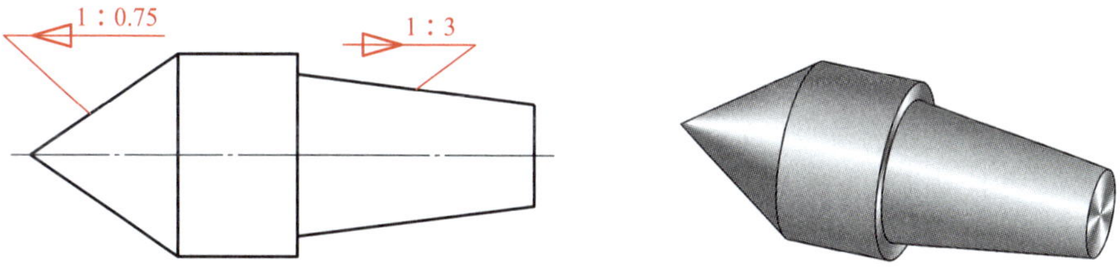

图 1-19　锥度的标注

a）平面图　b）立体图

在标注锥度符号时，应注意使锥度符号的方向与图形的大小端方向一致。

【任务实施】

图 1-12 所示的拉楔由圆柱体和圆锥体组成，在圆锥体上加工了一个斜面。在绘制拉楔平面图时，必须了解斜度和锥度的概念，掌握圆锥和斜面的画法，以及斜度和锥度的标注方法。绘制拉楔平面图的步骤见表 1-3。

表 1-3　绘制拉楔平面图的步骤

步骤	图示
1. 画基准线 2. 画右侧 $\phi 20$ 圆柱	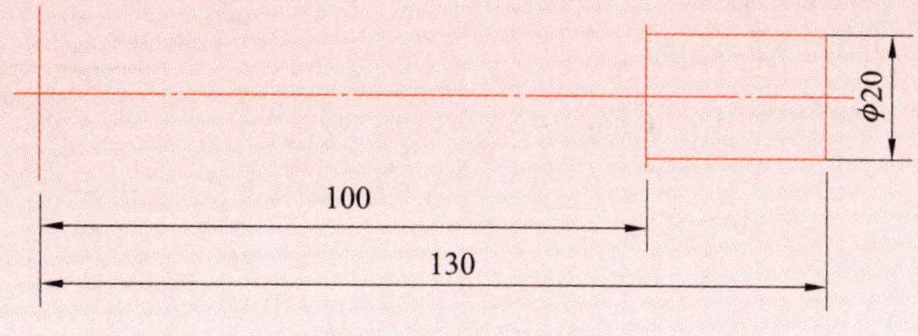

续表

<table>
<tr><th>步骤</th><th>图示</th></tr>
<tr><td>3. 绘制锥度为 1∶20 的小圆锥
从点 M 开始在轴线上取 20 个单位长得到点 N，沿竖直基准线截取 AB=1 个单位长（MA=MB），连接 AN、BN 即所求小圆锥</td><td>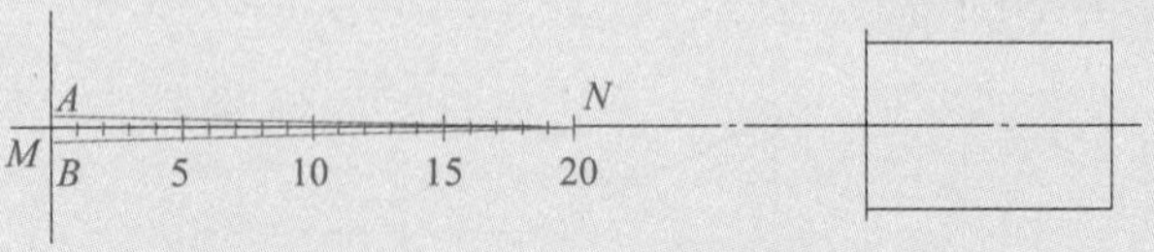
</td></tr>
<tr><td>4. 绘制左侧 ϕ28 圆锥
取线段 CD 为 28 mm，过点 C、D 分别作线段 AN、BN 的平行线，与矩形左侧竖线交于 E、F 两点，即得所求锥度为 1∶20 的圆锥</td><td>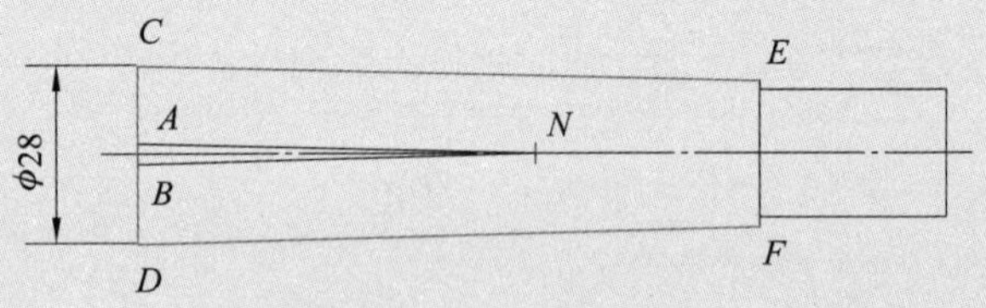
</td></tr>
<tr><td>5. 绘制斜度为 1∶20 的斜线
从点 M 沿竖直基准线向上截取线段 MG=1 个单位长，连接 GN 得到斜度为 1∶20 的斜线</td><td>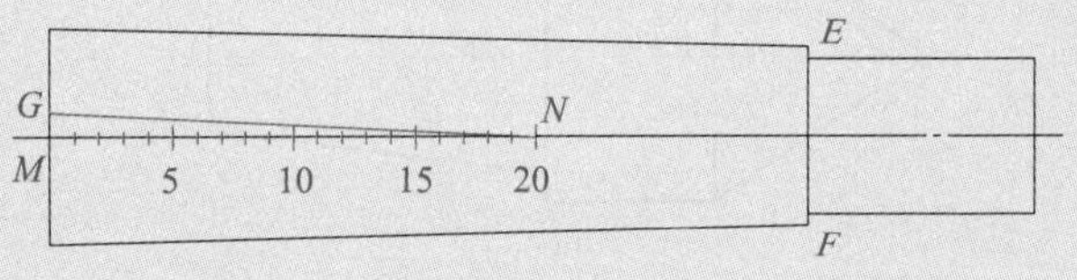
</td></tr>
<tr><td>6. 绘制拉楔上斜度为 1∶20 斜面的轮廓线
取线段 DK 为 20 mm，过点 K 作 GN 的平行线，在线段 EF 左侧作相距 EF 为 20 mm 的竖线，两线交点为 H，线段 KH 即斜度为 1∶20 的斜面的轮廓线</td><td>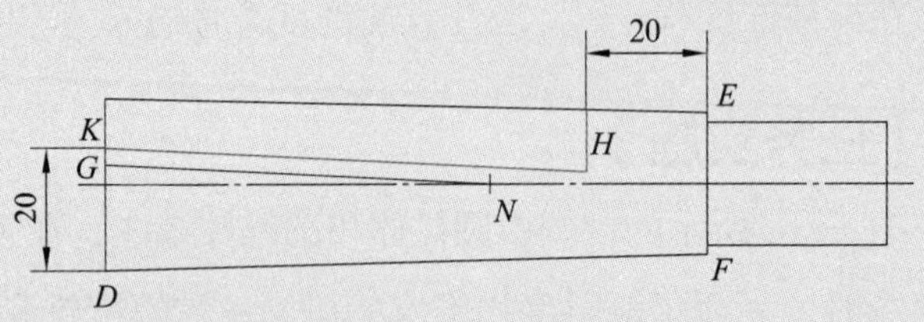
</td></tr>
<tr><td>7. 校核图形，擦除多余图线，按线型描深各种图线
8. 标注斜度、锥度和尺寸</td><td>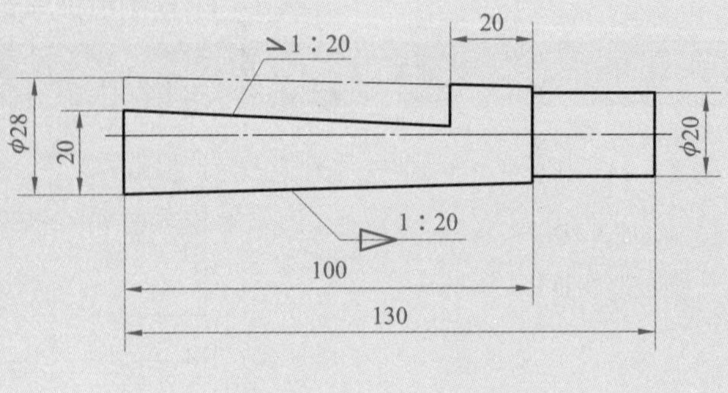
</td></tr>
</table>

课题二 识读与标注平面图上的尺寸

任务一 识读平面图上的尺寸

【学习目标】

1. 了解尺寸的组成要素，掌握尺寸标注的有关规定。
2. 掌握定形尺寸和定位尺寸的概念。
3. 了解国家标准中对字体的有关规定。

【任务描述】

图 1-20 所示为密封垫片的平面图和立体图，为确定平面图的形状和大小，在平面图上标注了必要的尺寸，试识读图中的尺寸。

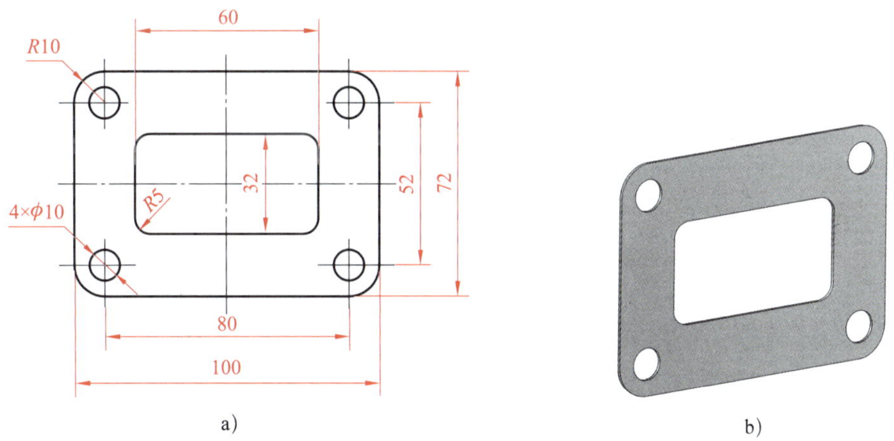

图 1-20 密封垫片
a）平面图 b）立体图

【相关知识】

一、尺寸的组成

尺寸的组成如图 1-21 所示，一个完整的尺寸由尺寸界线、尺寸线和尺寸数字三个要素组成。

1. 尺寸界线

尺寸界线用细实线绘制，它由图形的轮廓线、对称中心线、轴线等处引出，也可利用轮廓线、对称中心线、轴线作为尺寸界线，如图 1-21 所示。

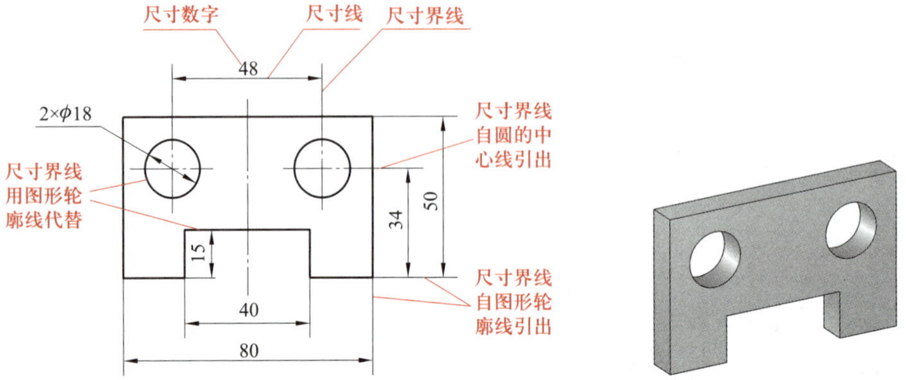

图 1-21　尺寸的组成

2. 尺寸线

尺寸线也用细实线绘制，但尺寸线不能用其他图线代替，一般也不得与其他图线重合或画在其他图线的延长线上。标注线性尺寸时，尺寸线必须与所注的线段平行。

尺寸线的终端有两种形式，如图 1-22 所示。图 1-22a 所示为箭头终端形式（图中 d 为粗实线宽度），图 1-22b 所示为斜线终端形式（图中 h 为尺寸数字的高度）。一般情况下，在机械图样中多采用箭头终端形式，小尺寸可以采用斜线终端形式。

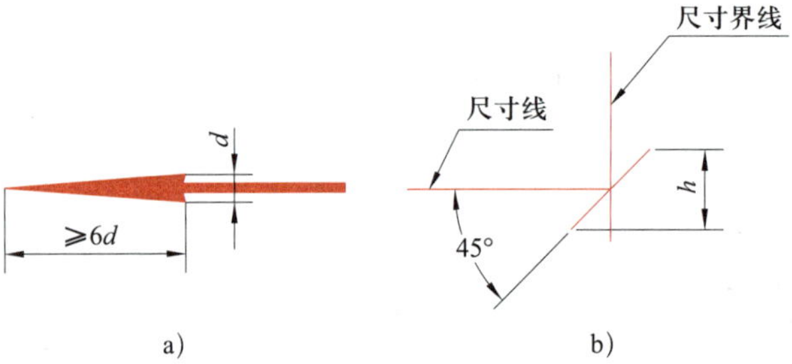

图 1-22　尺寸线的终端形式
a）箭头终端形式　b）斜线终端形式

3. 尺寸数字

尺寸分为线性尺寸和角度尺寸两种。如图 1-23 所示，线性尺寸一般以“mm”为单位，在图中不标单位符号；角度尺寸一般以“°”“′”“″”为单位，在图中需要标单位符号。尺寸数字不允许被任何图线通过，当无法避免时，可将图线在尺寸数字处断开。

二、平面图上尺寸的类型

按照作用不同，平面图中的尺寸可分为定形尺寸和定位尺寸两种。

1. 定形尺寸

确定平面图中各部分形状大小的尺寸称为定形尺寸，如图 1-21 中的尺寸 80、50 等。

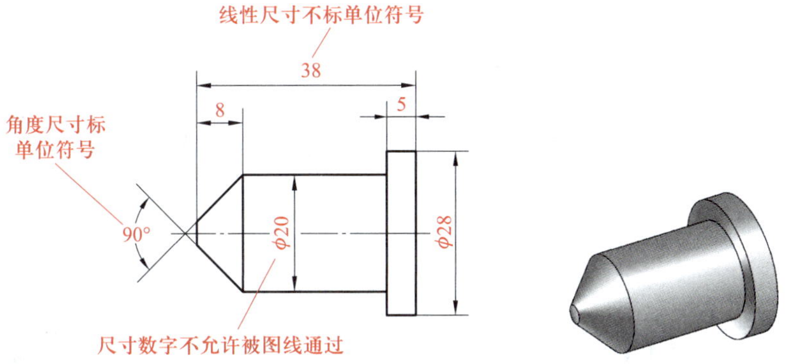

图 1-23　尺寸数字的注写方式

2. 定位尺寸

确定图形中各部分之间的相对位置的尺寸称为定位尺寸，如图 1-21 中的尺寸 48、34 等。

【任务实施】

一、识读外部矩形线框的尺寸

图 1-20a 中标注了外部矩形线框的定形尺寸 100、72 和 $R10$。

二、识读内部矩形线框的尺寸

图 1-20a 中标注了内部矩形线框的定形尺寸 60、32 和 $R5$。

三、识读四个小圆的尺寸

图 1-20a 中标注了四个小圆的直径 $4\times\phi10$，由于四个小圆的直径相同，故采用集中标注的方式。此外，还标注了确定其位置的定位尺寸 80 和 52。

【知识拓展】

字　体

图样中书写的汉字、数字和字母必须做到：字体工整、笔画清楚、间隔均匀、排列整齐。字体的号数（即字体的高度 h，单位为 mm）分为 8 种，即 20 号、14 号、10 号、7 号、5 号、3.5 号、2.5 号和 1.8 号。

汉字应写成长仿宋体，并采用国家正式公布的简化字。汉字的高度应不小于 3.5 mm，其宽度一般为 $h/\sqrt{2}$。

长仿宋体汉字的书写要领是：横平竖直、注意起落、结构均匀、填满方格。汉字常由几个部分组成，为了使字体结构匀称，书写时应恰当分配各组成部分的比例。

数字和字母可写成直体或斜体。斜体字字头向右倾斜，与水平基准线成 75° 角。

字体示例见表 1-4。

表 1-4　字体示例

类型			示例
长仿宋体汉字			 基本笔画 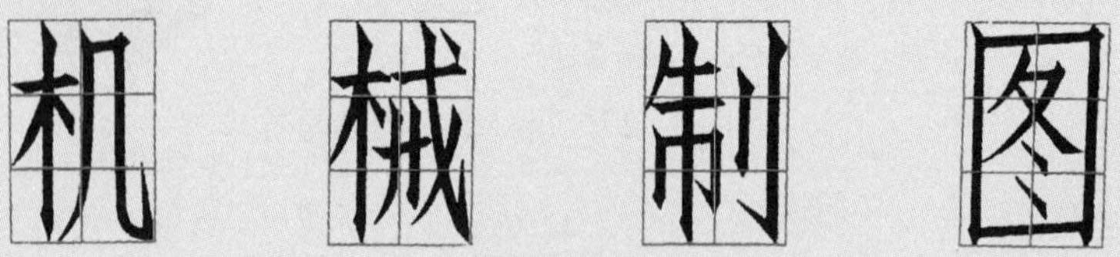 结构特点
长仿宋体汉字	10号		字体工整　笔画清楚　间隔均匀　排列整齐
长仿宋体汉字	7号		横平竖直　注意起落　结构均匀　填满方格
长仿宋体汉字	5号		技术制图石油化工机械电子汽车航空船舶土木建筑矿山井坑港口纺织焊接设备工艺
长仿宋体汉字	3.5号		螺纹齿轮端子接线飞行指导驾驶舱位挖填施工引水通风闸阀坝棉麻化纤材料及热处理
拉丁字母	大写	直体	ABCDEFGHIJKLMNOPQRSTUVWXYZ
拉丁字母	大写	斜体	*ABCDEFGHIJKLMNOPQRSTUVWXYZ*
拉丁字母	小写	直体	abcdefghijklmnopqrstuvwxyz
拉丁字母	小写	斜体	*abcdefghijklmnopqrstuvwxyz*
阿拉伯数字	直体		0123456789
阿拉伯数字	斜体		*0123456789*
罗马数字	直体		I II III IV V VI VII VIII IX X
罗马数字	斜体		*I II III IV V VI VII VIII IX X*

任务二　标注端盖的尺寸

【学习目标】

1. 掌握尺寸标注的基本规则。
2. 掌握常用尺寸注法。
3. 了解尺寸基准的概念。

【任务描述】

图 1-24 所示为端盖的平面图和立体图，在图 1-24a 所示端盖的平面图上标注尺寸，要求先用三角尺测量图形的尺寸，以 mm 为单位取整数，然后依据国家标准的规定在图上标注尺寸。

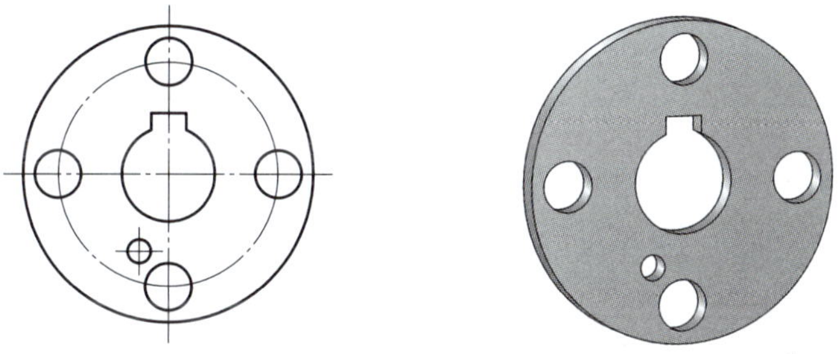

a)　　b)

图 1-24　端盖

a）平面图　b）立体图

【相关知识】

一、尺寸标注的基本规则

1. 机件的真实大小应以图样上所注的尺寸数值为依据，与图形的大小及绘图的准确度无关。

2. 图样（包括技术要求和其他说明）中的尺寸，以 mm 为单位时，不需标注单位符号（或名称），如采用其他单位，则应注明相应的单位符号。

3. 图样中所标注的尺寸为该图样所示机件的最后完工尺寸，否则应另加说明。

4. 机件的每一尺寸只能标注一次，并应标注在反映该结构最清晰的图形上。

此外，在标注尺寸时还应注意，标注并列尺寸时，小尺寸在内、大尺寸在外，尽量避免尺寸线和尺寸界线相交；尺寸要齐全，不遗漏，也不重复。

二、尺寸基准

标注尺寸时用以确定定位尺寸起点的一些点或线称为尺寸基准。平面图上一般有水平和竖直两个方向的尺寸基准，分别称为长度基准和高度基准。通常尺寸基准为图形的对称中心线、重要的直线等。如图 1-25 所示，左右对称中心线为长度基准，下侧的粗实线为高度基准。

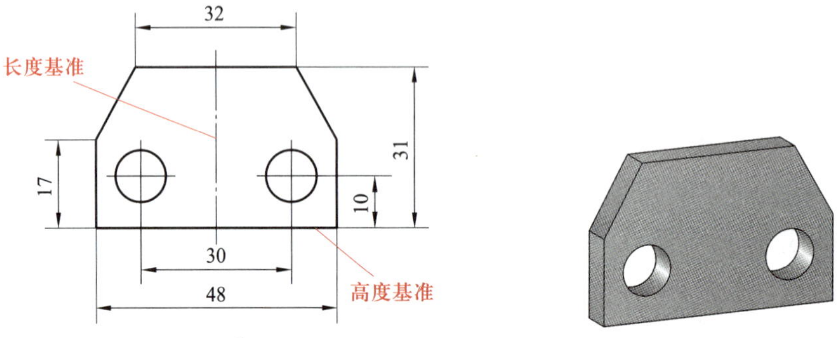

a)　　b)

图 1-25　尺寸基准

a）平面图　b）立体图

【任务实施】

在图 1-24a 所示的端盖平面图上标注尺寸的步骤见表 1-5。标注尺寸前，应先分析图形的结构、形状，确定尺寸基准。在标注尺寸的过程中，要注意分析图形的定形和定位尺寸，避免遗漏或重复标注尺寸。要严格按照国家标准的要求标注尺寸，注意尺寸的总体布局，使所标注的尺寸清晰、美观，便于读图。标注尺寸时，最容易遇到的问题是重复标注尺寸或漏注尺寸，所以，完成尺寸标注后应认真校核。

表 1-5　在端盖平面图上标注尺寸的步骤

步骤	图示
1. 选取尺寸基准	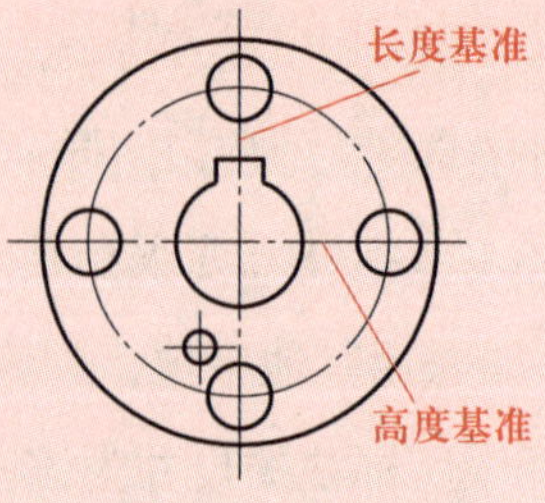
2. 标注外圆直径 $\phi50$ 3. 标注四个均匀分布的圆孔的定形尺寸 $4\times\phi8$ 和定位尺寸 $\phi38$	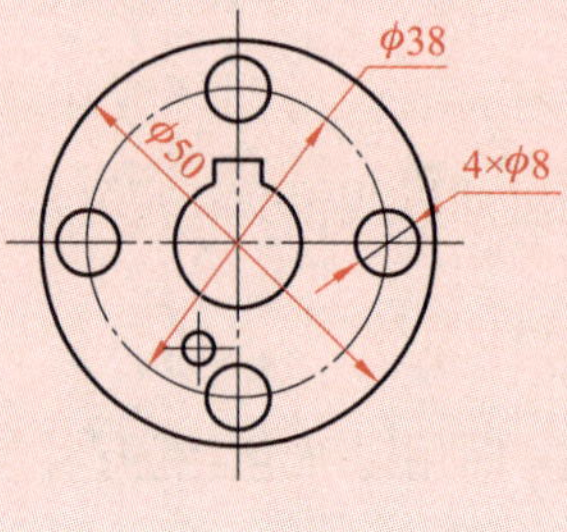

续表

步骤	图示
4. 标注中间圆孔和键槽的定形尺寸 ϕ16、6、18	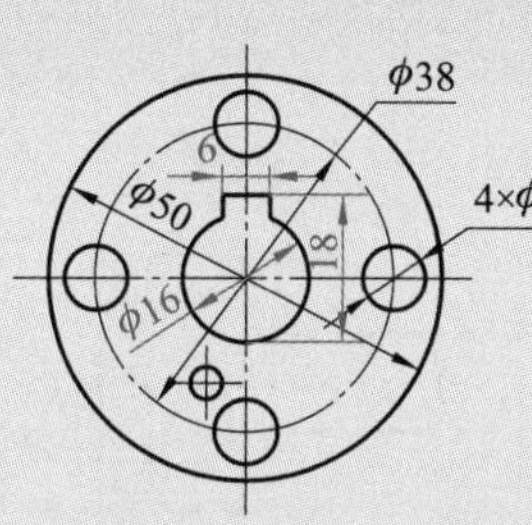
5. 标注左下方小孔的定形尺寸 ϕ4 和定位尺寸 5、13 6. 检查并校核	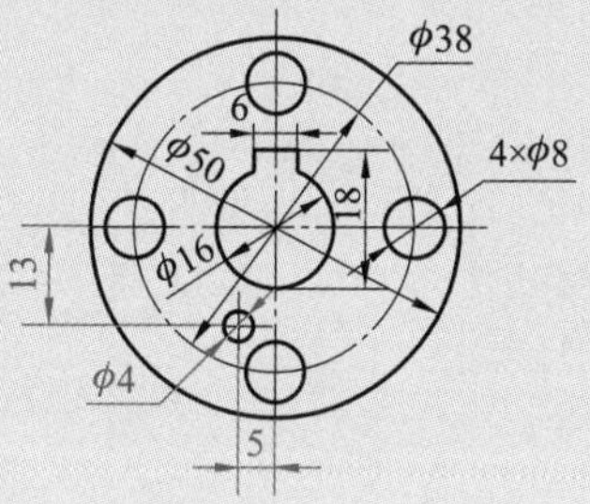

【知识拓展】

一、常见尺寸注法

在图样上经常标注的尺寸有线性尺寸、角度尺寸、直径尺寸、半径尺寸等，常用尺寸注法见表 1-6。

表 1-6　常用尺寸注法

标注内容	示例	说明
线性尺寸	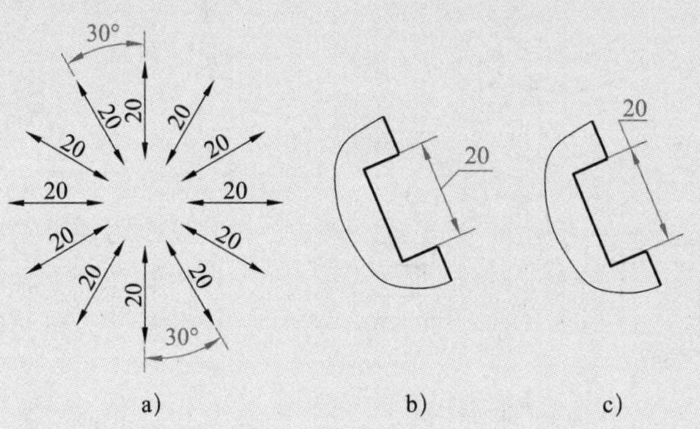	水平方向的线性尺寸数字注写在尺寸线上方，字头朝上；竖直方向的线性尺寸数字注写在尺寸线左侧，字头朝左；倾斜方向上的线性尺寸数字，字头应有向上的趋势，如图 a 所示。尽量避免在图示 30° 范围内标注尺寸。当无法避免时，可按图 b、图 c 的形式标注

续表

标注内容	示例	说明
线性尺寸	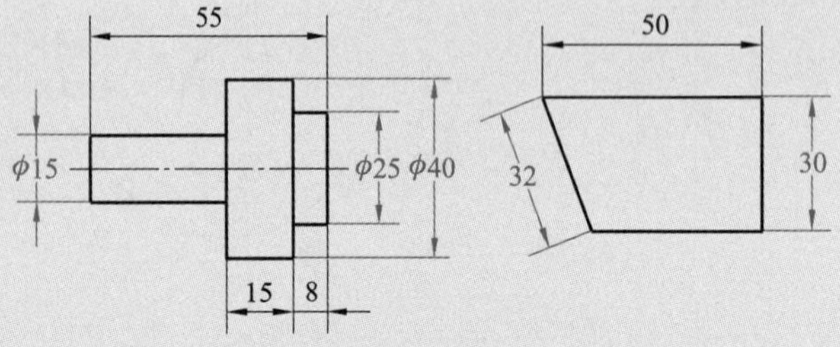	在不致引起误解时，对非水平方向的尺寸，其数字也允许水平注写在尺寸的中断处，但在同一图样中应采用同一种注法
角度尺寸	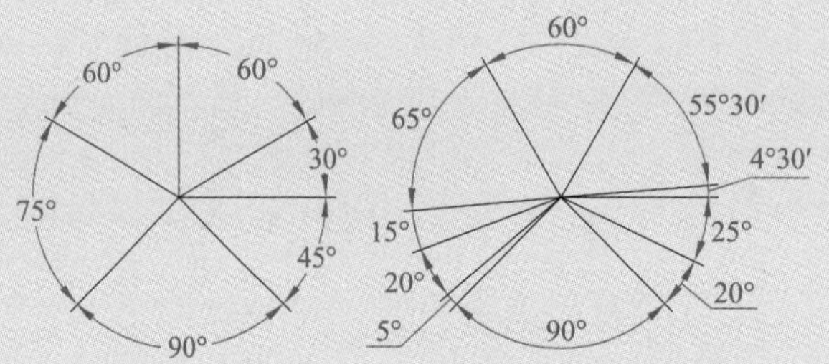	尺寸界线应沿径向引出，尺寸线绘制成圆弧，圆心是角的顶点。尺寸数字一律水平书写，一般注写在尺寸线的中断处，必要时可标注在尺寸线的上方、外面，或引出标注
直径尺寸	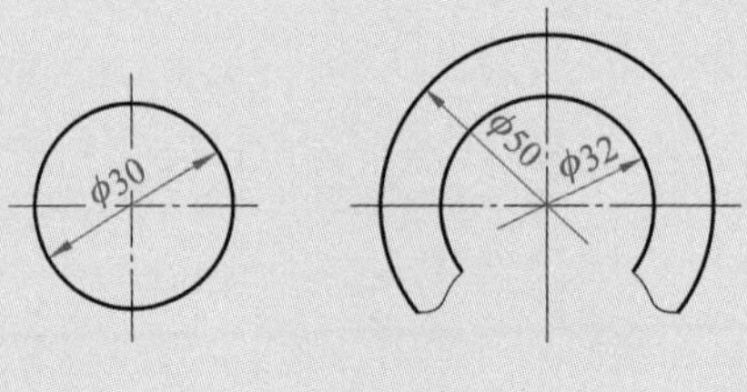	标注圆的直径尺寸时，应在尺寸数字前加注符号“ϕ”，尺寸线的终端应绘制成箭头。大于半圆的圆弧应标注直径。当尺寸线的一端无法画出箭头时，尺寸线要超过圆心一段
半径尺寸	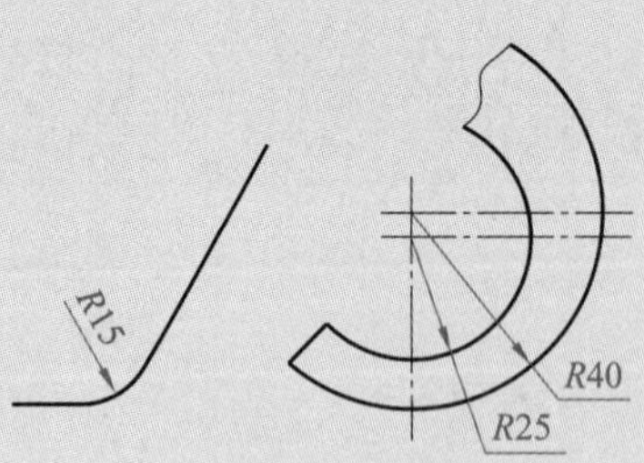	标注圆弧的半径尺寸时，应在尺寸数字前加注字母“*R*”，尺寸线上的单箭头指向圆弧
小尺寸	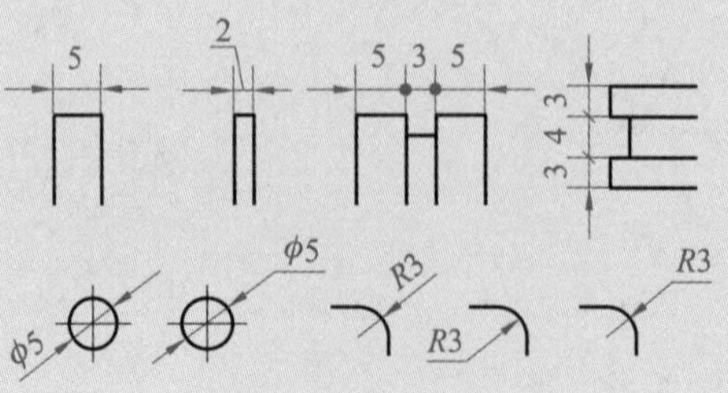	在没有足够空间时，箭头可绘制在外面，或用小圆点代替箭头，也可以用斜线终端形式；尺寸数字可注写在图形外面或引出标注

续表

标注内容	示例	说明
球面尺寸	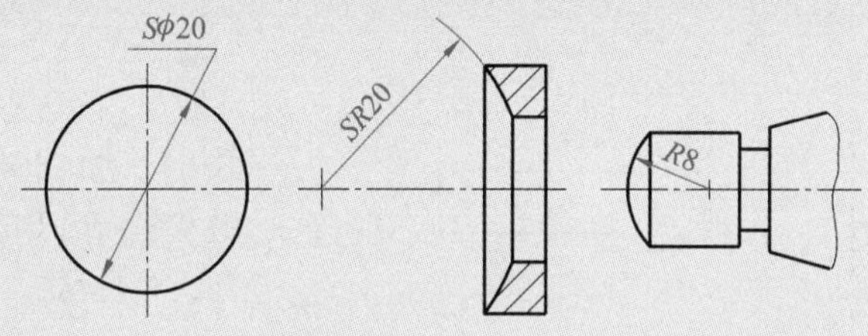 a) b) c)	标注球直径或半径尺寸时，应在符号“ϕ”或“*R*”前再加注字母“*S*”，如图a、图b所示 在不致引起误解时，也可省略符号“*S*”，如图c所示
大圆弧尺寸	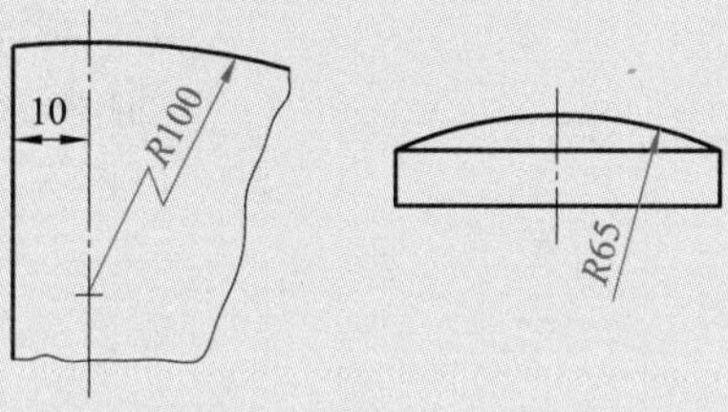 a) b)	当圆弧的半径过大或在图样范围内无法标注出其圆心位置时，可按图a标注。若不需要标出其圆心位置时，可按图b标注
弧长和弦长尺寸	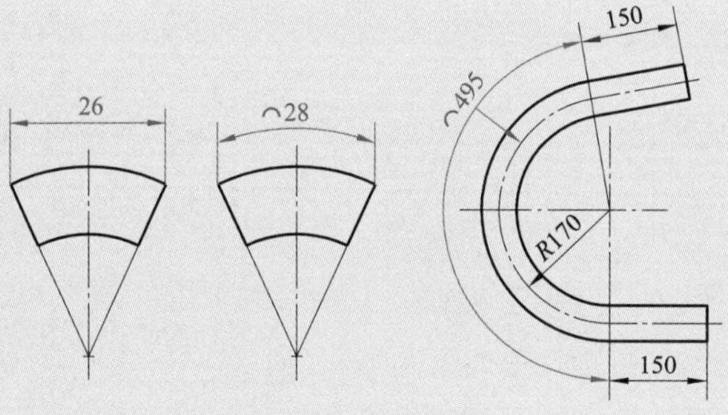 a) b) c)	标注弦长的尺寸界线应平行于该弦的垂直平分线（见图a）。标注弧长的尺寸界线应平行于该弧所对圆心角的角平分线（见图b），当弧度较大时，可沿径向引出，并绘制一个指向所标注弧线的箭头（见图c）。弧长的尺寸数字前面应加注符号“⌒”
光滑过渡处的尺寸	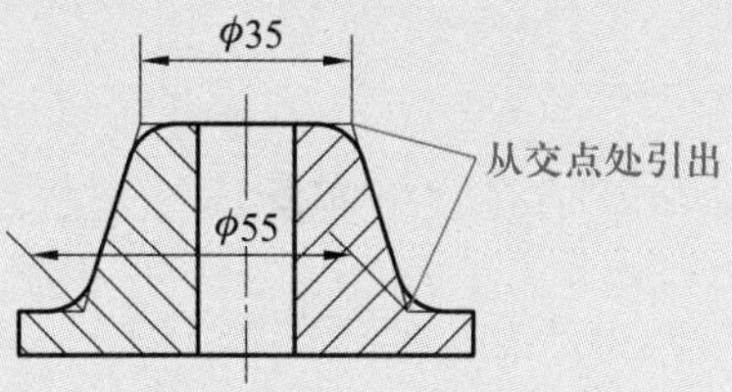	尺寸界线一般应与尺寸线垂直，必要时才允许倾斜。在光滑过渡处标注尺寸时，必须用细实线将轮廓线延长，从它们的交点处引出尺寸界线
薄板厚度尺寸	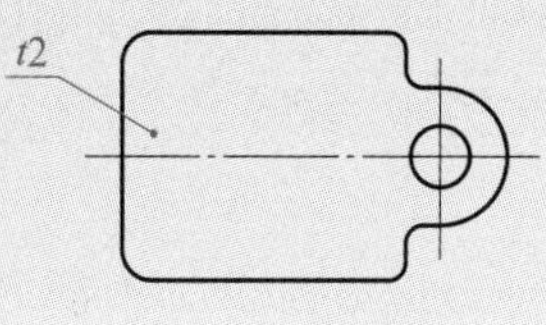	标注薄板零件的厚度尺寸时，可在尺寸数字前加注符号“*t*”

续表

标注内容	示例	说明
正方形结构尺寸	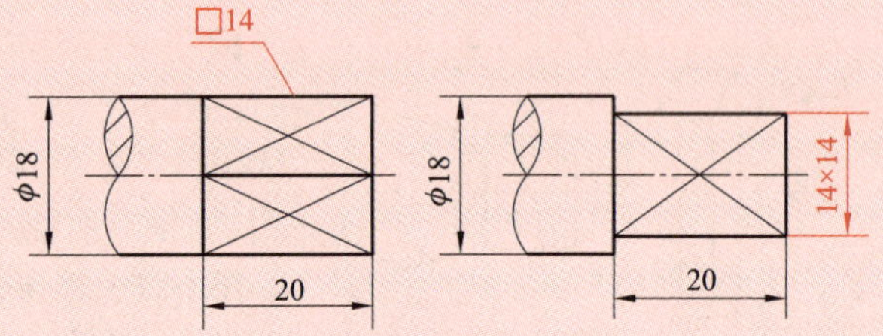	标注断面为正方形结构的尺寸时，可在正方形边长尺寸数字前加注符号“□”，或用“*B*×*B*”（*B* 为正方形的边长）表示
对称图形尺寸	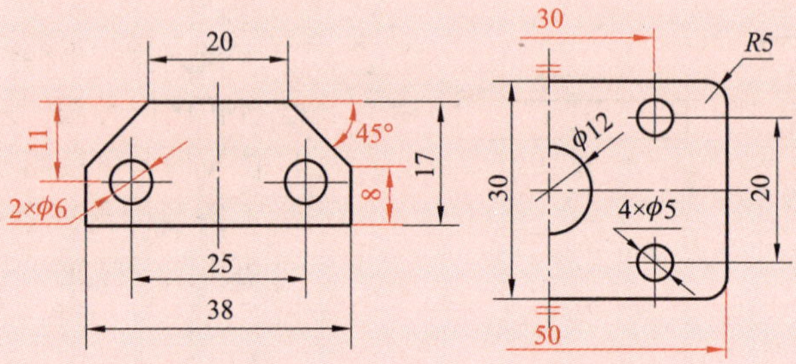 a)　b)	当图形具有对称中心线时，分布在对称中心线两边的相同结构，可仅标注其中一边的尺寸（见图 a） 当对称图形只画出一半或略大于一半时，尺寸线应略超过对称中心线或断裂处的边界线，并且只在有尺寸界线的一端画出箭头（见图 b）
均布孔的尺寸	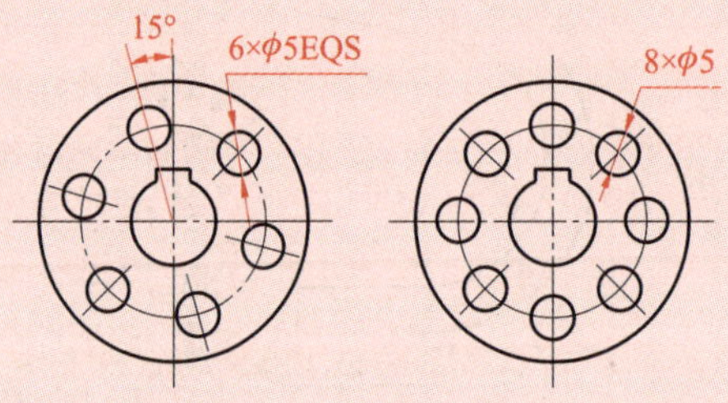 a)　b)	均匀分布的相同要素（如孔）的尺寸可按图 a 标注。当孔的位置和分布情况在图形中已明确时，可省略其定位尺寸和字母“EQS”（见图 b），EQS 表示均匀分布

二、比例

1. 比例的概念

在绘制机械图样时，需要根据机件的复杂程度将实际线性尺寸缩小、放大（或按原值）。图中图形与其实物相应要素的线性尺寸之比称为比例。

2. 比例的种类

比例分为原值比例、放大比例、缩小比例三种，比值为 1 的比例称为原值比例，比值大于 1 的比例称为放大比例，比值小于 1 的比例称为缩小比例。

3. 比例系列

绘图时可根据需要选择表 1-7 中的比例，尽量采用原值比例。

表 1-7 绘图比例（摘自 GB/T 14690—1993）

原值比例	1∶1
放大比例	2∶1　5∶1　1×10^n∶1　2×10^n∶1　5×10^n∶1 （2.5∶1）（4∶1）（2.5×10^n∶1）（4×10^n∶1）
缩小比例	1∶2　1∶5　1∶10　1∶1×10^n　1∶2×10^n　1∶5×10^n （1∶1.5）（1∶2.5）（1∶3）（1∶4）（1∶6） （1∶1.5×10^n）（1∶2.5×10^n）（1∶3×10^n）（1∶4×10^n）（1∶6×10^n）

注：1. n 为正整数。

2. 括号内的比例尽量不采用。

图 1-26 所示为用不同比例绘制的图形，不论图形放大或缩小，标注尺寸时必须标注物体的实际尺寸。

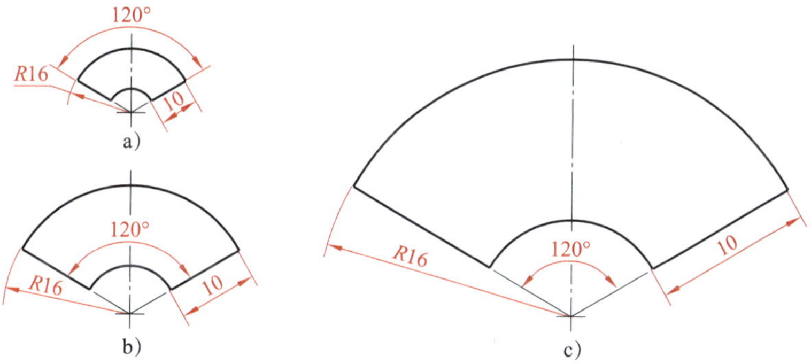

图 1-26 用不同比例绘制的图形

a）缩小比例 b）原值比例 c）放大比例

课题三 绘制平面图

任务一 用圆弧连接图线

【学习目标】

掌握圆弧连接的画法。

【任务描述】

用一条圆弧光滑地连接相邻两段线（直线或圆弧）的作图方法称为圆弧连接。在绘制机械图样时经常遇到圆弧连接的各种情况，图 1-27 所示平面图上采用圆弧和直线连接四个圆，试绘制该图。

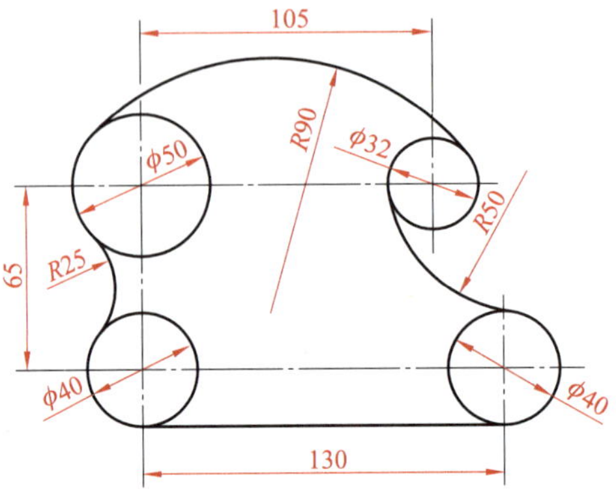

图 1-27 圆弧连接

【相关知识】

一、用圆弧连接两已知直线

分为两种情况：用圆弧连接钝角或锐角的两边的步骤见表 1-8，用圆弧连接两直角边的步骤见表 1-9。

表 1-8 用圆弧连接钝角或锐角的两边的步骤

作图要求与步骤	作图要求：用半径为 *R* 的圆弧连接两直线	1. 作与两已知边相距为 *R* 的平行线，交点 *O* 为连接弧圆心	2. 自点 *O* 向两已知边作垂线，垂足 *M*、*N* 即为切点	3. 以点 *O* 为圆心，*R* 为半径，在 *M*、*N* 之间画弧
图示 1	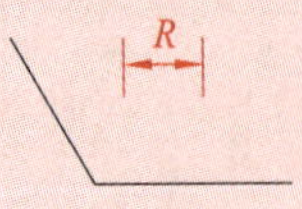 （钝角）	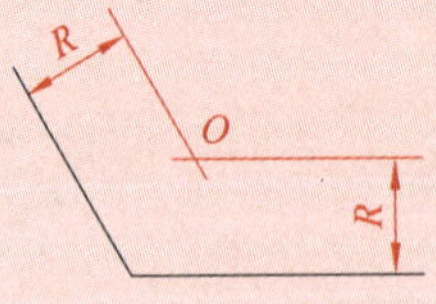	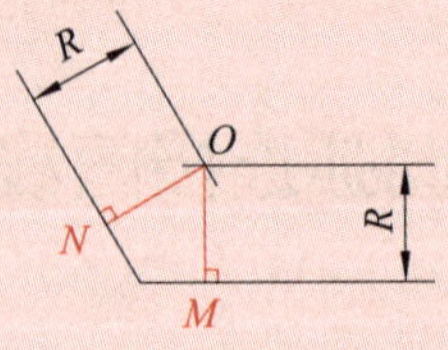	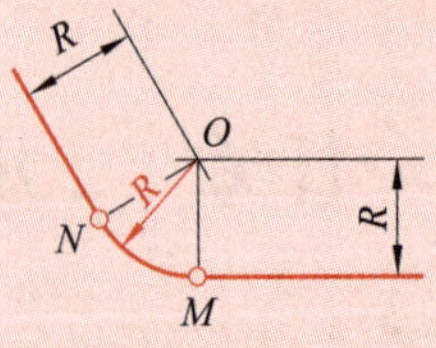
图示 2	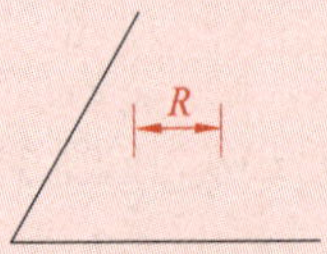 （锐角）	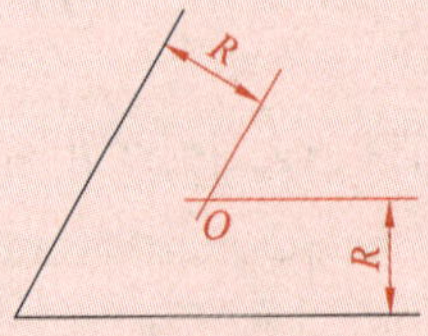	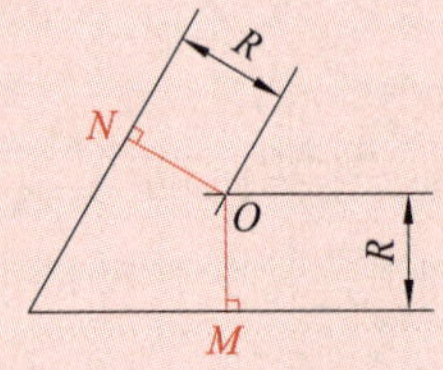	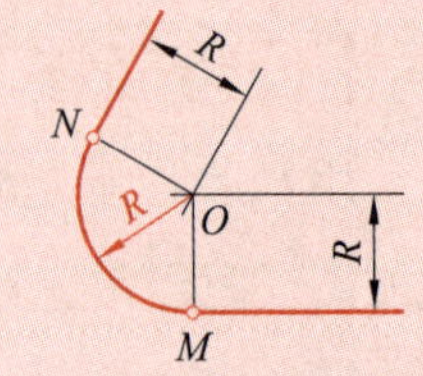

表 1-9　用圆弧连接两直角边的步骤

作图要求与步骤	作图要求：用半径为 R 的圆弧连接两直角边	1. 以角的顶点为圆心，R 为半径画弧与两直角边交于 M、N 两点	2. 分别以点 M、点 N 为圆心，R 为半径画弧，交点 O 为连接弧圆心	3. 以点 O 为圆心，R 为半径，在 M、N 之间画弧
图示	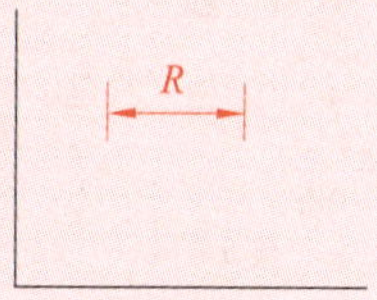 （直角）	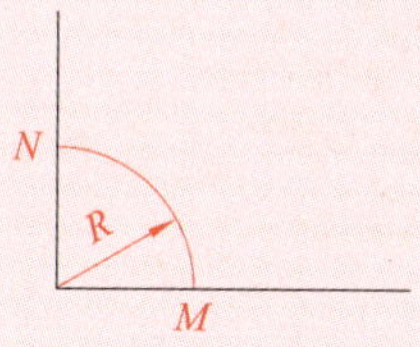	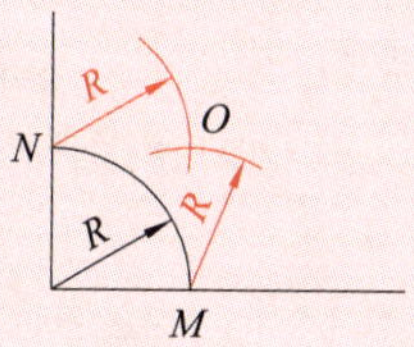	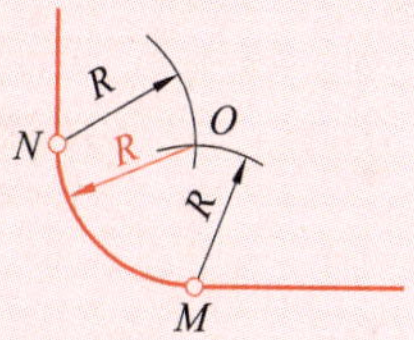

二、用圆弧连接已知直线和圆弧

用圆弧连接直线与圆弧的步骤见表 1-10。

表 1-10　用圆弧连接直线与圆弧的步骤

作图要求与步骤	作图要求：作半径为 R 的圆弧，与圆外切，与直线相切	1. 作与直线相距为 R 的平行线；以点 O_1 为圆心，R_1+R 为半径画弧，两线相交于点 O	2. 自点 O 分别向已知直线和圆弧作垂线得到交点 B、A	3. 以点 O 为圆心，R 为半径，在 A、B 之间画弧
图示	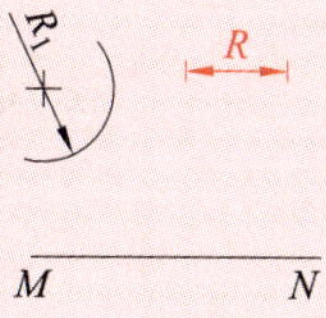	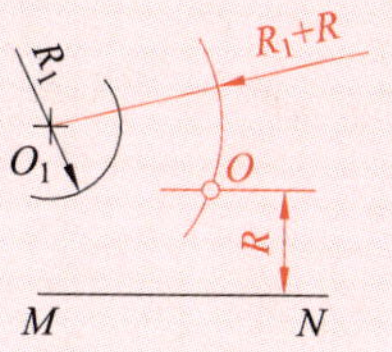	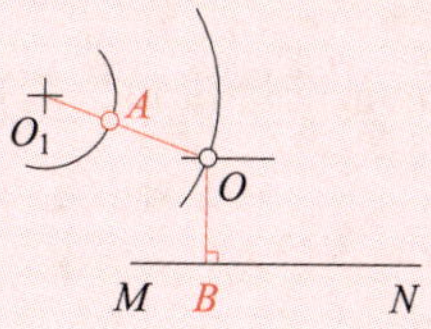	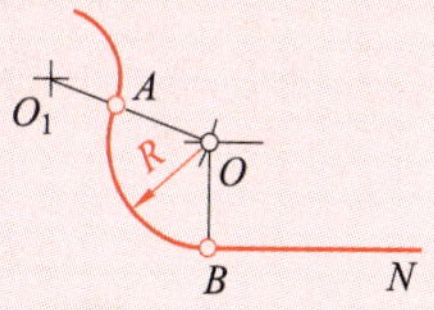

三、用圆弧连接两已知圆弧

用圆弧连接两已知圆弧分为用圆弧外连接两已知圆弧、用圆弧内连接两已知圆弧和用圆弧分别内外连接两已知圆弧三种情况，其作图步骤分别见表 1-11、表 1-12 和表 1-13。

表 1-11　用圆弧外连接两已知圆弧的步骤

作图要求与步骤	图示
作图要求：作半径为 R 的圆弧，与两已知圆弧外切	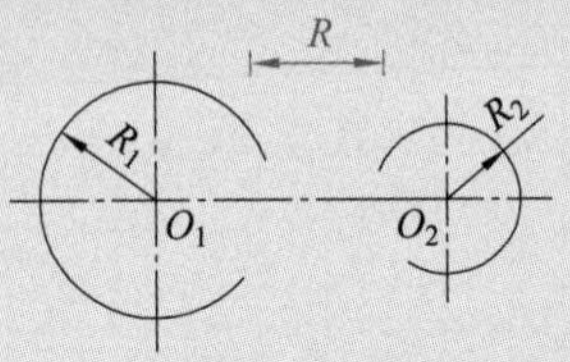
1. 分别以点 O_1、点 O_2 为圆心，（R_1+R）和（R_2+R）为半径画弧，交点 O 为连接弧圆心	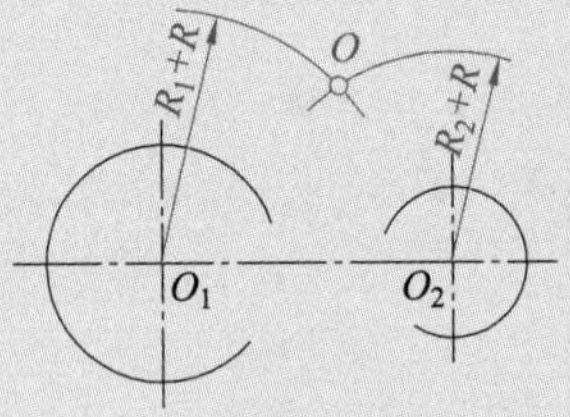
2. 连接 OO_1 交已知弧于点 A，连接 OO_2 交已知弧于点 B	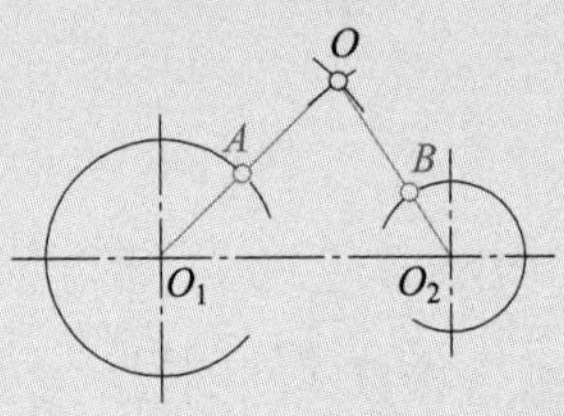
3. 以点 O 为圆心，R 为半径，在 A、B 之间画弧	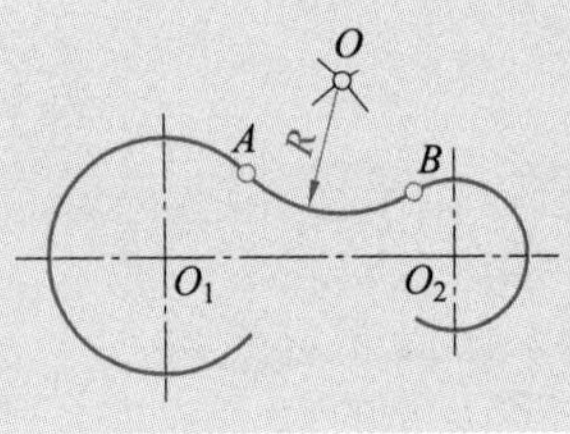

表 1-12　用圆弧内连接两已知圆弧的步骤

作图要求与步骤	图示
作图要求：作半径为 R 的连接弧，与两已知圆弧内切	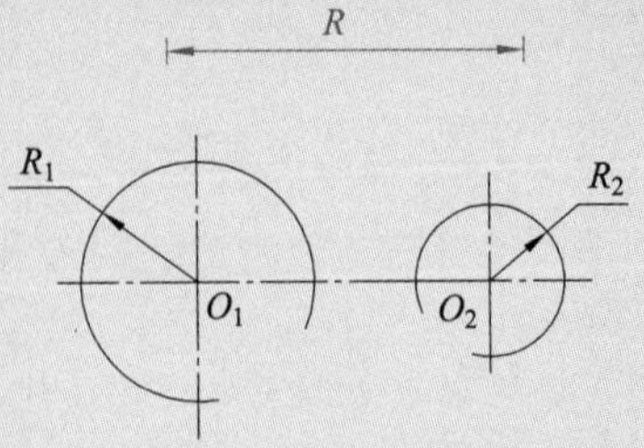
1. 分别以点 O_1、点 O_2 为圆心，（$R-R_1$）和（$R-R_2$）为半径画弧，交点 O 为连接弧圆心	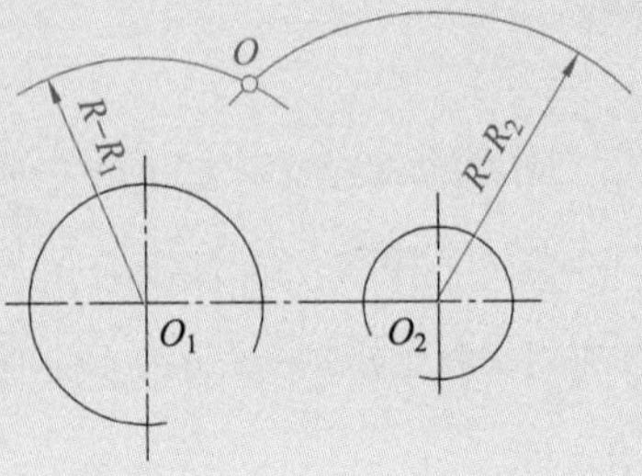

续表

作图要求与步骤	图示
2. 连接 OO_1 并延长，交已知弧于点 A；连接 OO_2 并延长，交已知弧于点 B	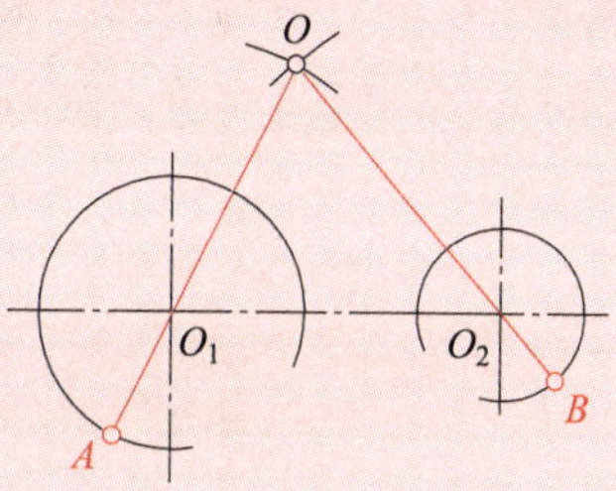
3. 以点 O 为圆心，R 为半径，在 A、B 之间画弧	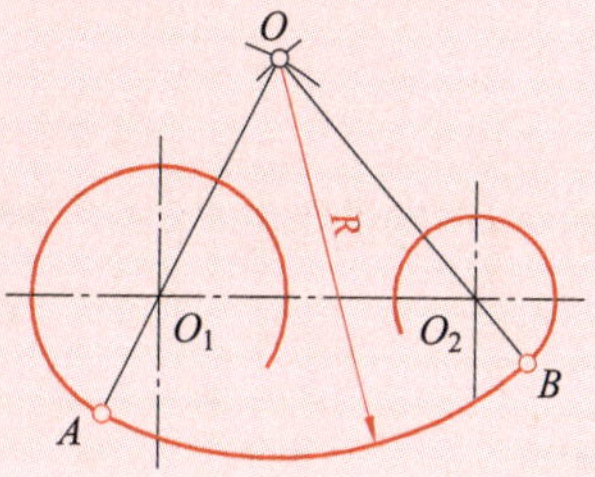

表 1–13　用圆弧分别内外连接两已知圆弧的步骤

作图要求与步骤	作图要求：以已知半径 R 的连接弧画弧，与 O_1 圆弧外切，与 O_2 圆弧内切	1. 分别以点 O_1、O_2 为圆心，(R_1+R) 和 (R_2-R) 为半径画弧，交点 O 为连接弧圆心	2. 连接 OO_1 交已知弧于点 A；连接 O_2O 并延长，交已知弧于点 B	3. 以点 O 为圆心，R 为半径，在 A、B 之间画弧
图示	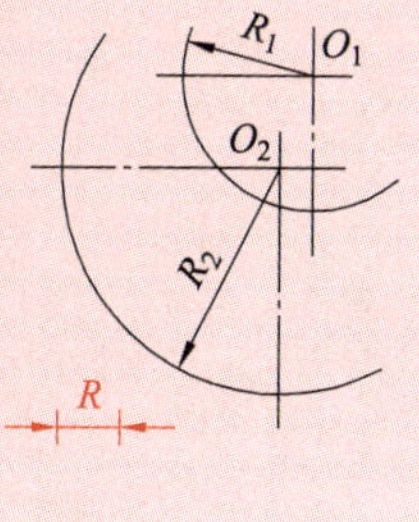	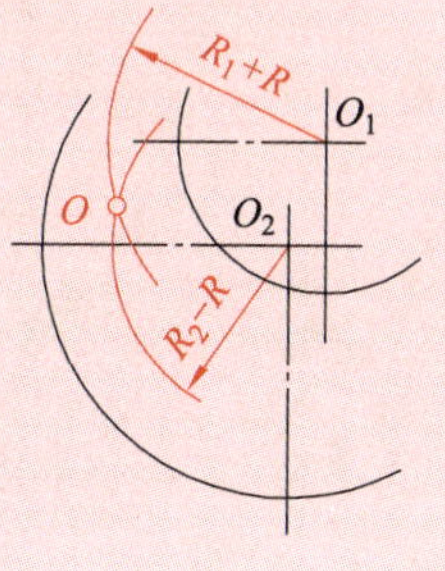	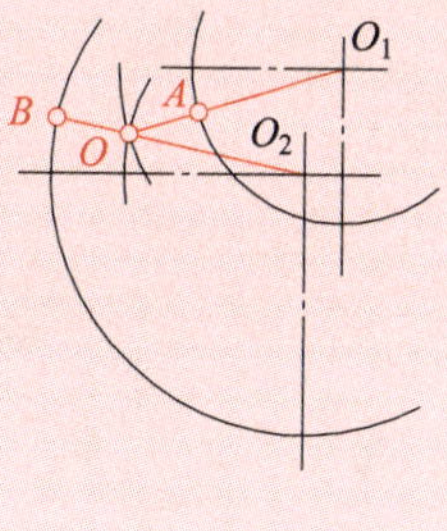	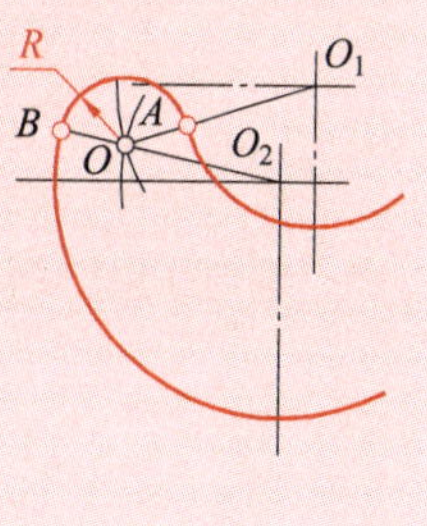

【任务实施】

一、图形分析

图 1–27 所示平面图由四个圆、三段圆弧和一条直线组成。上侧的 $R90$ 圆弧与 $\phi50$ 圆和 $\phi32$ 圆内切；左侧的 $R25$ 圆弧与 $\phi50$ 圆和左侧的 $\phi40$ 圆外切；右侧的 $R50$ 圆弧与右侧的 $\phi40$ 圆外切，与 $\phi32$ 圆内切。

二、绘制平面图

绘制图 1-27 所示平面图时，可先绘制四个圆的中心线，再绘制四个圆的轮廓线，然后进行圆弧连接，最后绘制下侧的公切线。绘制公切线时，可将三角尺的某边慢慢靠近两圆，使三角尺的某边与两圆共切，然后绘制直线。绘制平面图的步骤见表 1-14。

表 1-14　绘制平面图的步骤

步骤	图示
1. 绘制四个圆的中心线	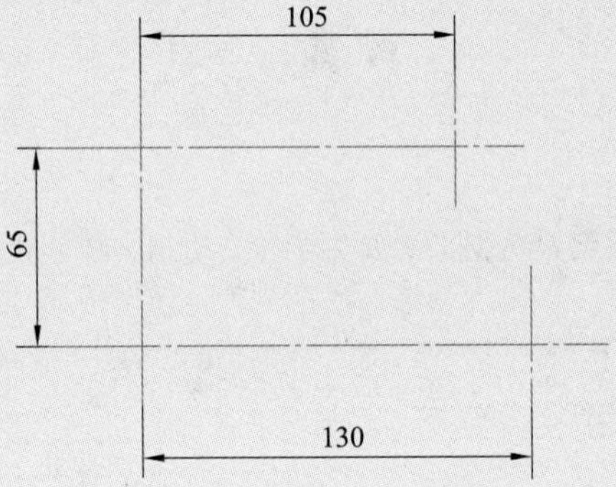
2. 绘制四个圆的轮廓线	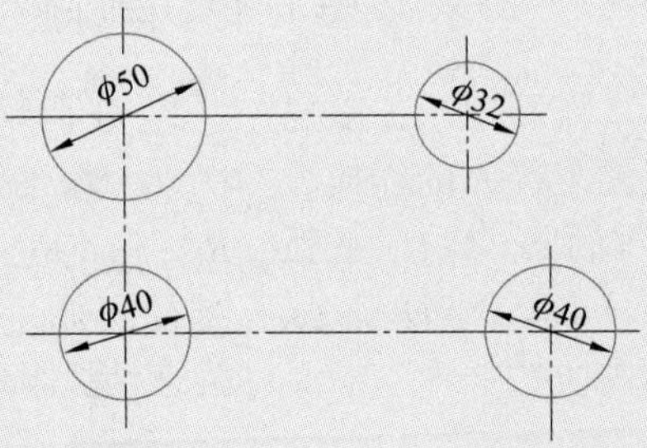
3. 绘制 *R*90 圆弧	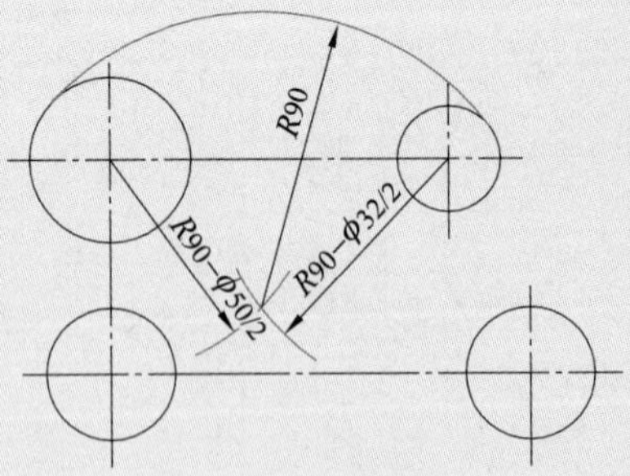
4. 绘制 *R*25 圆弧	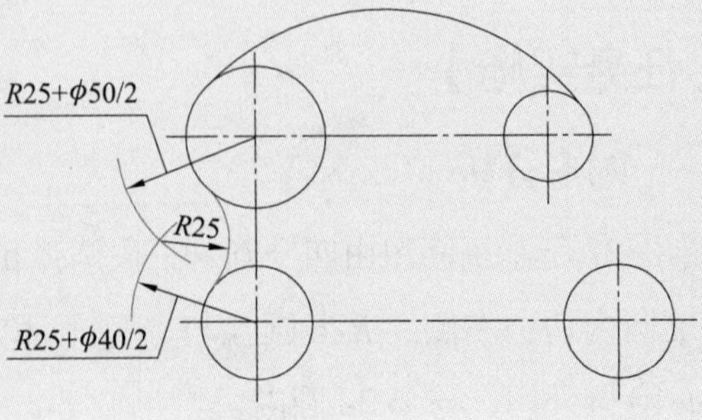

续表

步骤	图示
5. 绘制 $R50$ 圆弧	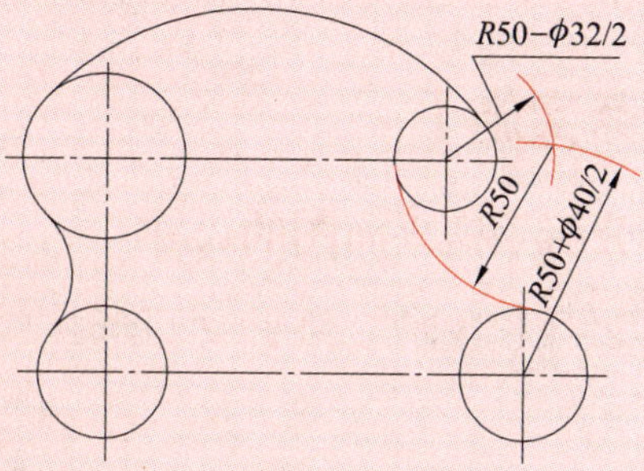
6. 绘制下侧的公切线 7. 校核图形，擦除作图线，按线型描深各种图线	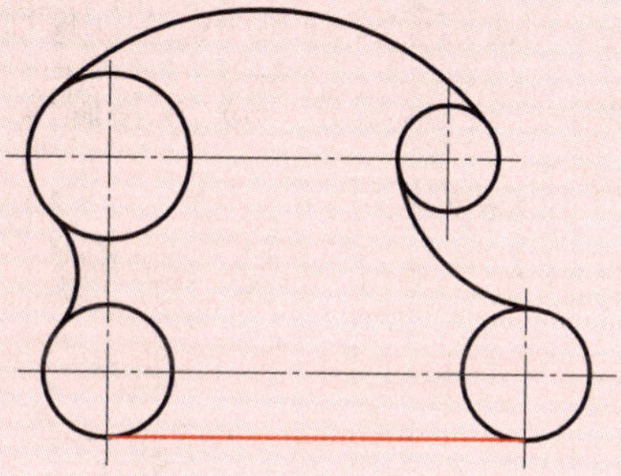

任务二　绘制手柄

【学习目标】

1. 了解平面图上线段的种类。
2. 掌握平面图的绘图方法。

【任务描述】

绘制如图 1-28a 所示的手柄平面图，要求符合国家制图标准的有关规定。

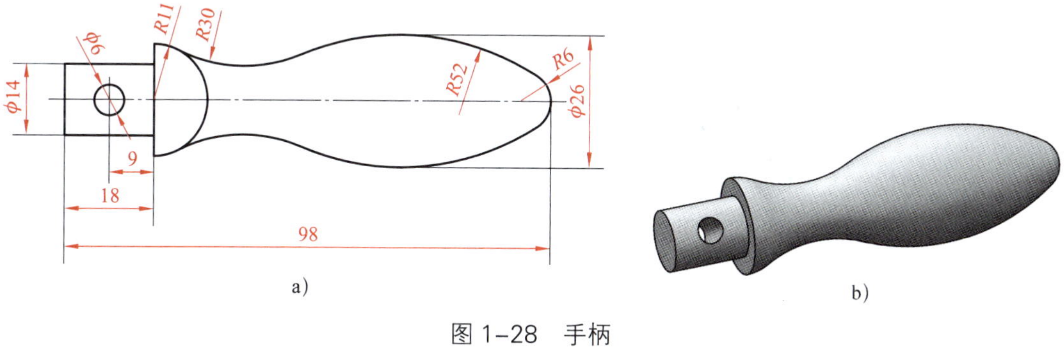

图 1-28　手柄
a）平面图　b）立体图

图 1-28a 所示平面图是由直线、圆弧连接而成的。要想正确地绘制该图样，首先必须对图样上的尺寸和线段进行分析，确定绘图步骤，并采用正确的绘图方法绘图，然后按照国家制图标准的有关规定描图，最后正确地标注尺寸。

【任务实施】

一、分析手柄平面图的尺寸

尺寸是作图的依据，绘制平面图时要认真分析图样上每个几何要素的定形尺寸和定位尺寸。

在图 1-28a 所示的手柄平面图中，左侧圆柱的定形尺寸是 ϕ14 和 18；左侧小圆孔的定形尺寸是 ϕ6，定位尺寸是 9；左侧圆弧的定形尺寸是 R11；右侧圆弧的定形尺寸是 R6，其圆心位置由总长 98 确定。ϕ26 是确定了 R52 圆弧圆心位置的一个定位尺寸。R30 圆弧在图上没有标注定位尺寸。

在平面图的尺寸中，尺寸的分类并不是绝对的，有些尺寸既有定形尺寸的作用，又有定位尺寸的作用。图 1-28 中的尺寸 98 既确定了图形在水平方向上的大小，又确定了 R6 圆弧的位置；尺寸 ϕ26 既确定了 R52 圆弧的位置，又确定了图形在竖直方向上的大小。

二、分析手柄平面图中的线段

平面图中的各线段，有的尺寸齐全，可以根据其定形尺寸、定位尺寸直接作图；有的尺寸不齐全，必须根据其连接关系用几何作图的方法画出。按尺寸是否齐全，平面图上的线段可分为已知线段、中间线段和连接线段三类。

1. 已知线段

已知线段是指定形尺寸和定位尺寸均齐全的线段。在图 1-29 中，左侧的直线段、ϕ6 圆、R11 圆弧、R6 圆弧为已知线段。

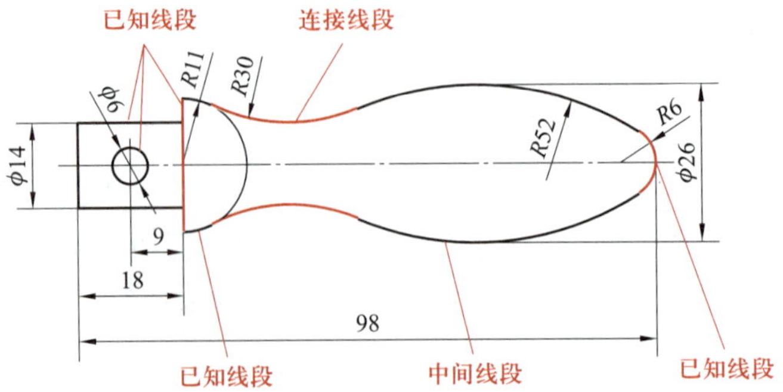

图 1-29　手柄的线段分析

2. 中间线段

中间线段是指只有定形尺寸和一个定位尺寸，而缺少另一个定位尺寸的线段。这类线段要在其相邻一端的线段画出后，再根据连接关系（如相切）用几何作图的方法画出。在图 1-29 中，*R*52 圆弧为中间线段。

3. 连接线段

连接线段是指只有定形尺寸而缺少定位尺寸的线段。画连接线段时，需要先绘制出连接线段两端的线段，然后根据连接关系用几何作图的方法将其画出。在图 1-29 中，*R*30 圆弧属于连接线段。

三、绘制手柄平面图

绘制图 1-28a 所示手柄平面图的步骤见表 1-15。

表 1-15　绘制手柄平面图的步骤

步骤	图示
1. 画基准线 2. 画已知线段	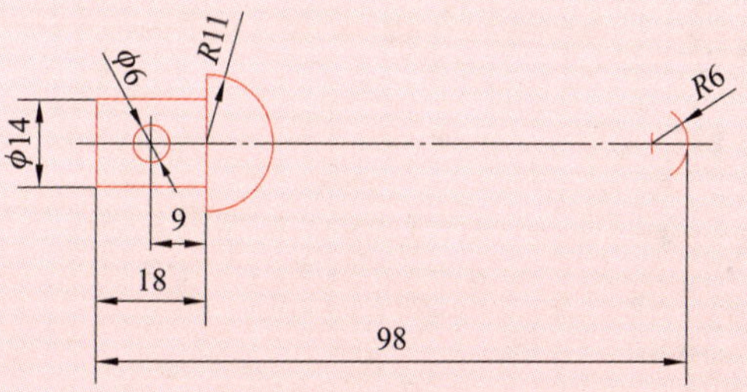
3. 画中间线段 *R*52 圆弧 *R*52 圆弧的圆心由两个条件确定：圆心到对称中心线的距离为 39（由 52-26/2 计算而来），且 *R*52 圆弧与 *R*6 圆弧内切	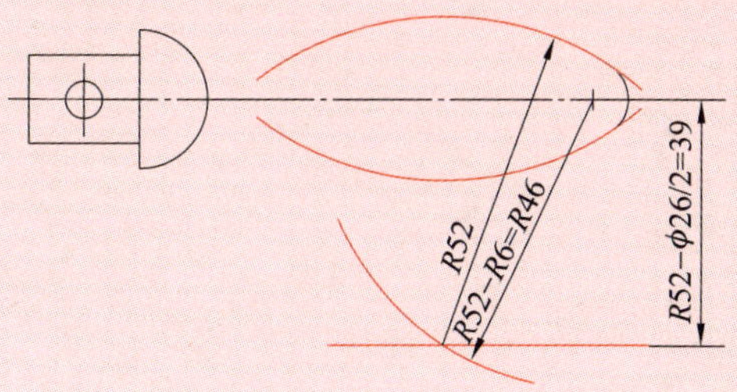

续表

步骤	图示
4. 画连接线段 *R*30 圆弧 *R*30 圆弧与 *R*11 圆弧和 *R*52 圆弧分别外切	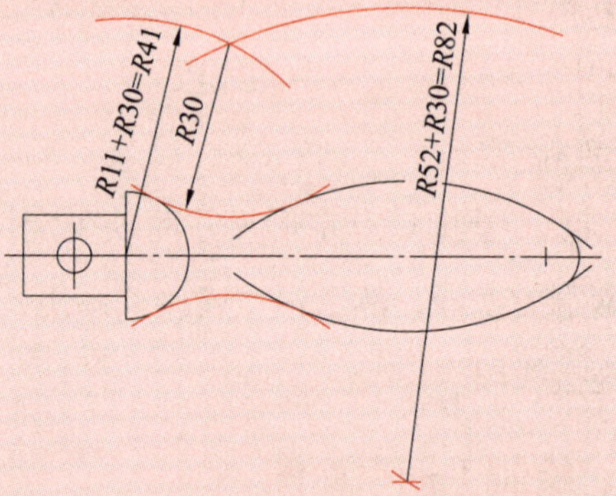
5. 校核图形，擦除作图线 6. 按线型描深各种图线	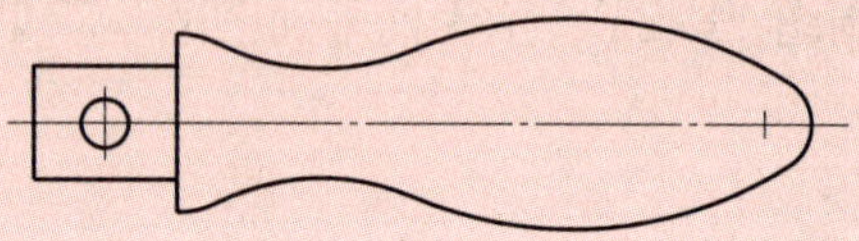

模块二 投影与三视图

课题一　绘制简单形体的三视图

在机械设计、生产过程中，需要用图来准确地表达机器和零件的形状。虽然立体图富有立体感，能给人以直观的感受，但是它在表达物体时，某些结构的形状发生了变形。如图 2-1 所示的支承座，零件上的矩形变成了平行四边形，圆变成了椭圆，因此立体图很难准确地表达物体的真实形状。如何才能完整、准确地表达物体的形状呢？学完本课题就可以找到答案。

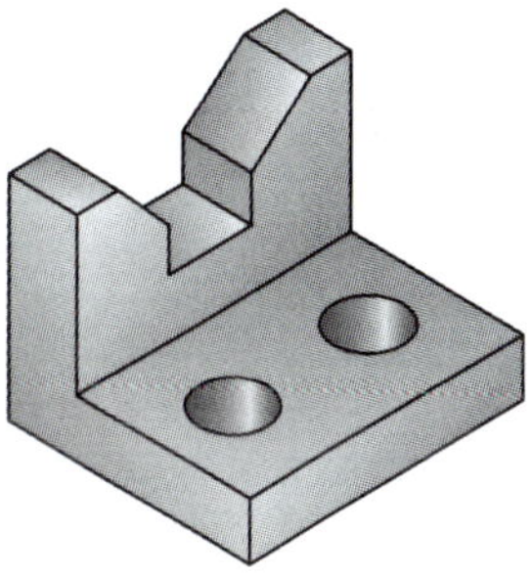

图 2-1　支承座

任务一　绘制长方体的三视图

【学习目标】

1. 了解投影的概念，掌握正投影法的概念。
2. 掌握三投影面体系、三视图的概念和三视图的投影规律。

【任务描述】

长方体是最简单的几何形体之一，图 2-2 所示为长方体的立体图，本任务要求按照图 2-2 所示尺寸制作一个长方体，并绘制长方体的三视图，分析三视图的投影规律。

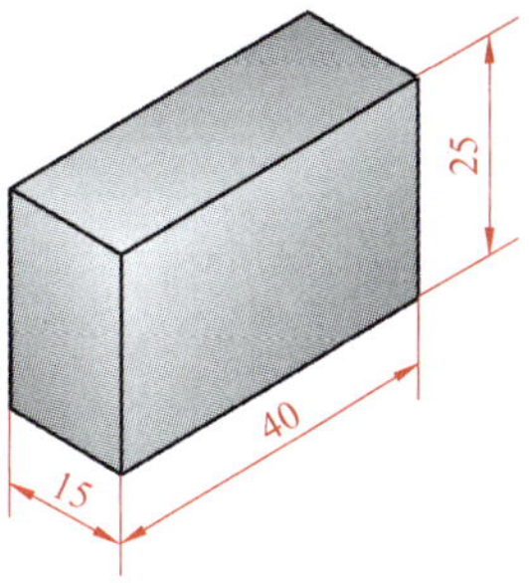

图 2-2　长方体的立体图

【相关知识】

投影及正投影法

如图 2-3 所示，太阳光照射在人身上，在地面上产生影子。影子在某些方面反映了人的形状特征，这种现象称为投影现象，将其加以抽象和总结就形成了投影法。投影法是指投射线通过物体向选定的面（投影面）投射，并在该面上得到图形的方法，得到的图形称为投影。投影法有多种，机械图样中用得最多的是正投影法。正投影法是指投射线互相平行且与投影面垂直的投影方法，如图 2-4 所示。根据有关标准和规定，用正投影法绘制出的物体的图形称为视图。

图 2-3　人和地面上的影子

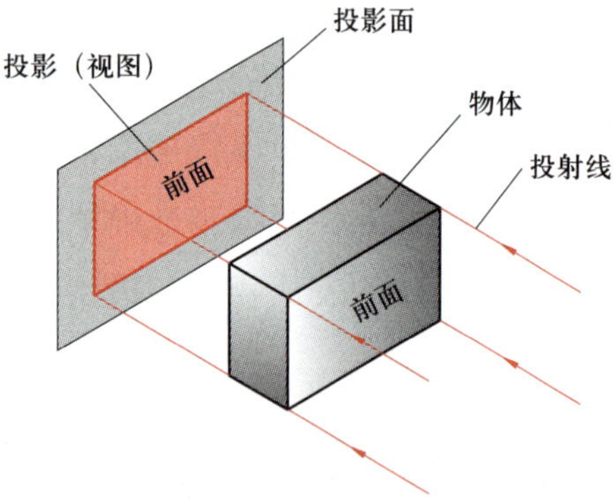

图 2-4　正投影法

【任务实施】

一、制作长方体

准备一张图纸，按照图 2-5 所示尺寸裁剪，注写文字，然后粘贴成图 2-2 所示的长方体。

二、制作三投影面体系

如图 2-4 所示，用正投影法得到了一个视图，该视图只能准确地反映长方体前面（或后面）的形状，上、下、左、右的四个平面都投影成直线，那么，如何表达长方体上面（或下面）和左面（或右面）的形状？

要想表达长方体的完整形状，可以在长方体后方、下方和右侧各设立一个投影面，如图 2-6 所示。

一般把正对着观察者的投影面称为正投影面（用 V 表示），水平放置的投影面称为水平投影面（用 H 表示），右边侧立的投影面称为侧投影面（用 W 表示），这三个投影面构成了三投影面体系。

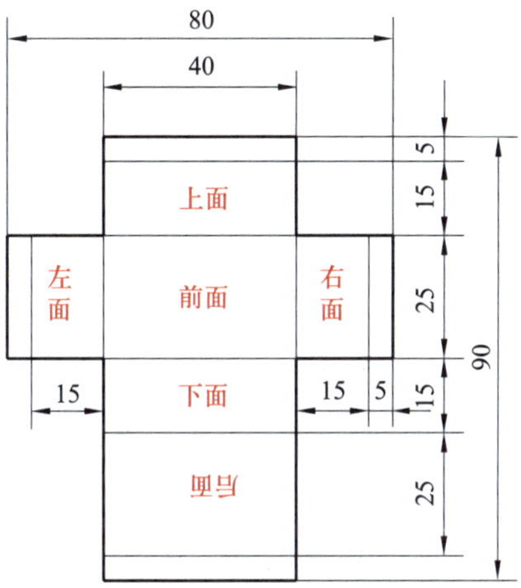

图 2-5 长方体的展开图

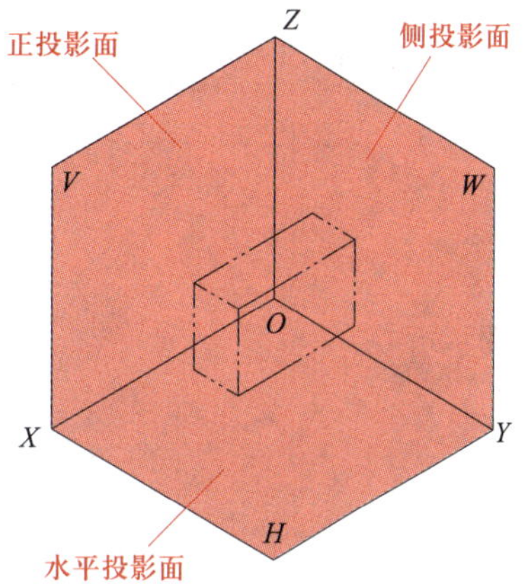

图 2-6 三投影面体系

在三投影面体系中，两投影面的交线称为投影轴。其中，*V* 面与 *H* 面的交线为 *OX* 轴，*H* 面与 *W* 面的交线为 *OY* 轴，*V* 面与 *W* 面的交线为 *OZ* 轴；三条投影轴构成了一个空间直角坐标系，三轴的交点称为坐标原点（用 *O* 表示）。

准备一张 A4 纸，裁剪成一个 150 mm × 150 mm 的正方形，按照表 2-1 所示的步骤裁

表 2-1 制作三投影面体系的步骤

步骤	图示
1. 准备好裁剪为正方形的纸	
2. 按图示裁剪	

续表

步骤	图示
3. 按图示折叠	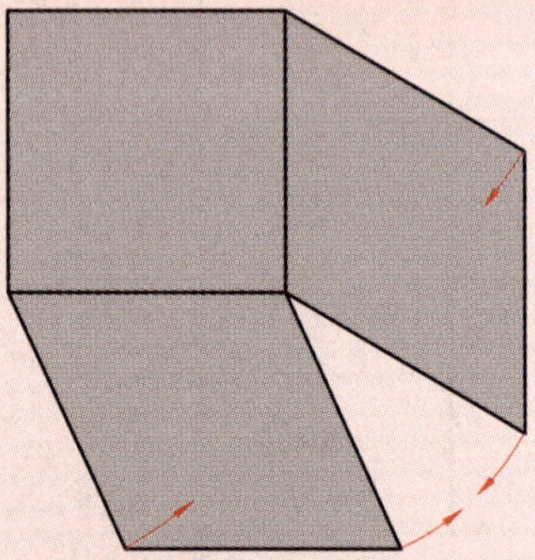
4. 按图示标注字母	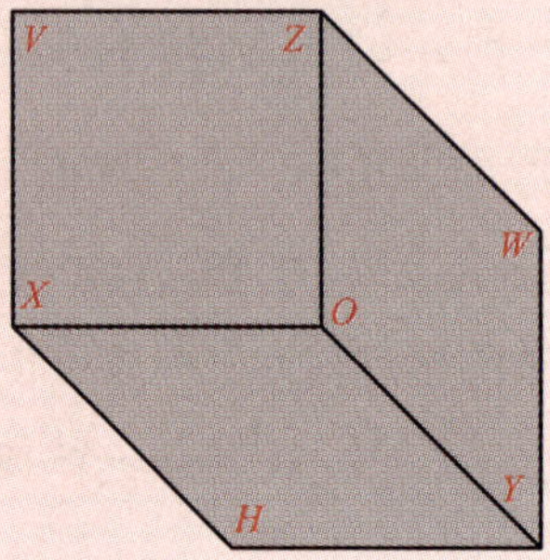

剪和折叠。在正投影面上标注字母 *V*，在水平投影面上标注字母 *H*，在侧投影面上标注字母 *W*。同时标注坐标系的字母 *O*、*X*、*Y*、*Z*。

三、绘制长方体的三视图

将物体放在三投影面体系中，用正投影法分别向三个投影面投射，得到物体的三视图，如图 2-7 所示。

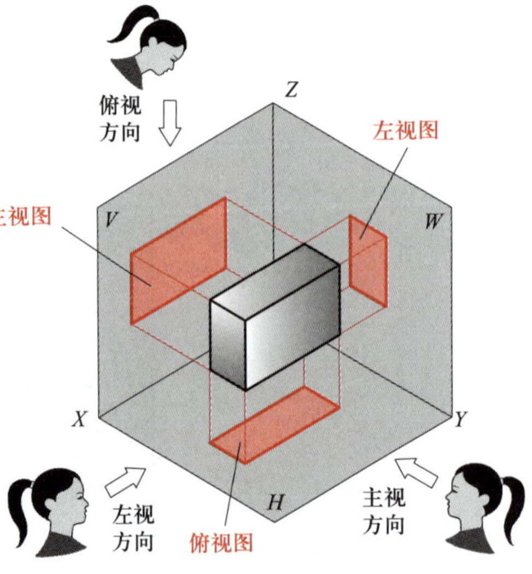

图 2-7　三视图的形成

主视图：将物体由前向后向正投影面投射得到的视图称为主视图。

俯视图：将物体由上向下向水平投影面投射得到的视图称为俯视图。

左视图：将物体由左向右向侧投影面投射得到的视图称为左视图。

实际上，三视图是人“正对着”物体观察得到的。从前面“正对着”物体观察得到主视图，从上面“正对着”物体观察得到俯视图，从左面“正对着”物体观察得到左视图。

下面在自己制作的三投影面体系中绘制图 2-2 所示长方体的三视图。

1. 绘制主视图

按照图 2-7 所示位置摆放长方体，测量长方体的长和高，在正投影面的适当位置按 1∶1 的比例绘制长方体的主视图，如图 2-8 所示。

2. 绘制俯视图

测量长方体的长和宽，按 1∶1 的比例在水平投影面的适当位置绘制长方体的俯视图，作图时要注意保证俯视图与主视图在长度方向对齐，如图 2-9 所示。

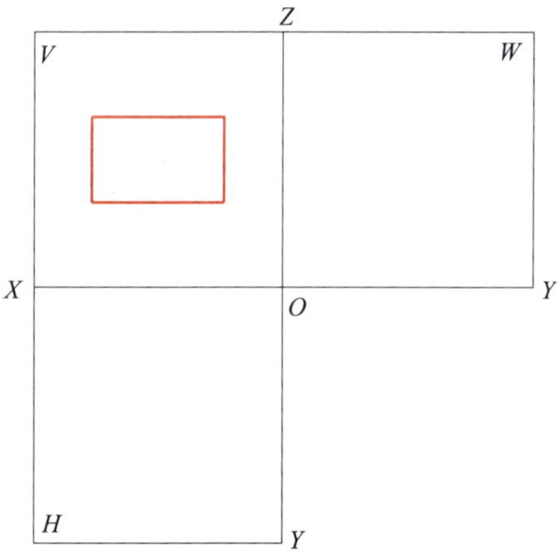

图 2-8　绘制主视图

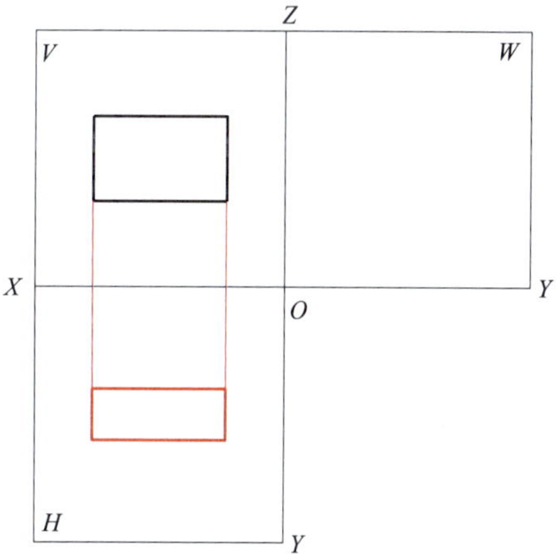

图 2-9　绘制俯视图

3. 绘制左视图

测量长方体的高和宽，在侧投影面上绘制长方体的左视图，作图时要保证左视图与主视图在高度方向对齐，左视图上前面（后面）的投影到 Z 轴的距离与俯视图上前面（后面）的投影到 X 轴的距离相等，如图 2-10 所示。

4. 折叠三个投影面

将三个投影面按照相互垂直的关系进行折叠，并使正投影面正对着自己，水平投影面在下侧，侧投影面在右侧，如图 2-11 所示。

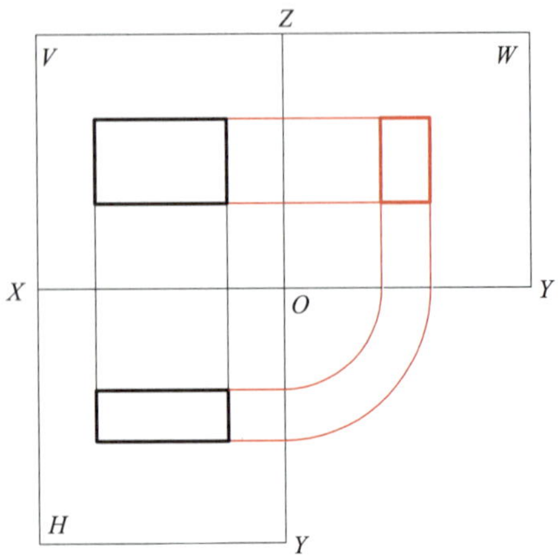

图 2-10　绘制左视图

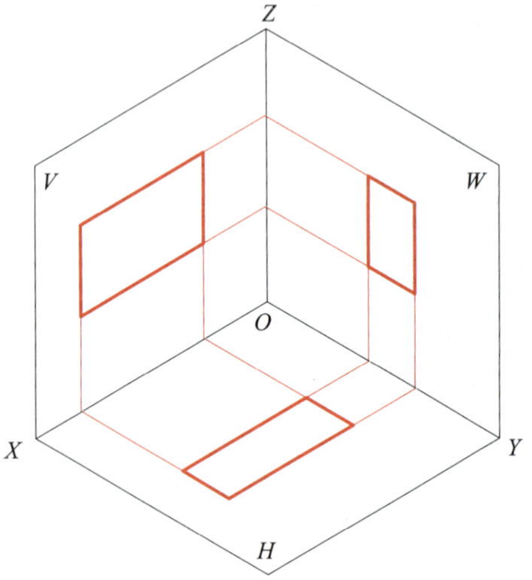

图 2-11　折叠三投影面

四、展开三投影面体系

为了能在一张图纸上同时绘制这三个视图，需要将三个投影面展开。三投影面体系的展开过程如图 2-12 所示，正投影面保持不动，使水平投影面沿 *OX* 轴顺时针旋转 90º，侧投影面沿 *OZ* 轴逆时针旋转 90°。三投影面体系展开时，*OY* 轴变成了两条。在绘制三视图时，一般不画投影面，只画投影轴，也可以省略投影轴。

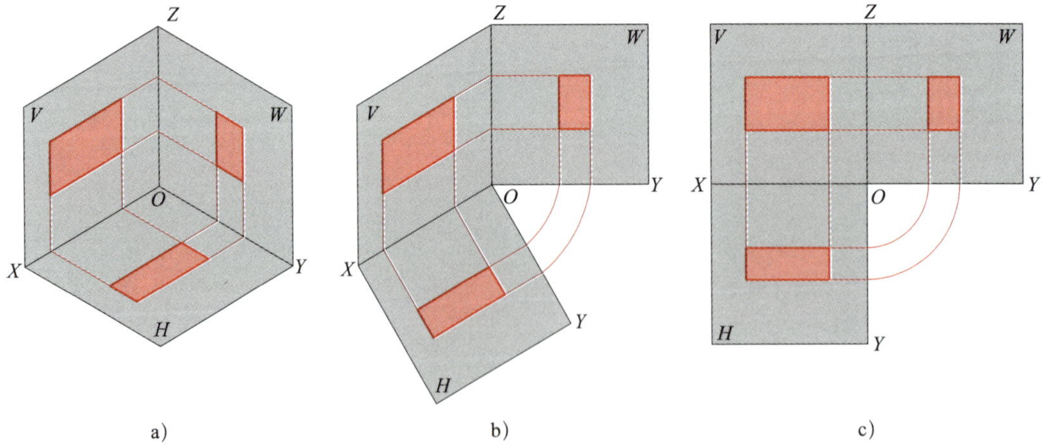

图 2-12　三投影面体系的展开过程

a）展开前　b）展开过程　c）展开后

五、分析三视图的投影规律

空间物体有前、后、左、右、上、下六个方位，如图 2-13a 所示。物体六个方位在三视图中的位置如图 2-13b 所示。

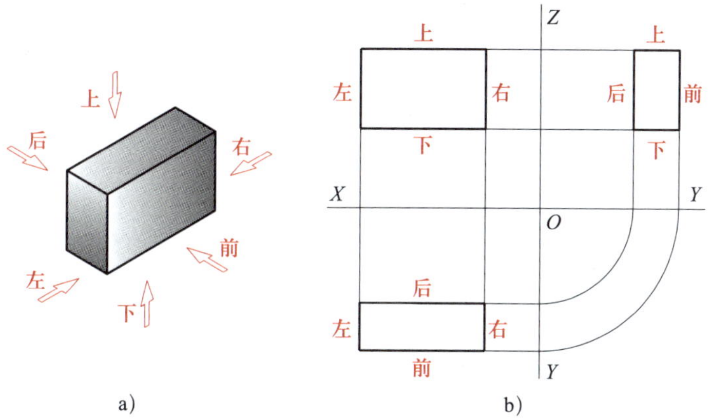

图 2-13　立体图与三视图的方位对照
a）立体图的六个方位　b）三视图

图 2-14 表达的是三视图之间的位置关系，对比分析图 2-14a、图 2-14b 可知，主视图反映了物体的长和高，俯视图反映了物体的长和宽，左视图反映了物体的高和宽。从图 2-14b 中还可以看出，俯视图在主视图的下方，主视图、俯视图相应部分的连线为互相平行的竖线，即其对应要素的长度相等，且左右两端对正；左视图在主视图右侧，主视图、左视图相应部分的连线为横线，即其对应要素的高度相等，且上下平齐；俯视图与左视图均可反映物体的宽度，所以俯视图、左视图对应部分的宽度相等。因此，可归纳出三视图的投影规律：主视图、俯视图长对正，主视图、左视图高平齐，俯视图、左视图宽相等，可概括为“长对正、高平齐、宽相等”。

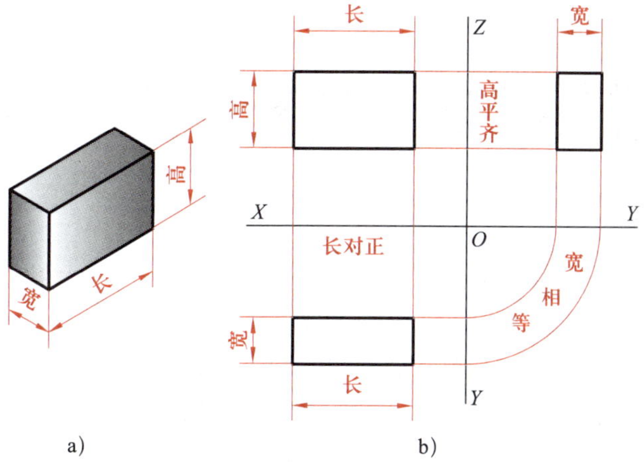

图 2-14　三视图的投影规律
a）立体图　b）三视图

【知识拓展】

绘制沙发的三视图

图 2-15 所示为沙发的实物图和简化外形的正等轴测图（正等轴测图的投影原理和画法见模块三），在绘制三视图时可以量取正等轴测图上与投影轴平行的棱边的长度作为绘制三视图的依据，试根据沙发简化外形的正等轴测图绘制其三视图。

a)　　b)

图 2-15　沙发
a）实物图　b）简化外形图

一、分析形体

在绘制或识读三视图时，首先要进行形体分析，弄清楚形体的组成及形成过程，以及形体上各要素的形状和位置关系等。沙发由靠背和底座两部分组成，它们都是长方体，靠背和底座的长度相等，靠背叠加在底座之上，两者的后面平齐。

二、绘制三视图

绘制沙发三视图的步骤见表 2-2。

表 2-2　绘制沙发三视图的步骤

步骤	图示
1. 测量底座的长和高，绘制底座的主视图 2. 测量底座的宽，并根据“长对正”的投影规律绘制底座的俯视图	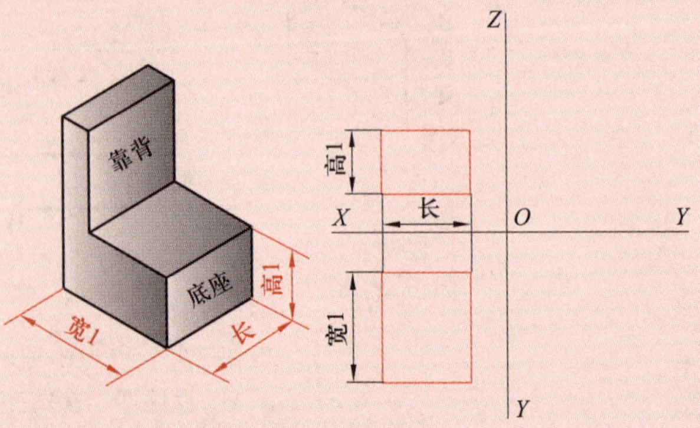

续表

步骤	图示
3. 根据“高平齐、宽相等”的投影规律，绘制底座的左视图	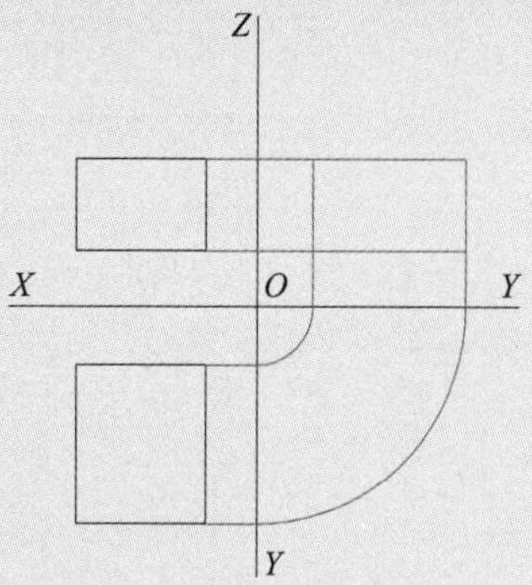
4. 测量靠背的高，绘制靠背的主视图 5. 测量靠背的宽，绘制靠背的俯视图	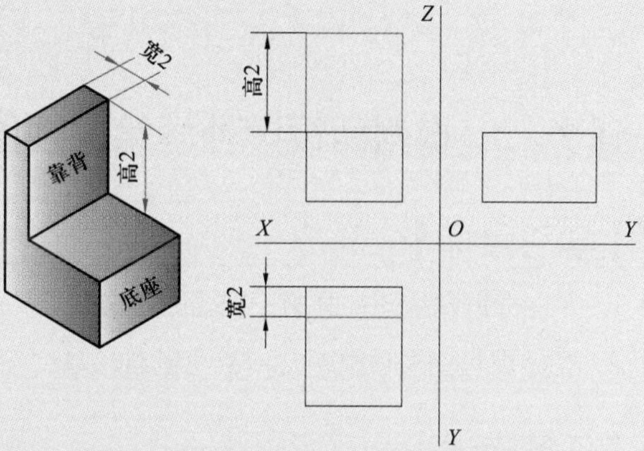
6. 根据“高平齐、宽相等”的投影规律，绘制靠背的左视图	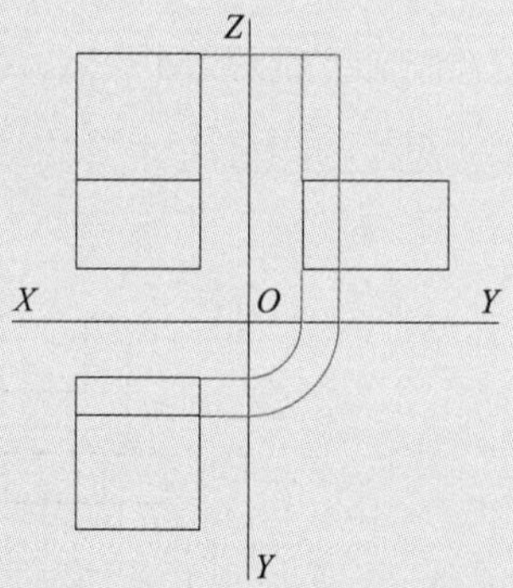
7. 校核三视图 在绘制三视图时，经常会出现多画线或漏画线的情况，要反复校核三视图，才会避免出现错误	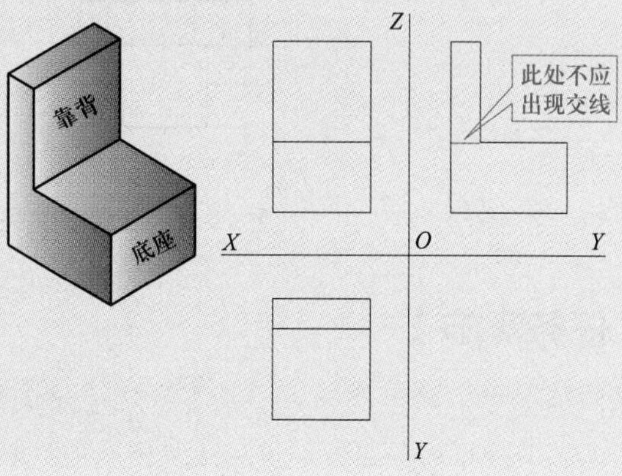

续表

步骤	图示
8. 擦除作图线，按国家标准规定的线型要求描深图线，完成三视图的绘制	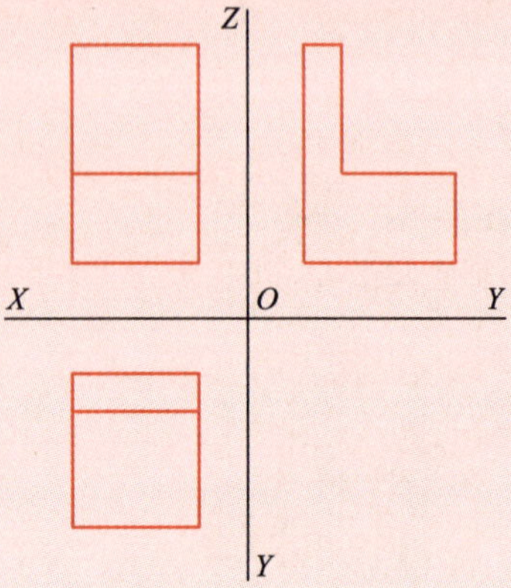

任务二　根据两视图补画第三视图

【学习目标】

1. 掌握根据两视图补画第三视图的方法。
2. 初步具有空间想象能力和空间思维能力。

【任务描述】

根据两视图补画第三视图是提高读图能力的重要手段。图 2-16 所示为支架的主视图和俯视图，试根据其两视图想象立体形状，补画左视图。

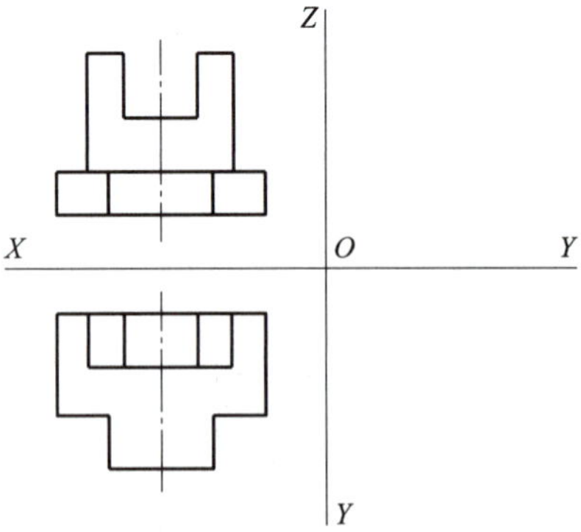

图 2-16　支架的主视图和俯视图

【任务实施】

一般情况下，两个视图可以基本表达清楚简单形体的形状和结构，根据两视图补画第三视图实际上就是根据两视图想象出物体的形状和结构，并按照投影关系绘制出第三视图。

一、分析形体

分析支架的主视图和俯视图可知，该形体由底板和竖板组成。底板和竖板均由长方体切割而成，在竖板上切割了一个矩形槽，在底板的左前方和右前方各切割了一个小长方体，如图 2-17 所示。

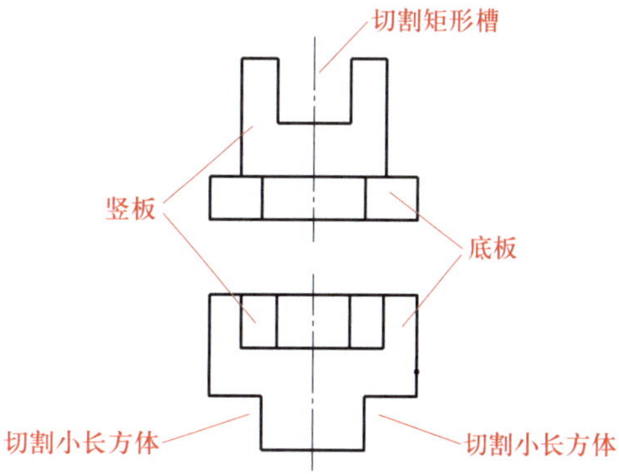

图 2-17 支架的形体分析

二、补画左视图

补画支架左视图的步骤见表 2-3。

表 2-3 补画支架左视图的步骤

步骤	图示
1. 绘制底板割角前的左视图	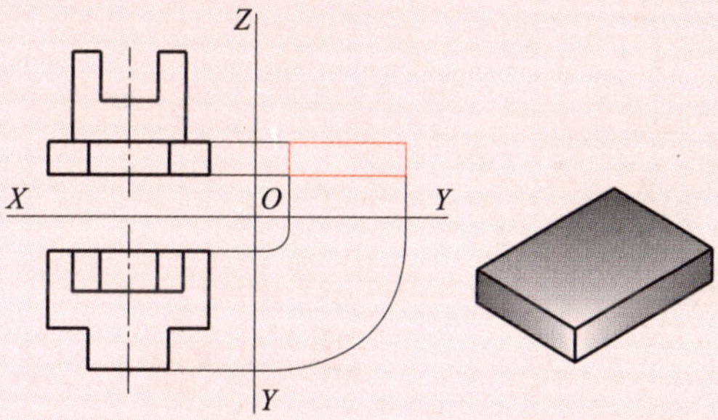
2. 绘制竖板开槽前的左视图	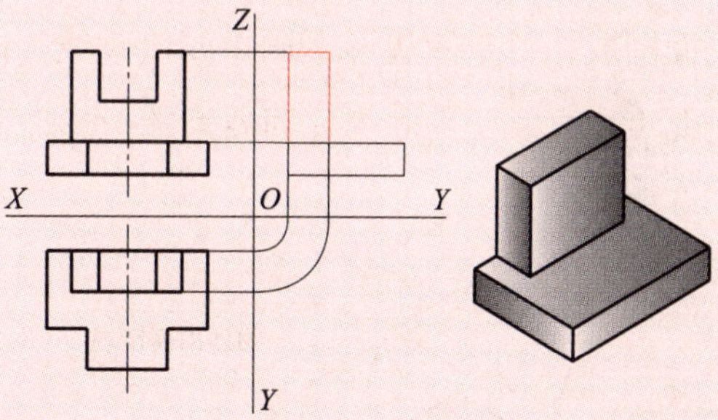
3. 绘制底板割角后的左视图	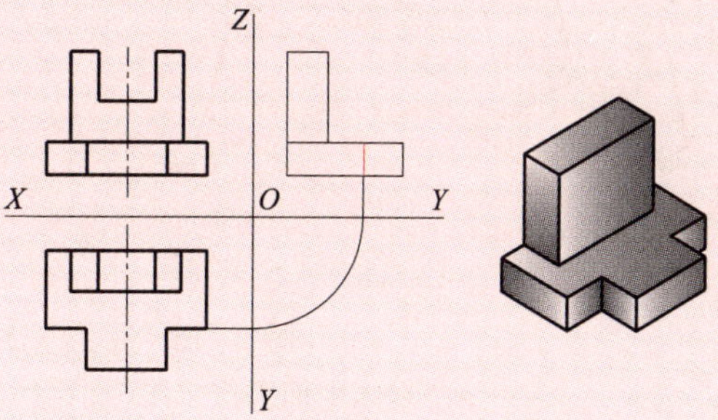

续表

步骤	图示
4. 绘制竖板开槽后的左视图（不可见棱边线用细虚线绘制）	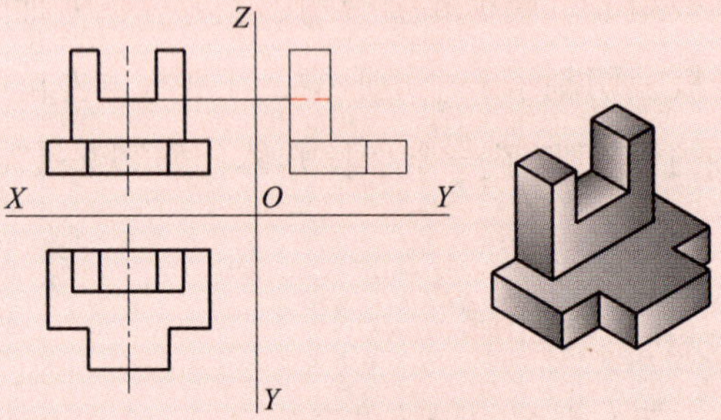
5. 擦除作图线等多余线条，校核所绘视图，按线型描深各种图线	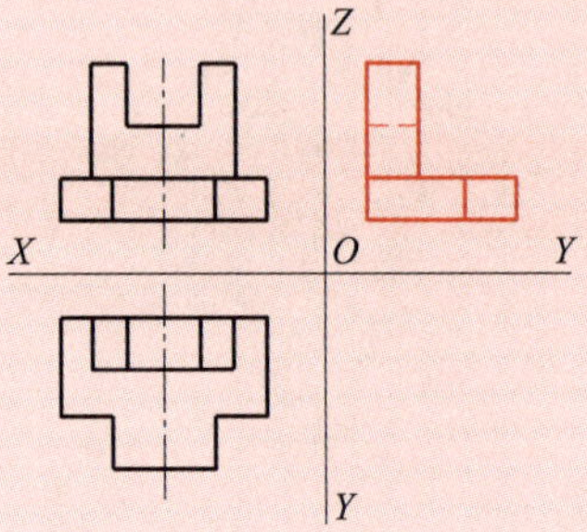

课题二 点的投影

任何物体都可以认为是由点、线、面等几何要素组成的。图 2-18 所示的梯形块由六个四边形平面围成，每个四边形平面由四段直线围成，每段直线由两个端点连接而成。由此可见，研究点、直线、平面等几何要素的投影，对画图和读图都具有非常重要的理论指导意义。

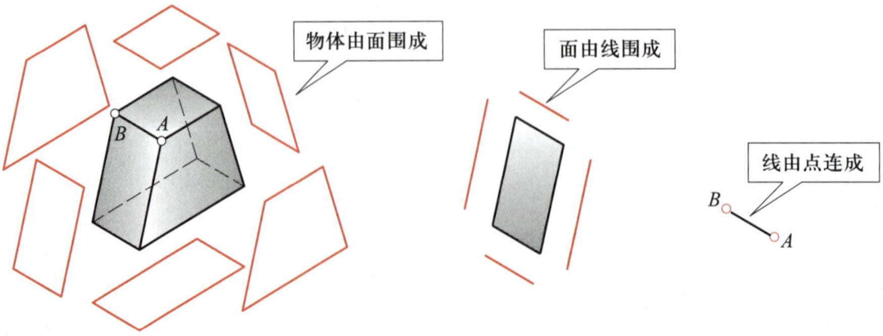

a)　　b)　　c)

图 2-18　梯形块上的点线面

a）物体由面围成　b）面由线围成　c）线由点连成

任务一　绘制点的三面投影

【学习目标】

1. 了解点的表示方法。
2. 掌握绘制点的投影的方法。
3. 掌握点的投影规律。

【任务描述】

如图 2-19a 所示，将点 A 向三个投影面投射，得到点 A 的正面投影 a'、水平投影 a、侧面投影 a''，已知点 A 到侧投影面的距离为 30 mm，到正投影面的距离为 16 mm，到水平投影面的距离为 24 mm。试在图 2-19b 所示的三投影面体系中绘制点 A 的三面投影，并分析点的投影规律。

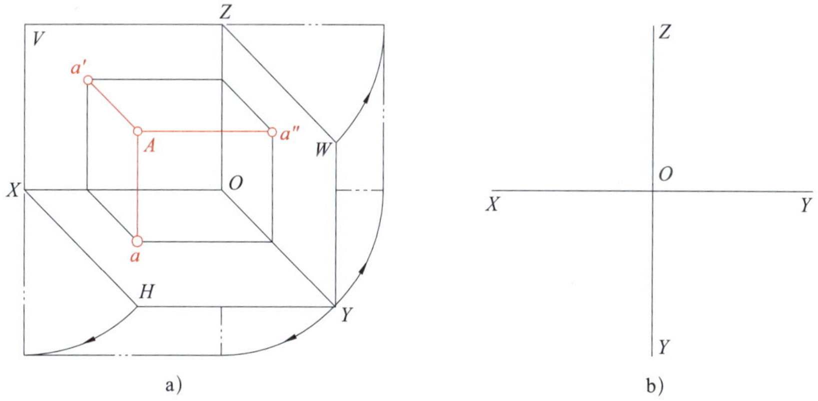

图 2-19　点的投影
a）立体图　b）投影图

【相关知识】

一、点的表示方法

一般情况下，空间点用大写英文字母表示，如 A、B、S、M、N 等；点的水平投影用相应的小写字母表示，如 a、b、s、m、n 等；点的正面投影用相应的小写字母加“′”表示，如 a'、b'、s'、m'、n' 等；点的侧面投影用相应的小写字母加“″”表示，如 a''、b''、s''、m''、n'' 等。

二、点的坐标

在三投影面体系中，点的位置可由点到三个投影面的距离来确定。如果将三个投影面作为三个坐标面，投影轴作为坐标轴，空间点的位置坐标为（x，y，z），则正面投影坐标为（x，z），水平投影坐标为（x，y），侧面投影坐标为（y，z）。如点 B 的坐标为 B（50，30，40），则点 B 的正面投影坐标为 b'（50，40），水平投影坐标为 b（50，30），侧面投影坐标为 b''（30，40）。

【任务实施】

一、绘制点的三面投影

分析图 2-19a 可以看出，点 A 正面投影的位置由点到侧投影面的距离和点到水平投影面的距离确定，水平投影的位置由点到侧投影面的距离和点到正投影面的距离确定，侧面投影的位置由点到正投影面的距离和点到水平投影面的距离确定。点 A 的坐标为 A（30，16，24），根据点 A 的坐标可绘制点 A 的三面投影，绘制步骤见表 2-4。

表 2-4　绘制点 A 的三面投影的步骤

步骤	图示
1. 绘制点 A 的正面投影 根据点 A 正面投影的坐标 a'（30，24）绘制正面投影 a'	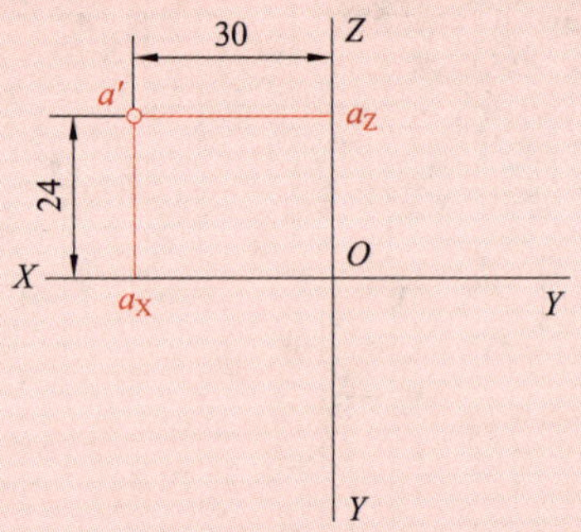
2. 绘制点 A 的水平投影 根据点 A 水平投影的坐标 a（30，16）绘制水平投影 a	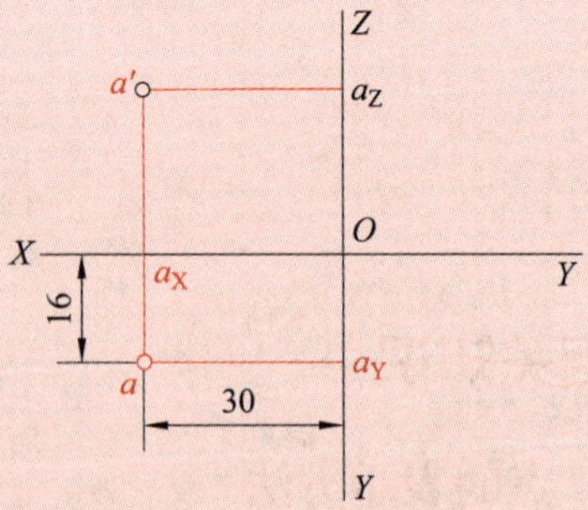
3. 绘制点 A 的侧面投影 根据点 A 侧面投影的坐标 a''（16，24）绘制侧面投影 a''	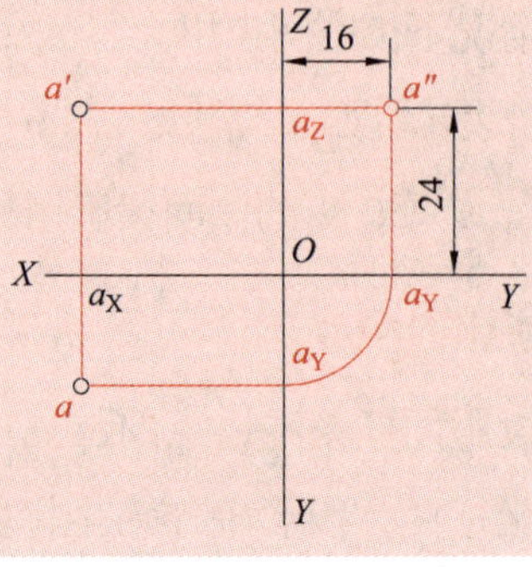

二、分析点的投影规律

观察表 2-4 中的图，可得出点的投影规律：$a'a \perp OX$，即点的正面投影和水平投影的连线垂直于 OX 轴；$a'a'' \perp OZ$，即点的正面投影和侧面投影的连线垂直于 OZ 轴；$aa_X=a''a_Z$，即点的水平投影到 OX 轴的距离等于其侧面投影到 OZ 轴的距离。

很显然，点的三面投影符合三视图的投影规律。

任务二　绘制点的第三投影

【学习目标】

1. 掌握根据点的两个已知投影绘制第三投影的方法。
2. 能根据点的投影判断点的空间位置。
3. 了解重影点的概念及表示方法。

【任务描述】

图 2-20 所示为点 A、B、C 的两面投影，试绘制其第三投影，并分析点的空间位置。

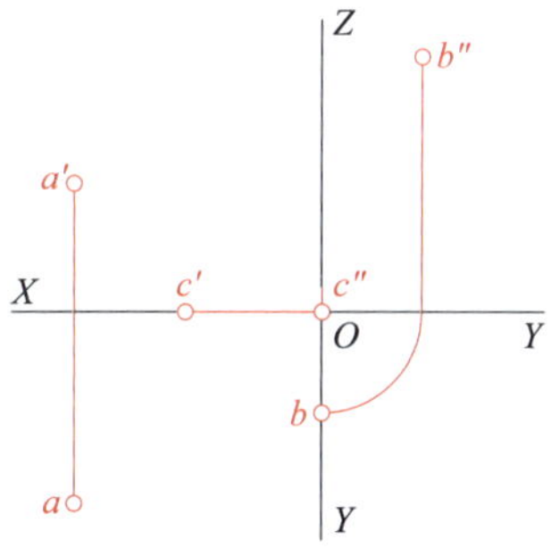

图 2-20　点的两面投影

【任务实施】

在点的投影图中，任意一个投影都包含两个坐标，所以一个点的两个投影就包含了确定该点空间位置的三个坐标，即确定了点的空间位置。换言之，若已知某点的两个投影，则可求出其第三投影。绘制点 A、B、C 的第三投影及分析点的空间位置的步骤见表 2-5。

表 2-5　绘制点 *A*、*B*、*C* 的第三投影及分析点的空间位置的步骤

步骤	图示	点的空间位置
1. 按照“高平齐、宽相等”的投影规律求作点 *A* 的侧面投影 *a″*	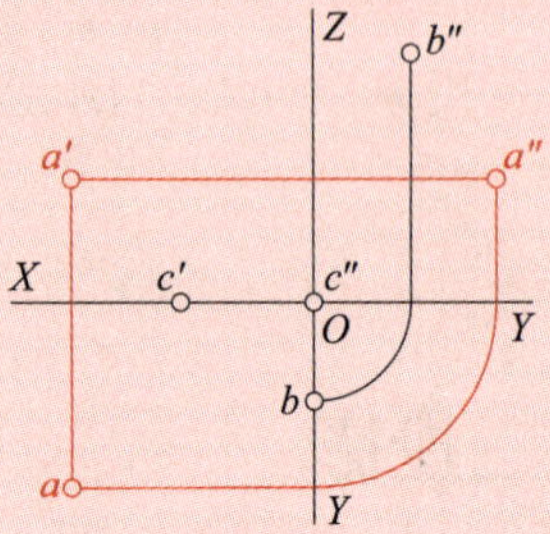	点 *A* 在空间一般位置
2. 按照“长对正、高平齐”的投影规律求作点 *B* 的正面投影 *b′*	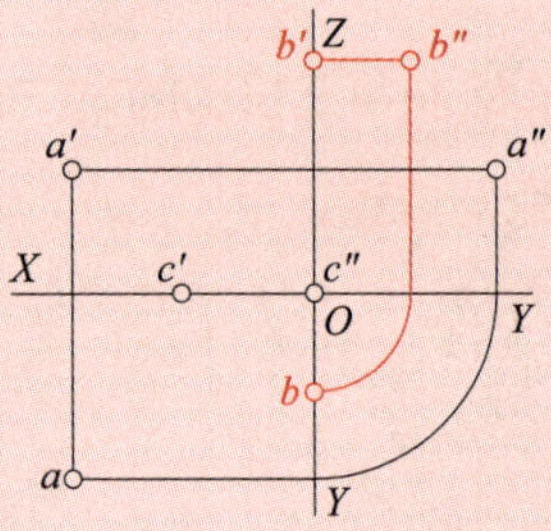	点 *B* 在侧投影面上
3. 按照“长对正、宽相等”的投影规律求作点 *C* 的水平投影 *c*	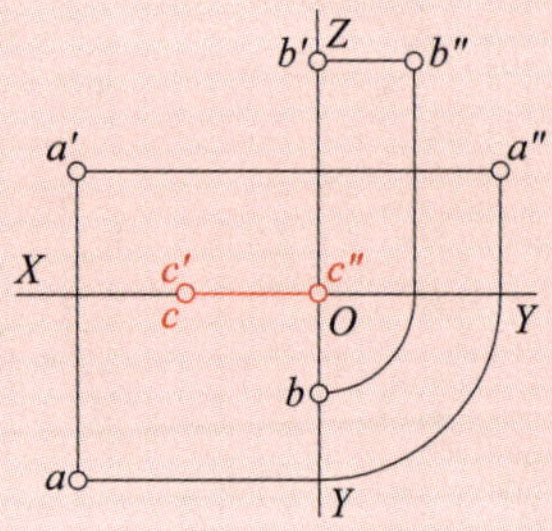	点 *C* 在 *X* 轴上

【知识拓展】

重影点的概念及表示方法

在图 2-21 所示点 *E*、*F* 的投影中，在 *V* 面上的投影 *e′* 和 *f′* 重合，这说明 *E*、*F* 两点的 *X*、*Z* 坐标相同，即 $x_E=x_F$、$z_E=z_F$，*E*、*F* 两点处于垂直于正投影面的同一条投射线上。由此可见，共处于垂直于某一投影面的同一条投射线上的两点，必在相应的投影面上具有重合的投影，这两个点称为对该投影面的一对重影点。重影点的可见性需根据这两点不重影的投影坐标的大小来判别。例如，在图 2-21 中，*e′*、*f′* 重合，但水平投影不重合，且 *e* 在前、*f* 在后，即 $y_E>y_F$。所以对 *V* 面来说，点 *E* 可见，点 *F* 不可见。在投影图中，对不可见的点，需加圆括号表示。因此，在图 2-21 中，对 *V* 面上不可见点 *F* 的投影，加圆括号表示为（*f′*）。

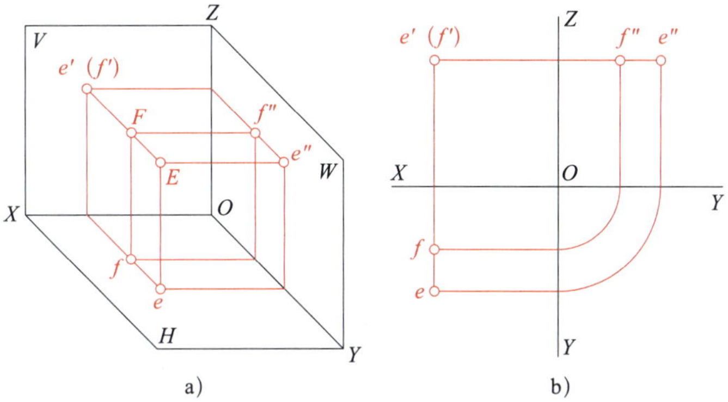

图 2-21 重影点
a）立体图 b）投影图

课题三 直线的投影

任务一 分析直线的投影

【学习目标】

1. 了解直线的种类。
2. 掌握各种位置直线的投影规律。

【任务描述】

楔块的结构如图 2-22 所示，试根据立体图，在三视图上标注点 *A*、*B*、*C*、*D* 的投影，分析棱线（立体上两表面之间的交线称为棱边线或棱线）*AB*、*AC*、*AD*、*CD* 的空间位置和三面投影，判断其类别。

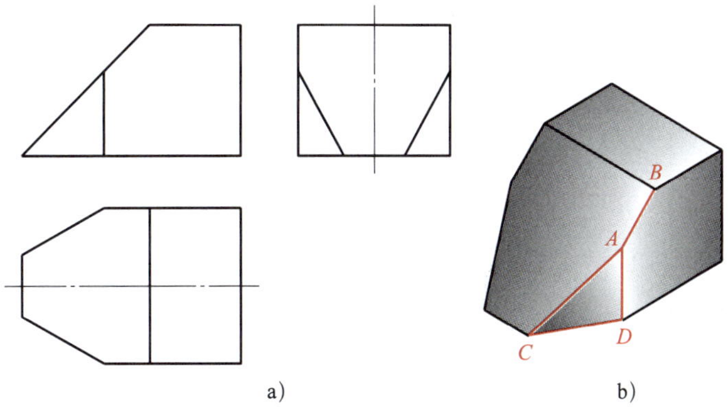

图 2-22 楔块
a）三视图 b）立体图

【相关知识】

根据直线相对于投影面的不同位置可将直线分为投影面垂直线、投影面平行线和一般位置直线三种，见表 2-6。

表 2-6　直线的类别

类别	概念	种类及性质
投影面垂直线	垂直于某一投影面的直线	1. 正垂线：垂直于 *V* 面，平行于 *H*、*W* 面 2. 铅垂线：垂直于 *H* 面，平行于 *V*、*W* 面 3. 侧垂线：垂直于 *W* 面，平行于 *V*、*H* 面
投影面平行线	平行于某一投影面，倾斜于另外两个投影面的直线	1. 正平线：平行于 *V* 面，倾斜于 *H*、*W* 面 2. 水平线：平行于 *H* 面，倾斜于 *V*、*W* 面 3. 侧平线：平行于 *W* 面，倾斜于 *V*、*H* 面
一般位置直线	与三个投影面都倾斜的直线	倾斜于 *V*、*H*、*W* 面

一、投影面垂直线

图 2-23 所示长方体上的三条棱线 *AB*、*AC*、*AD* 分别垂直于正投影面、水平投影面和侧投影面。因此 *AB* 是正垂线，*AC* 是铅垂线，*AD* 是侧垂线，投影面垂直线的三面投影及投影规律见表 2-7。

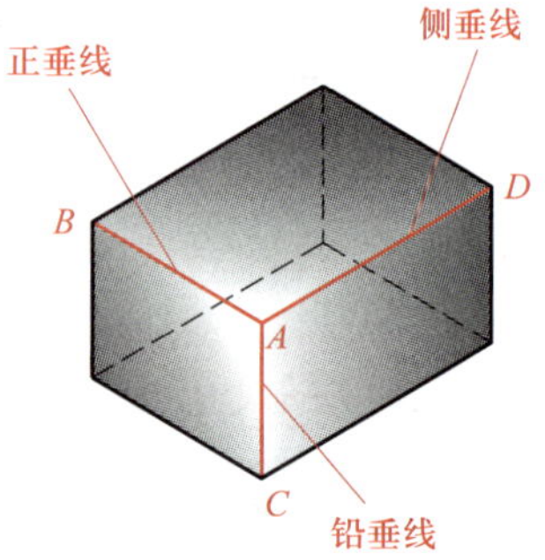

图 2-23　投影面垂直线

表 2-7　投影面垂直线的三面投影及投影规律

<table>
<tr><th>名称</th><th>正垂线</th><th>铅垂线</th><th>侧垂线</th></tr>
<tr><td>三维图</td><td>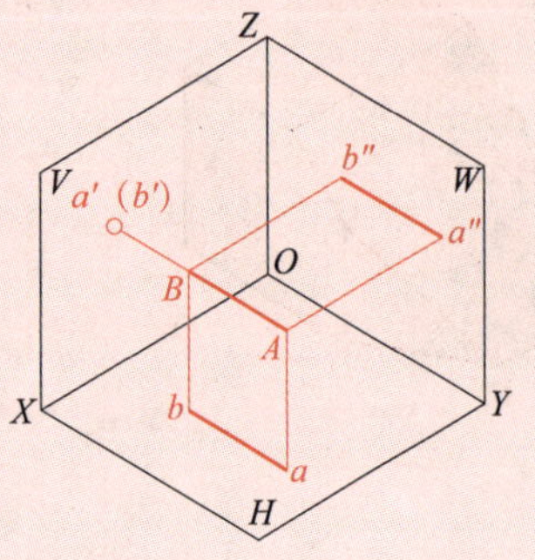
</td><td>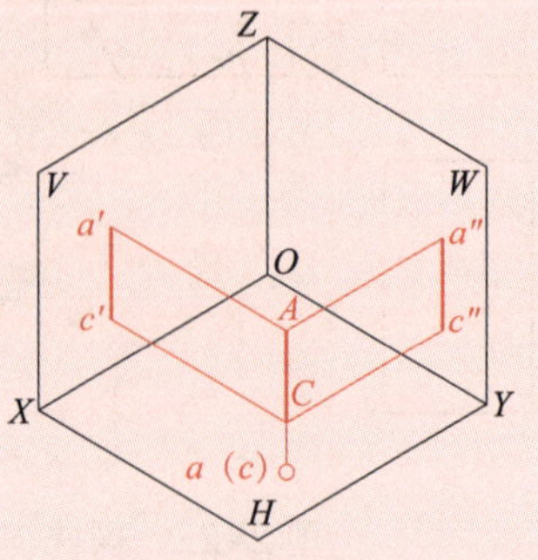
</td><td>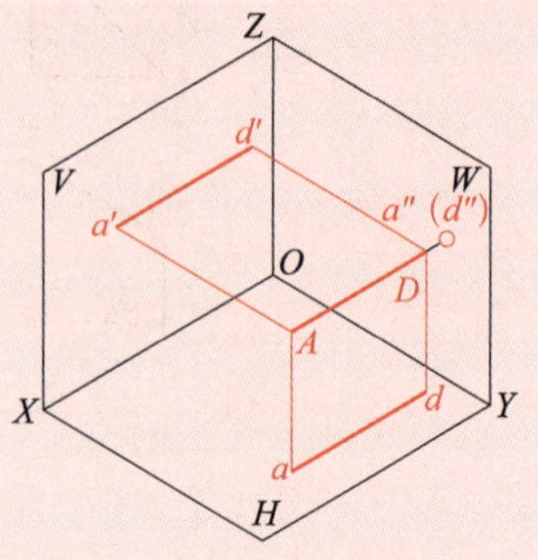
</td></tr>
</table>

续表

名称	正垂线	铅垂线	侧垂线
投影图	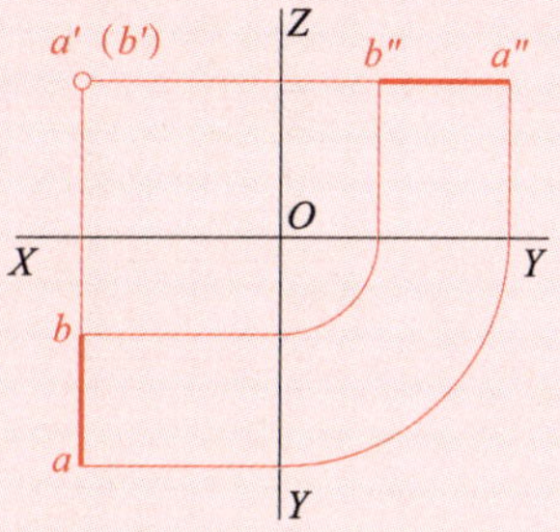	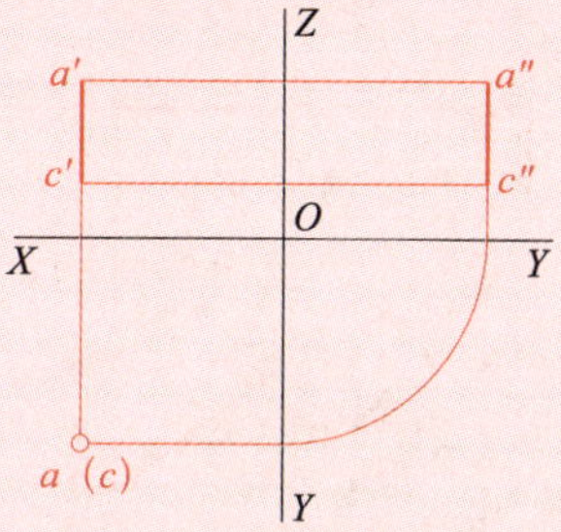	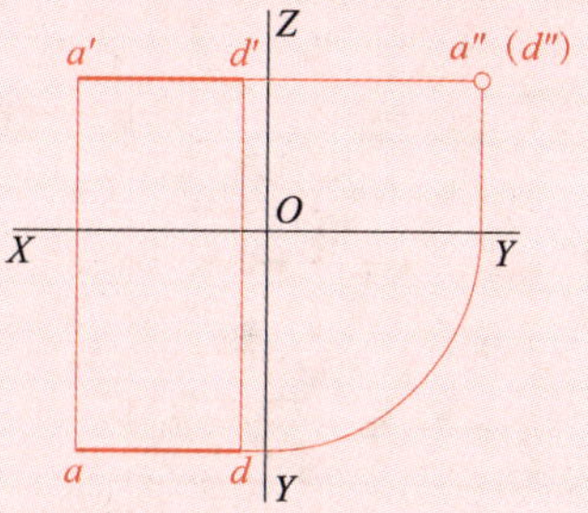
投影规律	1. 在与直线垂直的投影面上的投影积聚为一点 2. 在与直线平行的两个投影面上的投影为反映实长的横线或竖线		

在表 2-7 中，正垂线 *AB* 两个端点的正面投影重合，该两点称为 *V* 面的重影点。点 *A* 和点 *B* 在向正投影面投影时，先投影到点 *A*，可认为点 *A* 可见，后投影到点 *B*，点 *B* 被认为不可见，所以点 *B* 正面投影的标记在图中注写为"(b')"。同理，铅垂线 *AC* 的两个端点的水平投影重合，点 *C* 的水平投影在图中注写为"(*c*)"；侧垂线 *AD* 的两个端点的侧面投影重合，点 *D* 的侧面投影在图中注写为"(d'')"。

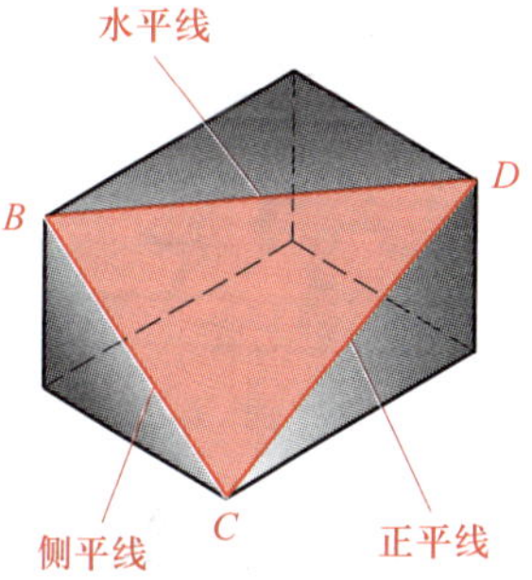

图 2-24 投影面平行线

二、投影面平行线

图 2-24 所示的割角长方体上的三条棱线 *CD*、*BD*、*BC* 分别平行于正投影面、水平投影面和侧投影面。因此 *CD* 是正平线，*BD* 是水平线，*BC* 是侧平线，其三面投影及投影规律见表 2-8。

表 2-8 投影面平行线的三面投影及投影规律

名称	正平线	水平线	侧平线
三维图	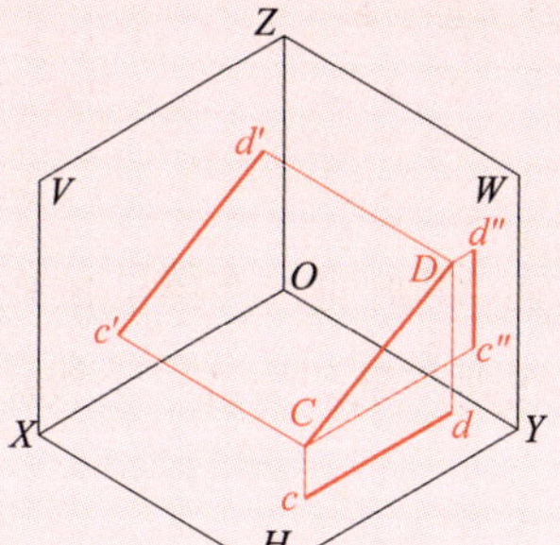	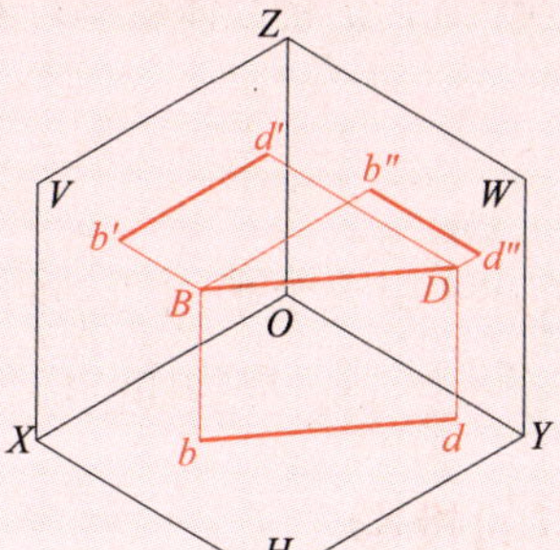	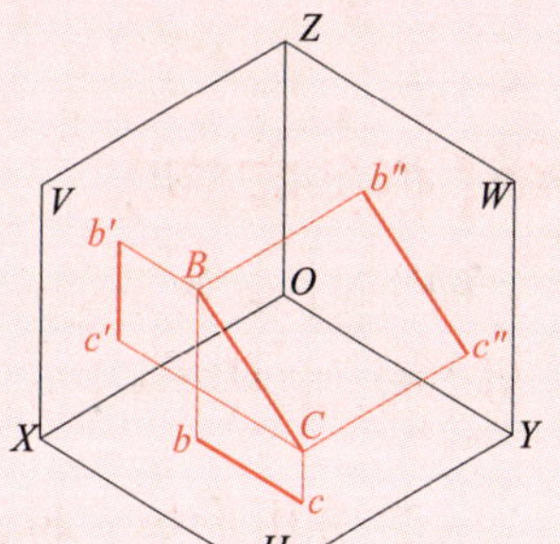

续表

名称	正平线	水平线	侧平线
投影图	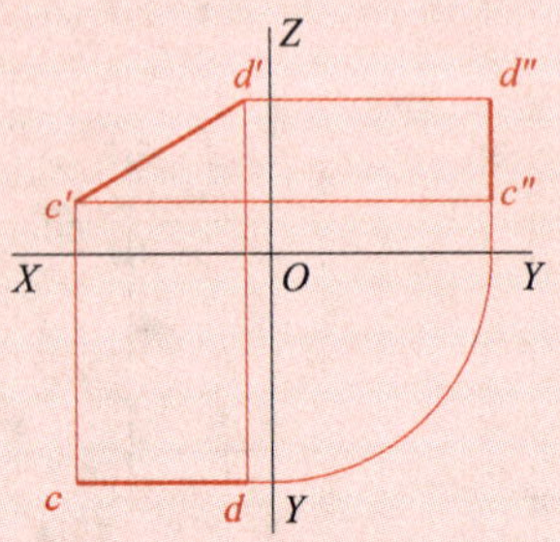	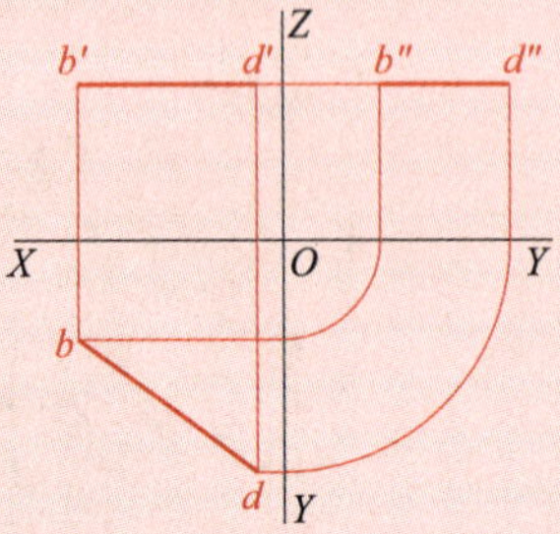	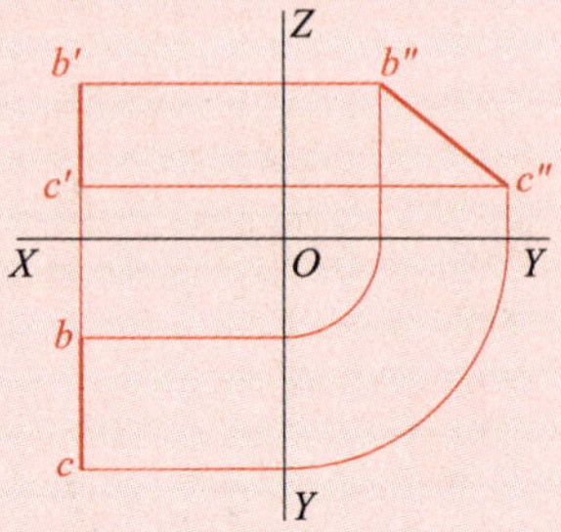
投影规律	1. 在与直线平行的投影面上的投影为反映实长的斜线 2. 在与直线倾斜的两个投影面上的投影为收缩的横线或竖线		

三、一般位置直线

图 2-25a 所示顶尖上有一条与三个投影面都倾斜的一般位置直线 *CE*，其立体图如图 2-25b 所示，其三面投影如图 2-25c 所示。不难看出，一般位置直线的三面投影皆为收缩的斜线。

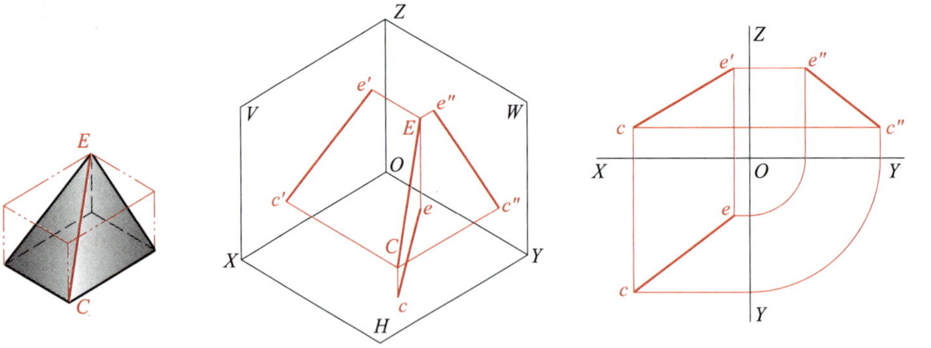

a)　　b)　　c)

图 2-25　一般位置直线

a）顶尖　b）*CE* 的立体图　c）*CE* 的三面投影

【任务实施】

楔块可以认为是由一个长方体用三个平面切割而成的。切割前长方体的棱线垂直于某一投影面，同时平行于另外两个投影面。某些切割后的棱线则与某两个或三个投影面倾斜。

一、分析形体，标注点的投影

该形体是将一个长方体用一个垂直于正投影面的平面和两个垂直于水平投影面的平面切

割而成的，点 A、B、C、D 的三面投影如图 2-26 所示。

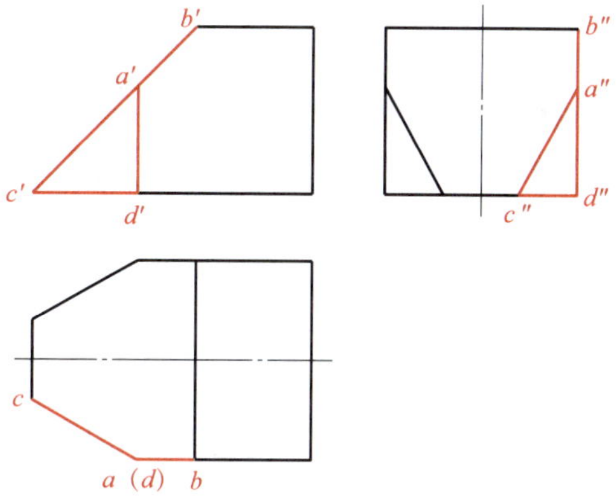

图 2-26 标注点的投影

二、分析棱线的投影，判断其类别

棱线 AB 的正面投影 a′b′ 为斜线，水平投影 ab 为横线，侧面投影 a″b″ 为竖线，因此棱线 AB 为正平线。

棱线 AD 的水平投影 ad 积聚为一点，正面投影 a′d′ 为竖线，侧面投影 a″d″ 也为竖线，因此棱线 AD 为铅垂线。

棱线 CD 的水平投影 cd 为斜线，正面投影 c′d′ 和侧面投影 c″d″ 为横线，因此棱线 CD 为水平线。

棱线 AC 的三面投影 ac、a′c′、a″c″ 都是斜线，因此棱线 AC 为一般位置直线。

任务二 绘制直线的第三投影

【学习目标】

能根据直线的两个已知投影绘制第三投影。

【任务描述】

直线 AB 的正面投影和侧面投影如图 2-27 所示，试绘制其水平投影。

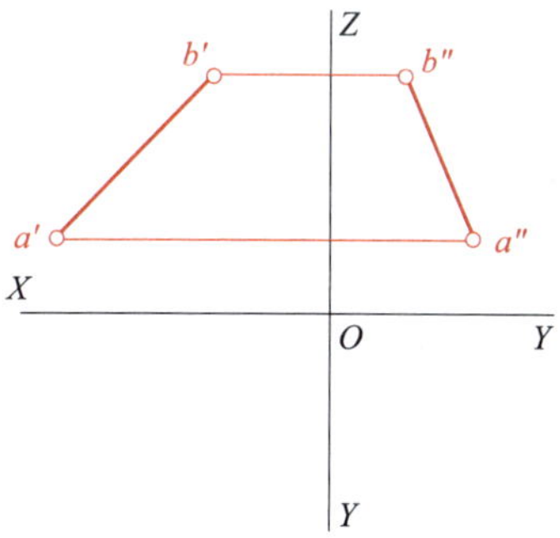

图 2-27 直线的正面投影和侧面投影

【任务实施】

绘制直线的投影时，可先根据点的投影规律作出端点的未知投影，然后连接两端点的投影即可。绘制直线的水平投影的步骤见表 2-9。

表 2-9　绘制直线的水平投影的步骤

步骤	图示
1. 绘制点 *A* 的水平投影 *a*	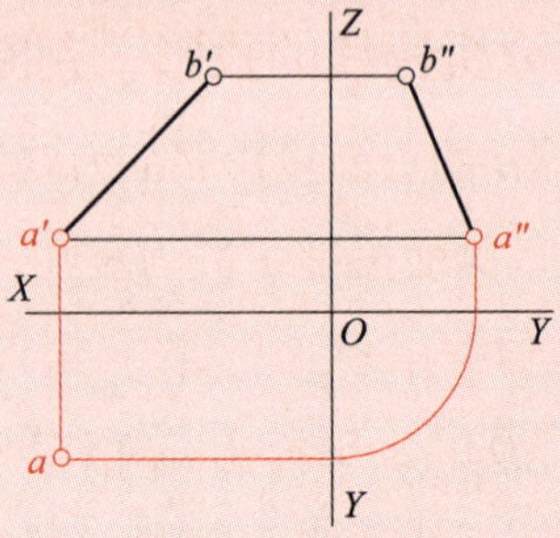
2. 绘制点 *B* 的水平投影 *b*	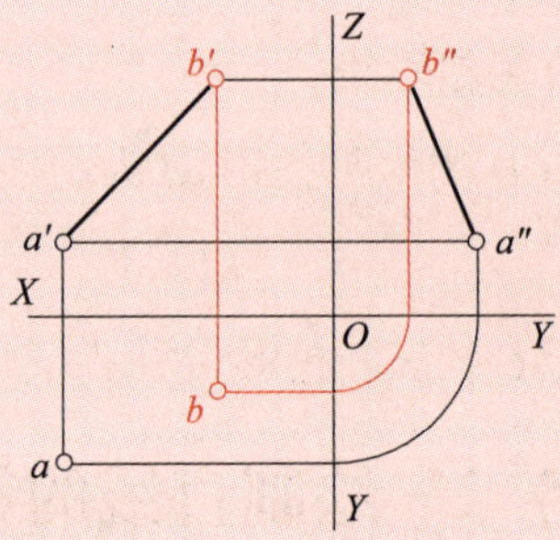
3. 用粗实线连接 *ab*	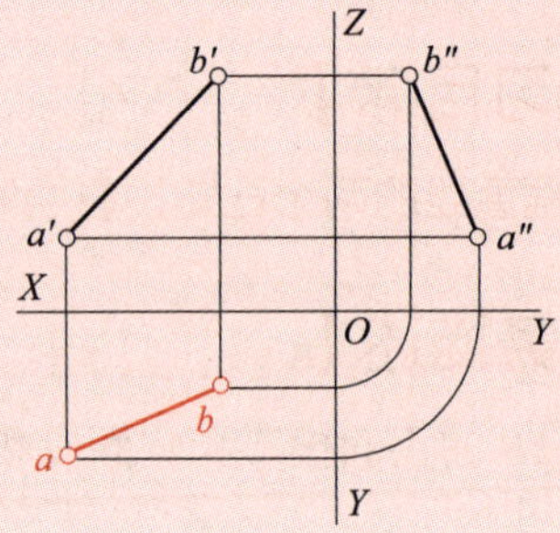

课题四　平面的投影

任务一　分析平面的投影

【学习目标】

1. 了解平面的种类。
2. 掌握各种位置平面的投影规律。

【任务描述】

图 2-28 所示为正四面体，试根据立体图在三视图上标注各顶点的投影，分析各棱线和平面的投影，判断各棱线和平面的类别。

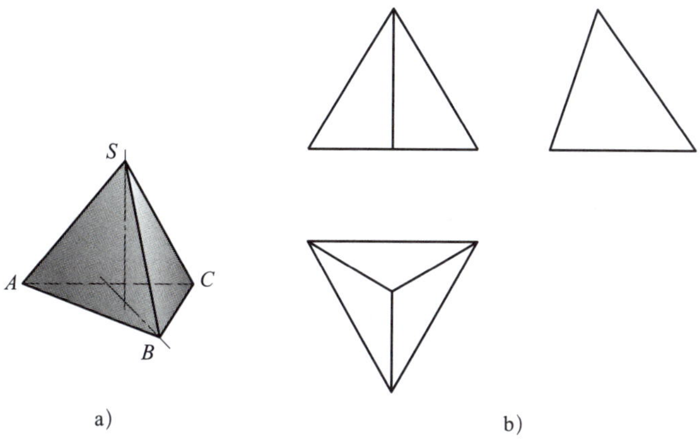

图 2-28　正四面体
a）立体图　b）三视图

【相关知识】

根据平面相对于投影面的不同位置可将平面分为投影面平行面、投影面垂直面和一般位置平面三种，见表 2-10。各种位置平面示例如图 2-29 所示。

表 2-10　平面的类别

类别	概念	种类及性质
投影面平行面	平行于某一投影面，垂直于另外两个投影面的平面	1. 正平面：平行于 *V* 面，垂直于 *H*、*W* 面 2. 水平面：平行于 *H* 面，垂直于 *V*、*W* 面 3. 侧平面：平行于 *W* 面，垂直于 *V*、*H* 面
投影面垂直面	垂直于某一投影面，倾斜于另外两个投影面的平面	1. 正垂面：垂直于 *V* 面，倾斜于 *H*、*W* 面 2. 铅垂面：垂直于 *H* 面，倾斜于 *V*、*W* 面 3. 侧垂面：垂直于 *W* 面，倾斜于 *V*、*H* 面
一般位置平面	与三个投影面都倾斜的平面	倾斜于 *V*、*H*、*W* 面

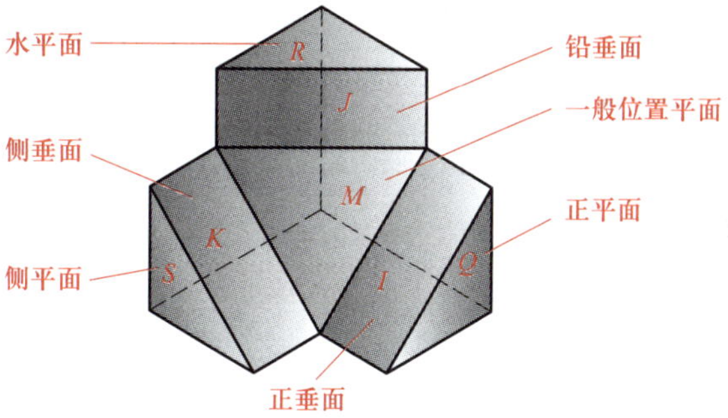

图 2-29　各种位置平面示例

一、投影面平行面

图 2-29 所示形体上的平面 Q、R、S 为投影面平行面，其三面投影及投影规律见表 2-11。

表 2-11 投影面平行面的三面投影及投影规律

名称	正平面	水平面	侧平面
三维图	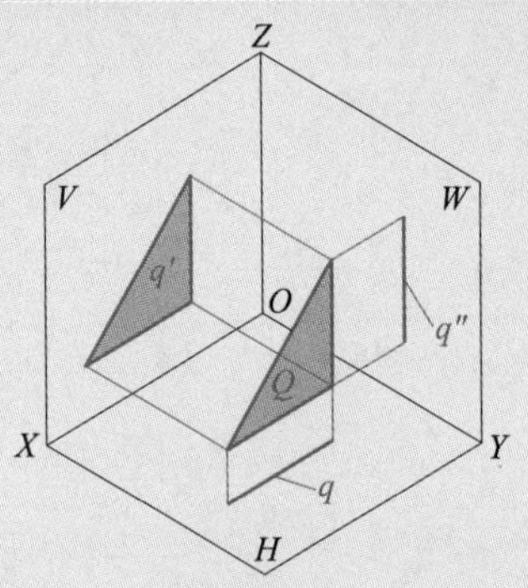	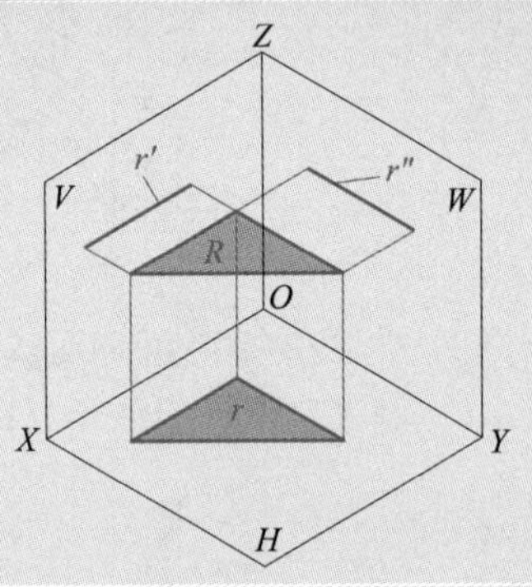	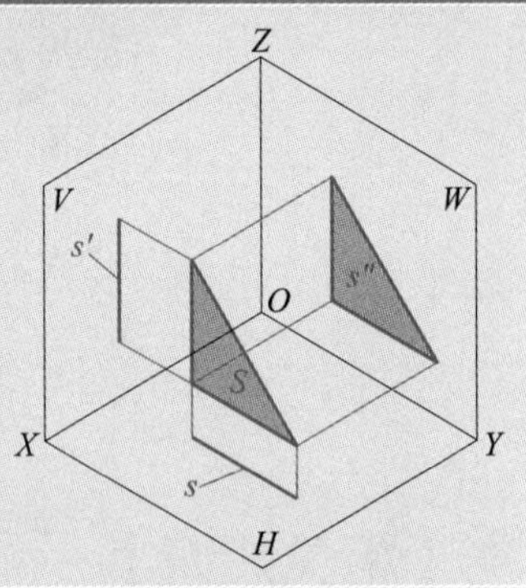
投影图	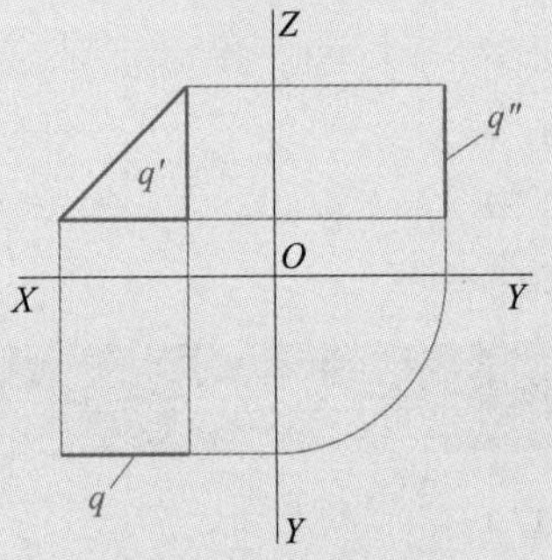	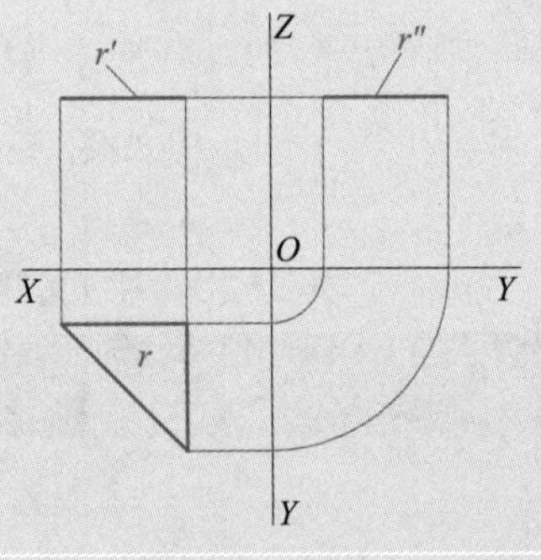	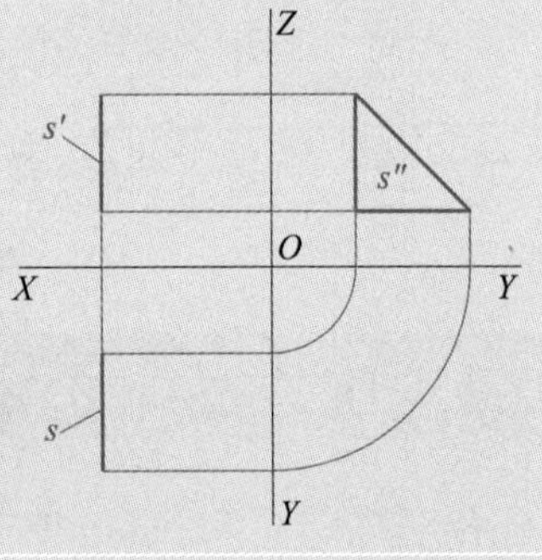
投影规律	1. 在与平面平行的投影面上的投影反映实形 2. 在与平面垂直的两个投影面上的投影积聚为横线或竖线		

二、投影面垂直面

图 2-29 所示形体上的平面 I、J、K 为投影面垂直面，其三面投影及投影规律见表 2-12。

表 2-12 投影面垂直面的三面投影及投影规律

名称	正垂面	铅垂面	侧垂面
三维图	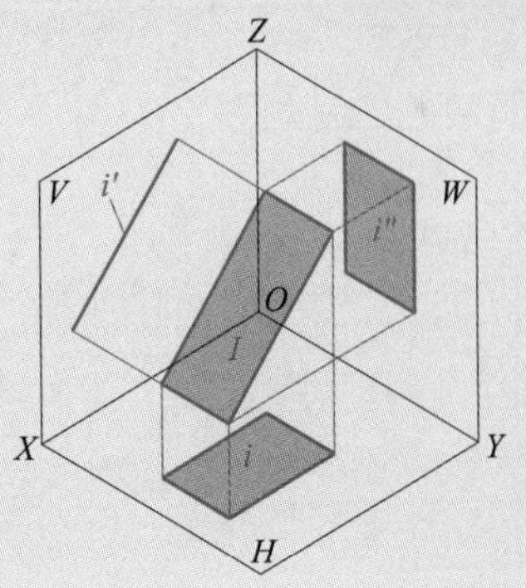	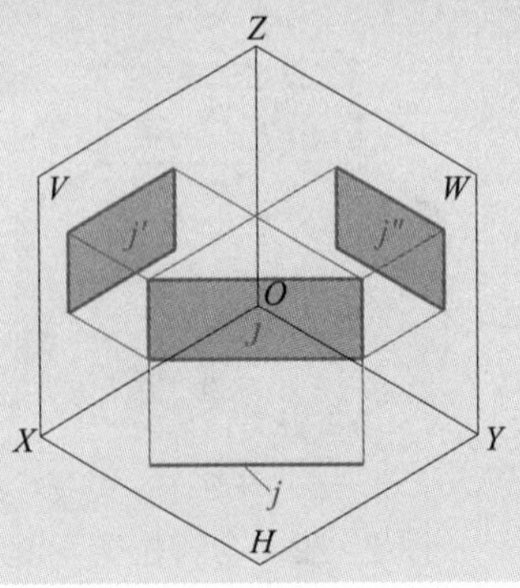	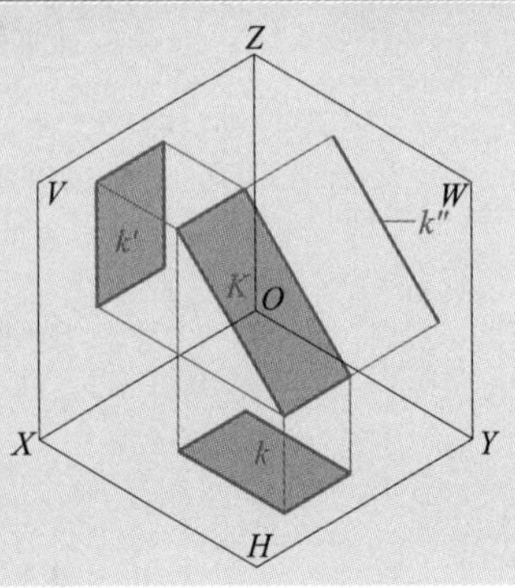

续表

名称	正垂面	铅垂面	侧垂面
投影图	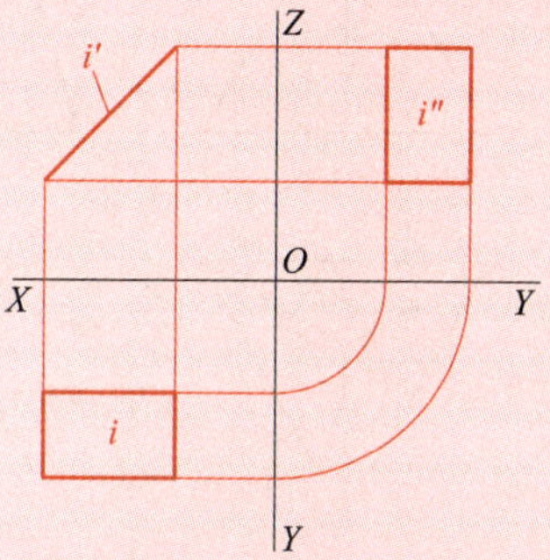	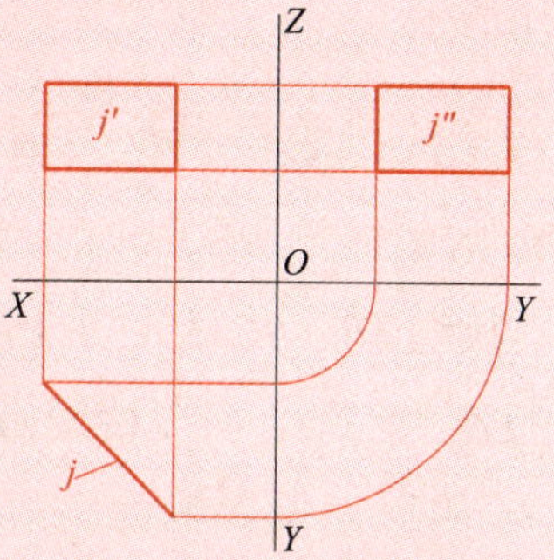	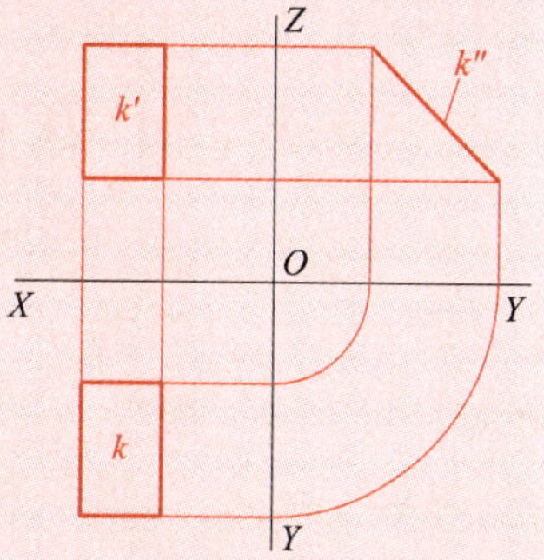
投影规律	1. 在与平面垂直的投影面上的投影积聚为斜线 2. 在与平面倾斜的两个投影面上的投影为实形的类似形		

三、一般位置平面

如图 2-30 所示，平面 *M* 为一般位置平面，其空间实形为三角形，投影也为三角形。所以说，一般位置平面的三面投影皆为实形的类似形。

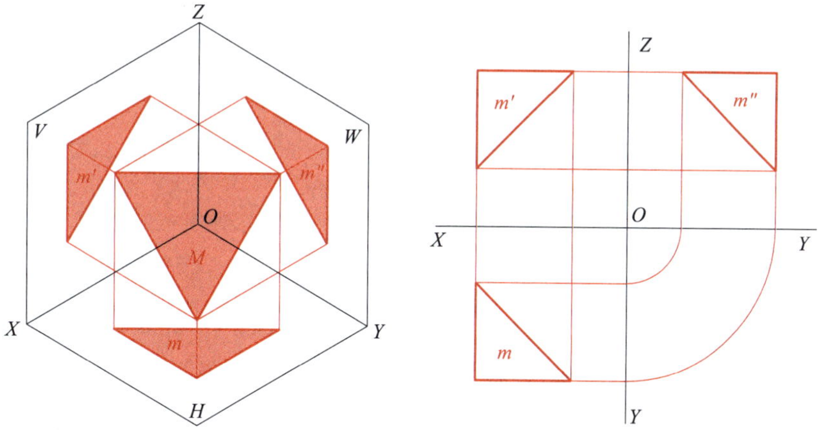

a)　　b)

图 2-30　一般位置平面
a）立体图　b）三视图

【任务实施】

图 2-28 所示正四面体由四个平面围成，各平面都是大小相同的正三角形，其底面三角形与水平投影面平行，后侧的三角形与侧投影面垂直。该正四面体上有六条棱线，位置各异。

一、在正四面体的三视图上标注各顶点的投影

根据图 2-28a 所示正四面体的立体图，在三视图上标注各顶点的投影，如图 2-31 所示。

二、分析正四面体上各条棱线的投影及类别

如图 2-31 所示，棱线 *AC* 的侧面投影积聚为一点 *a*″（*c*″），所以 *AC* 为侧垂线。棱线 *AB*、*BC* 的正面投影和侧面投影皆为横线，水平投影为斜线，所以棱线 *AB* 和 *BC* 为水平线。棱线 *SA*、*SC* 的三面投影皆为斜线，所以棱线 *SA* 和 *SC* 为一般位置直线。棱线 *SB* 的正面投影和水平投影为竖线，侧面投影为斜线，所以棱线 *SB* 为侧平线。

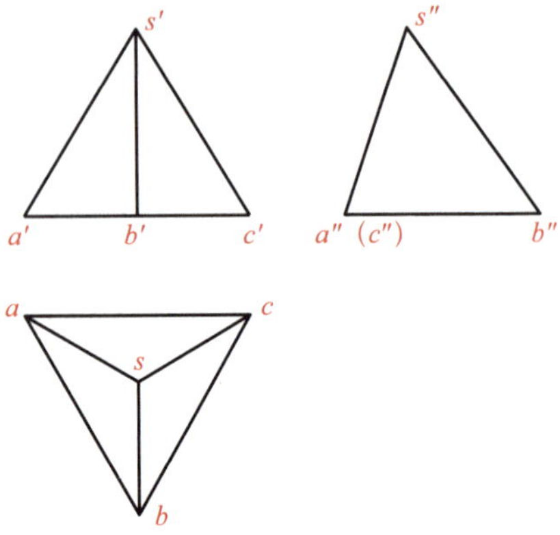

图 2-31　标注各顶点的投影

三、分析正四面体上各个平面的投影及类别

底面△*ABC* 的正面投影和侧面投影均为横线，水平投影为三角形，所以△*ABC* 为水平面。△*SAB* 和△*SBC* 的三面投影皆为三角形，所以△*SAB* 和△*SBC* 为一般位置平面。△*SAC* 的侧面投影积聚为一条斜线 *s*″*a*″（*c*″），水平投影和正面投影皆为三角形，所以△*SAC* 为侧垂面。

任务二　绘制平面的第三投影

【学习目标】

掌握根据平面的两个已知投影求作第三投影的方法。

【任务描述】

如图 2-32 所示，已知平面 *ABC* 的正面投影和水平投影，绘制平面 *ABC* 的侧面投影，分析平面 *ABC* 的投影及类别，分析直线 *AB*、*BC* 和 *AC* 的投影及类别。

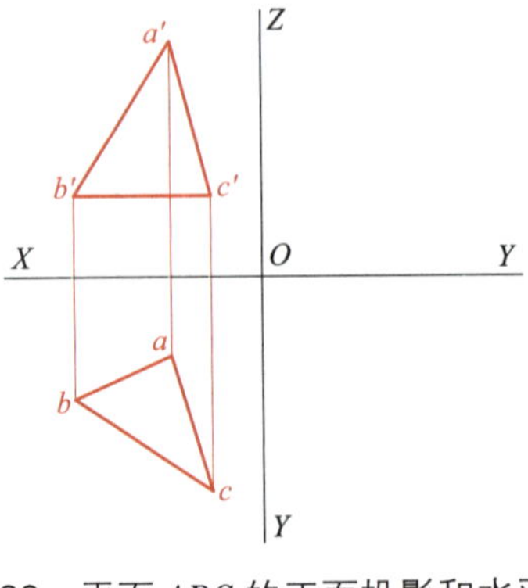

图 2-32　平面 *ABC* 的正面投影和水平投影

【任务实施】

一、绘制平面 *ABC* 的侧面投影

平面 *ABC* 由三条直线围成，作平面的投影，可先求出各端点的投影，然后依次连接即可得到平面的投影。绘制平面 *ABC* 的侧面投影的步骤见表 2-13。

表 2-13　绘制平面 *ABC* 的侧面投影的步骤

步骤	图示
1. 绘制点 *A*、点 *B* 和点 *C* 的侧面投影 a''、b'' 和 c''	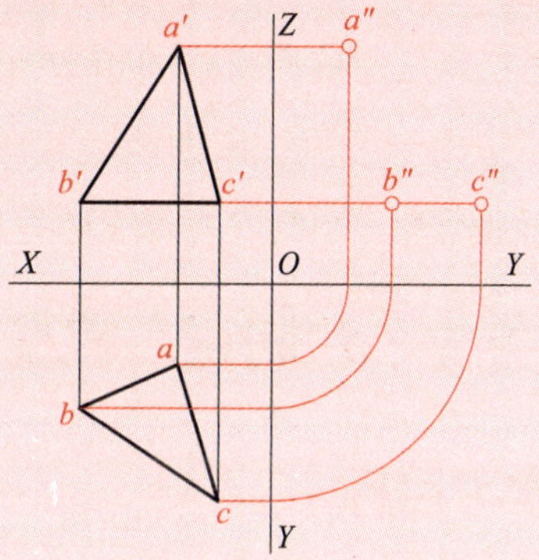
2. 依次连接 a''、b'' 和 c''	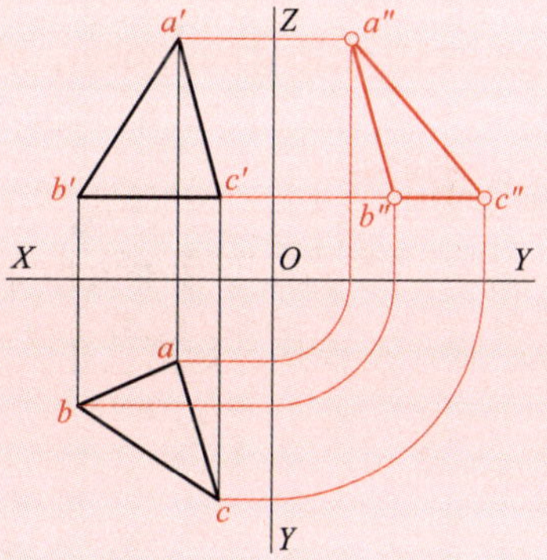

二、分析平面和直线的类别

由表 2-13 可以看出，平面 *ABC* 的三面投影都是三角形（实形的类似形），因此平面 *ABC* 属于一般位置平面。直线 *AB* 和 *AC* 的三面投影都是斜线，因此它们是一般位置直线。直线 *BC* 的正面投影和侧面投影都是横线，水平投影是斜线，因此直线 *BC* 是水平线。

课题五　绘制基本几何体的三视图

任何复杂的物体都可以认为是由一些基本、简单的形体所组成的，图 2-33 所示为几种常见的基本形体，一般称为基本几何体。基本几何体分为平面立体和曲面立体两类。

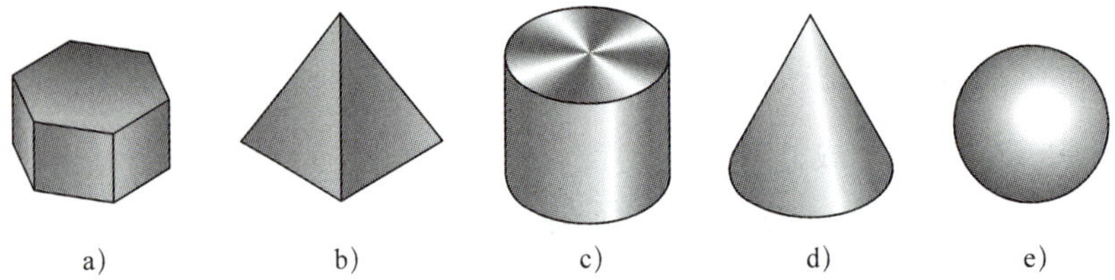

图 2-33　基本几何体
a）棱柱　b）棱锥　c）圆柱　d）圆锥　e）球

平面立体是由若干个多边形平面所围成的多面体（如棱柱、棱锥等）。

曲面立体是由曲面或曲面和平面所围成的立体，回转体是曲面立体中常见的形式之一，它的曲面是由一条直线或曲线绕着一根轴线旋转形成的。通常把形成曲面的线称为母线，而把曲面上任意一个位置的母线称为素线。常见的回转体有圆柱、圆锥、球等。

任务一　绘制正六棱柱的三视图

【学习目标】

1. 了解正六棱柱的结构。
2. 能绘制正六棱柱的三视图，分析其投影规律并标注尺寸。

【任务描述】

正六棱柱的结构如图 2-34a 所示，它由顶面、底面和六个侧面组成，其顶面和底面为正六边形，六个侧面均为矩形。正六棱柱两侧面间的交线（即侧棱）互相平行。若正六棱柱

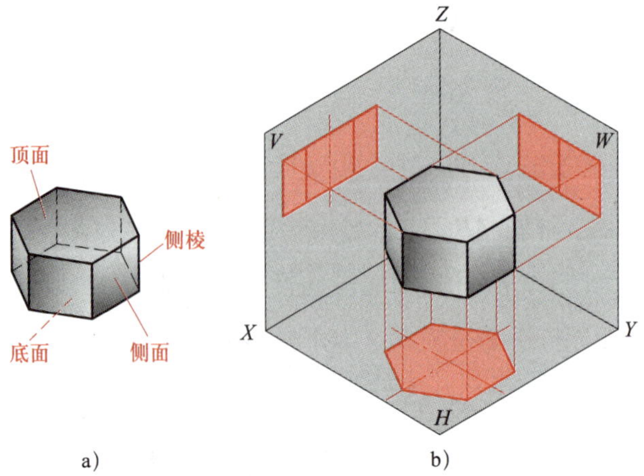

图 2-34　正六棱柱的结构及投影
a）正六棱柱的结构　b）正六棱柱的三面投影

的正六边形顶面的外接圆直径为 24 mm，正六棱柱的高为 12 mm，将其按图 2-34b 所示位置投射，试绘制其三视图，分析其投影规律，并在三视图上标注尺寸。

【相关知识】

正六边形的画法

在绘制图 2-34a 所示正六棱柱的三视图时，需要绘制正六边形，其作图步骤见表 2-14。

表 2-14　正六边形的作图步骤

步骤	图示
1. 正六边形外接圆直径为 D，作直径为 D 的圆	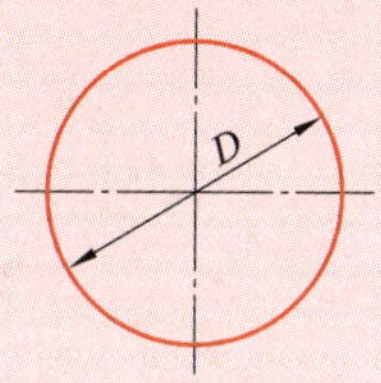
2. 分别以点 1、4 为圆心，$D/2$ 为半径画弧交圆周于点 2、6、3、5	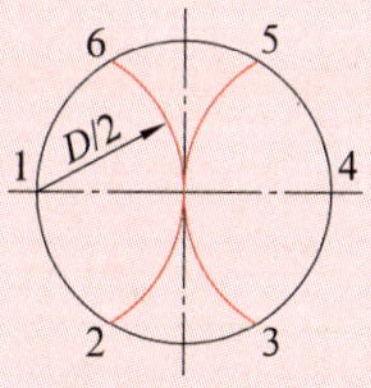
3. 顺次连接圆周各点成正六边形	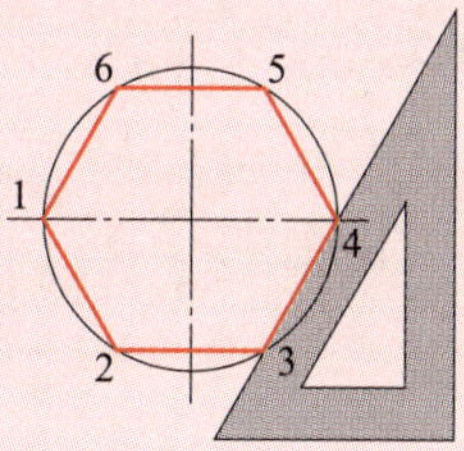

【任务实施】

一、绘制正六棱柱的三视图

图 2-34a 所示的正六棱柱的顶面和底面为水平面，前、后两侧面为正平面，其余四个侧面为铅垂面。绘制该正六棱柱的三视图时，首先要绘制反映形体主要特征的俯视图，然后绘制主视图和左视图。绘制正六棱柱三视图的步骤见表 2-15。

表 2-15　绘制正六棱柱三视图的步骤

步骤	图示
1. 绘制投影轴 2. 在水平投影面上绘制中心线，并绘制直径为 24 mm 的圆 3. 绘制圆的内接正六边形，该正六边形即为正六棱柱的俯视图	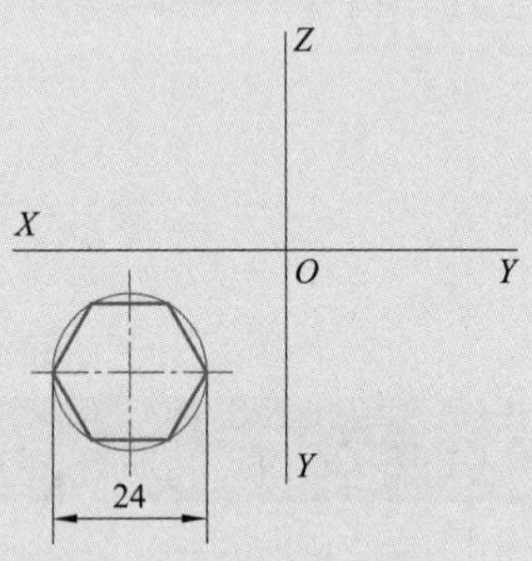
4. 按照“长对正”的投影规律绘制主视图，作图时取高为 12 mm	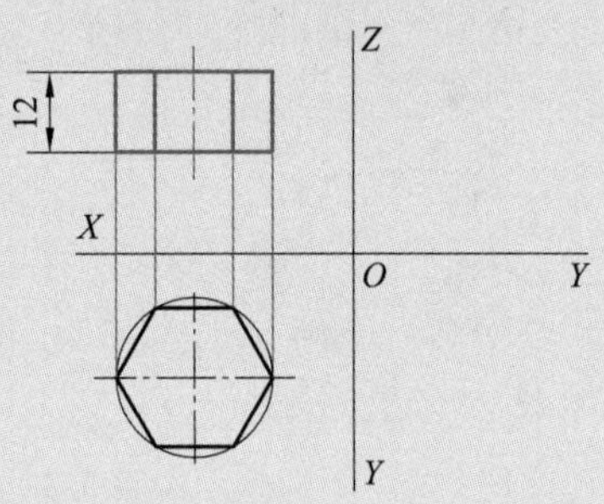
5. 利用“高平齐、宽相等”的投影规律绘制正六棱柱的左视图	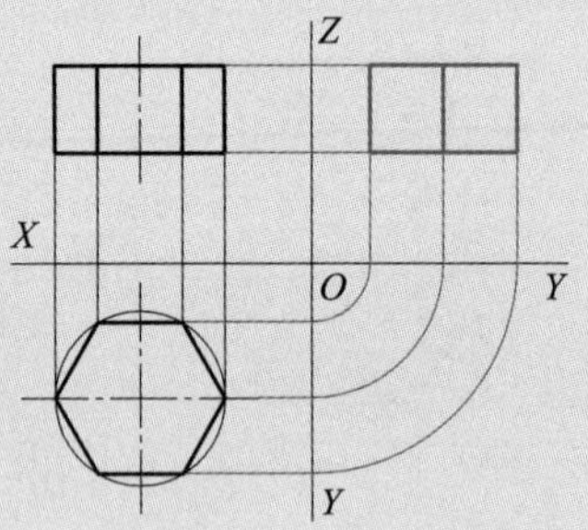

二、分析正六棱柱的投影规律

1. 分析正六棱柱的水平投影

表 2-15 中所绘制的正六棱柱的水平投影是正六边形，为正六棱柱顶面和底面的投影。正六棱柱的六个侧面在水平投影面上积聚成六条直线。

2. 分析正六棱柱的正面投影

表 2-15 中所绘制的正六棱柱的正面投影由三个矩形拼成，它们为前方三个侧面的投影。中间的大矩形为正前方侧面的投影，因其为正平面，故正面投影反映实形。主视图上

两边的矩形为前方左、右两侧面的投影，因为它们都是铅垂面，故其正面投影为原实形的类似形。

3. 分析正六棱柱的侧面投影

表 2-15 中所绘制的正六棱柱的侧面投影由两个矩形拼合而成，它们分别为左侧两个侧面的投影，皆为原实形的类似形。前、后两个侧面在左视图上分别积聚为前、后两条竖线。

顶面和底面的正面投影和侧面投影分别积聚为上、下两条横线。

三、在正六棱柱的三视图上标注尺寸

确定正六棱柱的大小需要两个尺寸，其尺寸标注如图 2-35 所示。

在实际图样上，为了便于加工和测量，正六边形的尺寸一般标注对边尺寸，并标注对角尺寸作为参考尺寸（机械图样中的参考尺寸是指可以由其他尺寸经过运算得到，为方便加工、装配和测量而重复标注的尺寸。标注参考尺寸时，尺寸数字及符号需加括号），如图 2-36 所示。

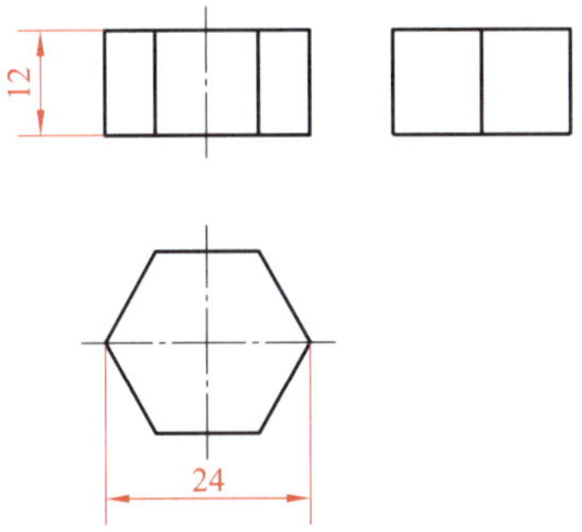

图 2-35　正六棱柱的尺寸标注

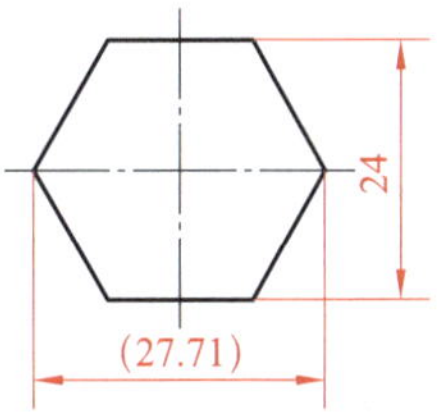

图 2-36　正六边形的尺寸标注

任务二　绘制正四棱锥的三视图

【学习目标】

1. 了解正四棱锥的结构。
2. 能绘制正四棱锥的三视图，分析其投影规律并标注尺寸。

【任务描述】

正四棱锥的结构如图 2-37a 所示，它由一个底面和四个侧面组成，其底面为正方形，四个侧面均为等腰三角形。正四棱锥两侧面间的交线（即侧棱）相交于一点（顶点）。若正四棱锥的底面正方形的边长为 21 mm，锥高为 25 mm，且按图 2-37b 所示位置投射，试绘制其三视图，分析其投影规律，并在三视图上标注尺寸。

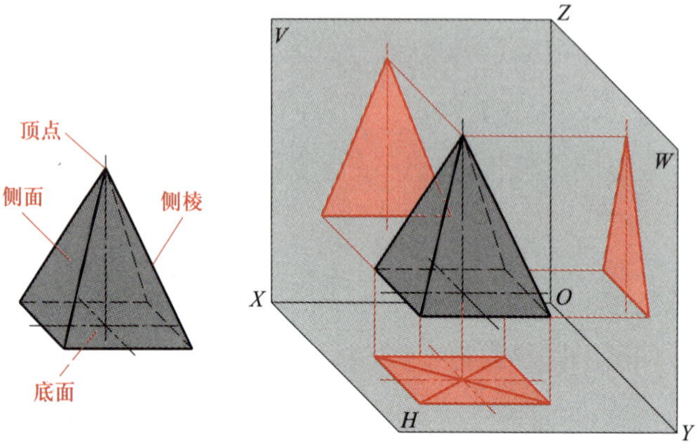

a)　　b)

图 2-37　正四棱锥的结构及投影

a）正四棱锥的结构　b）正四棱锥的三面投影

【任务实施】

一、绘制正四棱锥的三视图

图 2-37a 所示的正四棱锥的底面为水平面，前、后两个侧面为侧垂面，左、右两个侧面为正垂面。绘制正四棱锥的三视图时，要注意分析正四棱锥四个侧面的投影。绘制正四棱锥三视图的步骤见表 2-16。

表 2-16　绘制正四棱锥三视图的步骤

步骤	图示
1. 绘制投影轴 2. 在水平投影面上的适当位置绘制对称中心线和边长为 21 mm 的正方形	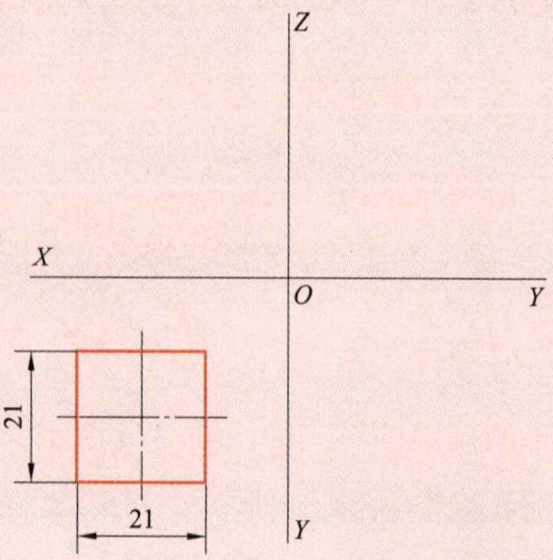

续表

步骤	图示
3. 绘制正方形的对角线（四条侧棱的投影），完成俯视图	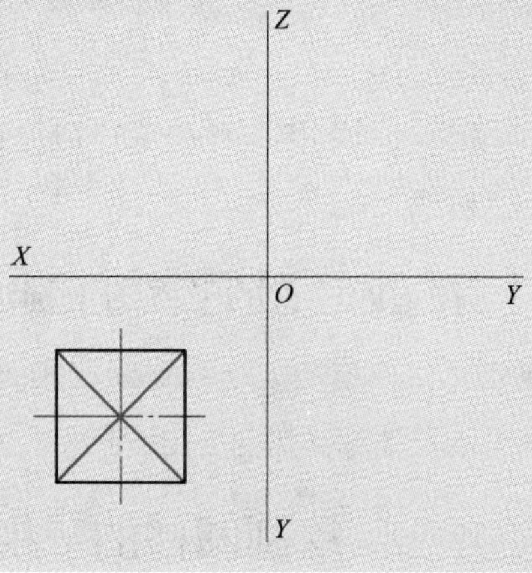
4. 按照“长对正”的投影规律绘制主视图，作图时取高为 25 mm	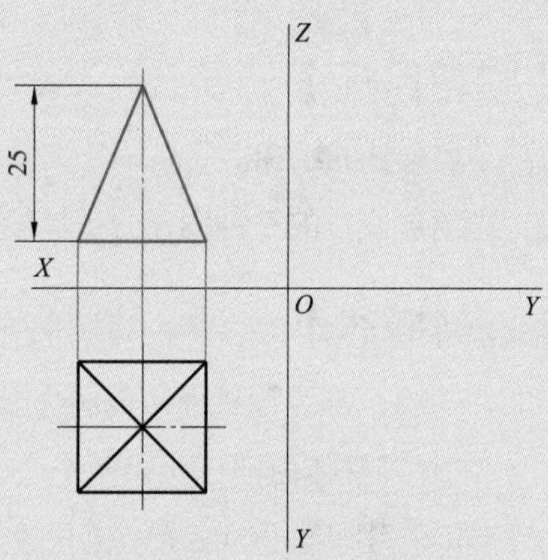
5. 利用“高平齐、宽相等”的投影规律绘制正四棱锥的左视图	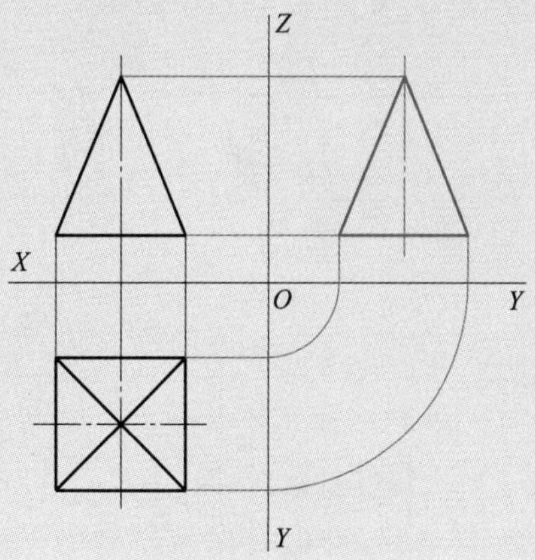

二、分析正四棱锥的投影规律

表 2-16 中所绘制的正四棱锥三视图的投影规律如下：

1. 正四棱锥的底面为水平面，其水平投影为正方形，正面投影和侧面投影为横线。

2. 正四棱锥的左、右两个侧面为正垂面，其正面投影积聚为斜线，其他投影为实形的类似形；正四棱锥的前、后两个侧面为侧垂面，其侧面投影积聚为斜线，其他投影为实形的类似形。

3. 正四棱锥的四条侧棱为一般位置直线，三面投影皆为收缩的斜线。

三、在正四棱锥的三视图上标注尺寸

确定正四棱锥的大小需要标注底面的边长和棱锥的高，正四棱锥的尺寸标注如图 2-38 所示。

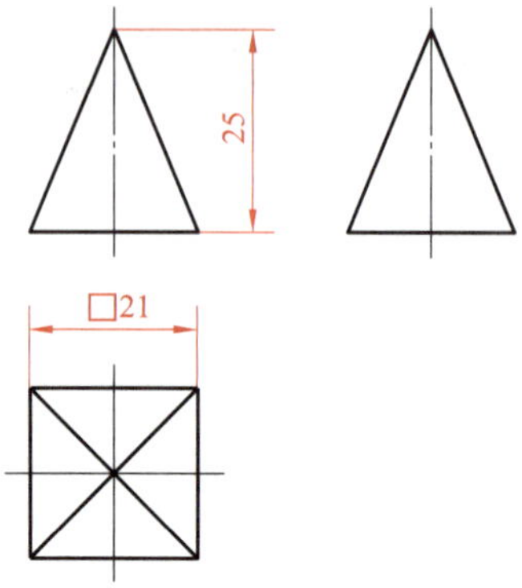

图 2-38　正四棱锥的尺寸标注

任务三　绘制圆柱的三视图

【学习目标】

1. 了解圆柱的结构。
2. 能绘制圆柱的三视图，分析其投影规律并标注尺寸。

【任务描述】

如图 2-39 所示，圆柱面可以看作是由一条直线（母线）绕着与它平行的一条轴线旋转一周形成的。圆柱体由圆柱面和两个底面围成，若圆柱体底面圆的直径为 24 mm，圆柱的高为 21 mm，且按图 2-40 所示位置投射，试绘制其三视图，分析其投影规律，并在三视图上标注尺寸。

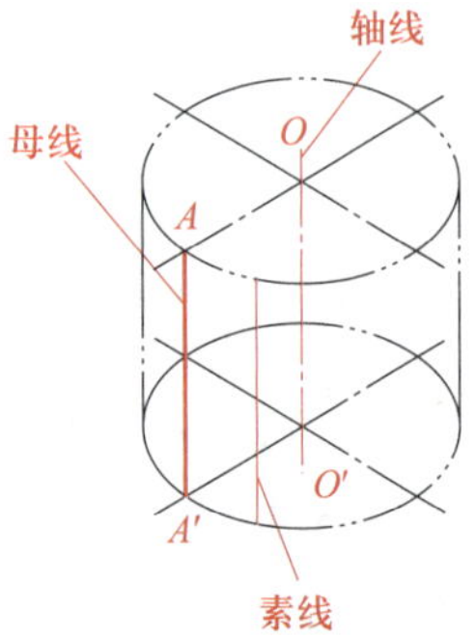

图 2-39　圆柱面的形成

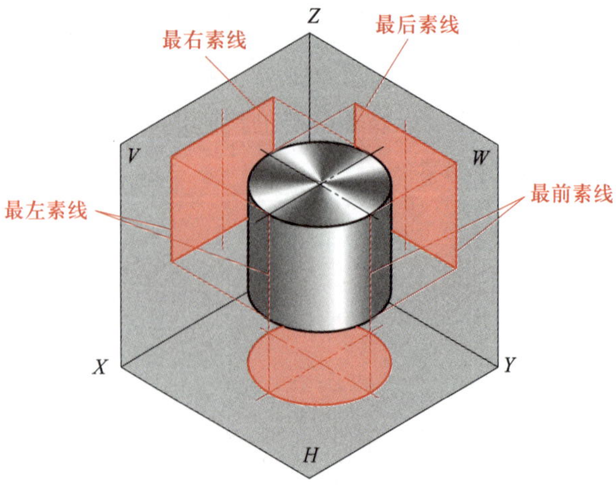

图 2-40　圆柱的三面投影

【任务实施】

一、绘制圆柱的三视图

图 2-40 所示圆柱的轴线垂直于水平投影面，圆柱面的水平投影积聚为圆。在圆柱面上有四条特殊位置的素线，分别为最前素线、最后素线、最左素线、最右素线。圆柱的主视图是上、下底面和最左、最右素线的投射，圆柱的左视图是上、下底面和最前、最后素线的投影。绘制圆柱三视图的步骤见表 2-17。

表 2-17　绘制圆柱三视图的步骤

步骤	图示
1. 绘制各视图的轴线或中心线	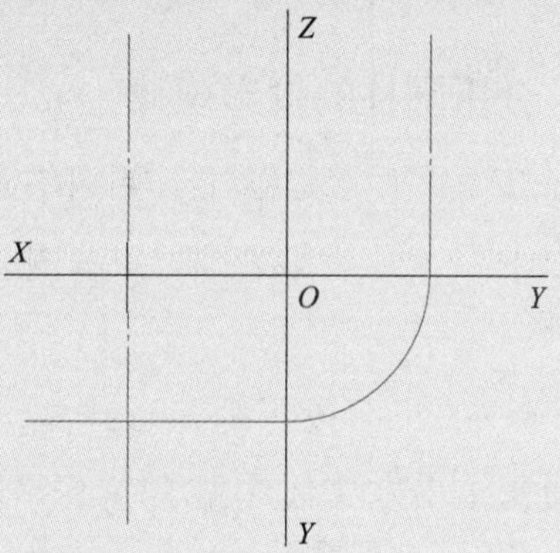
2. 绘制圆柱的俯视图。由于圆柱面在俯视图上积聚为圆，所以该圆柱的水平投影为圆（直径为 24 mm）	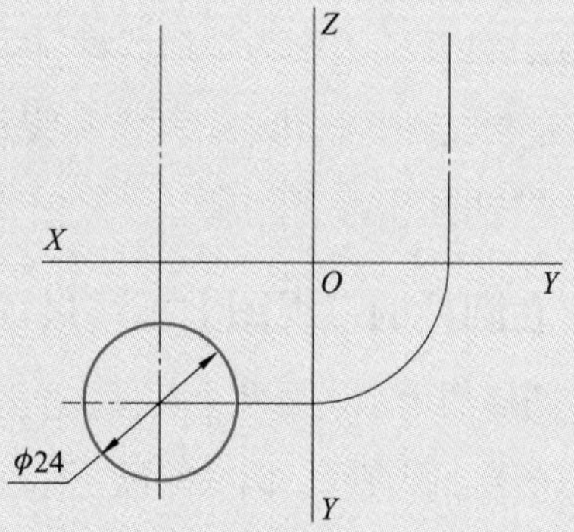
3. 利用“长对正”的投影规律绘制圆柱的主视图，作图时取高为 21 mm	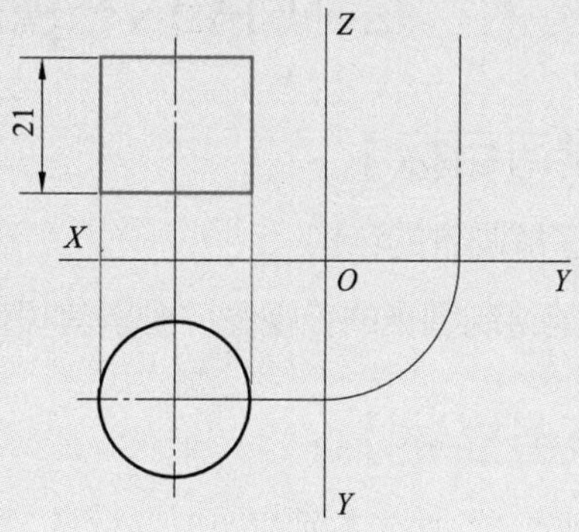

续表

步骤	图示
4. 利用“高平齐、宽相等”的投影规律绘制圆柱的左视图	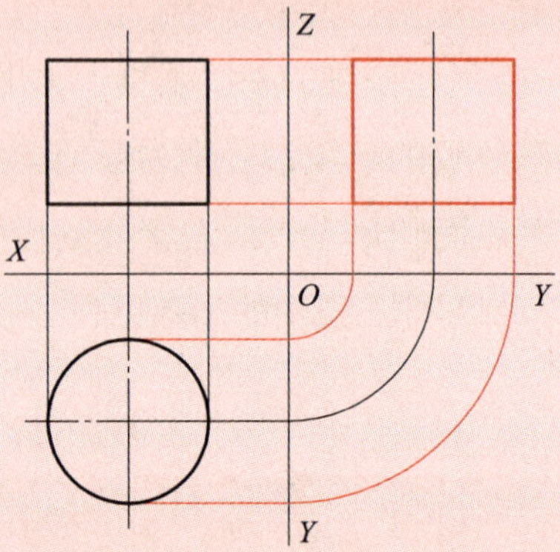

二、分析圆柱的投影规律

表 2-17 中所绘制的圆柱三视图的投影规律如下：

1. 圆柱的水平投影为圆，由圆围成的区域为两底面的投影，圆周为圆柱面的积聚投影。

2. 圆柱的正面投影为矩形线框，其中，两条竖线分别为圆柱面最左素线和最右素线的投影（最左素线和最右素线是圆柱面的前、后分界线），两条横线为两底面的投影。

3. 圆柱的侧面投影为矩形线框，虽然其形状与主视图相同，但是含义不同。其中，两条竖线分别为圆柱面最前素线和最后素线的投影。

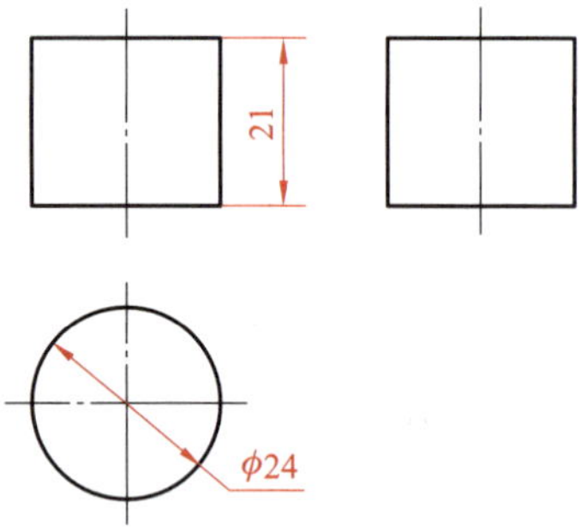

图 2-41　圆柱的尺寸标注

三、在圆柱的三视图上标注尺寸

确定圆柱的大小需要两个尺寸，一个是圆柱的高，另一个是圆柱的底面圆直径，圆柱的尺寸标注如图 2-41 所示。

任务四　绘制圆锥的三视图

【学习目标】

1. 了解圆锥的结构。
2. 能绘制圆锥的三视图，分析其投影规律并标注尺寸。

【任务描述】

如图 2-42 所示，圆锥面可以看作是由一条与轴线相交的直线（母线）绕轴线旋转一周形成的。圆锥由圆锥面和一个圆形的底面围成，若圆锥底面圆的直径为 24 mm，圆锥的高为 27 mm，且按图 2-43 所示位置投射，试绘制其三视图，分析其投影规律，并在三视图上标注尺寸。

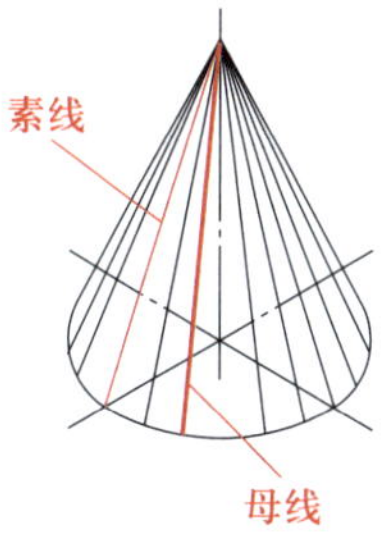

图 2-42 圆锥面的形成

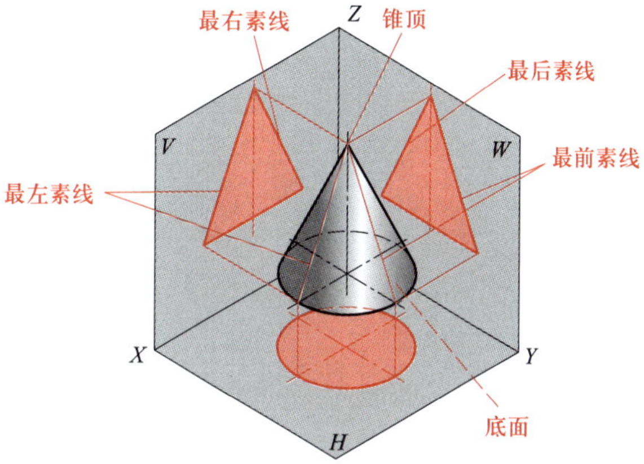

图 2-43 圆锥的三面投影

【任务实施】

一、绘制圆锥的三视图

图 2-43 所示圆锥的轴线垂直于水平投影面，圆锥面的水平投影没有积聚性。在圆锥面上有四条特殊位置的素线，分别为最前素线、最后素线、最左素线、最右素线。圆锥的主视图是底面和最左、最右素线的投影，圆锥的左视图是底面和最前、最后素线的投影。绘制圆锥三视图的步骤见表 2-18。

表 2-18 绘制圆锥三视图的步骤

步骤	图示
1. 绘制各视图的轴线或中心线	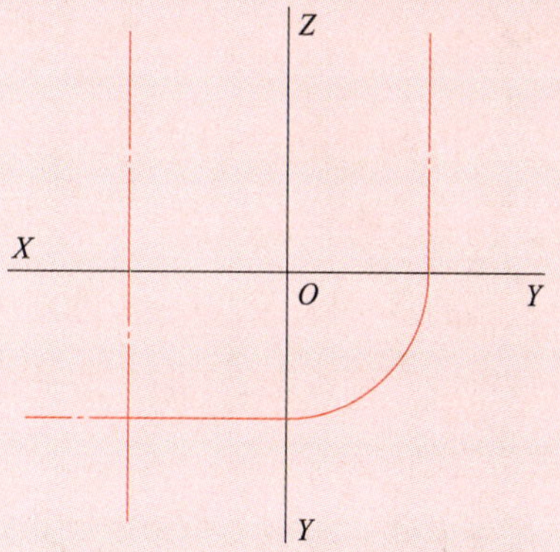

续表

步骤	图示
2. 绘制圆锥的俯视图（直径为 24 mm 的圆）	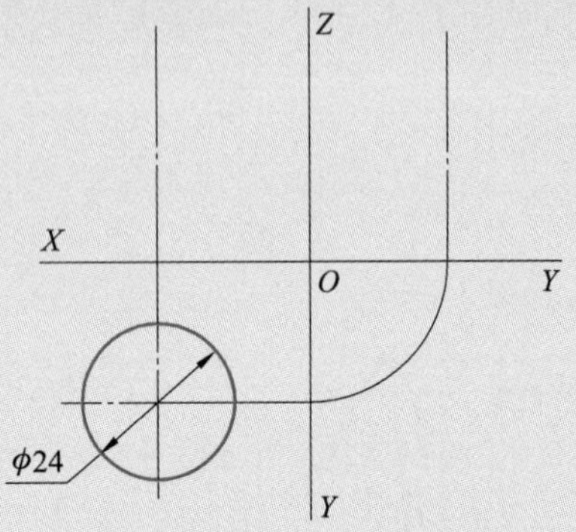
3. 利用“长对正”的投影规律绘制圆锥的主视图，作图时取高为 27 mm	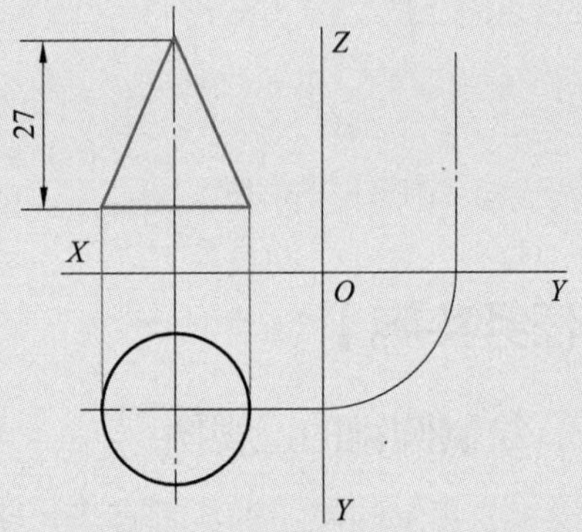
4. 利用“高平齐、宽相等”的投影规律绘制圆锥的左视图	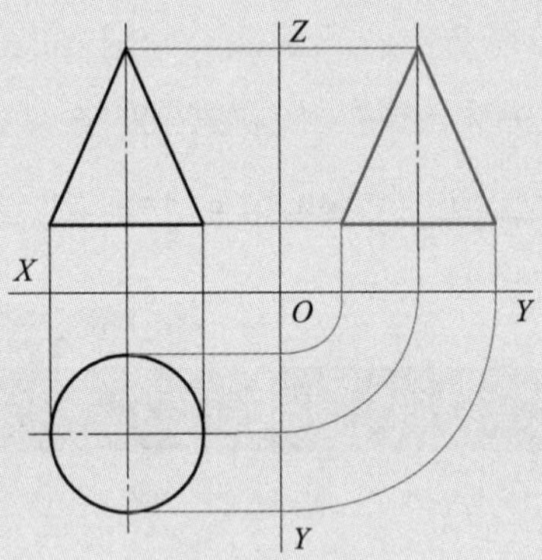

二、分析圆锥的投影规律

表 2-18 中所绘制的圆锥三视图的投影规律如下：

1. 圆锥的水平投影为圆，由圆围成的区域既是圆锥面的投影，也是底面的投影。

2. 圆锥的正面投影为等腰三角形，其中两腰为圆锥面最左素线和最右素线的投影，下面的横线为底面的投影。

3. 圆锥的侧面投影为与主视图相同的等腰三角形，两腰为圆锥面最前素线和最后素线的投影。

三、在圆锥的三视图上标注尺寸

确定圆锥的大小需要两个尺寸，一个是圆锥的高，另一个是圆锥的底面圆直径，圆锥的尺寸标注如图 2-44 所示。

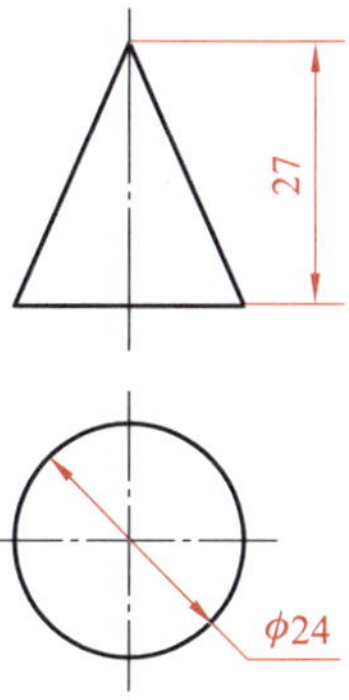

图 2-44 圆锥的尺寸标注

任务五 绘制球的三视图

【学习目标】

1. 了解球的结构。
2. 能绘制球的三视图，分析其投影规律并标注尺寸。

【任务描述】

如图 2-45 所示，球面可以看作是由一个半圆（母线）绕通过圆心的轴线旋转一周形成的。若球的直径为 25 mm，且按图 2-46 所示位置投射，试绘制其三视图，分析其投影规律，并在三视图上标注尺寸。

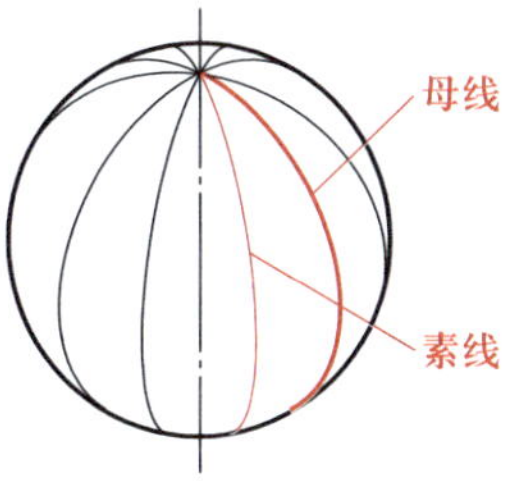

图 2-45 球面的形成

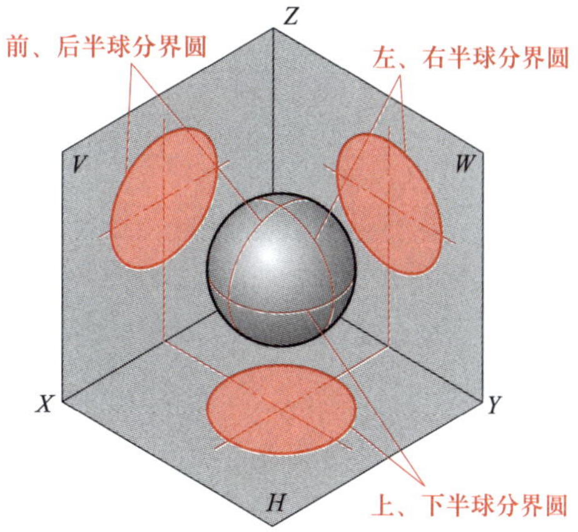

图 2-46 球的三面投影

在球面上有三个特殊位置素线圆，分别是前、后半球分界圆，左、右半球分界圆，上、下半球分界圆。球的三视图实际上就是这三个素线圆的投影。

【任务实施】

一、绘制球的三视图

该球的三面投影皆为直径为 25 mm 的圆，如图 2-47 所示。

二、分析球的投影规律

球的三面投影分别为三个特殊位置素线圆的投影，其中正面投影为前、后半球分界圆的投影，水平投影为上、下半球分界圆的投影，侧面投影为左、右半球分界圆的投影。

三、在球的三视图上标注尺寸

确定球的大小只需要确定球的直径（对于小于半球的球冠一般标注半径）。国家标准规定，在尺寸数字前面加注“$S\phi$”或“SR”表示球的直径或半径，球的尺寸标注如图 2-48 所示。

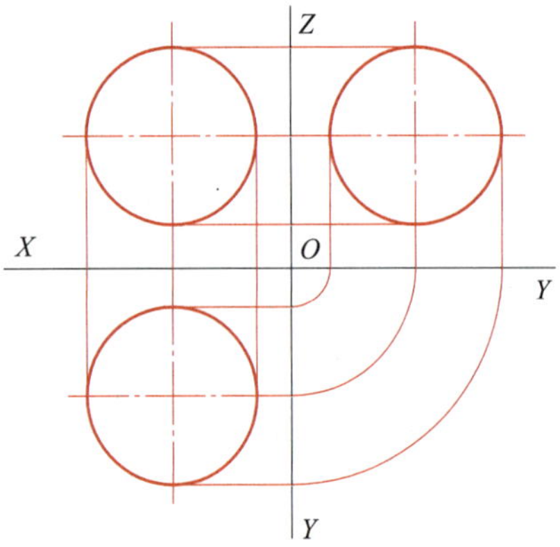

图 2-47　球的三视图

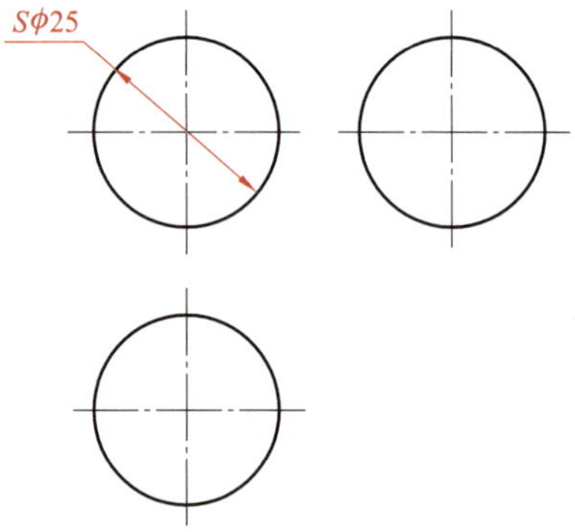

图 2-48　球的尺寸标注

模块三
轴　测　图

轴测图是一种立体图，是物体在平行投影下形成的一种单面投影图，一般用于辅助表达形体的结构。常用的轴测图有正等轴测图和斜二等轴测图，如图 3-1 所示。轴测图能在一个图形上同时反映物体长、宽、高三个方向的形状，具有直观性，广泛应用于设计构思、产品介绍、辅助读图及外观设计等领域。

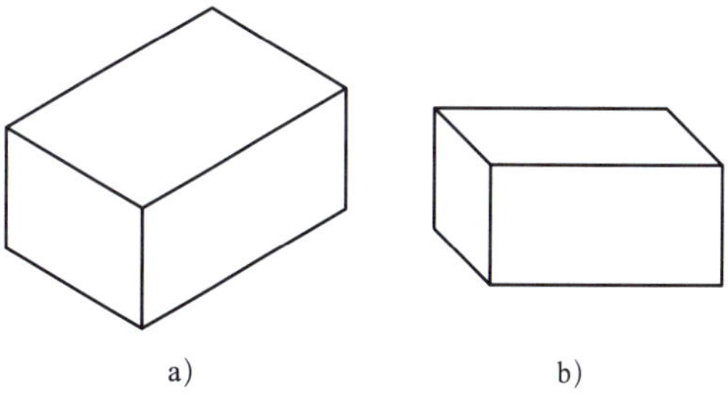

图 3-1　长方体的轴测图

a）正等轴测图　b）斜二等轴测图

课题一　绘制正等轴测图

任务一　绘制长方体的正等轴测图

【学习目标】

1. 了解正等轴测图的形成过程，掌握正等轴测图的轴间角和轴向伸缩系数的概念。
2. 能绘制长方体的正等轴测图。
3. 了解轴测图的投影规律。

【任务描述】

图 3-2 所示为长方体的主视图和俯视图，试绘制其正等轴测图。

图 3-2　长方体的主视图和俯视图

【相关知识】

一、正等轴测图的形成

如图 3-3a 所示，在长方体上建立空间直角坐标系 $O_1-X_1Y_1Z_1$，使长方体的前面和正投影面平行，用正投影的方法得到主视图。此时，长方体上的空间直角坐标轴和投影面的关系是 O_1X_1 轴和 O_1Z_1 轴平行于正投影面，O_1Y_1 轴垂直于正投影面。如果将长方体旋转至图 3-3b 所示位置，使空间直角坐标系的三个坐标轴 O_1X_1、O_1Y_1、O_1Z_1 与正投影面成一个相同的夹角（约为 35° 16′），再进行正投影，即得到正等轴测图（简称正等测）。显然，在正等轴测图中，可以同时反映长方体前面、上面和左面的形状。

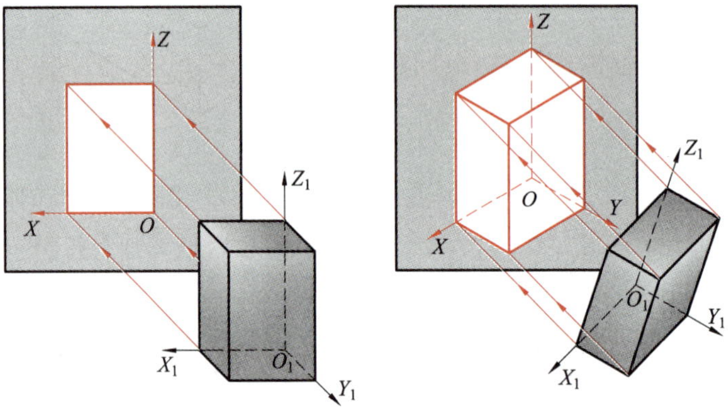

图 3-3　主视图与正等轴测图的形成过程比较
a）主视图的形成　b）正等轴测图的形成

二、正等轴测图的轴间角和轴向伸缩系数

1. 轴间角

在进行正等测投影时，物体上空间直角坐标轴 O_1X_1、O_1Y_1、O_1Z_1 在投影面上的投影 OX、OY、OZ 称为轴测轴，轴测轴之间的夹角称为轴间角。由于在形成正等轴测图时，各空间直角坐标轴和投影面的夹角相等，所以正等轴测图的轴间角皆为 120°，即 $\angle XOZ=\angle YOZ=\angle XOY=120°$，如图 3-4 所示。

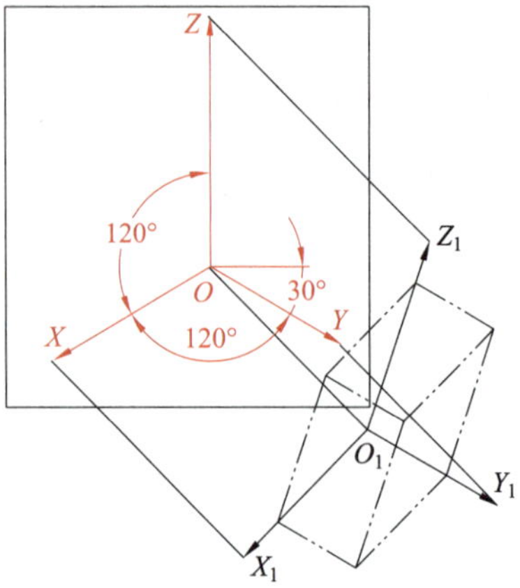

图 3-4　正等轴测图的轴间角

2. 轴向伸缩系数

轴测轴上单位长度与相应投影轴上单位长度的比值称为轴向伸缩系数。由于在形成正等轴测图时各空间直角坐标轴和投影面倾斜，所以与空间直角坐标轴平行的线段在

正等轴测图上要缩短。通过计算可得，三个轴测轴的轴向伸缩系数约为 0.82。为了作图方便，国家标准规定，将正等轴测图的轴向伸缩系数简化为 1。

【任务实施】

长方体共有八个顶点，如果确定了各顶点在正等轴测图中的位置，连接各顶点间的棱线即可得到长方体的正等轴测图，绘制长方体正等轴测图的步骤见表 3-1。

表 3-1　绘制长方体正等轴测图的步骤

步骤	图示
1. 选取长方体的后部右下顶点为坐标原点	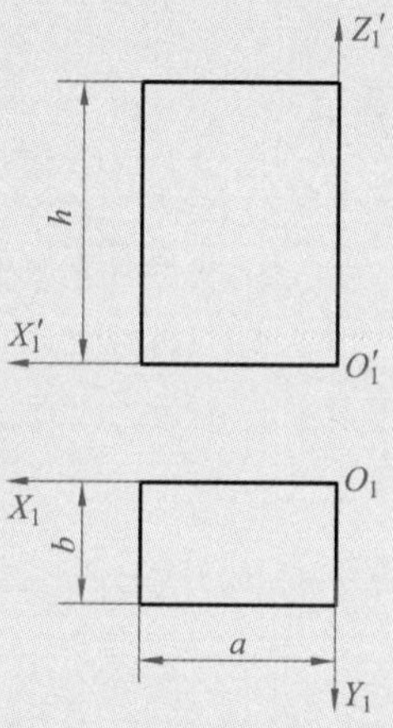
2. 绘制轴测轴 OX、OY、OZ。将 OZ 轴画成竖线，将 OX 轴、OY 轴画成与水平方向成 30° 角	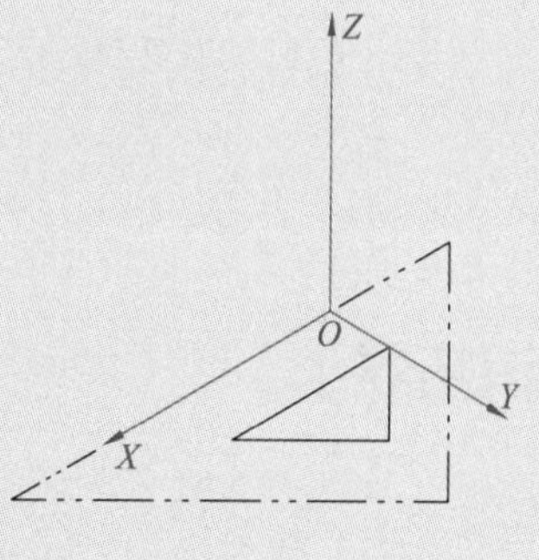
3. 在俯视图上量取长方体的长度尺寸 a 和宽度尺寸 b，按 1∶1 的比例在相应的轴测轴上截取，并按平行关系绘制长方体底面的正等轴测图	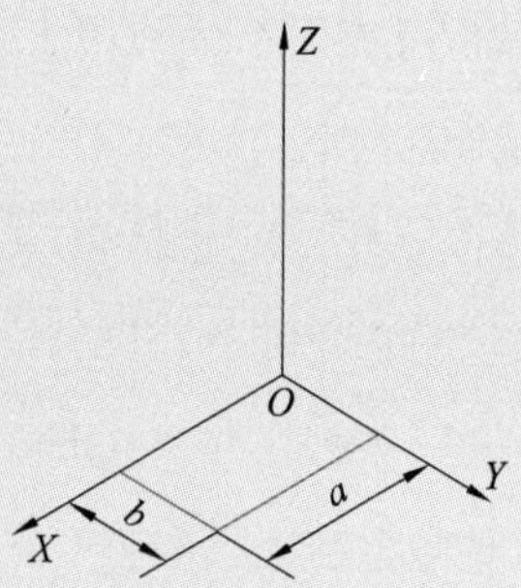

续表

步骤	图示
4. 从底面上的各顶点（点 O 除外）分别绘制平行于 OZ 轴的直线，并按 1∶1 的比例取其高度为 h	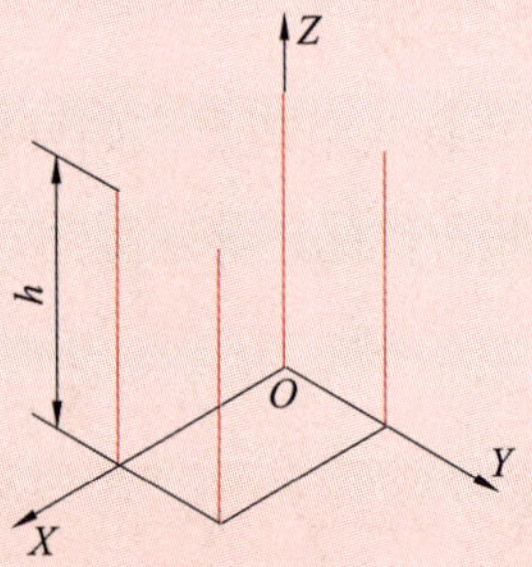
5. 依次连接上面四个顶点，即得到长方体的正等轴测图	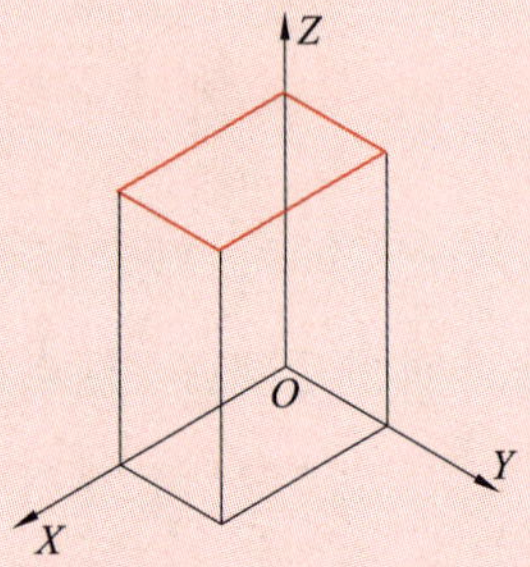
6. 擦除多余图线，加深可见轮廓线，即得到长方体的正等轴测图 注意：轴测图一般只绘制物体的可见部分	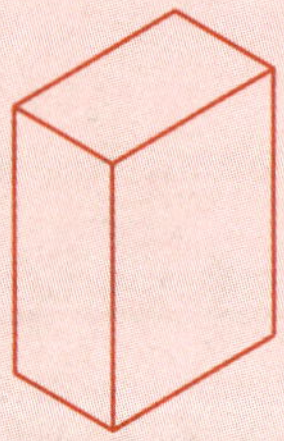

【知识拓展】

轴测图的投影规律

轴测图是用平行投影法得到的图形，它具有以下三条投影规律：

1. 物体上互相平行的线段，在轴测图上仍然平行。

2. 三视图上平行于坐标轴的线段，在轴测图上平行于相应的轴测轴。

3. 三视图上平行于坐标轴的线段长度在轴测图上可以度量，不平行于坐标轴的线段长度在轴测图上不能度量。

说明：这三条投影规律同时适用于正等轴测图和斜二等轴测图。在根据三视图绘制轴测图或根据轴测图绘制三视图时，可以依据这三条轴测图的投影规律进行绘图。

任务二　绘制圆柱的正等轴测图

【学习目标】

掌握圆柱的正等轴测图的画法。

【任务描述】

直立圆柱的主视图和俯视图如图 3-5 所示，试绘制其正等轴测图。

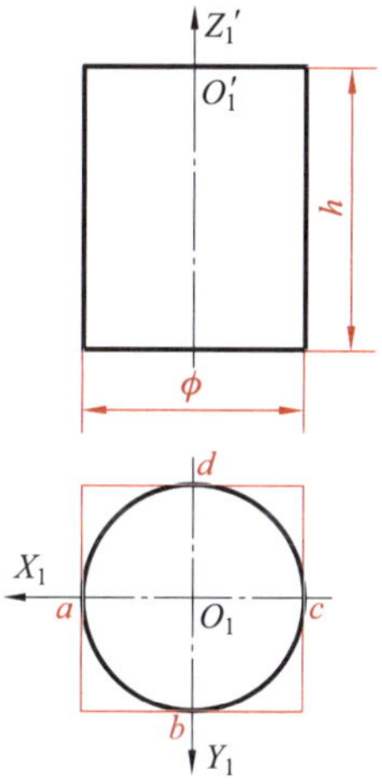

图 3-5　直立圆柱的主视图和俯视图

【任务实施】

三视图上平行于投影面的正方形，在正等轴测图中投影为菱形；三视图上平行于投影面的圆，在正等轴测图中投影为内切于菱形的椭圆。绘制直立圆柱正等轴测图的关键是绘制圆柱上两个轮廓圆的正等测投影（椭圆）。在用尺规绘制椭圆时，可用“四心法”，即用四段光滑连接的圆弧近似代替椭圆。绘制直立圆柱正等轴测图的步骤见表 3-2。

表 3-2　绘制直立圆柱正等轴测图的步骤

步骤	图示
1. 绘制轴测轴。作出切点 *a*、*b*、*c*、*d* 的轴测投影 *A*、*B*、*C*、*D*，过这四个点分别作 *OX*、*OY* 轴的平行线，所得菱形即圆柱顶圆的外切正方形的正等轴测图 2. 画菱形的对角线	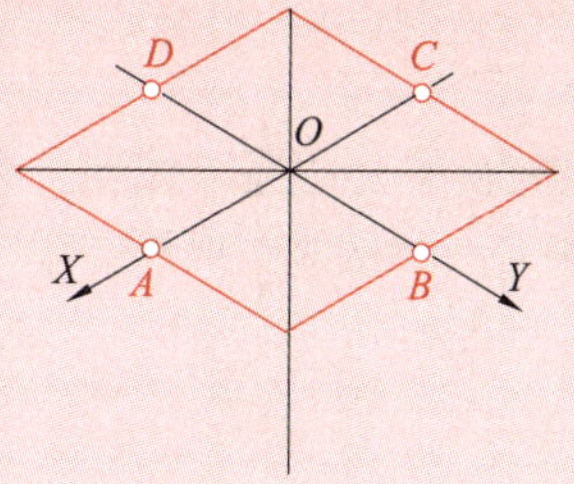

续表

步骤	图示
3. 分别以菱形短对角线的顶点1、2为圆心，1*C*（或1*D*）、2*A*（或2*B*）为半径画圆弧 $\overset{\frown}{CD}$ 和 $\overset{\frown}{AB}$	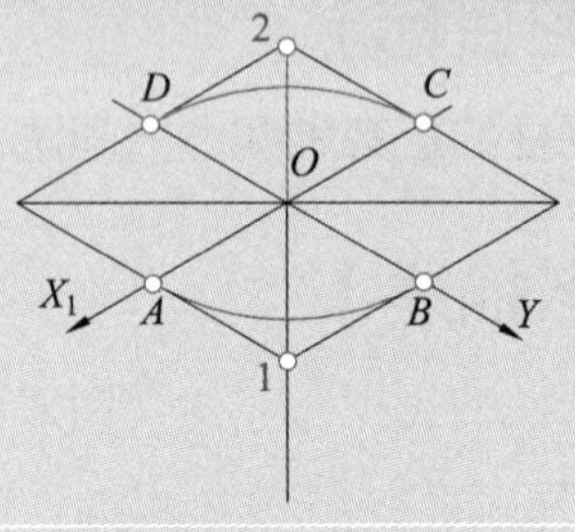
4. 连接1*C*、1*D*（或2*B*、2*A*），交菱形的长对角线于3、4两点	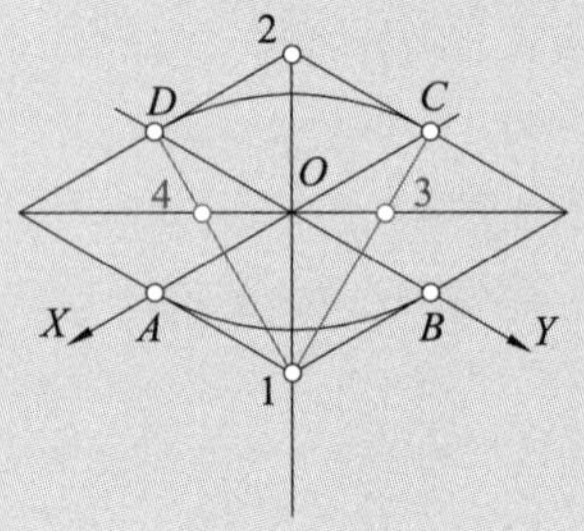
5. 分别以点3、4为圆心，3*B*（或3*C*）、4*A*（或4*D*）为半径画圆弧 $\overset{\frown}{BC}$ 和 $\overset{\frown}{AD}$ 所绘四段圆弧即近似代表顶圆的正等测投影（轴测椭圆）	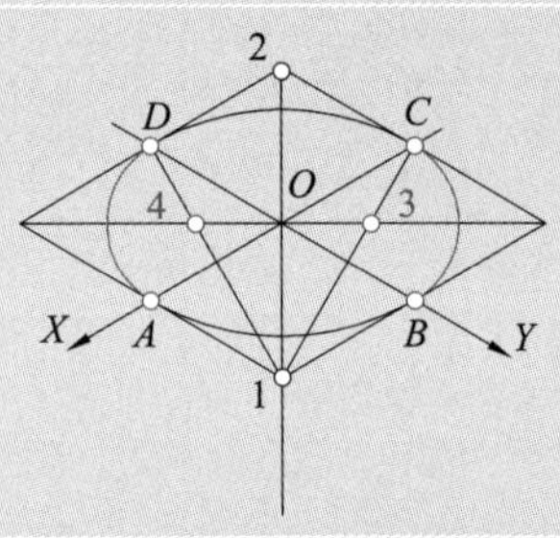
6. 将椭圆的三个圆心（2、3、4）沿*Z*轴向下平移高度*h*，得到圆心5、6、7，画出下底面椭圆 注意：下底面椭圆不可见的一半不必画出	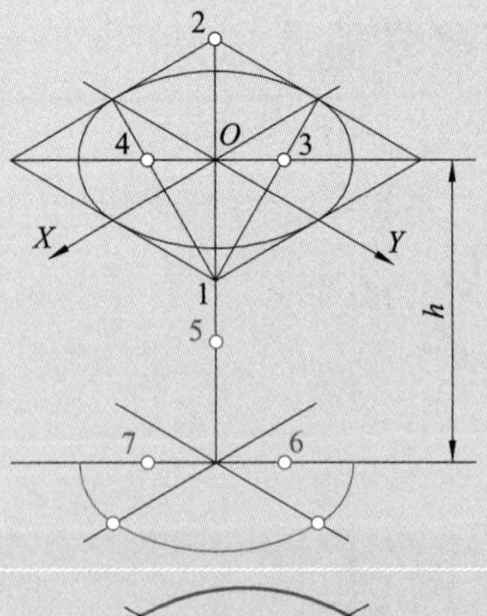
7. 作两椭圆的公切线，擦除多余图线，绘制轴线和中心线，按线型描深图线	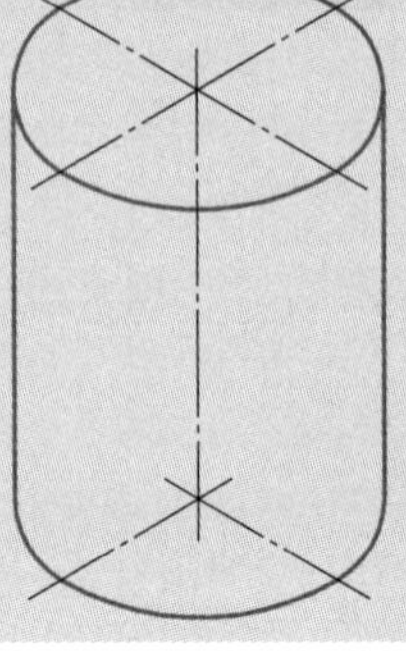

【知识拓展】

不同方向圆柱的正等轴测图

当圆柱轴线垂直于侧投影面或正投影面时，轴测图的画法与直立圆柱相同，其图形如图 3-6 所示。

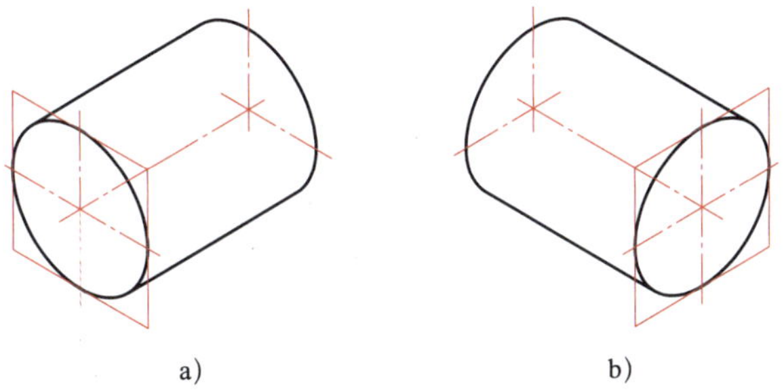

图 3-6　不同方向圆柱的正等轴测图
a）轴线垂直于侧投影面　b）轴线垂直于正投影面

任务三　绘制支承座的正等轴测图

【学习目标】

能绘制简单形体的正等轴测图。

【任务描述】

支承座的主视图和俯视图如图 3-7 所示，试绘制其正等轴测图。

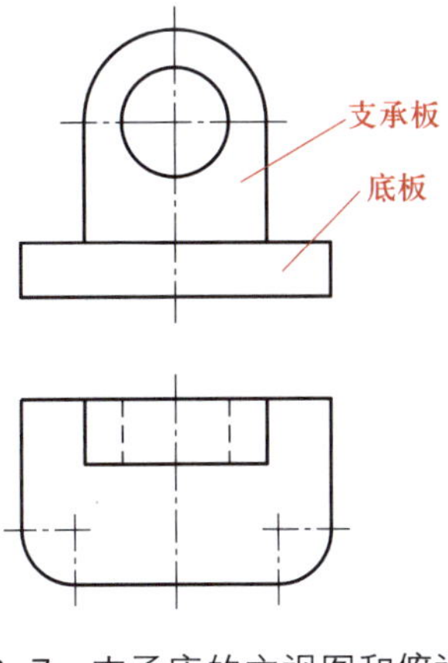

图 3-7　支承座的主视图和俯视图

【任务实施】

图 3-8 所示支承座由底板和支承板两部分组成，底板前面的左、右角倒圆，支承板的

上部为半圆柱，中间有圆孔。绘制支承座正等轴测图时，可以先绘制底板，再绘制支承板，其步骤见表 3-3。

表 3-3　绘制支承座正等轴测图的步骤

步骤	图示
1. 绘制底板的正等轴测图 测量视图上底板的“长 1”“宽 1”“高 1”，绘制其正等轴测图	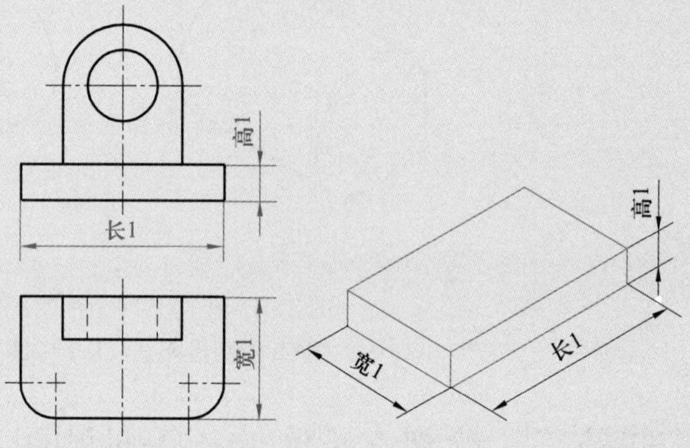
2. 求作底板顶面圆角的圆心 （1）根据半径 R_1，在正等轴测图的底板顶面上定出 *A*、*B*、*C*、*D* 四点 （2）过 *A*、*B*、*C*、*D* 四点作相应棱线的垂线，交点 O_1、O_2 即为圆心	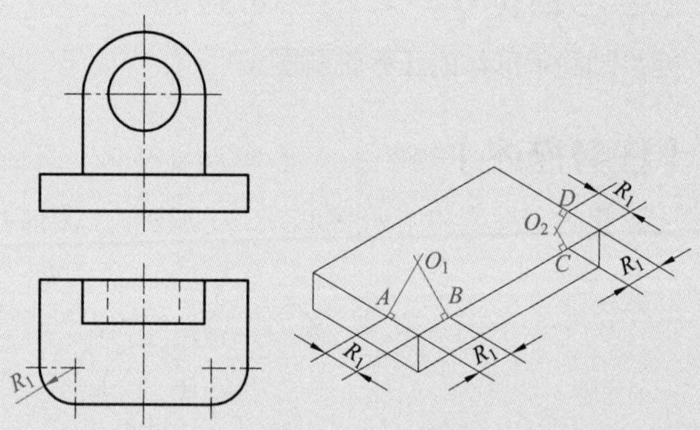
3. 绘制底板上的圆角 （1）以点 O_1 为圆心，O_1A 为半径画圆弧 $\overset{\frown}{AB}$；以点 O_2 为圆心，O_2C 为半径画圆弧 $\overset{\frown}{CD}$ （2）圆心下移“高 1”（底板高度）得到点 O_1'、点 O_2'，用同样的方法绘制底板底面的圆角 （3）作右端两段圆弧的公切线	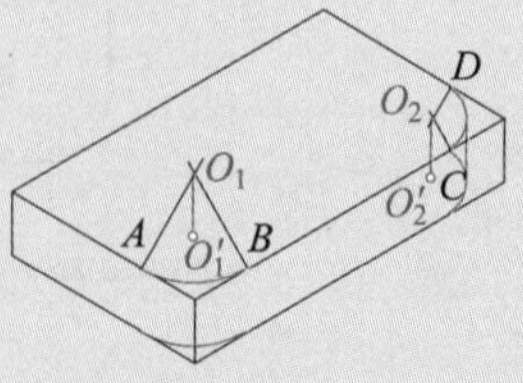

续表

<table>
<tr><th colspan="2">步骤</th><th>图示</th></tr>
<tr><td colspan="2">4. 绘制竖长方体
测量“长2”“宽2”“高2”，绘制竖长方体的正等轴测图</td><td>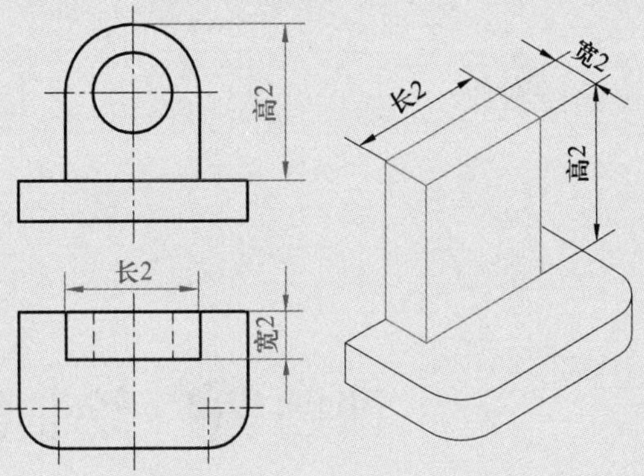</td></tr>
<tr><td colspan="2">5. 绘制半圆柱
画法参照表3-2直立圆柱正等轴测图的画法</td><td>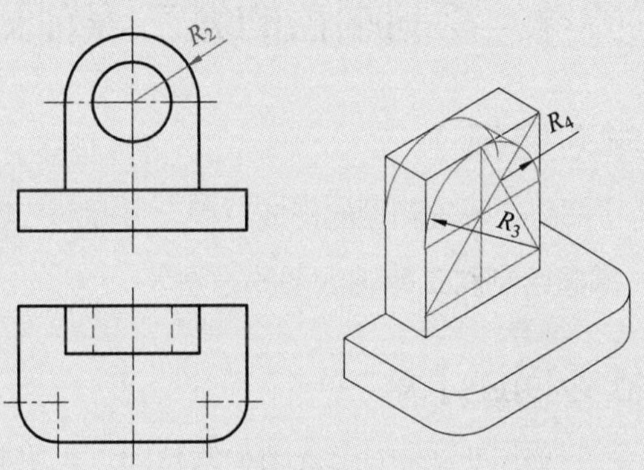</td></tr>
<tr><td rowspan="2">6. 绘制圆孔</td><td>(1) 在支承板的前面上画出边长为 ϕ 的菱形，绘制圆孔与支承板前面相交圆的正等轴测图</td><td>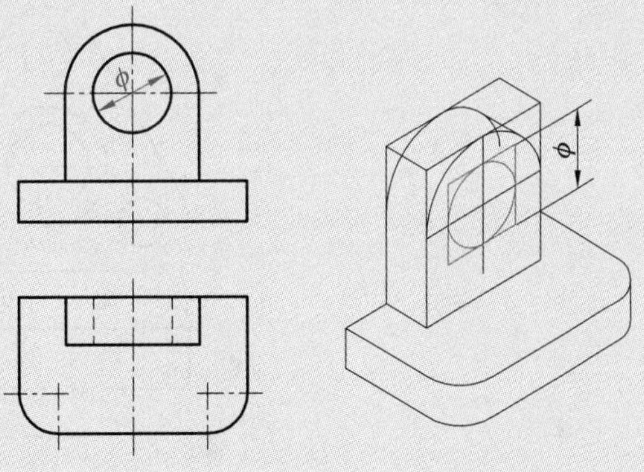</td></tr>
<tr><td>(2) 将圆孔右下侧圆弧的圆心沿 OY 轴方向向左上移动支承板的厚度“宽2”，用相同的半径绘制圆孔后面圆的可见部分</td><td>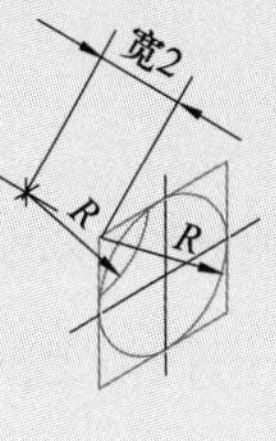</td></tr>
</table>

续表

步骤	图示
7. 擦除作图线，描深可见轮廓线	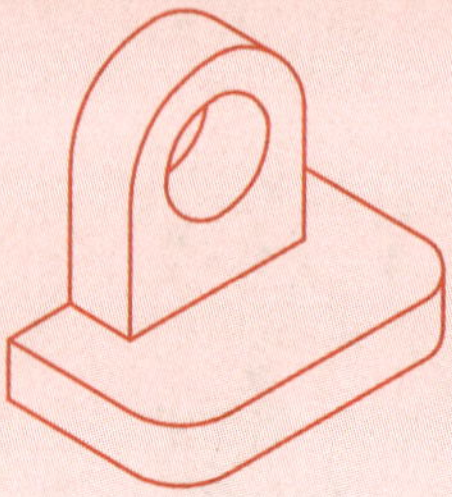

课题二 绘制斜二等轴测图

任务一 绘制端盖的斜二等轴测图

【学习目标】

1. 了解斜二等轴测图的形成过程，掌握斜二等轴测图的轴间角和轴向伸缩系数的概念。
2. 掌握绘制斜二等轴测图的方法。

【任务描述】

图 3-8 所示为端盖的主视图和俯视图，试绘制其斜二等轴测图。

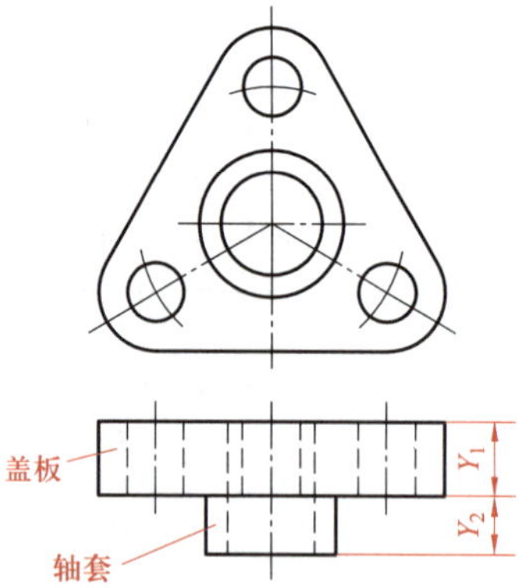

图 3-8 端盖的主视图和俯视图

【相关知识】

一、斜二等轴测图的形成

如图 3-9a 所示，使物体上的 O_1X_1、O_1Z_1 坐标轴平行于正投影面（O_1Y_1 坐标轴与正投影面垂直），将物体向正投影面进行投射，则得到主视图。如图 3-9b 所示，物体与投影面的相对位置不变，若互相平行的投射线从物体的斜上方倾斜于投影面投射，则可在投影面上得到一个能反映物体形状的斜二等轴测图（简称斜二测）。

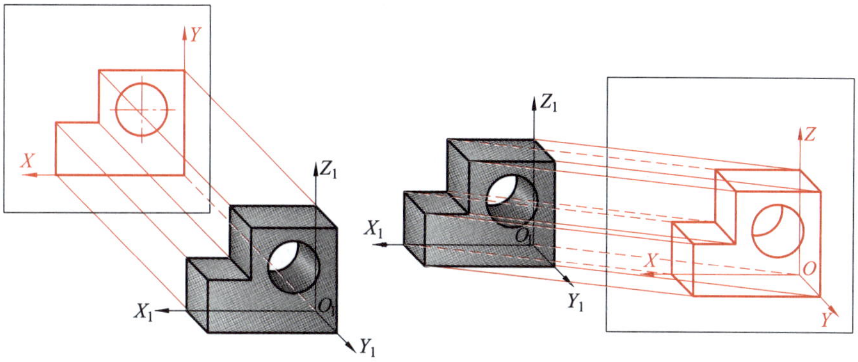

图 3-9　主视图与斜二等轴测图的形成比较
a）主视图的形成　b）斜二等轴测图的形成

二、斜二等轴测图的轴间角和轴向伸缩系数

在进行斜二测投影时，由于 $X_1O_1Z_1$ 坐标面与投影面平行，所以斜二等轴测图的轴间角 $\angle XOZ=90°$，且 OX、OZ 轴的轴向伸缩系数都为 1。调整投射方向，可使 $\angle XOY=\angle YOZ=135°$，且使 OY 轴的轴向伸缩系数为 1/2，如图 3-10 所示。因此，在三视图宽度方向上量取的尺寸，在画斜二等轴测图时应减半。

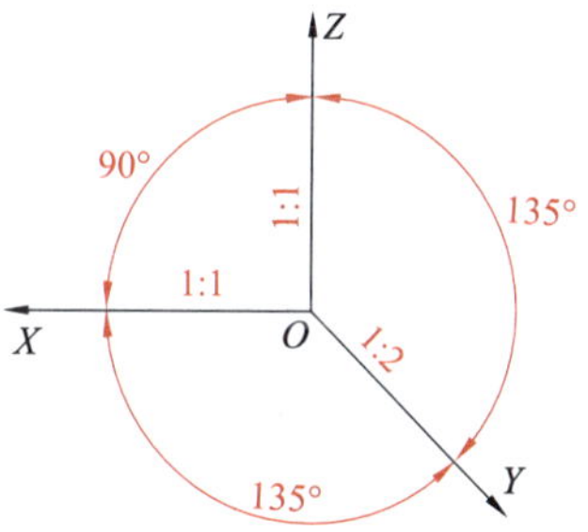

图 3-10　斜二等轴测图的轴间角和轴向伸缩系数

【任务实施】

端盖由盖板和轴套两部分组成，盖板的外形为正三棱柱倒圆角，其上有三个小孔，在端盖的中央有一个贯穿的大孔。绘制端盖斜二等轴测图的步骤见表 3-4。

表 3-4　绘制端盖斜二等轴测图的步骤

步骤	图示
1. 绘制盖板前面的斜二等轴测图	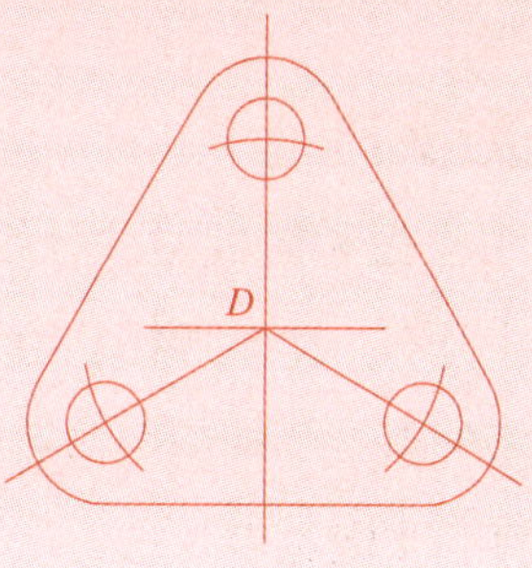

续表

步骤	图示
2. 绘制盖板后面的斜二等轴测图 作图时取 $AA_1=BB_1=CC_1=Y_1/2$ 3. 绘制盖板左下侧和右上侧两圆弧的公切线	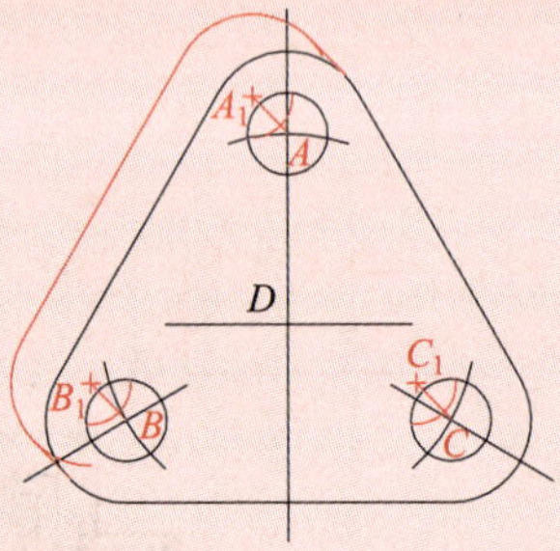
4. 绘制轴套的斜二等轴测图 过点 D 沿 Y 轴方向绘制一条线段 D_1D_2，使 $DD_1=Y_2/2$，$DD_2=Y_1/2$。以点 D_1 为圆心画二圆，以点 D_2、点 D 为圆心画二弧	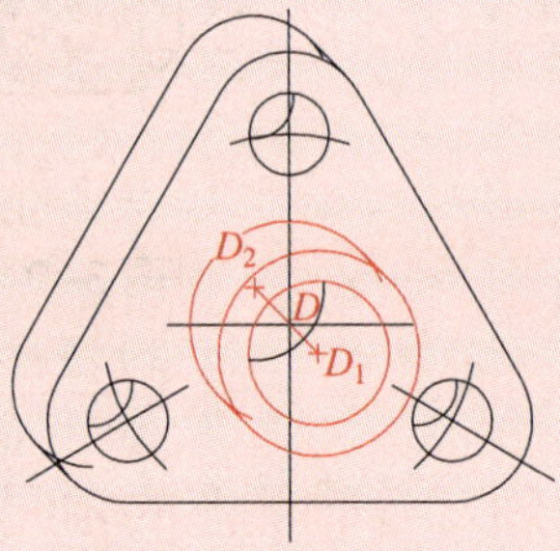
5. 擦除多余图线，加深可见轮廓线，即可得到端盖的斜二等轴测图	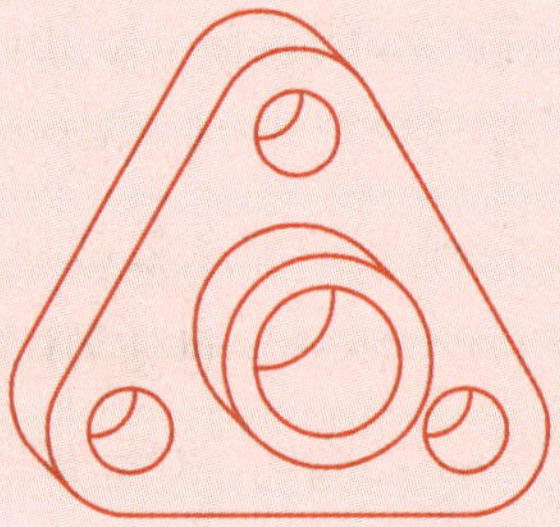

任务二　绘制支座的斜二等轴测图

【学习目标】

能绘制简单形体的斜二等轴测图。

【任务描述】

支座的三视图如图 3-11 所示，试绘制其斜二等轴测图。

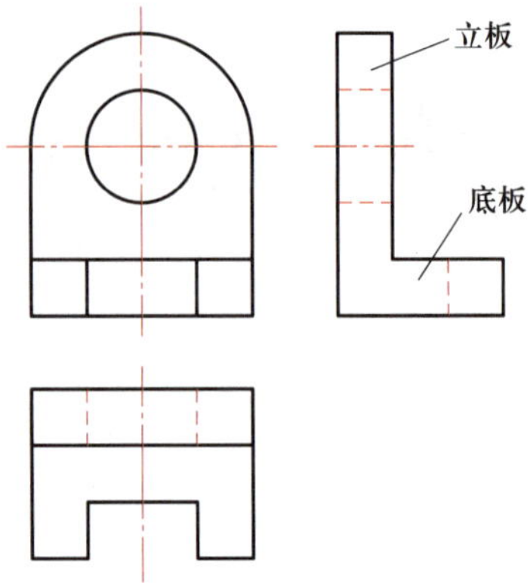

图 3-11　支座的三视图

【任务实施】

支座由立板和底板两部分组成，立板上加工有一个圆孔，底板上开有一个矩形槽。绘制其斜二等轴测图时，可先绘制出立板的斜二等轴测图，然后在此基础上绘制底板的斜二等轴测图，步骤见表 3-5。

表 3-5 绘制支座斜二等轴测图的步骤

步骤	图示
1. 确定坐标原点及坐标轴	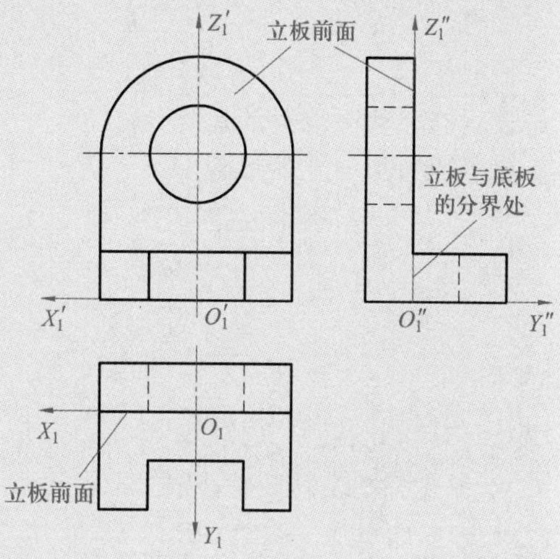
2. 绘制立板前面的斜二等轴测图	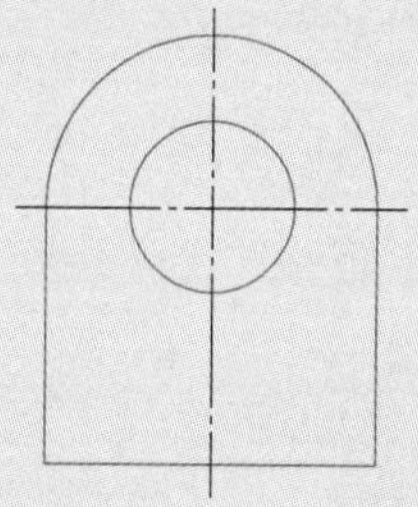
3. 绘制立板的斜二等轴测图 （1）从立板前面的左下侧顶点向左上绘制平行于 *OY* 轴的直线，并按立板宽度的一半取其长度 （2）将立板前面上的圆和圆弧的圆心沿 *OY* 轴向左后移动立板宽度的一半，用相同的半径绘制两段圆弧（只绘制可见部分） （3）绘制右上侧圆弧的公切线	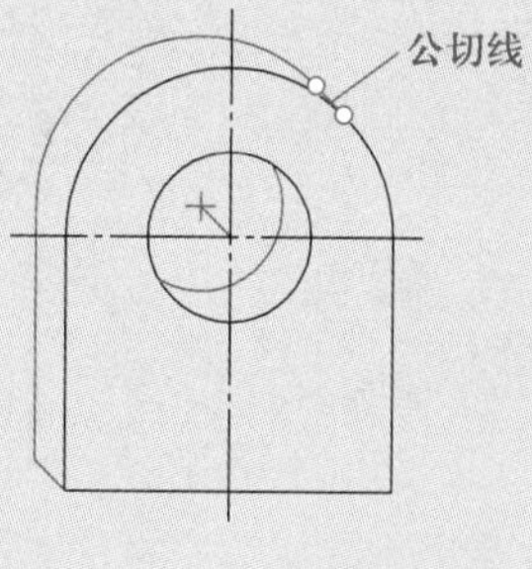
4. 绘制长方形底板的斜二等轴测图	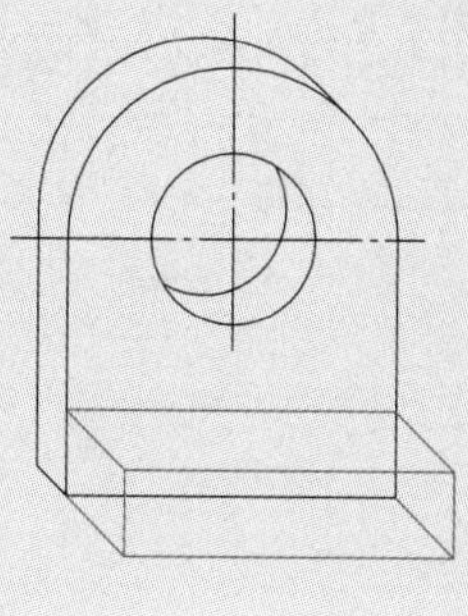

续表

步骤	图示
5. 擦除两板连接处的多余图线 6. 绘制底板上的矩形槽	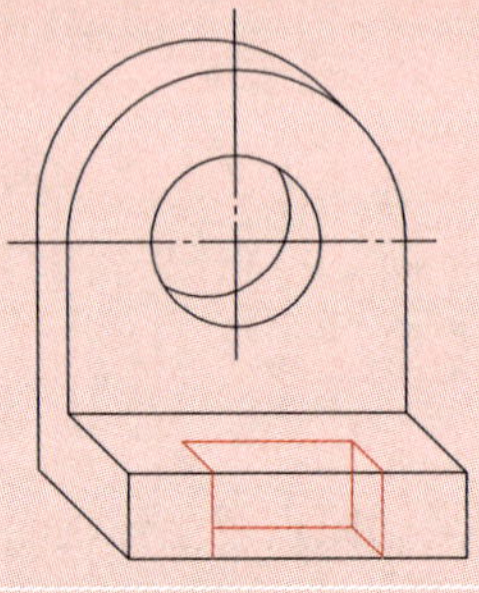
7. 擦除作图线，描深可见轮廓线	

模块四
截交线与相贯线

课题一　绘制截交线

任务一　绘制圆柱上的截交线

【学习目标】

1. 了解截交线的概念。
2. 了解圆柱上的截交线的类型。
3. 掌握绘制圆柱上的截交线的方法。

【任务描述】

图 4-1 所示为圆柱被正垂面斜割，已知斜割圆柱的主视图和俯视图，试绘制其左视图。

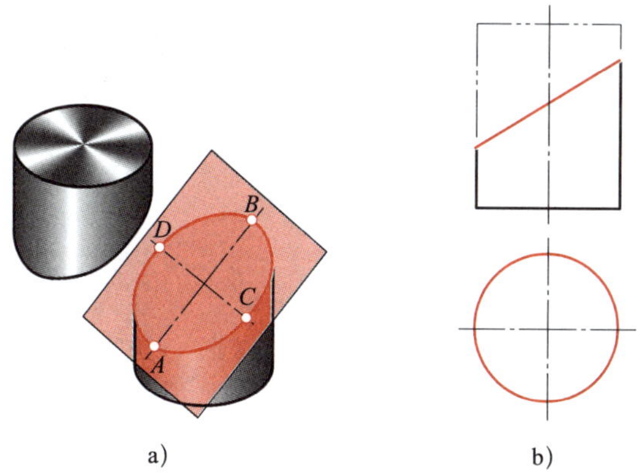

图 4-1　平面斜割圆柱
a）立体图　b）主视图和俯视图

【相关知识】

平面截割立体时，截切立体的平面称为截平面，截平面与立体表面的交线称为截交线。

由于立体的形状和截平面的位置不同，因此，截交线的形状也各不相同，但均具有以下两个基本特性。

1. 封闭性

截交线为封闭的平面图形。

2. 共有性

截交线既在截平面上，又在立体表面上，是截平面与立体表面的共有线，截交线上的点均为截平面与立体表面的共有点。

因此，求作截交线就是求截平面与立体表面的共有点和共有线。

【任务实施】

在截交线上的最高、最低、最前、最后、最左、最右点及在回转体最外素线上的点称为特殊点，在其他位置的点称为一般点。观察图 4-1a 可以看出，平面斜割圆柱时，平面与圆柱面的截交线为椭圆。在该椭圆上有四个特殊点，即最低（左）点 A、最高（右）点 B、最前点 C、最后点 D。

由于平面斜割圆柱的截交椭圆是圆柱面和截平面的共有线，因此它具有两个性质：一是该椭圆在圆柱面上具有圆柱面的投影特性——水平投影为圆；二是该椭圆在正垂截平面上具有正垂面的投影特性——正面投影积聚成直线。因此，该截交线的正面投影和水平投影都是已知的。已知椭圆的两个投影求第三投影，可以先求出椭圆上多个点的第三投影，再依次连接各点的投影即可。绘制斜割圆柱左视图的步骤见表 4-1。

表 4-1　绘制斜割圆柱左视图的步骤

步骤	图示
1. 绘制斜割前圆柱的左视图 2. 找出椭圆上四个特殊点的正面投影和水平投影，求作其侧面投影 注意：右下侧 45° 倾斜的辅助线必须通过俯视图和左视图宽度方向对称中心线的交点	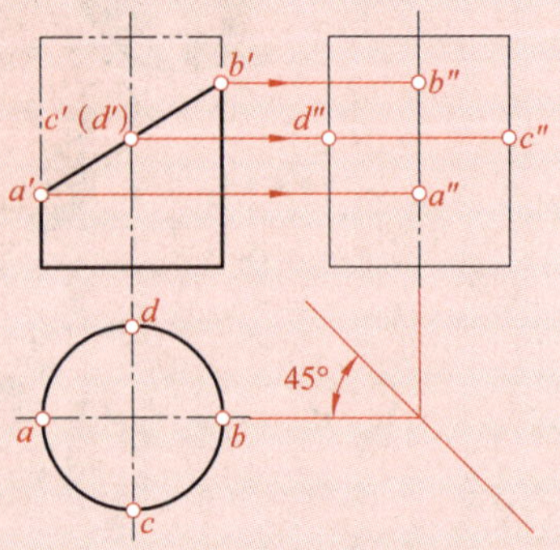

续表

步骤	图示
3. 在俯视图适当位置找四个一般点的水平投影，按投影规律求出其正面投影，再求出其侧面投影	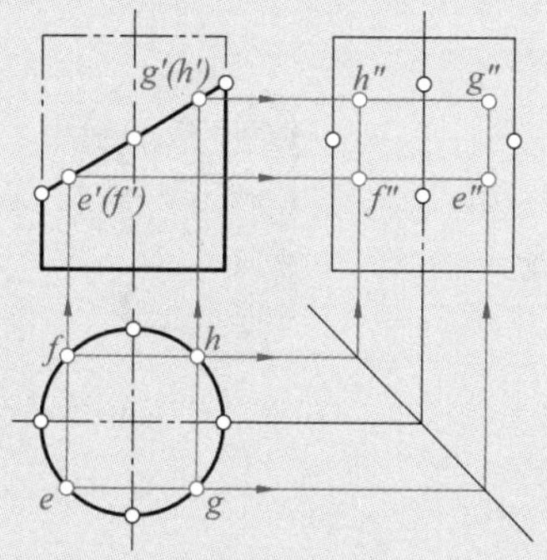
4. 光滑连接各点的侧面投影	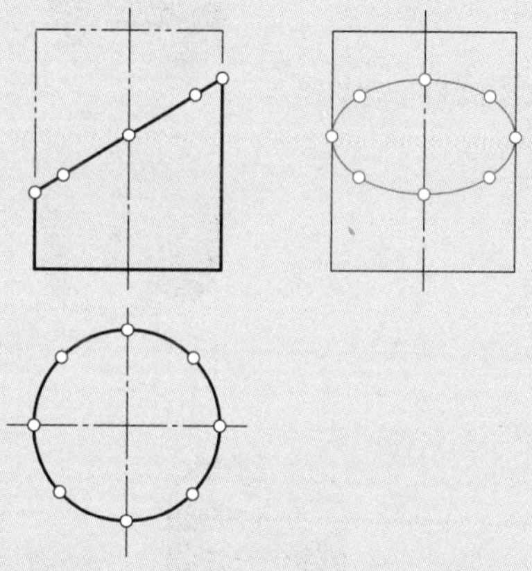
5. 擦除作图线和被切割部分的轮廓线，按线型描深各种图线，绘制椭圆的中心线	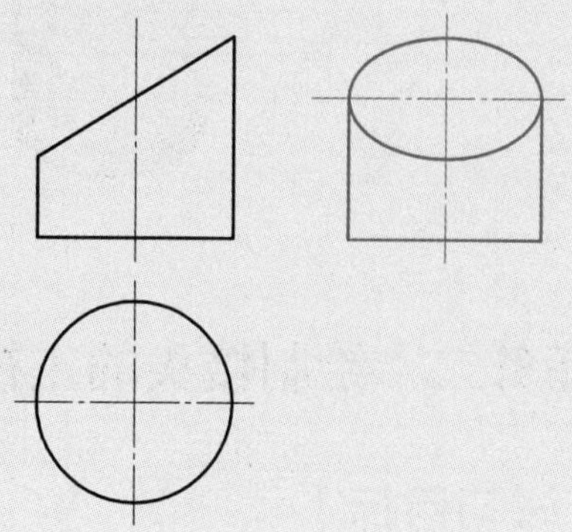

如果图 4-1 中的截平面与圆柱面的轴线成 45° 夹角，则截交线在左视图中的投影为圆。

【知识拓展】

根据截平面与圆柱面轴线的相对位置不同，圆柱截交线有三种情况，见表 4-2。

表 4-2　圆柱截交线的三种情况

截平面位置	立体图	三视图	截交线形状
平行于圆柱轴线	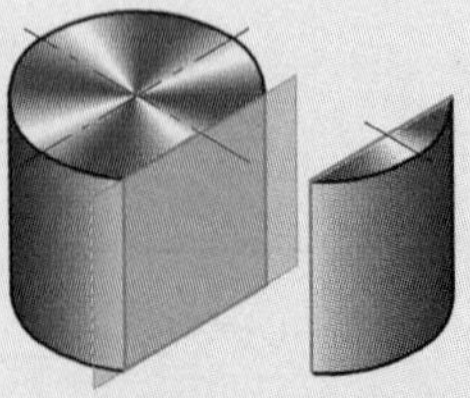	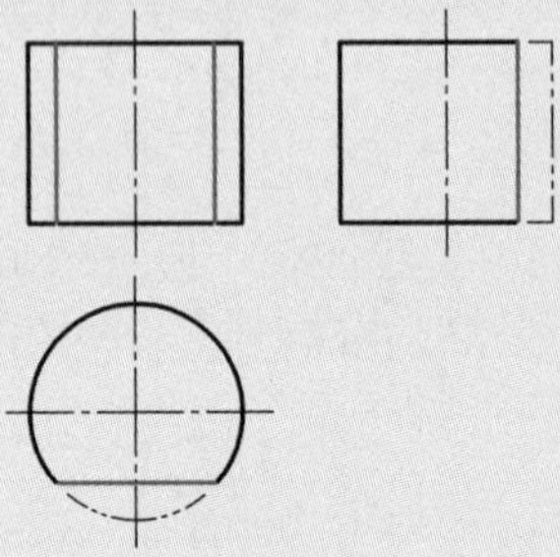	矩形
垂直于圆柱轴线	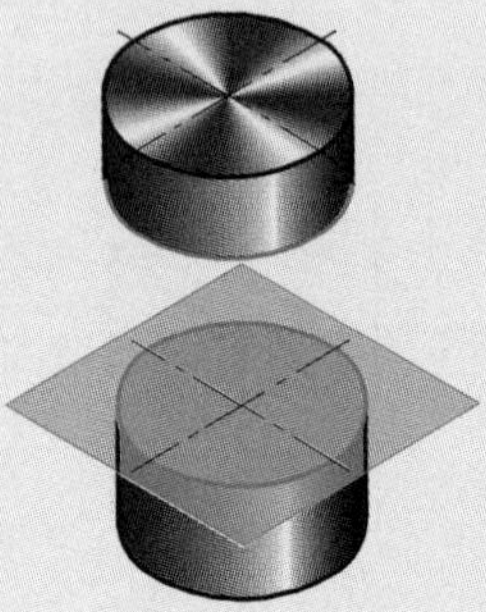	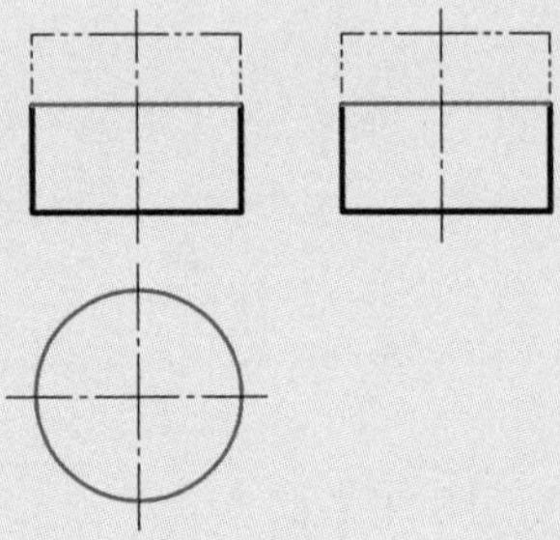	与圆柱直径相等的圆
倾斜于圆柱轴线	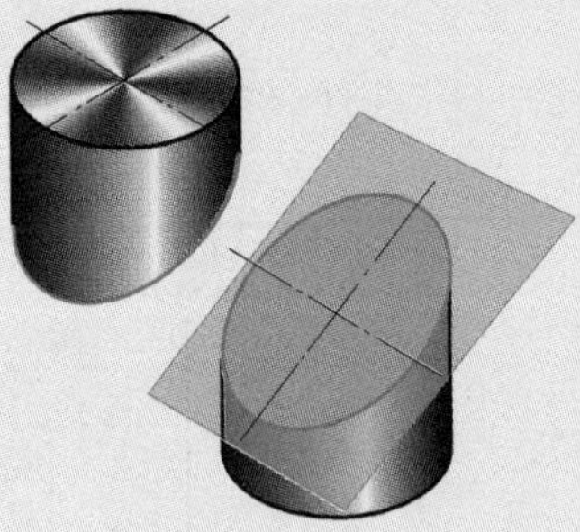	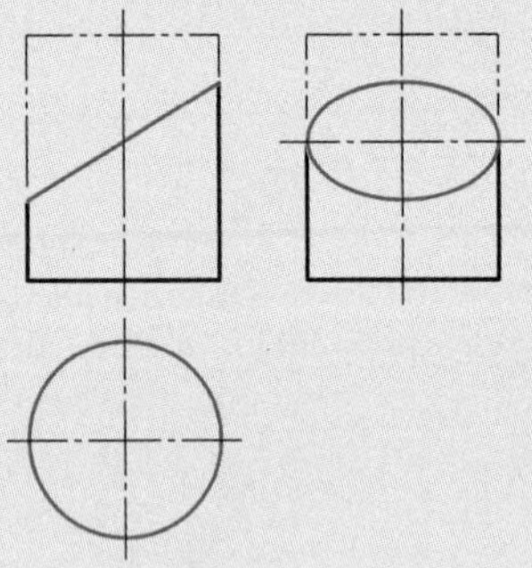	椭圆

任务二　绘制接头的主视图

【学习目标】

初步具有绘制圆柱截交线的能力。

【任务描述】

根据图 4-2 所示接头的俯视图、左视图和立体图，分析截交线的形状，绘制接头的主视图。

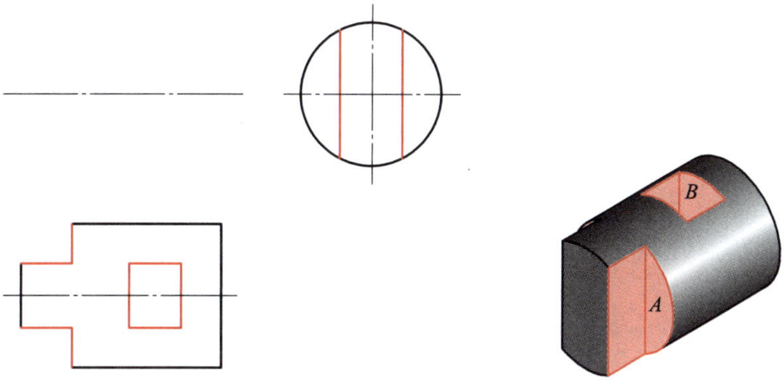

a) b)

图 4-2 绘制接头的主视图

a）俯视图和左视图 b）立体图

【任务实施】

图 4-2 所示接头是在圆柱体的左侧割肩，中间开槽。截割圆柱体所用的截平面为正平面（平行于圆柱体的轴线）和侧平面（垂直于圆柱体的轴线），各截平面截割圆柱产生的截交线为直线或圆弧，截交线的水平投影和侧面投影是已知的，根据截交线的两个已知投影，可以求出其第三投影。绘制接头主视图的步骤见表 4-3。

表 4-3 绘制接头主视图的步骤

步骤	图示
1. 绘制切割前圆柱的正面投影	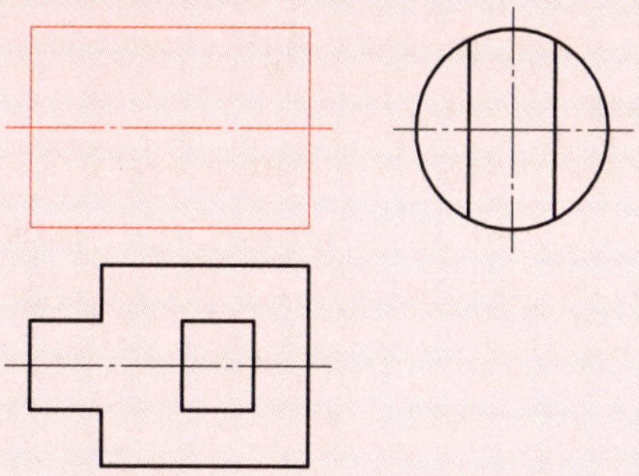
2. 绘制左侧割肩时正平截平面与圆柱面的截交线	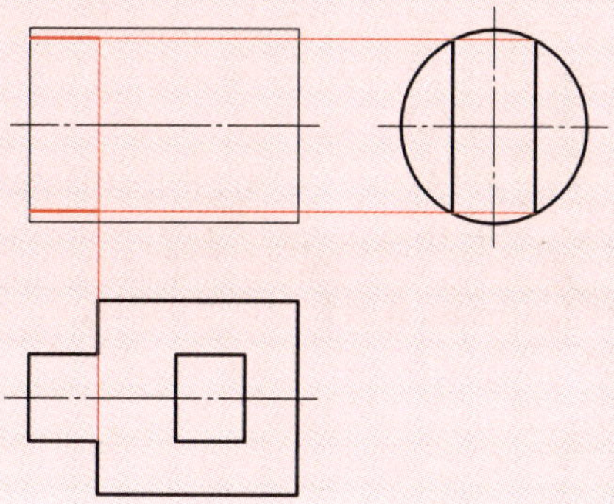

续表

步骤	图示
3. 绘制左侧割肩时侧平截平面A的正面投影 注意：在主视图上，侧平截平面A的投影的两端与圆柱面最外素线间有间隙	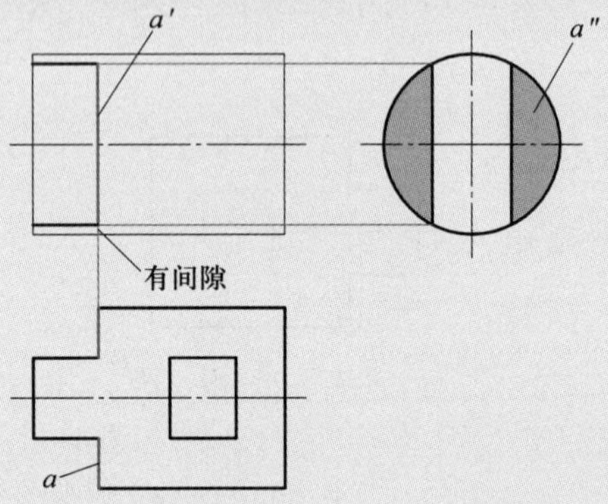
4. 绘制圆柱中间开槽时正平截平面与圆柱面的交线 注意：圆柱中间槽的宽度与左侧凸台的宽度相等，在左视图上的轮廓线重合	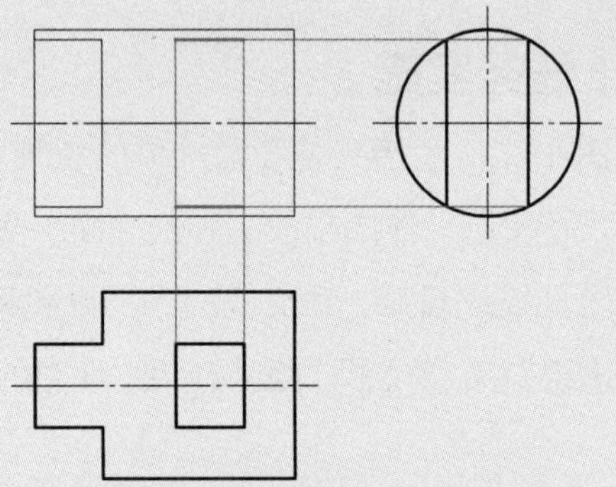
5. 绘制圆柱中间开槽时侧平截平面B的正面投影 注意：在主视图上，侧平截平面B的两端投影可见，画粗实线；侧平截平面B的中间投影不可见，画细虚线	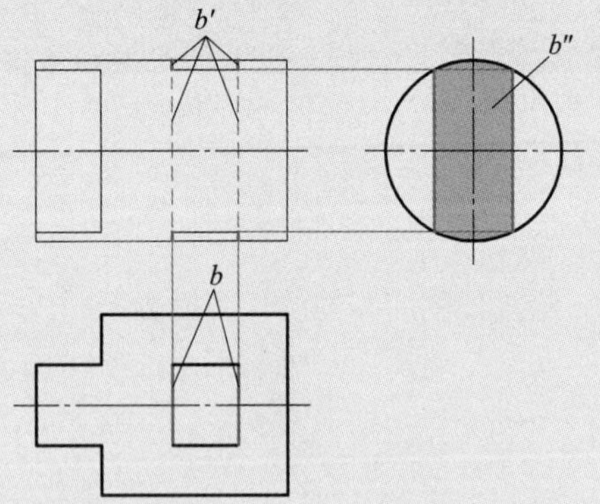
6. 擦除多余图线，按照规定描深图线 注意：圆柱中间开槽时，割去了部分最上素线和最下素线，要将割去部分的最外素线擦除	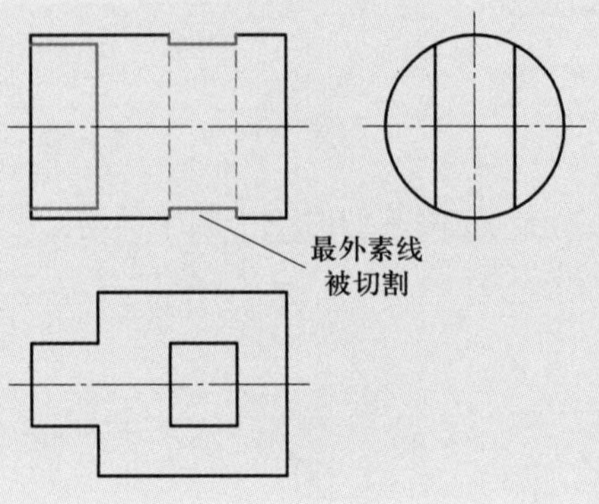

课题二 绘制相贯线

任务一 绘制圆柱与圆柱的相贯线

【学习目标】

1. 了解相贯线的概念和基本特性。
2. 了解两圆柱轴线正交相贯的类型和常见圆柱穿孔相贯线的画法。
3. 掌握绘制圆柱与圆柱正交的相贯线的方法。

【任务描述】

图 4-3 所示为两圆柱轴线正交相贯，试补画图 4-3b 所示主视图上两圆柱面交线的投影。

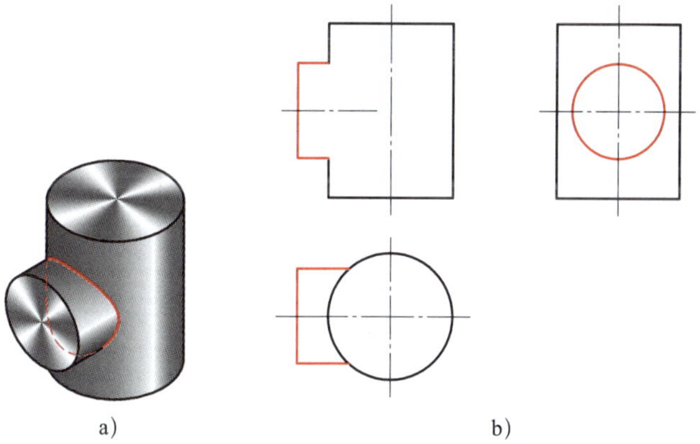

图 4-3 两圆柱轴线正交相贯
a）立体图 b）三视图

【相关知识】

两立体相交称为相贯，其表面交线称为相贯线，最常见的相贯形式是曲面立体与曲面立体相贯。相贯线具有以下两个基本特性：

1. 相贯线一般为空间曲线，特殊情况下为平面曲线或平面内的折线。

2. 相贯线是两立体表面的共有线，也是相交两立体表面的分界线，相贯线上的点均为两立体表面上的共有点。

因此，求作相贯线的实质就是求作两立体表面上一系列共有点的投影，然后按顺序依次连接各共有点的同面投影。

【任务实施】

由图 4-3b 可知，两圆柱直径不同，轴线垂直相交（正交），其中大圆柱的轴线垂直于水平投影面，故大圆柱面的水平投影为圆；小圆柱的轴线垂直于侧投影面，故小圆柱面的侧面投影为圆。两圆柱面的交线是两圆柱面的共有线，因此具有两圆柱面的投影特性，即相贯线的水平投影与大圆柱面的投影重合（为圆的一部分圆弧），相贯线的侧面投影与小圆柱的侧面投影重合（为整圆）。在求作相贯线的未知投影时，可以先找出相贯线上的特殊点，再在适当位置选取一般点，并根据点的投影规律求作未知投影，光滑连接各点即可得到相贯线的未知投影。绘制正交两圆柱相贯线的步骤见表 4-4。

表 4-4　绘制正交两圆柱相贯线的步骤

步骤	图示
1. 作特殊点的投影 先在左视图和俯视图上找出相贯线上的最高点 *A* 和最低点 *C*（该两点同时是最左点）、最前点 *B* 和最后点 *D*（该两点同时是最右点）的侧面投影和水平投影，然后依据投影规律求作其正面投影	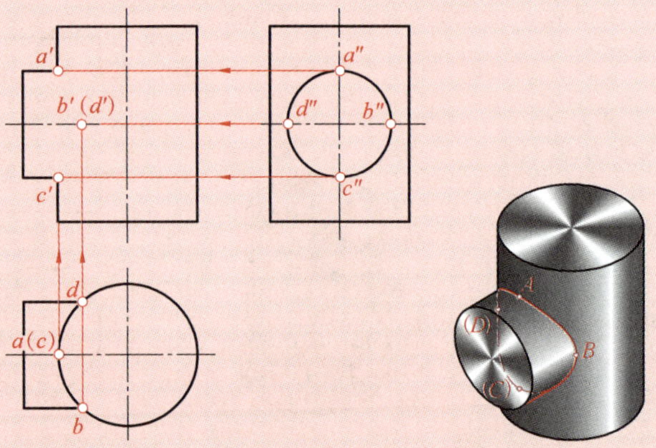
2. 作一般点的投影 在适当位置选取一般点 *E*、*F*、*G*、*H*，找出其侧面投影，利用点的投影规律和相贯线上点的水平投影在大圆上两个条件，求作其水平投影，然后根据点的两面投影求作其正面投影 注意：右下侧 45° 倾斜的辅助线必须通过俯视图和左视图宽度方向对称中心线的交点	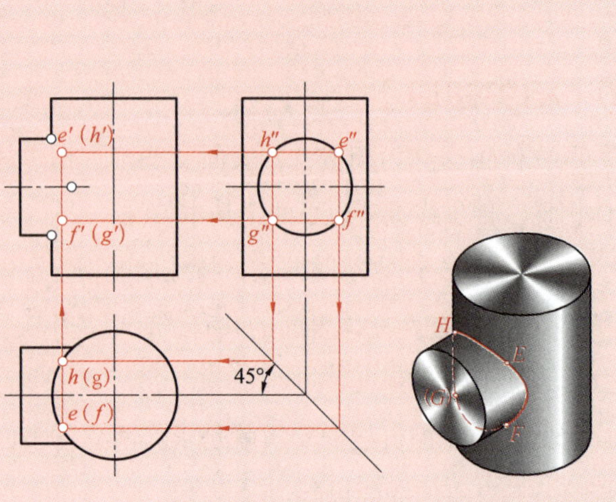

续表

步骤	图示
3. 光滑连接各点	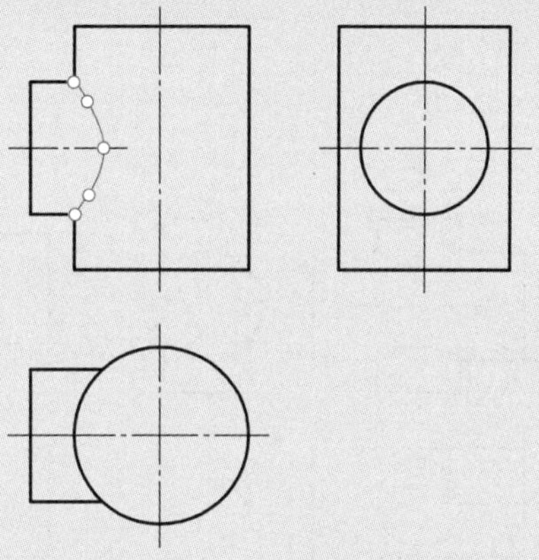
4. 擦除作图线，按线型描深各种图线	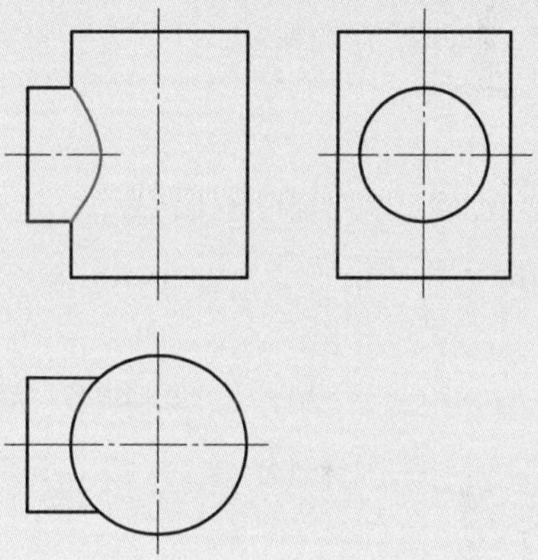

【知识拓展】

一、两圆柱轴线正交相贯的类型

两圆柱轴线正交相贯的类型见表 4-5。一般情况下，其相贯线是空间曲线。

表 4-5　两圆柱轴线正交相贯的类型

尺寸变化	$D_1>D_2$	$D_1=D_2$	$D_1<D_2$
立体图	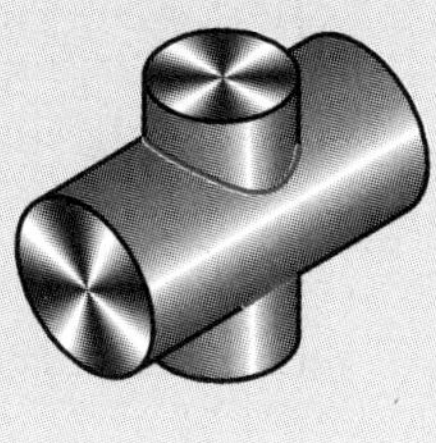	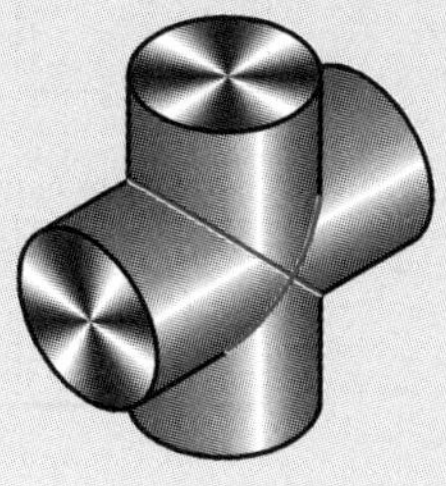	

续表

尺寸变化	$D_1>D_2$	$D_1=D_2$	$D_1<D_2$
三视图	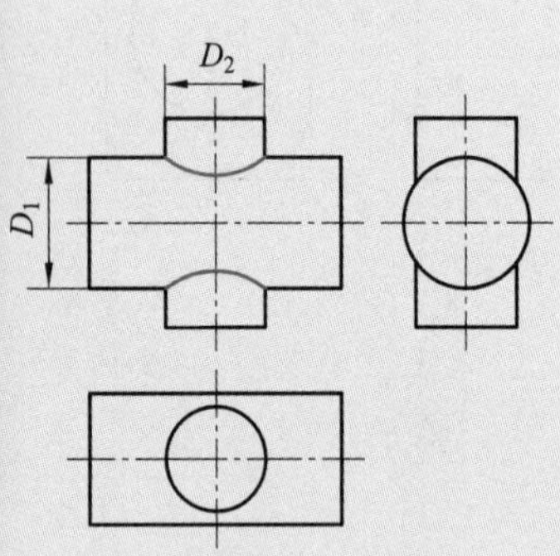 相贯线为空间曲线	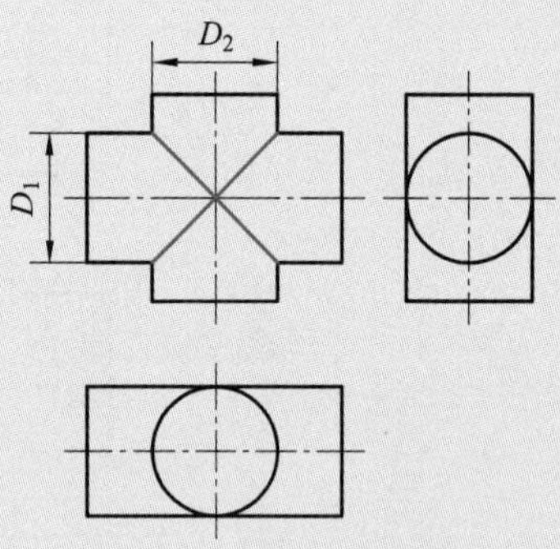 相贯线为平面曲线——椭圆	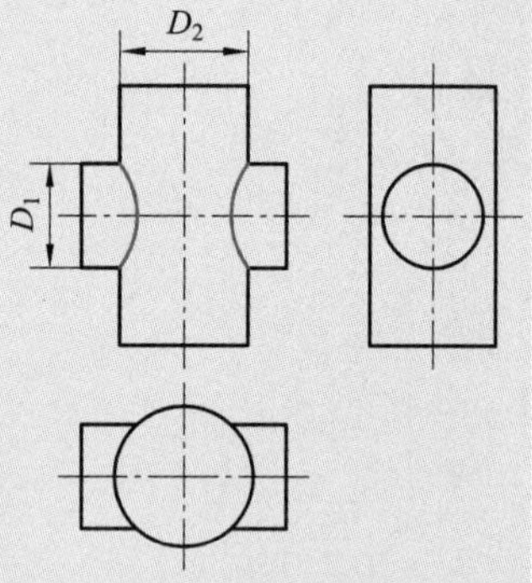 相贯线为空间曲线

二、常见圆柱穿孔的相贯线

常见圆柱穿孔的相贯线见表 4-6。圆柱相贯时，圆柱面上相贯处的最外素线不再存在。

表 4-6　常见圆柱穿孔的相贯线

形式	圆柱与圆柱孔相贯	不等径圆柱孔相贯	等径圆柱孔相贯
立体图	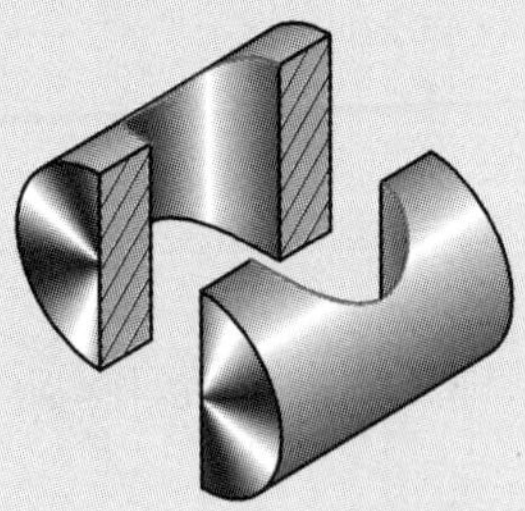	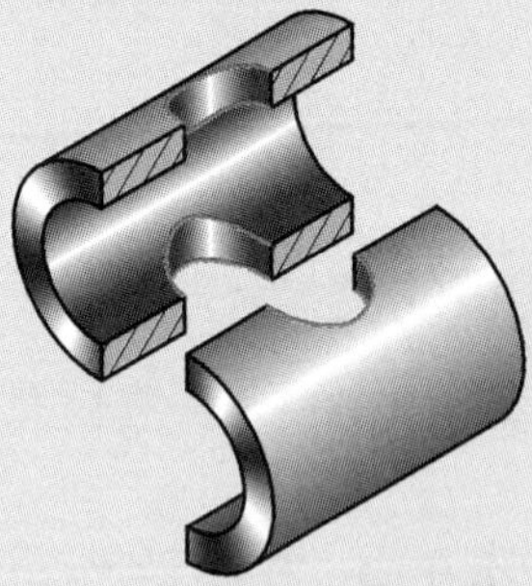	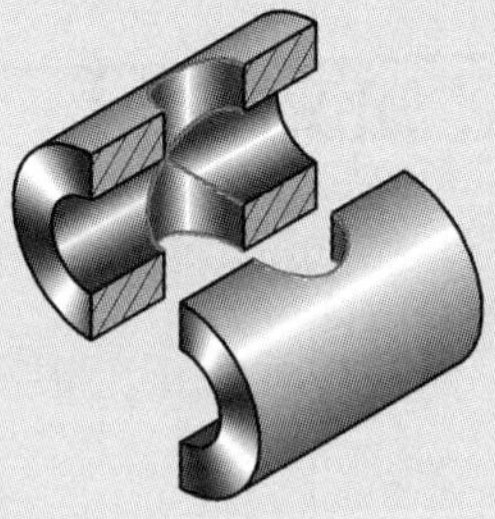
三视图	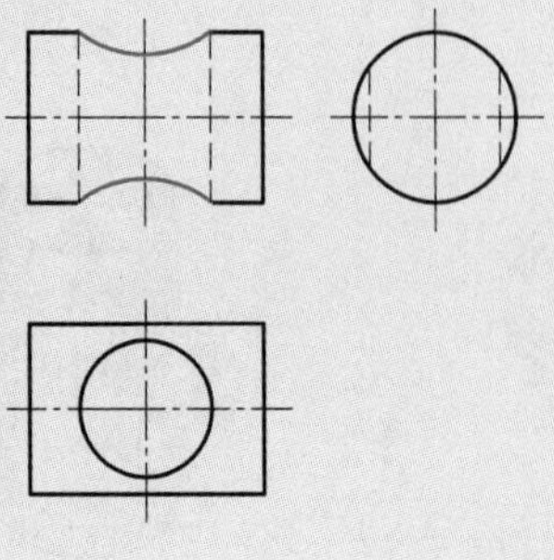	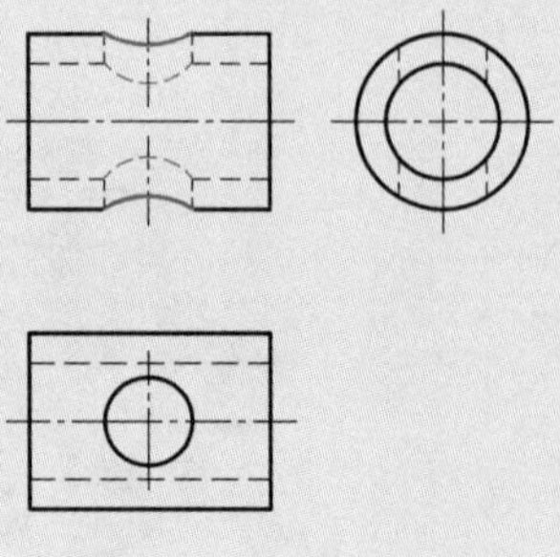	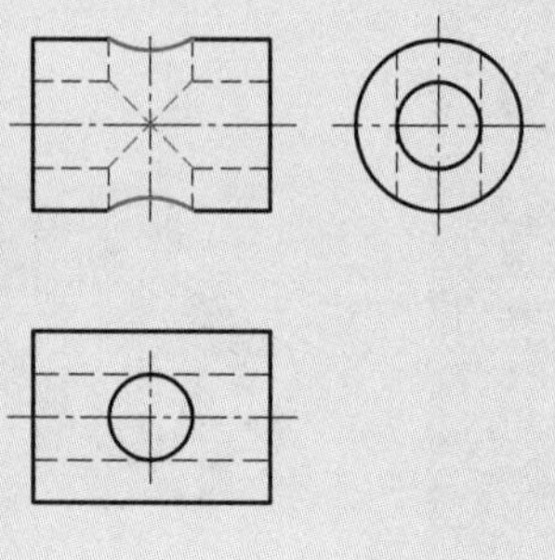

任务二 补画键槽与圆柱面交线的投影

【学习目标】

初步具有绘制圆柱截交线和相贯线的能力。

【任务描述】

图 4-4 所示为在圆柱上加工了键槽的零件的三视图和立体图，在主视图上漏画了部分图线，试补画其主视图上的缺线。

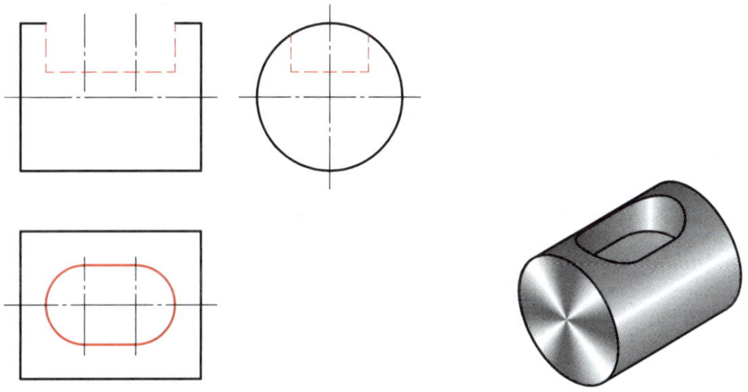

a)　　b)

图 4-4　补画主视图上的缺线
a）三视图　b）立体图

【任务实施】

如图 4-4b 所示，键槽的两边为半圆柱孔，中间为方槽，两边的半圆柱孔与外圆柱面相交产生相贯线，方槽与外圆柱面相交产生截交线。补画图 4-4a 所示主视图上缺线的步骤见表 4-7。

表 4-7　补画主视图上缺线的步骤

步骤	图示
1. 补画左侧半圆孔与外圆柱面的相贯线	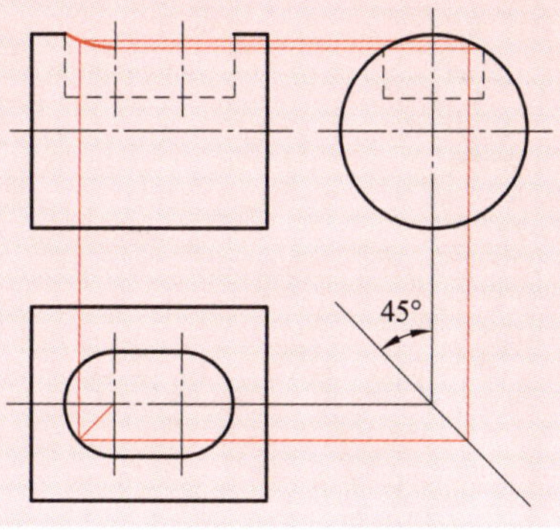

续表

步骤	图示
2. 补画键槽中间平面与外圆柱面的截交线	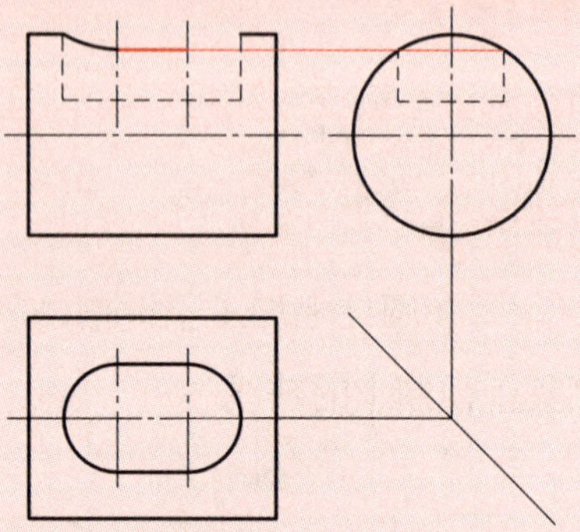
3. 补画右侧半圆孔与外圆柱面的相贯线	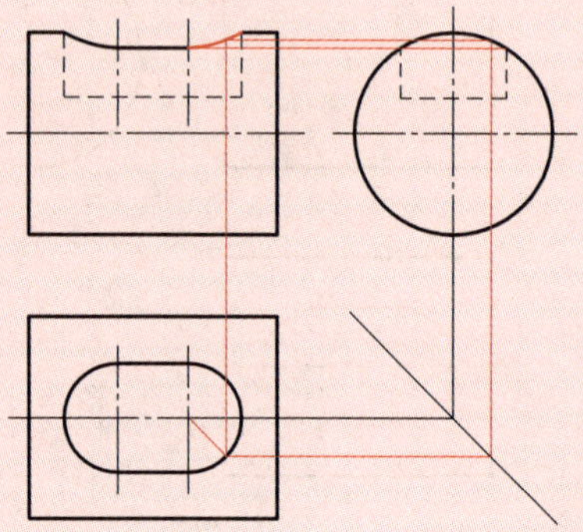
4. 擦除作图线，校核三视图	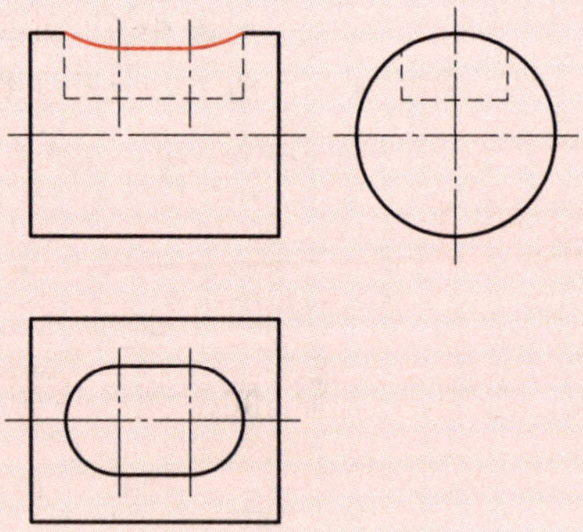

模块五
组　合　体

课题一　绘制组合体的三视图

任务一　绘制支架的三视图

【学习目标】

1. 了解组合体的类型。
2. 掌握运用叠加法画图的能力。

【任务描述】

图 5-1 所示为支架的正等轴测图，试绘制其三视图。

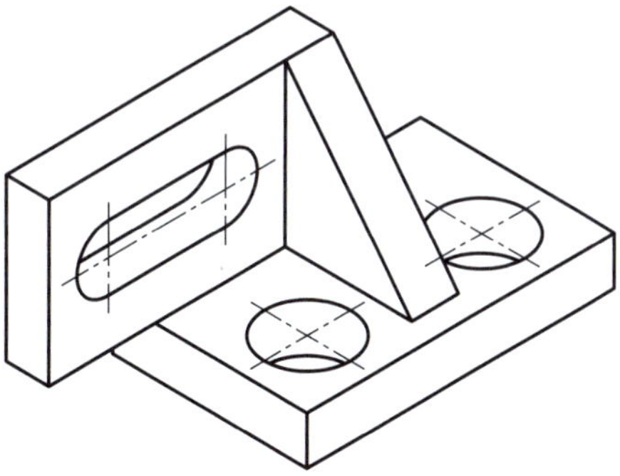

图 5-1　支架的正等轴测图

【相关知识】

一、组合体的类型

绝大多数机械零件是由两个或两个以上的基本几何体组合而成的。由两个或两个以上的基本几何体组成的形体称为组合体。按照形体特征，组合体可分为叠加类组合体、切割类组合体、综合类组合体三种，见表 5-1。

表 5-1　组合体的类型

类型	叠加类组合体	切割类组合体	综合类组合体
概念	由几个基本几何体叠加而成的组合体	在一个基本几何体上切割去除某些形体而形成的组合体	既有叠加又有切割的组合体
图示	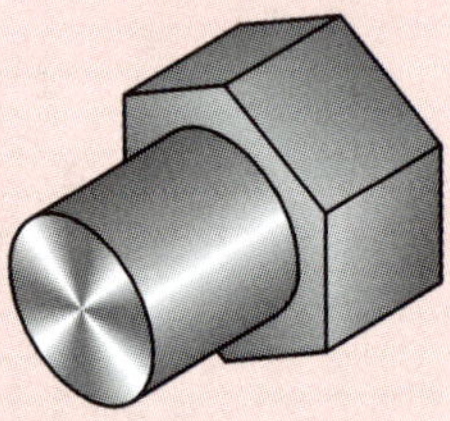	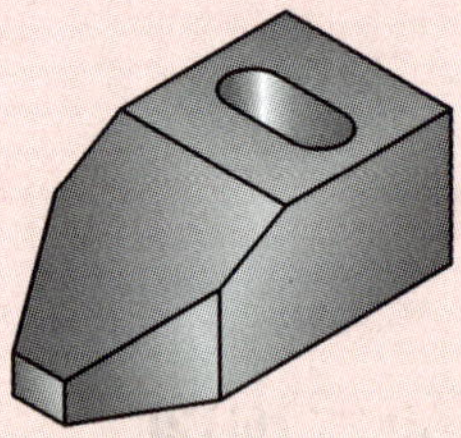	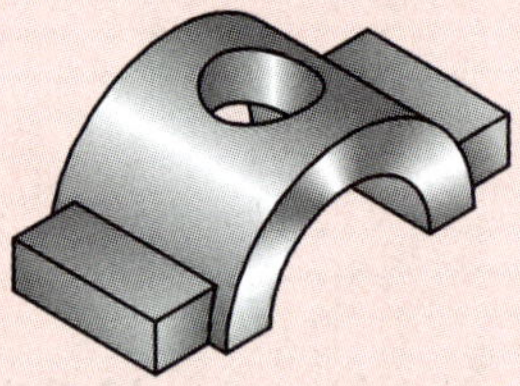

二、绘制组合体三视图的基本原则

由于组合体的结构比较复杂，在绘制其三视图时，要按照一定的顺序进行绘制，以保证绘制的三视图正确无误。具体绘图时可参照以下原则。

1. 先绘主要部分，后绘次要部分。
2. 先绘大形体，后绘小结构。
3. 先绘可见部分，后绘不可见部分。
4. 先绘特殊位置直线（或平面），后绘一般位置直线（或平面）。
5. 三个视图要同时绘制，不要先画完主视图再画其他视图。

【任务实施】

任何复杂的物体都可看成是由若干个基本形体组合而成的。图 5-1 所示的支架属于以叠加为主的综合类组合体，可看成是由平板、竖板和肋板组合而成的，在水平放置的平板上有两个圆孔，在竖直放置的竖板上有一个直槽，如图 5-2 所示。绘制其三视图时，可采用“先分后合”的方法，先把组合体分解成若干个基本形体，然后按其相对位置逐个画出各基本形体的投影，最后综合校核整个组合体的三视图，这种绘图方法称为叠加法。

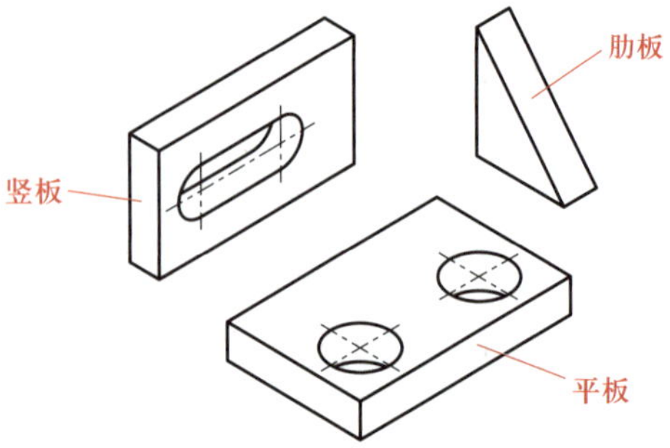

图 5-2　支架的组成

在绘制支架三视图时，应先绘制三视图的基准线，然后逐一绘制平板、竖板和肋板的三视图及其上孔、槽的投影，最后校核、描深图形。绘制支架三视图的步骤见表 5-2。

表 5-2　绘制支架三视图的步骤

步骤	图示
1. 测量平板的长 a_1、宽 a_2 和高 a_3，绘制平板长方体的三视图 注意：布图时要考虑竖板所占用的幅面。使三个视图之间、视图与边框之间保持合适的距离	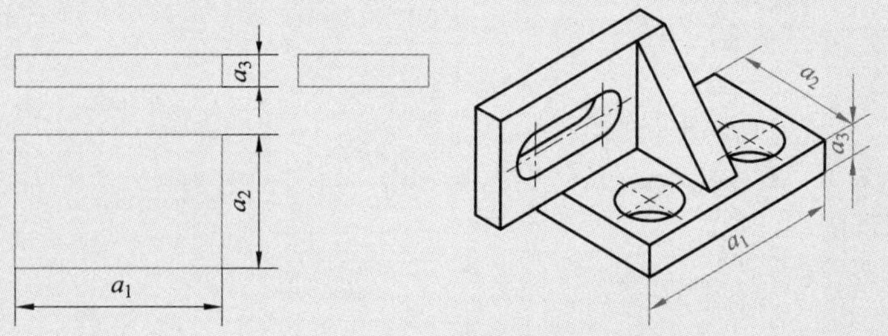
2. 测量竖板的长 b_1、宽 b_2 和高 b_3，绘制竖板长方体的三视图	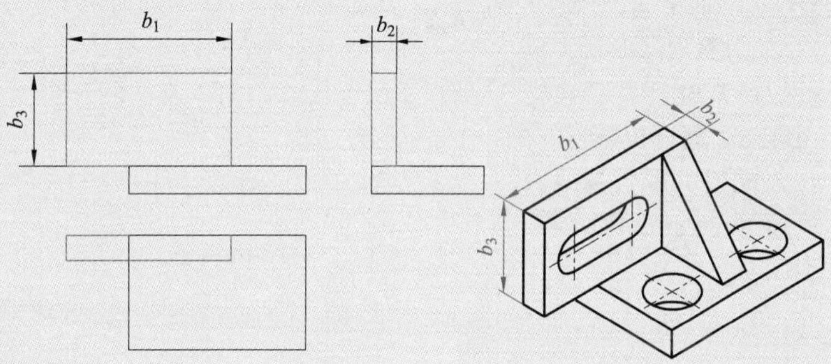
3. 测量肋板的长 c_1 和宽 c_2，绘制肋板的三视图	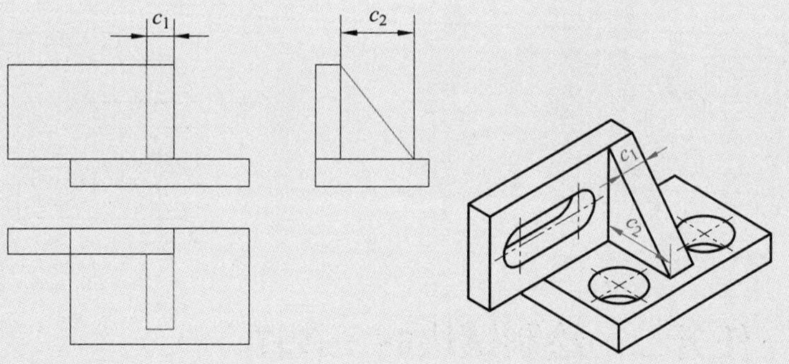
4. 测量底板上两个圆孔的直径 ϕ_1、长度方向的中心距 d_1、宽度方向的中心距 d_2，绘制底板上的两个圆孔	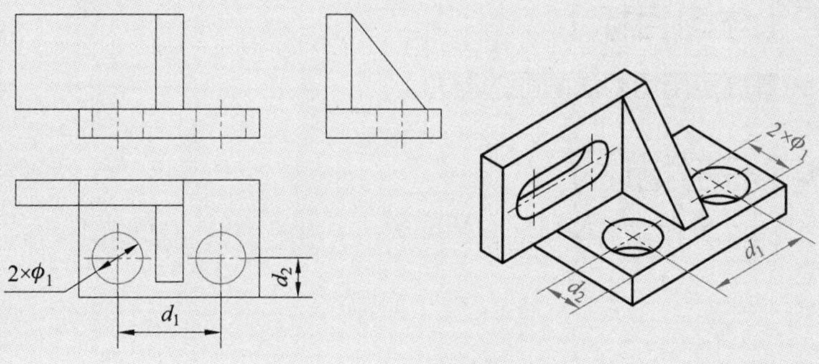

续表

步骤	图示
5. 测量竖板上直槽的尺寸 e_1、e_2、e_3、e_4，绘制直槽	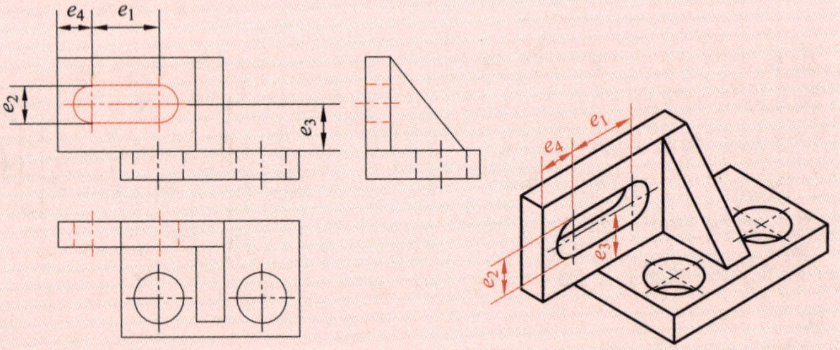
6. 对照立体形状，根据投影规律，反复校核三视图。通过校核发现，在俯视图上平板被竖板遮挡部分的轮廓应画细虚线	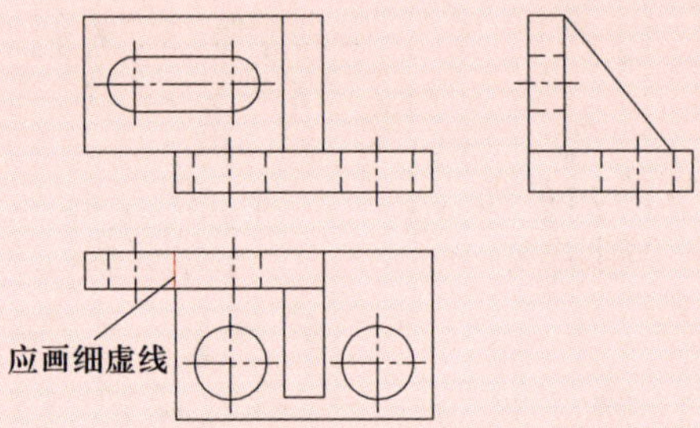
7. 擦除多余作图线，按线型描深各种图线	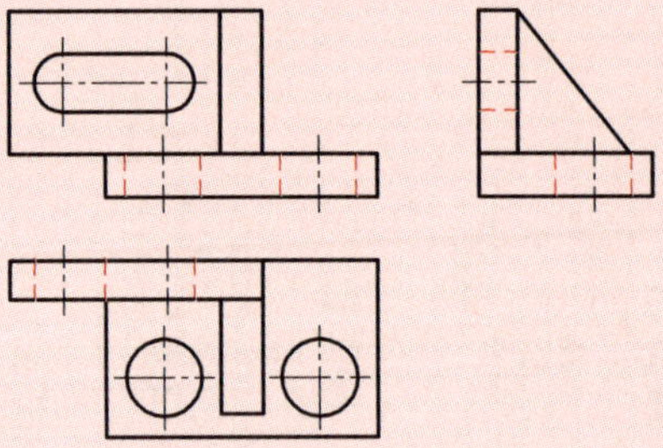

任务二　绘制镶块的三视图

【学习目标】

掌握运用切割法画图的能力。

【任务描述】

图 5-3 所示为镶块的正等轴测图，试绘制其三视图。

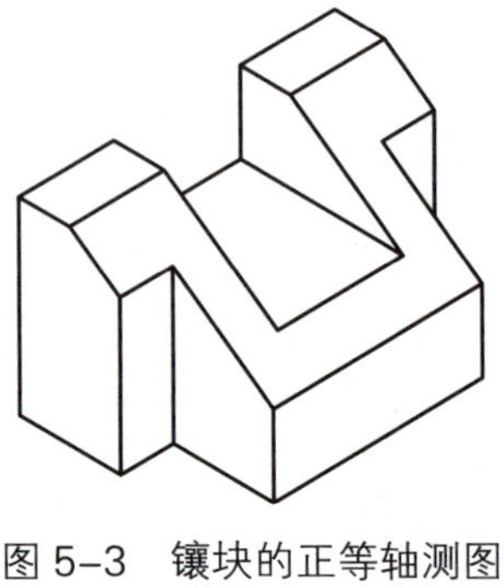

图 5-3　镶块的正等轴测图

【任务实施】

镶块属于切割类组合体，可看成是由长方体逐步切割掉一些形体而形成的。绘制这类组合体的三视图时，首先要弄清楚形体的切割过程，然后按照切割过程逐步绘制组合体的三视图，最后综合校核整个组合体的三视图，这种绘图方法称为切割法。镶块的形成过程如图 5-4 所示。绘制镶块三视图的步骤见表 5-3。

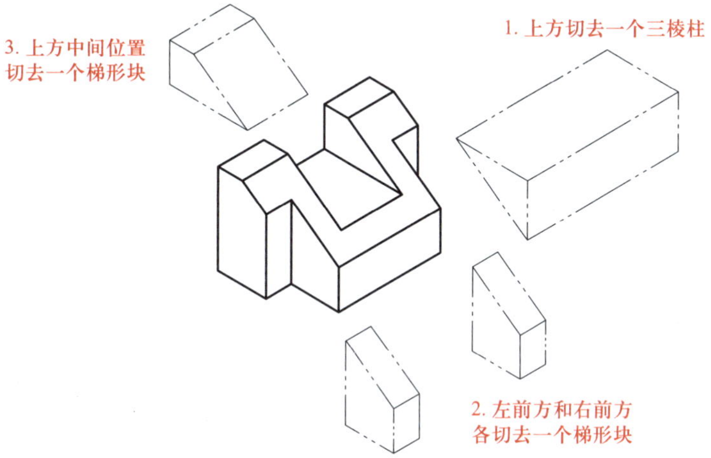

图 5-4　镶块的形成过程

表 5-3　绘制镶块三视图的步骤

步骤	图示
1. 测量正等轴测图上的尺寸 a_1、a_2、a_3，绘制切割前长方体的三视图 注意：在轴测图上，不平行于轴测轴的线段不能度量	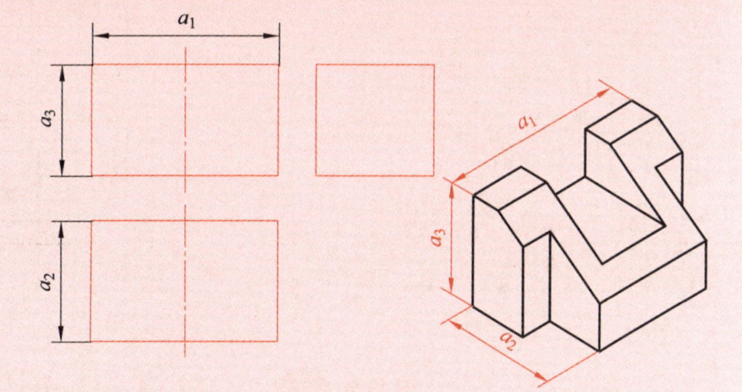
2. 测量正等轴测图上的尺寸 b_2、b_3，绘制在长方体的上方切去三棱柱后的三视图 注意：擦除形体被切割后多余的轮廓线	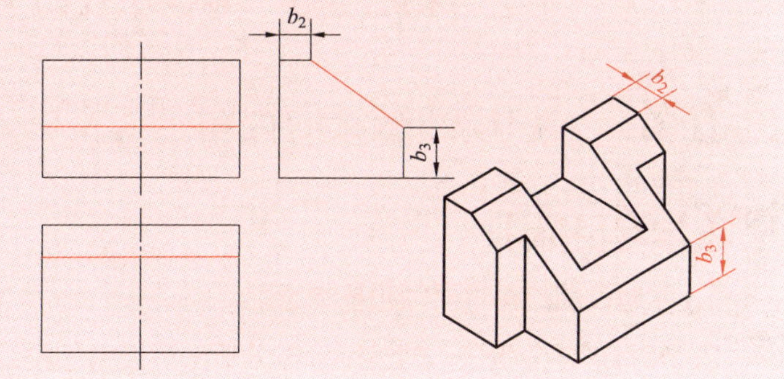

续表

步骤	图示
3. 测量正等轴测图上的尺寸 c_1、c_2，绘制在形体的左前方和右前方切去梯形块后的三视图 注意：擦除形体被切割后多余的轮廓线	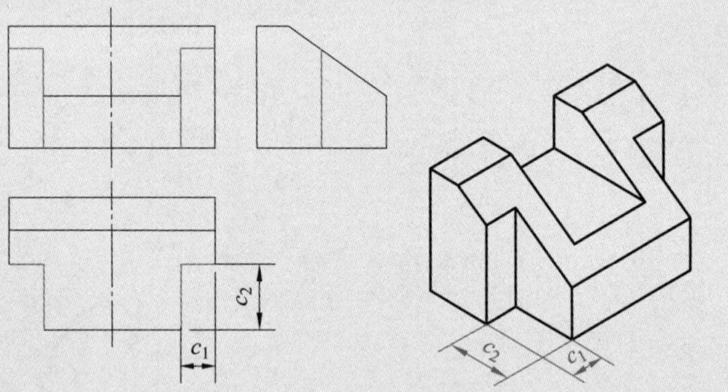
4. 测量正等轴测图上的尺寸 d_1、d_3，绘制在形体上方中间位置切去梯形块后的三视图 注意：擦除形体被切割后多余的轮廓线	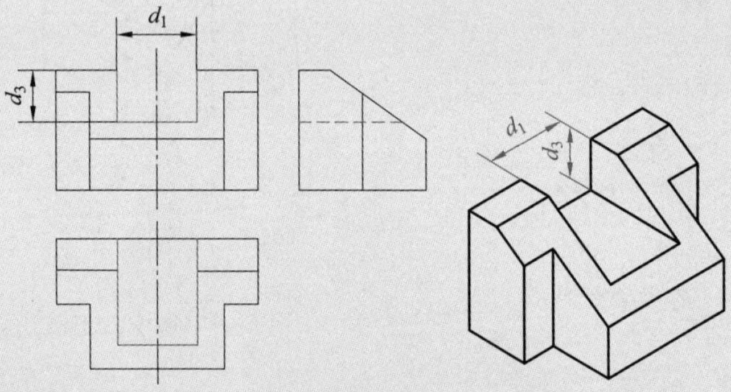
5. 擦除作图线，校核三视图，按线型描深各种图线	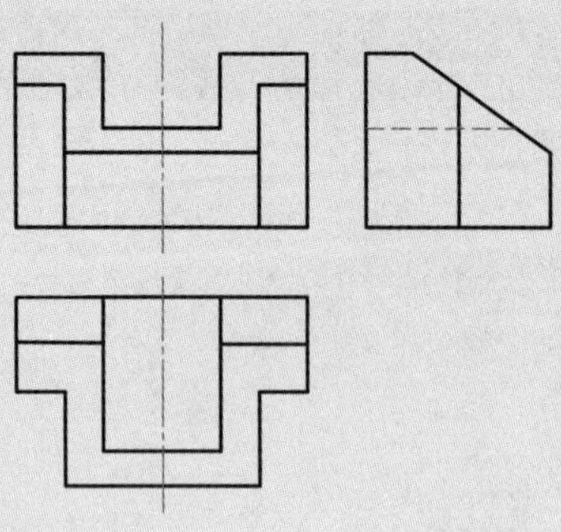

课题二　识读组合体的视图

任务一　识读凸缘叉的视图

【学习目标】

1. 了解读图的基本要领和基本原则。
2. 掌握形体分析法，能运用形体分析法识读叠加类组合体的视图。

【任务描述】

图 5-5 所示为汽车传动轴凸缘叉的主视图和俯视图，识读主视图和俯视图，想象其立体形状，补画其左视图。

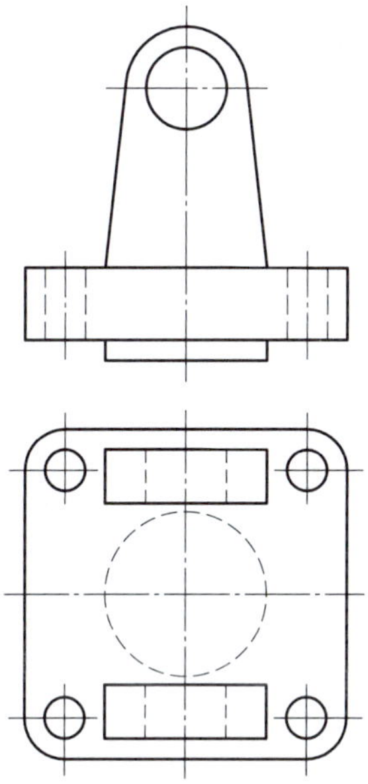

图 5-5 汽车传动轴凸缘叉的主视图和俯视图

【相关知识】

一、读图的基本要领

1. 几个视图同时读

一般情况下，由两个视图可以基本确定物体的形状，但在某些情况下也不尽然，表 5-4 中列出了几种两视图相同，但物体结构形状不一样的情况。由此可知，在某些情况下，两个视图不一定能确定物体的形状，在读图时一定要将三视图联系起来分析才能确定物体的形状。

2. 重点分析特征视图

物体的特征视图分为形状特征视图和位置特征视图两种。

形状特征视图是指最能反映物体形状特征的视图。图 5-6 所示底板的俯视图就是形状特征视图。

位置特征视图是指最能反映组合体各形体间相互位置关系的视图。图 5-7a 所示支架的主视图和俯视图无法确定结构 1、2 的位置，它表示的可能是图 5-7b 的形体，也可能是图 5-7c 的形体。图 5-8 给出形体的主视图和左视图，在左视图上结构 1、2 的凹凸表达得十分清楚，所以该左视图就是位置特征视图。

表 5-4　视图相近的物体

序号	物体的三视图及轴测图	三视图比较
1	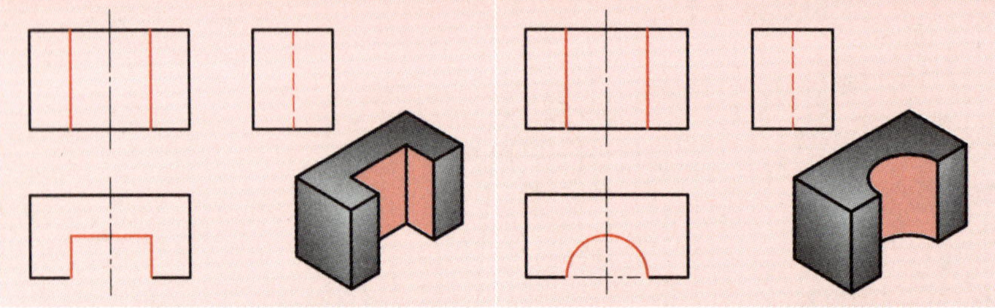	主视图和左视图相同
2	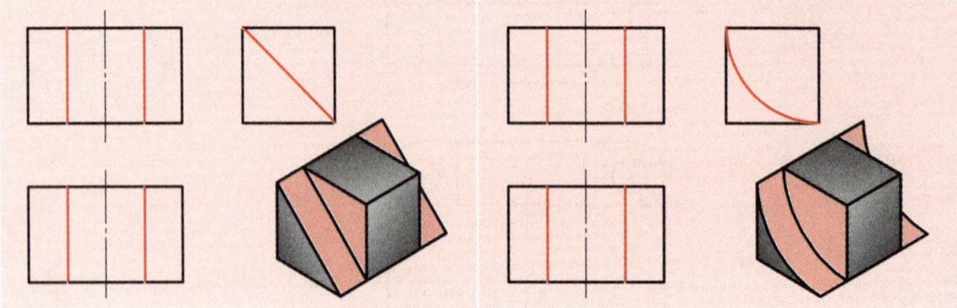	主视图和俯视图相同

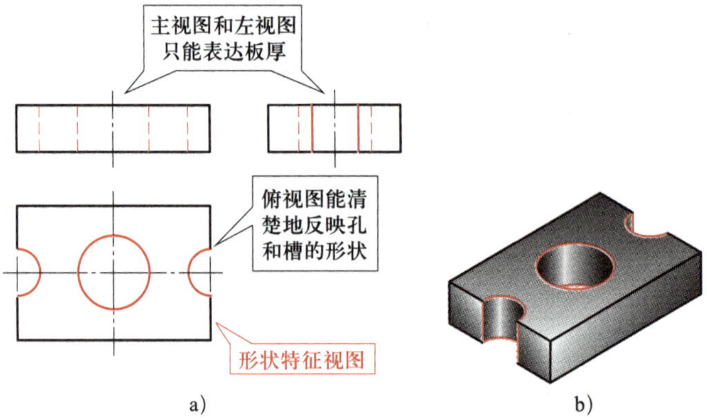

图 5-6　底板

a）三视图　b）立体图

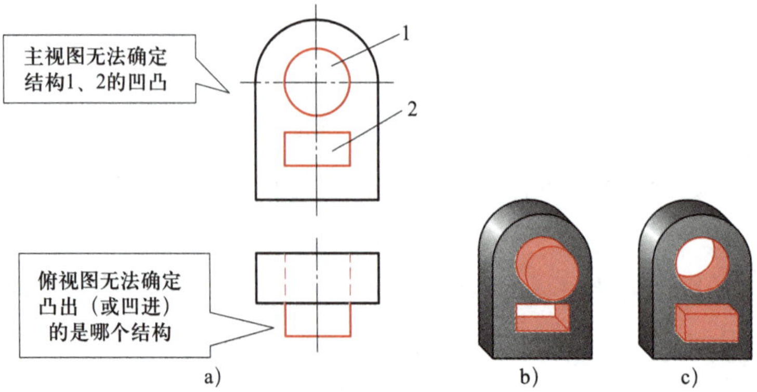

图 5-7　支架

a）两视图　b）形体一　c）形体二

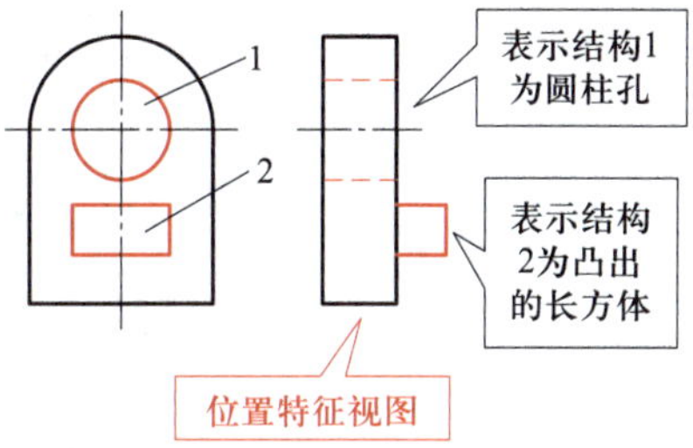

图 5-8　支架的位置特征视图

读图时，应抓住反映物体主要形状特征和位置特征的视图，运用三视图的投影规律，将几个视图联系起来进行识读。在读组合体的三视图时，要把表达物体形状的三视图作为一个整体来看待，切忌只抓住其中一个视图不放，或把三个视图孤立看待。

二、读图的基本原则

读组合体的视图时，应遵循以下基本原则：

1. 先读主要部分，后读次要部分。
2. 先读容易看懂的部分，后读难以确定的部分。
3. 先读整体形状，后读细小结构。
4. 先读外部结构，后读内部形状。

三、形体分析法

在读组合体的视图时，仅仅依靠空间想象能力是不够的，还需要掌握必要的读图方法。形体分析法是读图的基本方法，它是指：首先从最能反映物体形状、位置特征的主视图入手，将复杂的视图按线框分成几个部分；然后运用三视图的投影规律，找出各线框在其他视图上的投影，从而分析各组成部分的形状和它们之间的位置；最后综合想象组合体的整体形状。

【任务实施】

分析图 5-5 可知，凸缘叉是以叠加为主的综合类组合体，补画左视图时应采用形体分析法，首先读懂两视图，分析组成组合体的各基本形体的投影，想象其结构形状，然后运用投影规律补画各基本形体的左视图，最后校核视图。识读凸缘叉的主视图、俯视图并补画其左视图的步骤见表 5-5。

表 5-5　识读凸缘叉的主视图、俯视图并补画其左视图的步骤

<table>
<tr><th colspan="2">步骤</th><th>图示</th></tr>
<tr><td colspan="2">1. 按线框分部分
分析主视图、俯视图，可知凸缘叉前后对称、左右对称。分析主视图、俯视图上的粗实线线框，可将凸缘叉划分成 A（连接板）、B（凸缘）、C（后支架）、D（前支架）四个部分</td><td>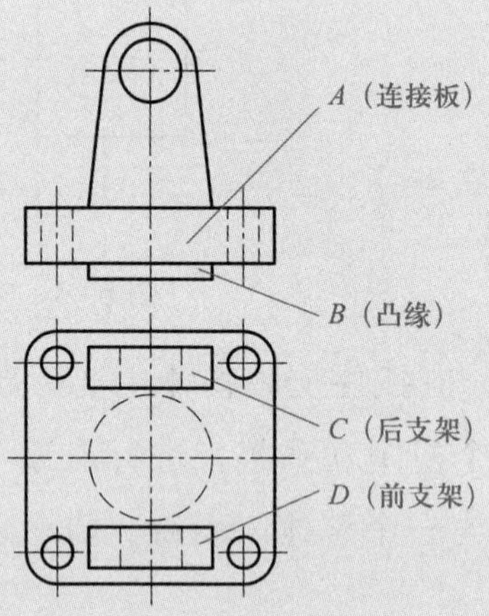
</td></tr>
<tr><td rowspan="2">2. 对投影，想形状
运用投影规律，分别找出四个部分在主视图、俯视图上的投影，然后逐一想象它们的形状，并分别绘制左视图</td><td>（1）分析线框 A 所对应的主视图、俯视图可知，俯视图是其特征视图。连接板的大致外形为长方体。从俯视图上可以清楚地看到，其水平投影为四周倒圆角的正方形，在四个角上均匀分布着四个圆孔。补画连接板的左视图</td><td>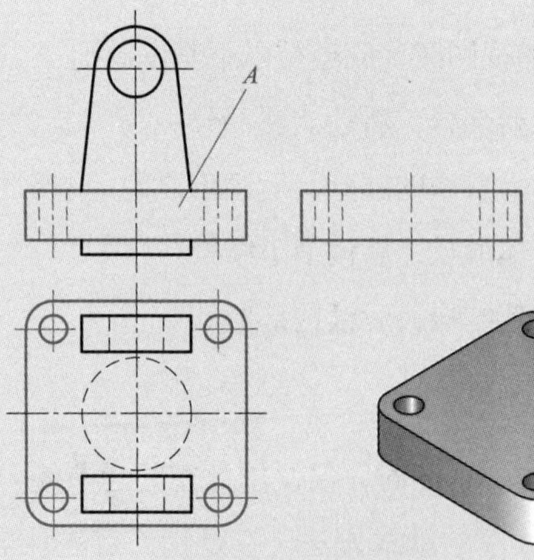

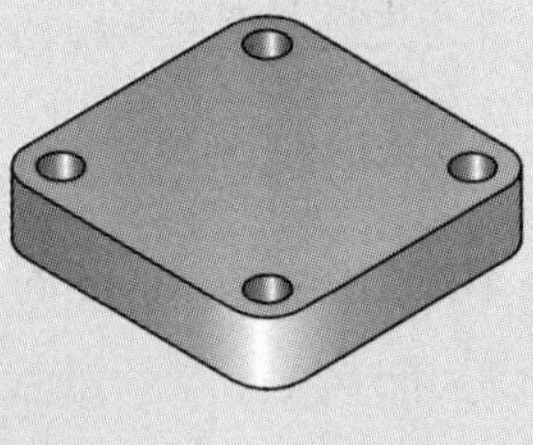</td></tr>
<tr><td>（2）分析线框 C、D 所对应的主视图、俯视图可知，前支架和后支架的结构相同，皆为板状结构，中间有圆孔，其位置前后对称。补画前支架和后支架的左视图</td><td>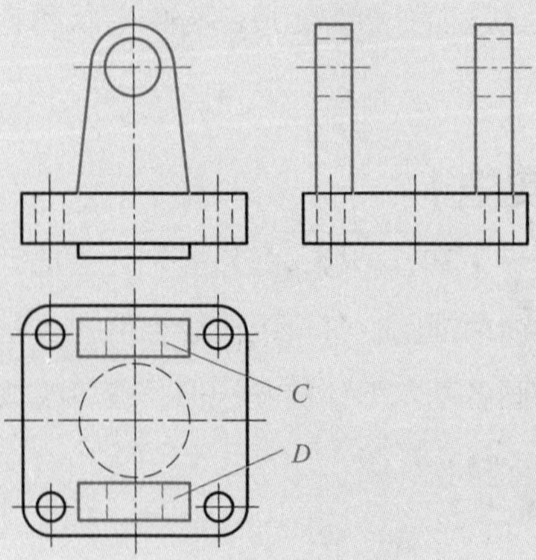

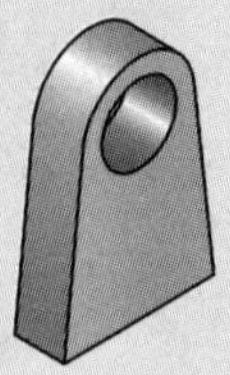</td></tr>
</table>

续表

<table>
<tr><th colspan="2">步骤</th><th>图示</th></tr>
<tr><td>2. 对投影，想形状
运用投影规律，分别找出四个部分在主视图、俯视图上的投影，然后逐一想象它们的形状，并分别绘制左视图</td><td>（3）分析线框 B 所对应的主视图、俯视图可知，凸缘的形状为圆柱，在形体的中心位置。补画其左视图</td><td>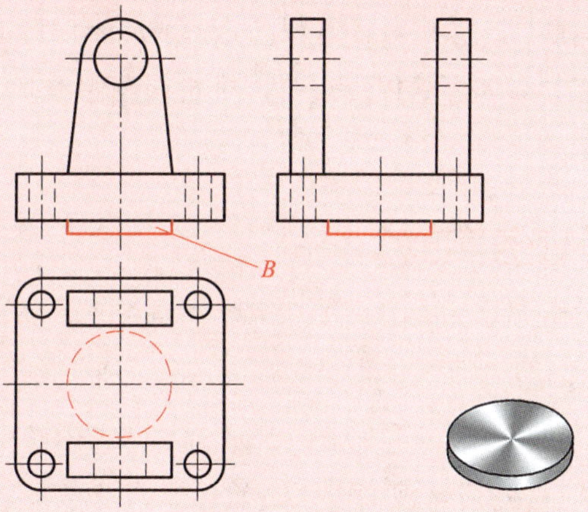
</td></tr>
<tr><td colspan="2">3. 综合起来，想象整体形状
在读懂每个基本形体的基础上，想象它们的相互位置，在大脑中逐渐形成物体的整体形状</td><td>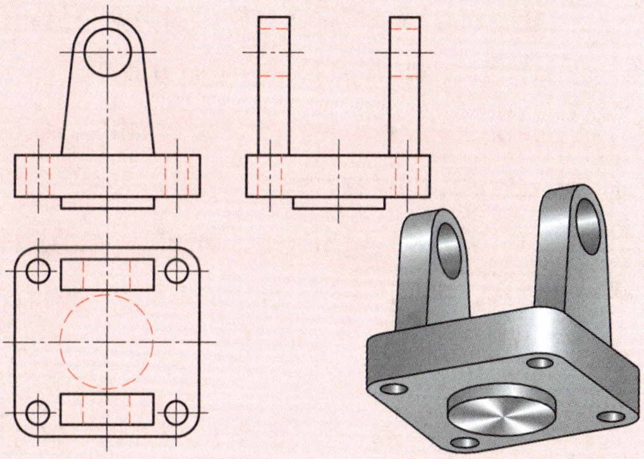</td></tr>
</table>

任务二　识读压块的视图

【学习目标】

掌握线面分析法，能运用线面分析法识读切割类组合体的视图。

【任务描述】

图 5-9 所示为压块的主视图和俯视图，识读主视图和俯视图，补画其左视图。

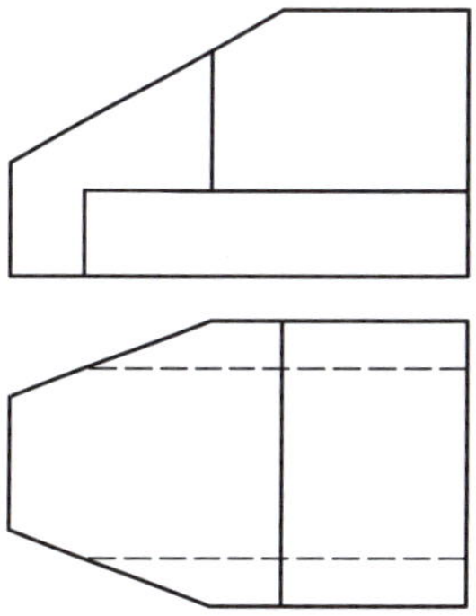

图 5-9　压块

【相关知识】

线面分析法

识读切割类组合体的视图，一般应采用线面分析法，即假想把物体分解成点、线、面，运用点、线、面的投影规律，分析视图中线条、线框的含义和空间位置，以达到读懂视图的目的。

【任务实施】

分析图 5-9 可知，压块属于切割类组合体，由长方体用一系列平面切割而成，形体前后对称。可采用线面分析法识读切割类组合体的视图。如图 5-10 所示，主视图中三个封闭线框 a'、b'、c' 对应俯视图中压块前半部的投影为 a、b、c。A 面是铅垂面，B 面和 C 面是正平面。俯视图中两个封闭线框 d 和 e 对应主视图中的投影为 d' 和 e'。平面 D 是正垂面，平面 E 是水平面。俯视图中压板前半部由细虚线与粗实线组成的封闭线框 f，对应主视图中的投影为 f'，平面 F 为水平面。由此可想象出压块是在长方体左端用三个平面切割，底部被前后对称的两组水平面和正平面切割。识读压块主视图、俯视图并补画其左视图的步骤见表 5-6。

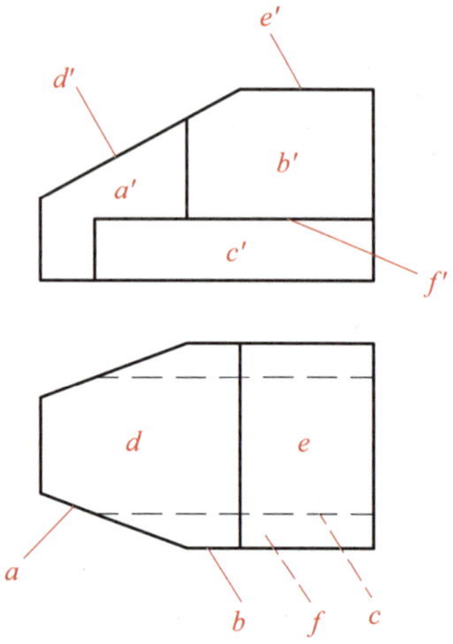

图 5-10　压块的形体分析

表 5-6　识读压块主视图、俯视图并补画其左视图的步骤

步骤	图示
1. 想象出未切割之前的形体，绘制其左视图 主视图、俯视图的外围轮廓以矩形为主，因此该形体由长方体切割而成。绘制切割前长方体的左视图	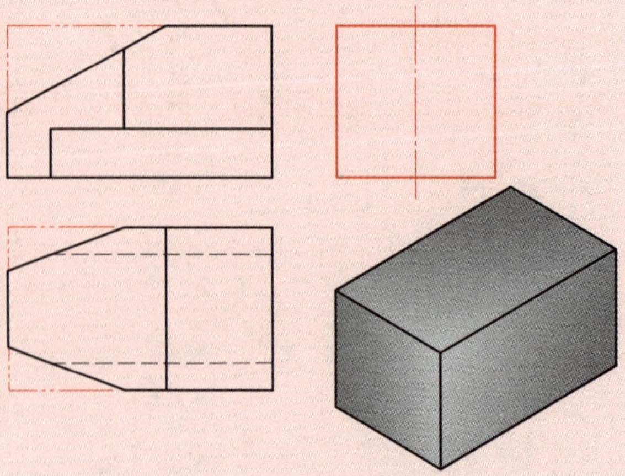

续表

步骤	图示
2. 绘制在形体左上方用正垂面割去一个三棱柱后形体的左视图 根据正垂面 *D* 的正面投影作出其侧面投影	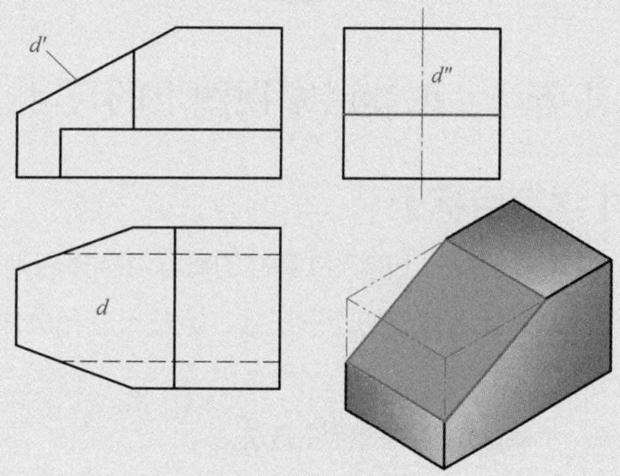
3. 绘制在形体左前和左后被两个铅垂面割角后形体的左视图 形体被两个铅垂面切去前后对称的两个角。割角后，正垂面 *D* 和铅垂面 *A* 相交产生一条一般位置直线，可根据其正面投影和水平投影作出侧面投影。此时，铅垂面 *A* 为四边形，注意分析其正面投影和侧面投影	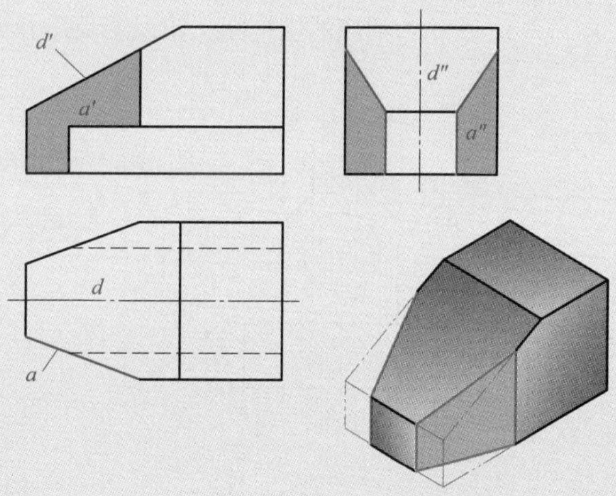
4. 绘制下部的前后各被两组水平面和正平面切割后形体的左视图 *C* 面为正平面，在左视图上积聚为竖线；*F* 面为水平面，在左视图上积聚为横线。按“高平齐、宽相等”的投影规律作出它们的左视图 5. 检查并校核 6. 综合想象立体的整体形状	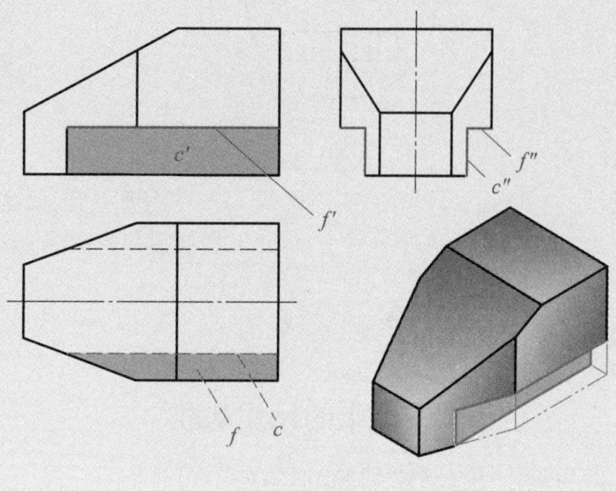

课题三　识读与标注组合体的尺寸

任务一　识读活塞视图上的尺寸

【学习目标】

1. 了解三视图上的尺寸基准的概念及选择原则。

2. 掌握组合体上的定形尺寸、定位尺寸和总体尺寸的概念，能正确识读组合体视图上的尺寸。

3. 了解常见尺寸的标注方法。

【任务描述】

图 5-11a 所示为活塞的主视图、俯视图及尺寸标注和立体图，试识读视图上的尺寸。

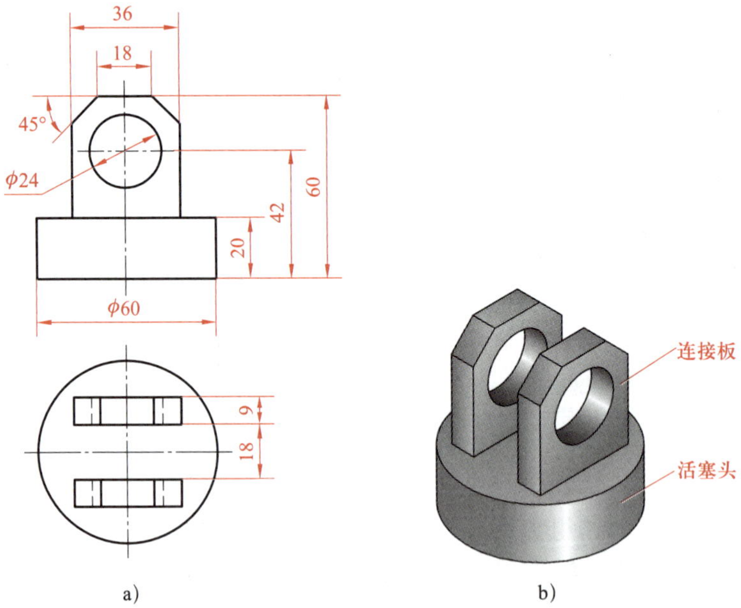

图 5-11　活塞

a）主视图和俯视图　b）立体图

【任务实施】

一、认识三视图上的尺寸基准

三视图上的尺寸基准就是在三视图上标注尺寸的起始位置，或者说是度量尺寸的起始点。由于空间的组合体都有长、宽、高三个方向的尺寸，所以每个方向至少要有一个尺寸基准。选择基准时，一般把物体上较大的平面（底面或端面）、轴线、对称平面等几何要素作为尺寸基准。在图 5-11 中，长度方向的尺寸基准（长度基准）为组合体的左右对称面，宽度方向的尺寸基准（宽度基准）为组合体的前后对称面，高度方向的尺寸基准（高度基准）为组合体的底面。

二、认识组合体尺寸的种类

组合体三视图上的尺寸可分为定形尺寸、定位尺寸和总体尺寸三种。

1. 定形尺寸

确定组合体各基本形体大小的尺寸称为定形尺寸。如图 5-11 所示，活塞头的定形尺寸有 ϕ60 和 20，连接板的定形尺寸有 36、18、45°、ϕ24 和 9。连接板的高度由尺寸 60 和 20 间接确定。

2. 定位尺寸

确定组合体各形体间相对位置的尺寸称为定位尺寸。如图 5-11 所示，确定连接板上圆孔位置的尺寸 42 和两块连接板之间相对位置的尺寸 18 属于定位尺寸。

3. 总体尺寸

确定组合体总长、总宽和总高的尺寸称为总体尺寸。总体尺寸一般是某一个结构的定形尺寸，一般情况下优先标注。在图 5-11 中，标注了零件的总高 60，总长和总宽为活塞头的直径 ϕ60。

【知识拓展】

常见薄板的尺寸标注

对于图 5-12 所示的薄板，除了标注定形尺寸外，确定孔、槽位置的定位尺寸是必不可少的。由于板的基本形状和孔、槽的分布形式不同，孔、槽定位尺寸的标注形式也不一样。在图 5-12d 中，四个小孔的定位尺寸按长、宽方向标注；在图 5-12e、图 5-12f 中，三个

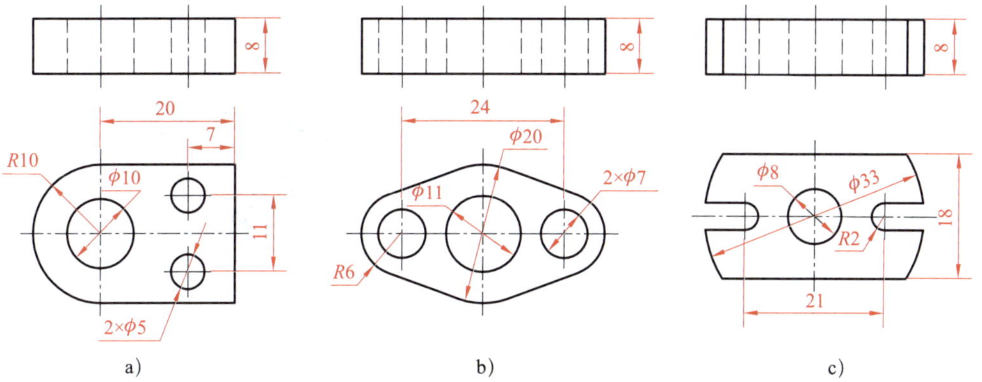

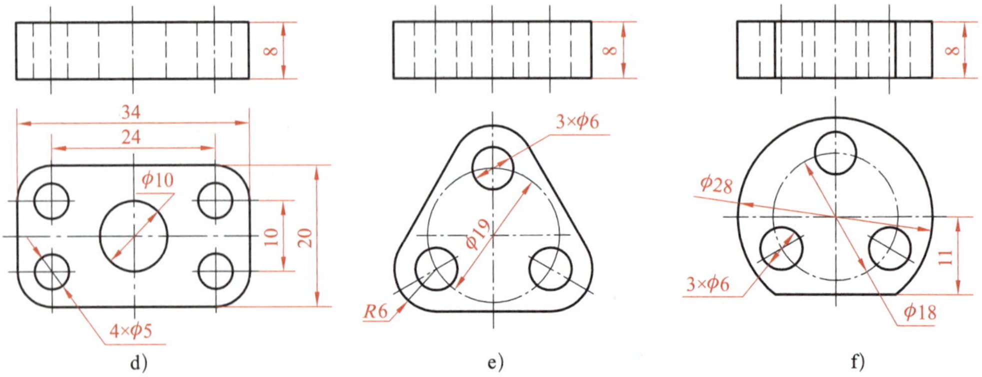

图 5-12　常见薄板的尺寸标注

小孔的定位尺寸是其中心线圆的直径。断续的圆弧一般标注直径，而不是半径，如图 5-12b、图 5-12c 所示。

任务二　标注轴承座的尺寸

【学习目标】

1. 掌握组合体尺寸标注的基本要求。
2. 能选择尺寸基准。
3. 能标注简单组合体的尺寸。

【任务描述】

图 5-13 所示为轴承座的三视图和立体图，试在其三视图上标注尺寸。

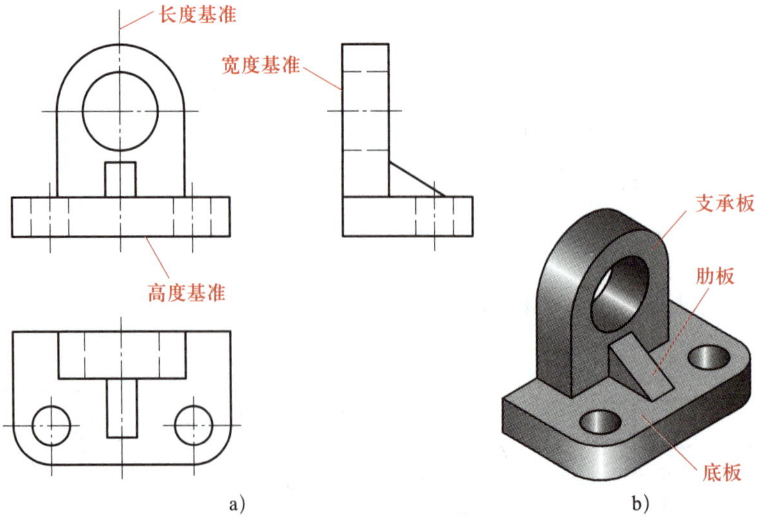

图 5-13　轴承座
a）三视图　b）立体图

【相关知识】

组合体尺寸标注的基本要求

标注组合体尺寸时必须做到正确、完整、清晰。

一、正确

所谓正确就是所注的尺寸数值要正确无误，注法要严格遵守相关国家标准的规定（详见模块一课题二中的相关知识）。

二、完整

要求所注的尺寸必须能完全确定组合体的形状、大小及各部分之间的相对位置，不遗漏、不重复。

三、清晰

尺寸要恰当布局，便于查找和读图，不致引起误解。

【任务实施】

一、选择尺寸基准

根据轴承座的结构和用途，选择轴承座的左右对称面为长度方向的尺寸基准，轴承座的后面为宽度方向的尺寸基准，轴承座的底面为高度方向的尺寸基准，如图 5-13 所示。

二、标注尺寸

标注轴承座尺寸的步骤见表 5-7。

表 5-7 标注轴承座尺寸的步骤

步骤	图示	注意事项
1. 标注底板的尺寸 标注底板的长 58、宽 34、高 10。标注底板上圆孔的直径 2×ϕ10，两圆孔的定位尺寸 38 和 24，圆角半径 R10	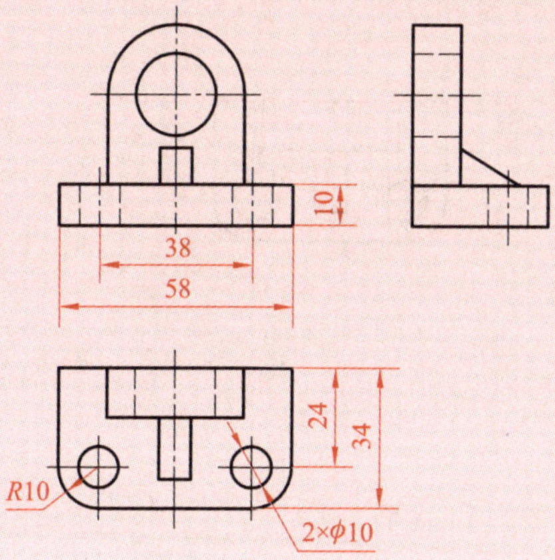	虽然在底板的左、右两端各有一个圆角，但是一般不标注成 2×R10

续表

步骤	图示	注意事项
2. 标注支承板的尺寸 标注支承板的定形尺寸（半圆头的半径*R*17、板厚 12、圆孔直径 ϕ20）和圆孔的定位尺寸 32	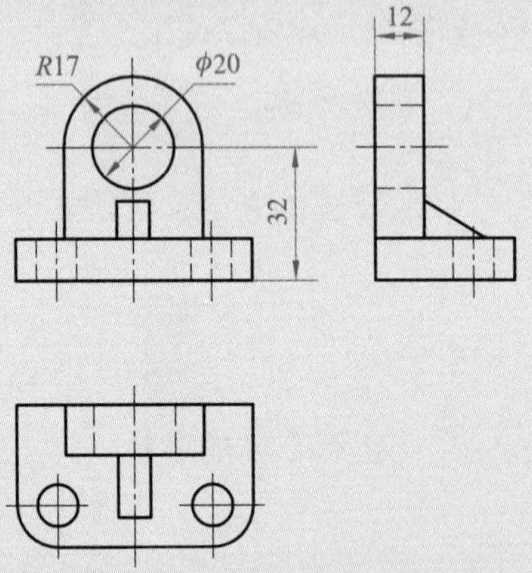	当端部结构为回转体（或其一部分）时，为避免重复标注尺寸，不标注总体尺寸，故图中未标注总高尺寸
3. 标注肋板的尺寸 标注肋板的长度尺寸 8、宽度尺寸 15 和高度尺寸 9	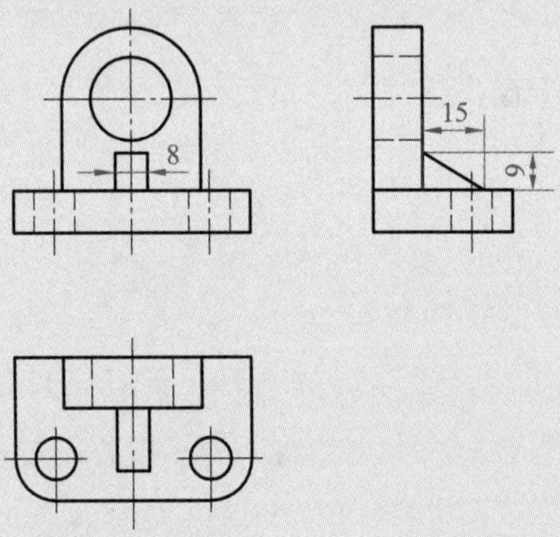	确定肋板的位置无须任何尺寸，所以不需要标注肋板的定位尺寸
4. 校核尺寸	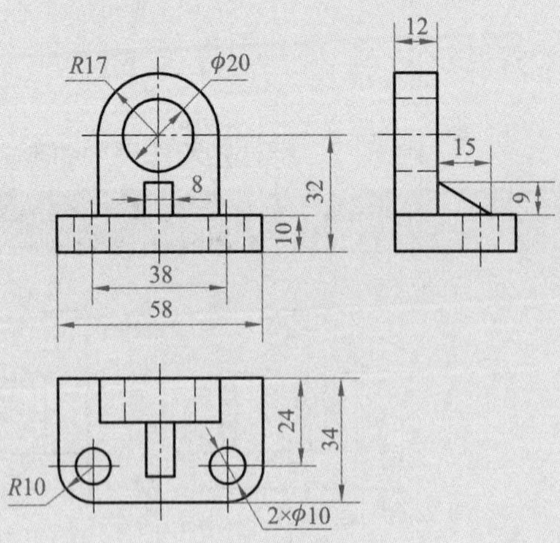	反复校核尺寸，补全漏注的尺寸，擦除多余的尺寸，使之符合“正确、完整、清晰”的要求

模块六
图 样 画 法

在生产实际中，机件的结构形状往往是多种多样、千变万化的。有些机件的结构比较简单，仅需一个或两个视图，再标注上尺寸就可以表达清楚，不必采用三视图表达；而有些机件的结构比较复杂，即使用三个视图也难以清楚地表达其内外结构，还须采用一些其他的表达方法，如各种视图、剖视图、断面图和局部放大图等。

课题一 绘 制 视 图

任务一　绘制挡块的基本视图

【学习目标】

1. 掌握基本视图的概念、投影规律和画法。
2. 了解向视图的概念、画法及标注方法。

【任务描述】

图 6-1 所示为挡块的三视图和立体图，根据三视图，绘制其右视图、仰视图和后视图，并分析六个基本视图的投影规律。

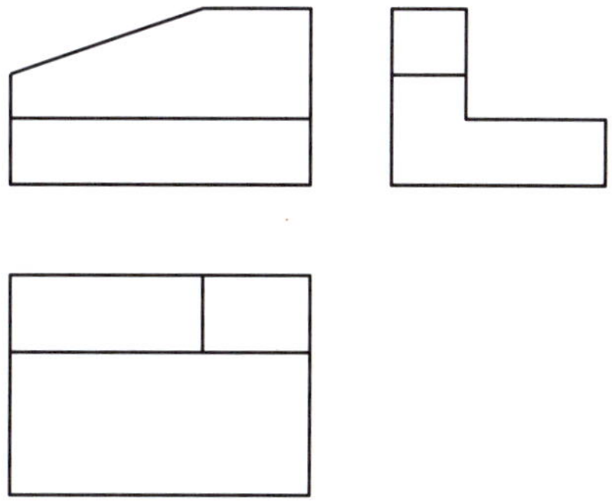

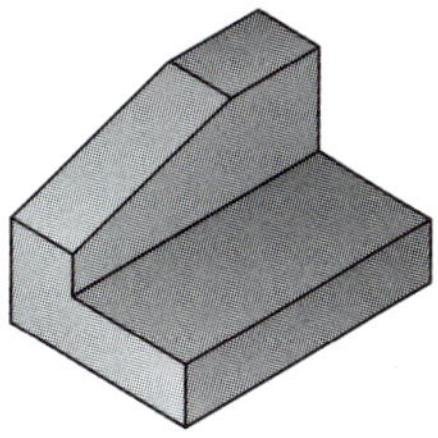

图 6-1　挡块
a）三视图　b）立体图

【相关知识】

基本视图的概念

机件在三投影面体系中得到三视图，如果在原有三投影面体系的三个投影面的基础上，再增设三个互相垂直的投影面，使其构成一个正六面体，这六个投影面统称为基本投影面。将机件放入六个基本投影面体系中，分别由前、后、左、右、上、下六个方向向六个基本投影面投射，即得到六个基本视图，如图 6-2 所示。除主视图、俯视图、左视图外，新增加的三个基本视图如下。

右视图：将机件由右向左投射所得到的视图。

仰视图：将机件由下向上投射所得到的视图。

后视图：将机件由后向前投射所得到的视图。

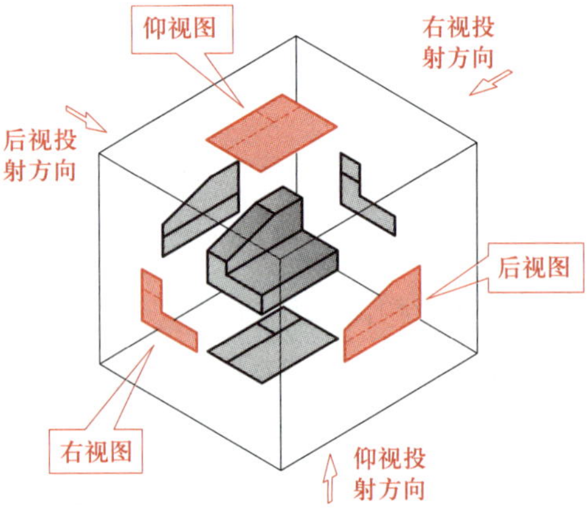

图 6-2　六个基本视图的形成

六个基本投影面必须按照图 6-3 所示的方法展开到一个平面上。

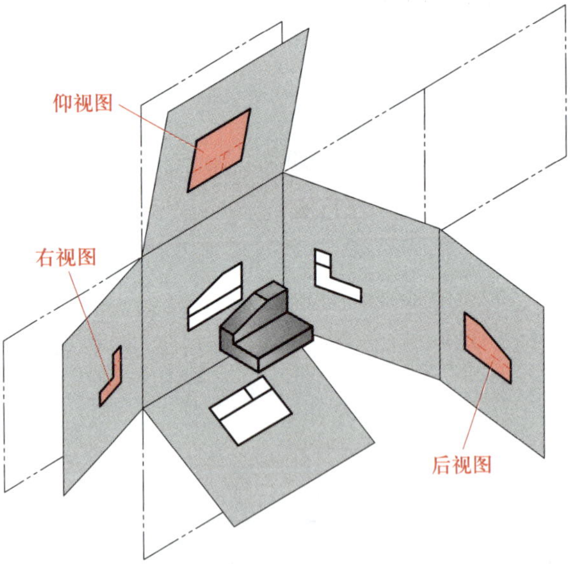

图 6-3　六个基本投影面的展开

【任务实施】

一、绘制右视图

挡块的右视图如图 6-4 中的①所示，它绘制在主视图左侧，并与主视图“高平齐”，与俯视图“宽相等”。

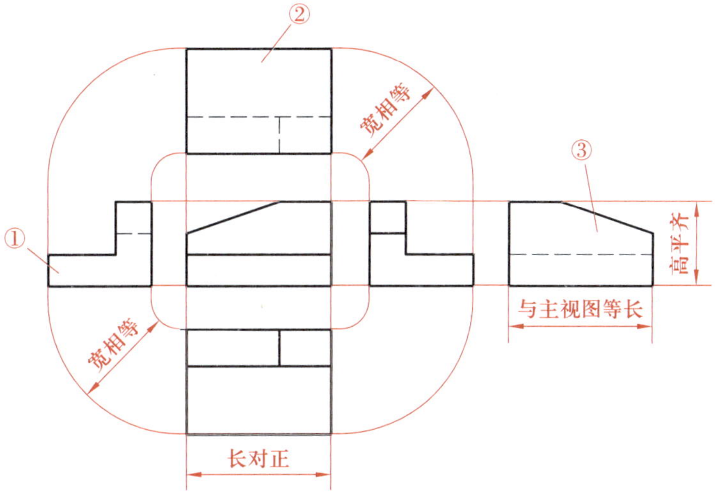

图 6-4　绘制基本视图
①—右视图　②—仰视图　③—后视图

二、绘制仰视图

挡块的仰视图如图 6-4 中的②所示，仰视图绘制在主视图上方，并且与主视图“长对正”，与左视图“宽相等”。

三、绘制后视图

挡块的后视图如图 6-4 中的③所示，后视图绘制在左视图右侧，并且与主视图和左视图“高平齐”，与主视图“长相等”。

四、分析六个基本视图的投影规律

六个基本视图之间仍然符合“长对正、高平齐、宽相等”的投影规律，即主视图、俯视图、仰视图、后视图“等长”，主视图、左视图、右视图、后视图“等高”，俯视图、左视图、右视图、仰视图“等宽”，如图 6-4 所示。

【知识拓展】

向　视　图

可自由配置的视图称为向视图，如图 6-5 所示。国家标准规定：在向视图上方标注大写拉丁字母，在相应视图的附近用箭头指明投射方向，并标注相同的字母。在图 6-5 中，*B* 向视图是自由配置的右视图，*C* 向视图是自由配置的仰视图，*D* 向视图是自由配置的后视图。

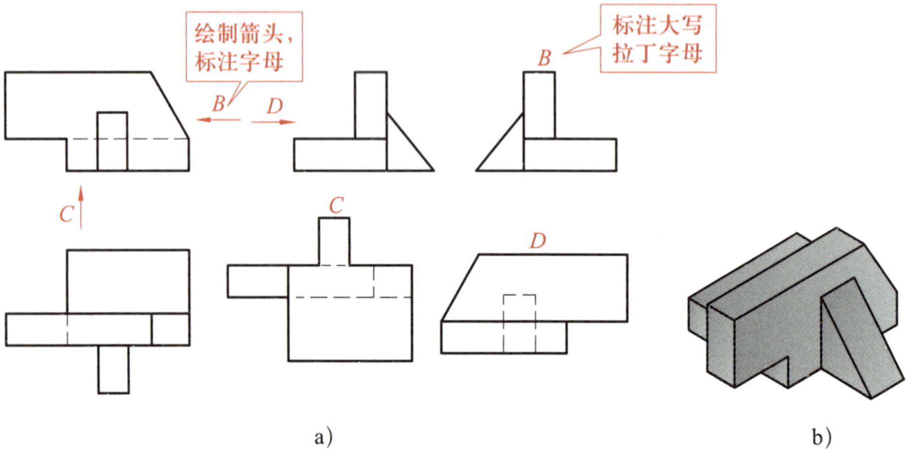

图 6-5　向视图
a）向视图　b）立体图

任务二　绘制阀体的局部视图

【学习目标】

1. 掌握局部视图的概念和画法规定。
2. 初步具有绘制局部视图的能力。

【任务描述】

图 6-6 所示为阀体的四个基本视图和立体图，试分析其视图表达方法中存在的缺陷，重新选择合理的表达方法，并绘制相应的视图。

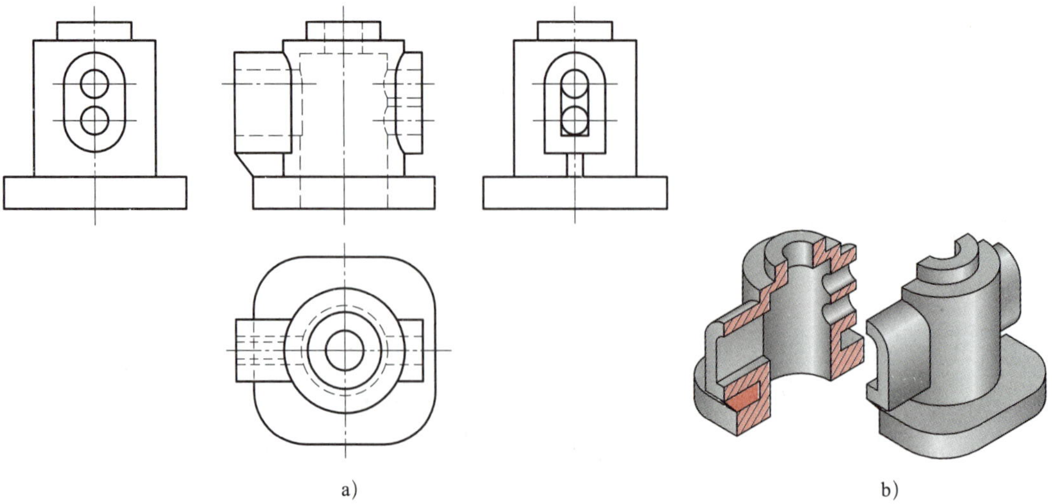

图 6-6　阀体
a）基本视图　b）立体图

【相关知识】

一、局部视图的概念

将机件的某一部分向基本投影面投射所得到的视图称为局部视图，如图 6-7 所示。

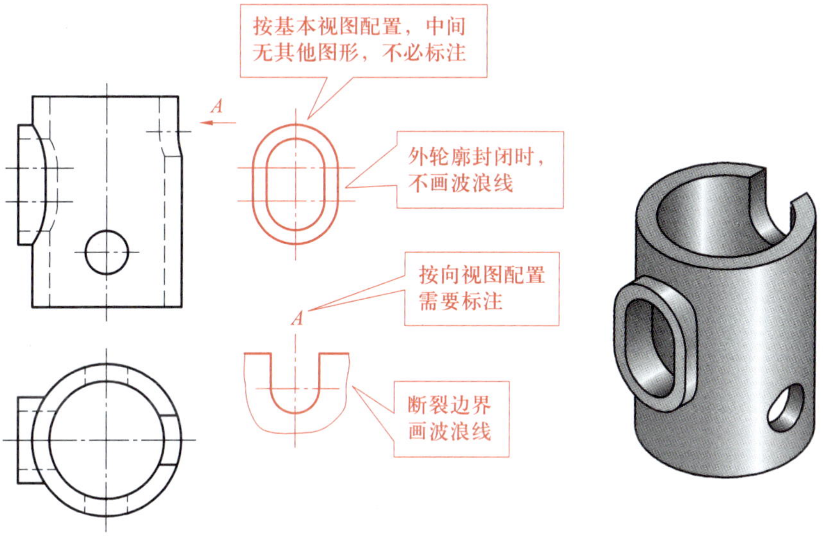

图 6-7　轴套

二、局部视图的画法规定

国家标准中对局部视图的画法规定如下：

1. 画局部视图时，其断裂边界用波浪线绘制。当所表示的局部视图的外轮廓封闭时，则不必画出其断裂边界线，如图 6-7 所示。

2. 当局部视图按基本视图配置时，则不必标注，如图 6-7 所示。

3. 当局部视图按向视图配置时，则按向视图的形式标注，如图 6-7 所示。

【任务实施】

一、分析结构并选择表达方法

在图 6-6a 所示阀体的四个基本视图中，主视图和俯视图已将机件的主要结构表达清楚，只有左、右凸台的形状和左侧肋板的厚度需要表达，图 6-6a 中用左视图表达左侧凸台和肋板，用右视图表达右侧凸台，既烦琐又重复，显然是不合理的。为此，可保留主视图、俯视图两个基本视图，并采用左视方向的局部视图表达左侧凸台和肋板的结构，采用右视方向的局部视图表达右侧凸台的结构。

二、绘制局部视图

1. 绘制左视方向的局部视图

如图 6-8 所示，左视方向的局部视图绘制在左视图位置上，因此不需要标注，因为该图除了表达左侧凸台外，还需要表达肋板的宽度，因此在其断裂边界处绘制波浪线。

2. 绘制右视图方向的局部视图

如图 6-8 所示，为了合理布局，将右视方向的局部视图绘制在右下角，因此图形按向视图的标注方式标注了视图名称及投射方向。因为凸台的外轮廓封闭，所以没有绘制断裂边界线。

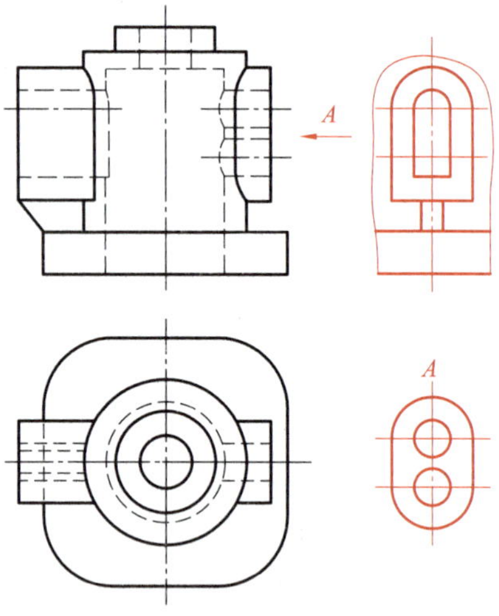

图 6-8　阀体的表达方案

任务三　绘制挂架的斜视图

【学习目标】

1. 掌握斜视图的概念和画法规定。
2. 初步具有绘制斜视图的能力。

【任务描述】

图 6-9 所示为挂架的主视图、俯视图和立体图，试分析其主视图、俯视图表达方法中存在的问题，重新选择合理的表达方法，并绘制相应的视图。

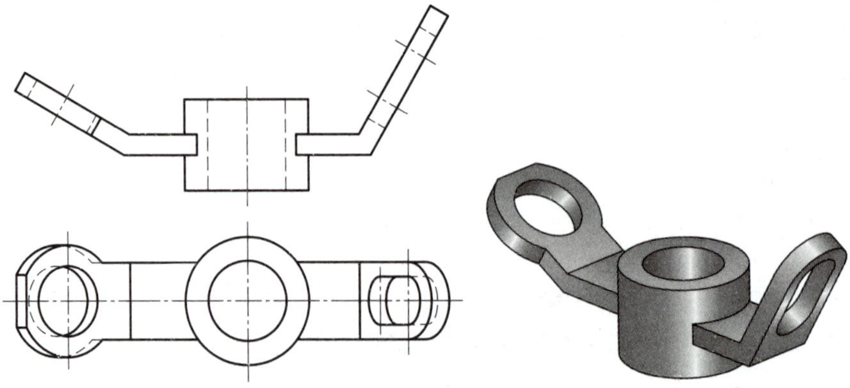
a)　b)

图 6-9　挂架

a）主视图、俯视图　b）立体图

【相关知识】

将机件向不平行于基本投影面的平面投射所得到的视图称为斜视图。弯板斜视图的形成如图 6-10 所示，其画法和标注如图 6-11a 所示。一般情况下，斜视图是机件局部结构的投影，其断裂边界的画法与局部视图相同。斜视图的标注与向视图的标注相同，即：无论斜视图是否按投影关系配置，都应该在斜视图的上方标注大写拉丁字母，在相应视图的附近用箭头指明投射方向，并标注相同的字母。斜视图可以按投影关系配置，也可以配置在其他位置，必要时，允许将斜视图旋转配置，此时应在斜视图上方标注旋转符号（带箭头的弧线），表示该斜视图名称的大写拉丁字母应注写在靠近旋转符号的箭头端，如图 6-11b 所示。

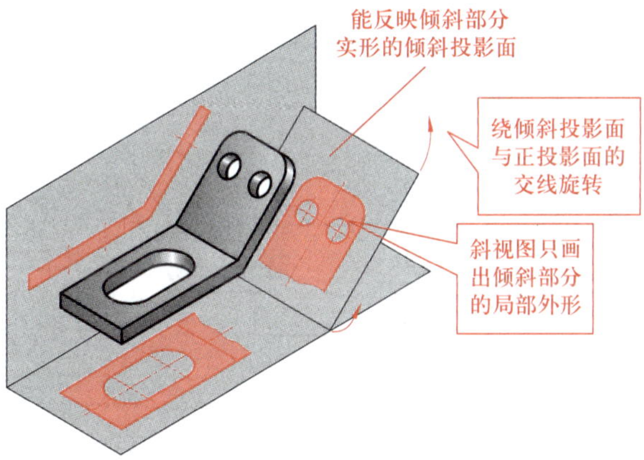

图 6-10　弯板斜视图的形成

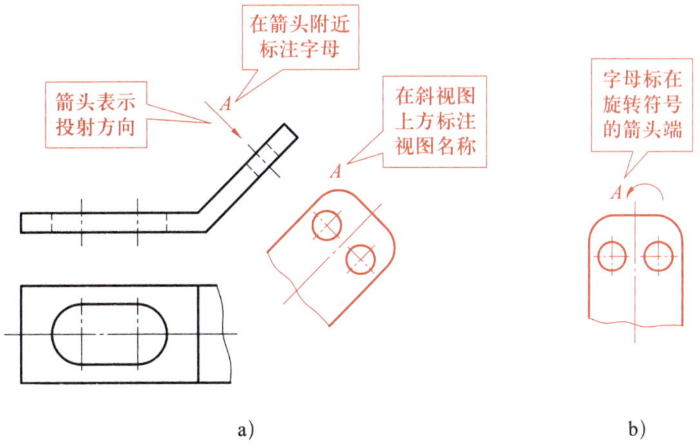

图 6-11　弯板的斜视图

a）按投影关系配置的斜视图　b）旋转摆正的斜视图

【任务实施】

一、分析结构并选择表达方法

图 6-9 所示挂架中有左、右两个挂环，因为其结构倾斜于水平投影面，所以水平投影产生了变形，给绘图和读图带来了困难。为此，可保留主视图，将俯视图改画成局部视图，用以表达中间部分没有变形的结构，分别用两个斜视图表达左右两侧倾斜部分的结构。

二、绘制局部视图和斜视图

1. 绘制俯视方向的局部视图

俯视方向的局部视图主要用于表达中间圆筒形状及其水平连接板的形状及位置，如图 6-12 所示。该局部视图配置在俯视图位置上，因此不必标注视图名称。

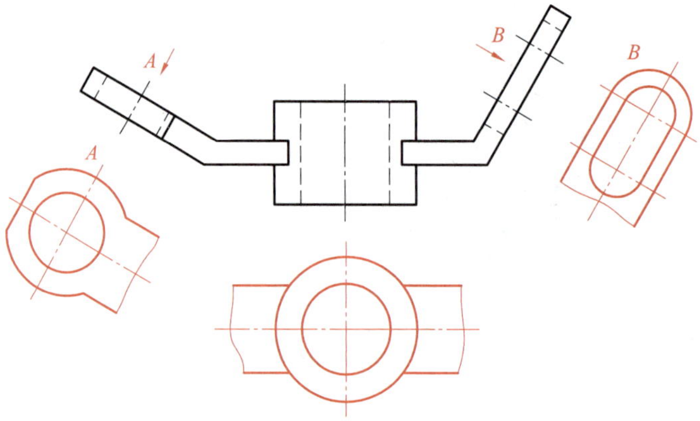

图 6-12　挂架的表达方案

2. 绘制 *A* 方向的斜视图

箭头 *A* 所指示方向的斜视图主要用于表达左侧挂环的形状，如图 6-12 所示。在该斜视图上，用波浪线绘制断裂边界，并绘制了表示投射方向的箭头，标注了斜视图的名称 *A*。

3. 绘制 *B* 方向的斜视图

箭头 *B* 所指示方向的斜视图主要用于表达右侧挂环的形状，如图 6-12 所示。在该斜视图上，用波浪线绘制断裂边界，并绘制了表示投射方向的箭头，标注了斜视图的名称 *B*。

课题二 绘制剖视图

任务一 绘制汽车备胎架支架的全剖视图

【学习目标】

1. 掌握剖视图的概念和画法规定，了解剖视图的种类。
2. 掌握全剖视图的概念，初步具有绘制全剖视图的能力。
3. 了解剖视图的标注方法。
4. 了解常用材料剖面符号的画法，掌握金属材料剖面符号的画法。

【任务描述】

图 6-13 所示为汽车备胎架支架的三视图，由于机件的内部结构较为复杂，主视图中出现了很多细虚线，给读图带来很大的困难，而且也不方便标注尺寸。试用一个正平面沿着支架的前后对称面剖开支架，绘制其后半部分的形状，以表达内部结构。

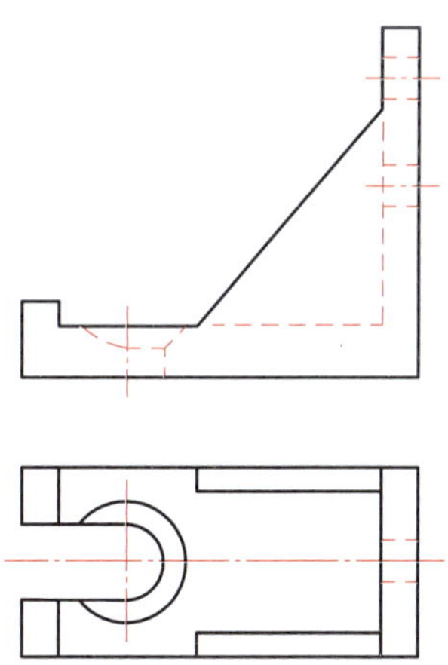

图 6-13 汽车备胎架支架的三视图

【相关知识】

一、剖视图的形成

当机件的内部结构较复杂时，在视图中用细虚线表达内部结构将给画图和读图带来不便，为了解决这一问题，可采用剖视图表达。如图 6-14 所示，假想用剖切面剖开机件，将处于观察者与剖切面之间的部分移去，将其余部分向投影面投射，所得到的图形就是剖视图，简称剖视。如图 6-15 所示，汽车前轮毂油封内座圈的主视图采用了剖视图。

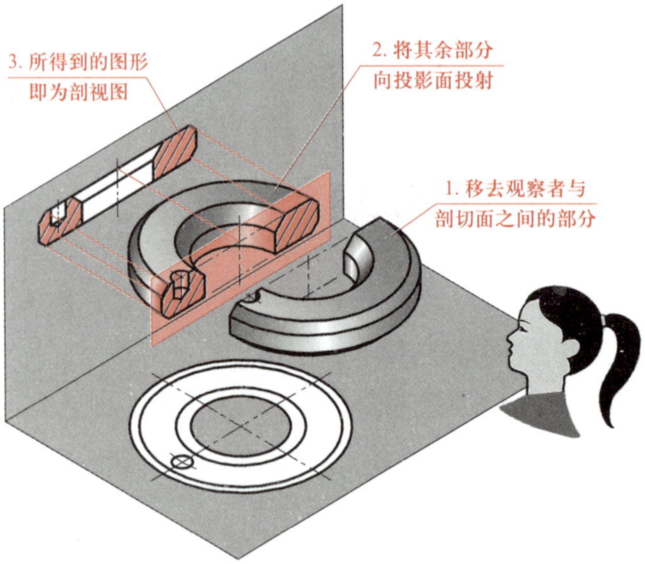

图 6-14　剖视图的形成

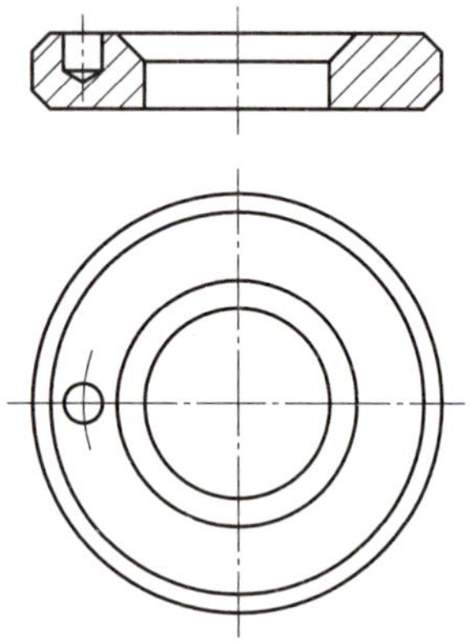

图 6-15　汽车前轮毂油封内座圈的剖视图

二、全剖视图的概念

根据剖切范围的不同，可将剖视图分为全剖视图、半剖视图和局部剖视图三种。用剖切面完全地剖开机件所得到的剖视图称为全剖视图，如图 6-15 所示的主视图。

三、剖视图的画法规定

1. 在画剖视图时，剖切面后的可见轮廓应全部画出，不可只画剖切断面的形状。

2. 由于剖视图是假想剖开机件得到的，当机件的一个视图被画成剖视图时，其他视图仍应被完整地画出。

3. 图形上表达内部结构的细虚线一般可以省略。

四、剖面符号

在剖视图中，剖切面与机件接触的部分应画出表示材料类别的剖面符号，金属材料的剖面符号又称为剖面线，它用细实线绘制，应画成间隔相等、方向相同且一般与剖面区域的主要轮廓或对称线成 45° 的平行线，必要时也可画成其他合适的角度，如图 6-16 所示。一般情况下，同一零件各个图形上剖面线的画法应一致。

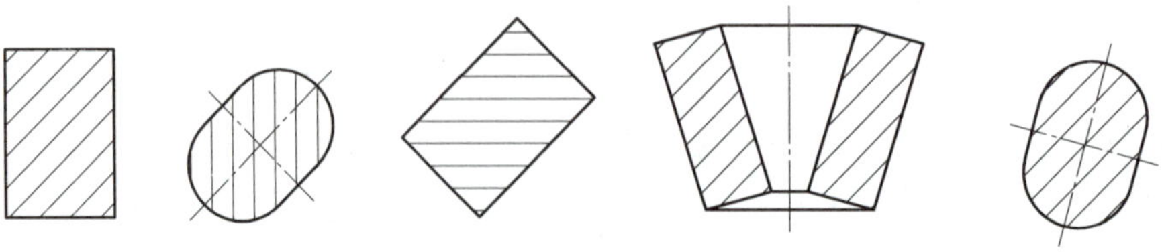

图 6-16　剖面线的画法

【任务实施】

一、分析结构并选择表达方法

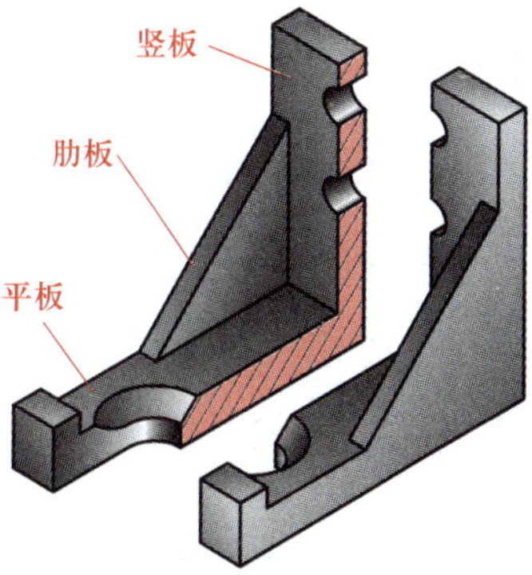

图 6-17　备胎架支架的结构

如图 6-17 所示，备胎架支架由平板、竖板和肋板组成，平板的左侧有凸台和凹槽，竖板上有两个圆孔。如果用一个过支架前后对称面的平面将其剖开后再画主视图，就可以使支架的凹槽和孔变为可见。

二、绘制全剖的主视图

将备胎架支架的主视图绘制成全剖视图的步骤见表 6-1。

表 6-1　将备胎架支架的主视图绘制成全剖视图的步骤

步骤	图示
1. 绘制平板、竖板和肋板的外形轮廓 2. 绘制轴线	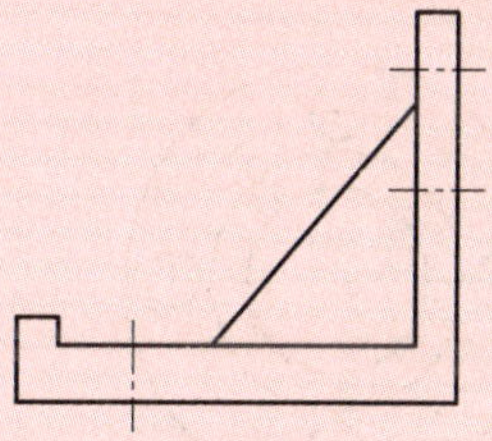
3. 绘制平板上的凹槽和竖板上两个圆孔的轮廓线	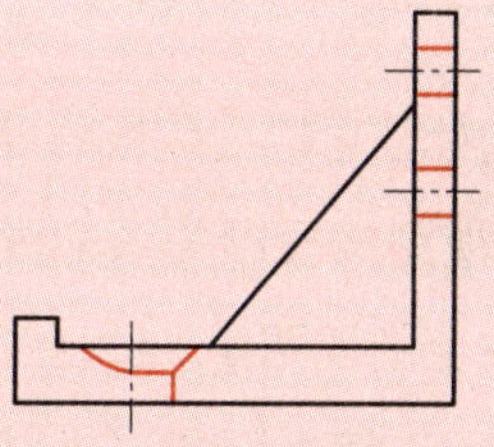
4. 绘制剖面线 5. 检查并校核 注意：俯视图和左视图上的细虚线不需要绘制	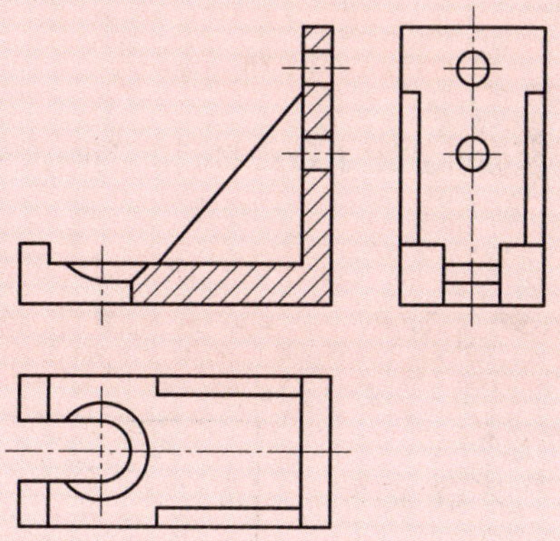

【知识拓展】

一、剖视图的标注

为反映剖切关系，需要对剖视图进行标注。剖视图的标注如图 6-18 所示，一般应在剖视图的上方用大写拉丁字母标出剖视图的名称“×-×”。在相应的视图上用剖切符号表示剖切位置（用短粗实线表示）和投射方向（用箭头表示），并标注相同的字母。

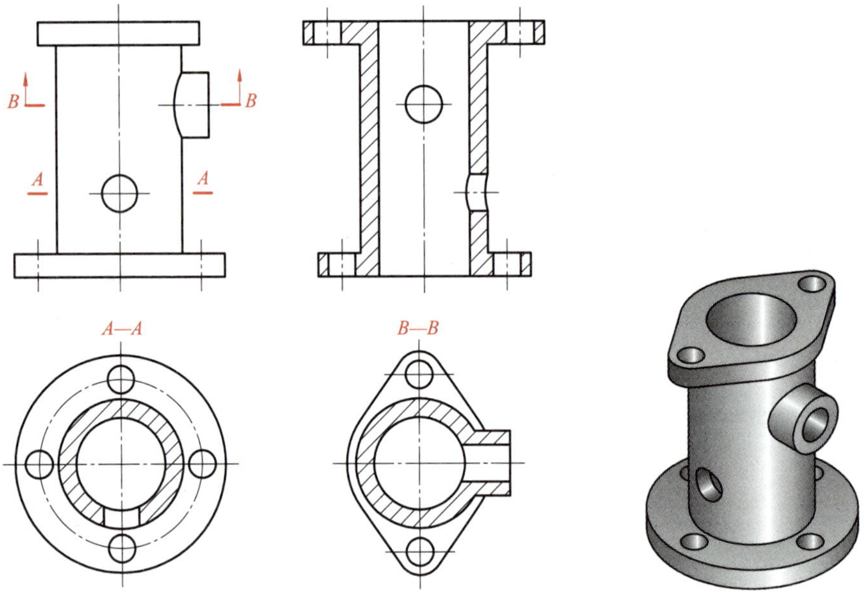

图 6-18　剖视图的标注

剖视图的标注可以简化或省略的情况如下：

1. 当剖视图按投影关系配置，中间没有其他图形隔开时，可以省略箭头。在图 6-18 中，俯视图为全剖视图 *A—A*，在主视图上的剖切符号中省略了箭头。

2. 当单一剖切平面通过机件的对称平面或基本对称平面，且剖视图按投影关系配置，中间没有其他图形隔开时，可以省略标注，如图 6-18 中的左视图。

二、各种材料的剖面符号

国家标准规定了各种材料的剖面符号，常用材料的剖面符号见表 6-2。

表 6-2　常用材料的剖面符号（摘自 GB/T 4457.5—2013）

材料	剖面符号	材料	剖面符号
金属材料（已有规定剖面符号者除外）	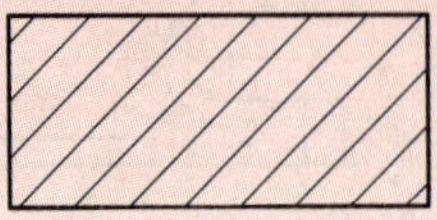	木质胶合板（不分层数）	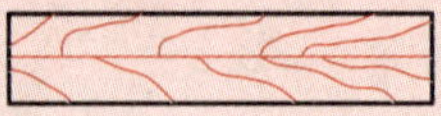

续表

材料	剖面符号	材料	剖面符号
线圈绕组元件	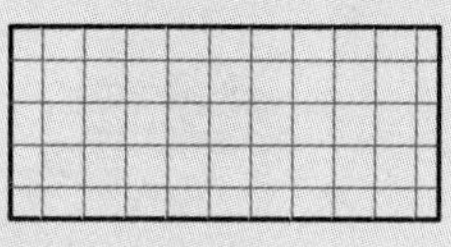	基础周围的泥土	
转子、电枢、变压器和电抗器等的叠钢片		混凝土	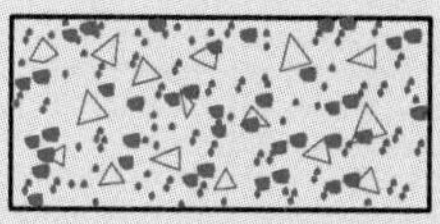
非金属材料（已有规定剖面符号者除外）		钢筋混凝土	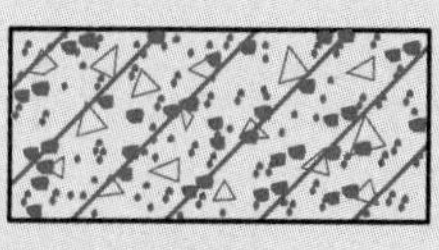
型砂、填砂、粉末冶金、砂轮、陶瓷刀片、硬质合金刀片等	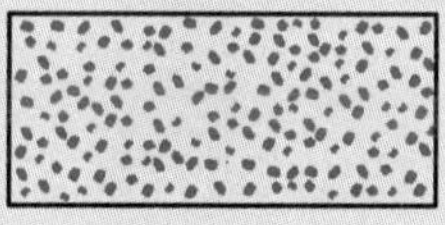	砖	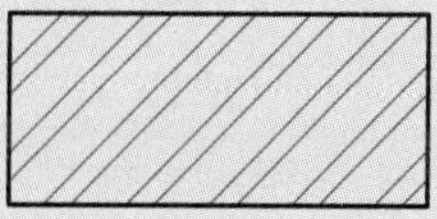
玻璃及供观察用的其他透明材料	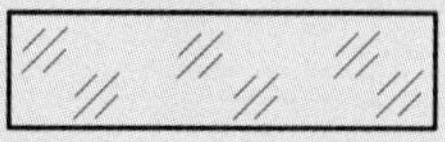	格网（筛网、过滤网等）	
木材 纵断面	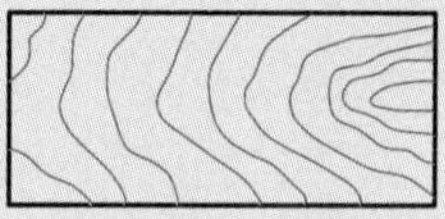	液体	
横断面			

任务二　绘制半剖视图

【学习目标】

掌握半剖视图的概念及画法规定，初步具有绘制半剖视图的能力。

【任务描述】

图 6-19 所示为轴座，试读懂两视图，分析其结构形状，并选择合适的剖视图表达其内外结构。

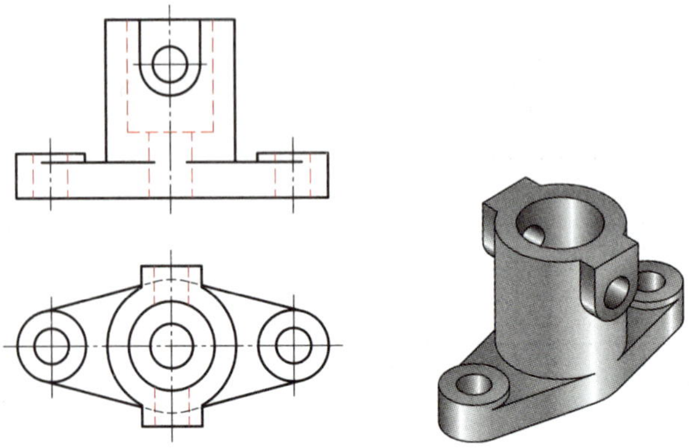

图 6-19　轴座

【相关知识】

一、半剖视图的概念

当机件具有对称平面时，向垂直于对称平面的投影面上投射所得到的图形，可以对称中心线为界，一半画成剖视图，另一半画成视图，这种半个剖视图和半个视图的拼合图形称为半剖视图。如图 6-20a 所示，将汽车牵引钩弹簧衬套的主视图以左右对称中心线为界，

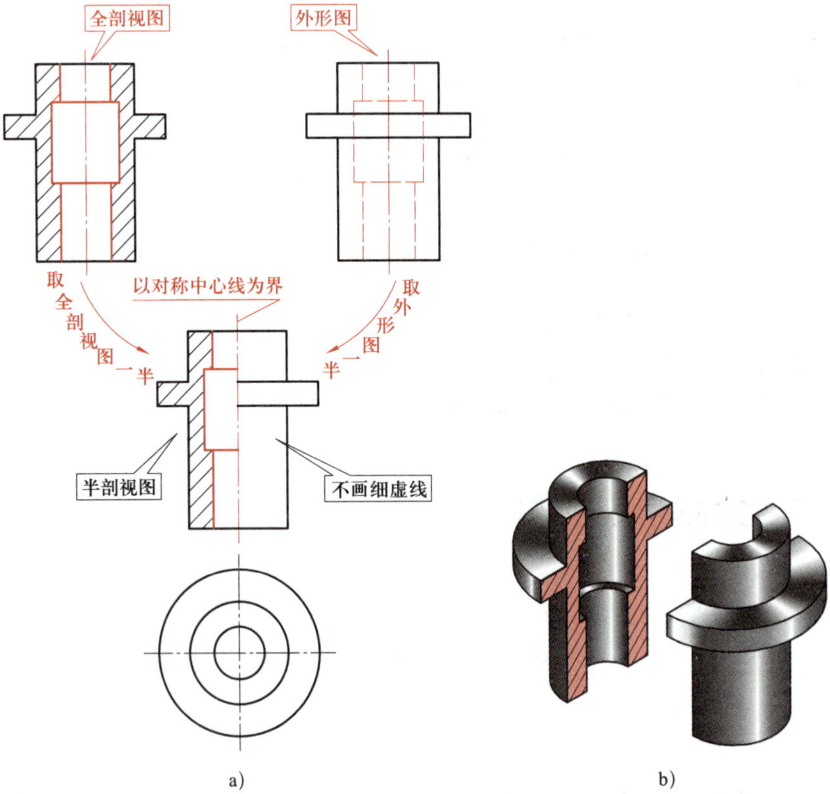

图 6-20　汽车牵引钩弹簧衬套
a）半剖视图　b）立体图

左半部分画成剖视图（剖切平面通过前后对称面），右半部分画成外形视图。这种表达方式既可以表达内部结构，又可以表达外部形状。

二、半剖视图的画法规定

1. 半个视图与半个剖视图的分界线用细点画线表示，而不能画成粗实线。

2. 机件的内部形状已在半剖视图中表达清楚，在另一半表达外形的视图中一般不再画出细虚线。

【任务实施】

一、分析结构并选择表达方法

轴座的前上方和后上方各有一个带孔的凸台。如果主视图采用全剖视图，则无法表达凸台的形状。由于该机件左右对称，所以可以考虑一半画剖视图，表达内部形状；另一半画外形图，表达外部形状。

为了表达凸台上的小孔，需要在俯视图上进行剖切，由于该机件前后、左右都对称，所以俯视图也可以采用半剖视图。

二、将轴座的主视图改画成半剖视图

如图 6-21 所示，将轴座的主视图绘制成剖切平面通过机件前后对称面的半剖视图，具体画法：将主视图右半部分的细虚线改画成粗实线，擦除多余的轮廓线，并在剖面区域绘制剖面线；将主视图左侧的细虚线擦除，使其变为外形图。

注意：在图 6-21 中，因为中间的圆孔前后贯穿，所以在主视图上必须保留右侧的小半圆。

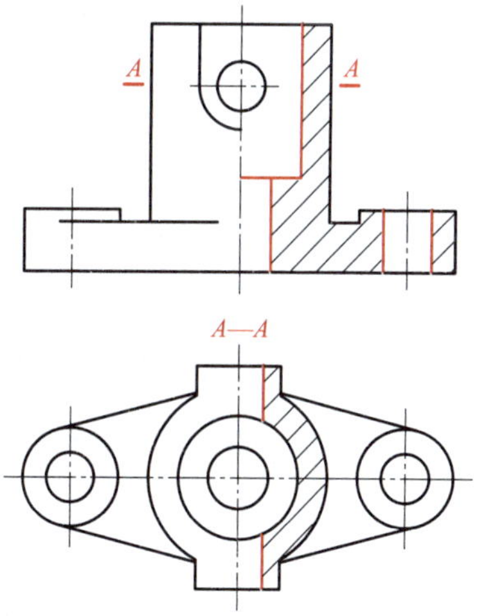

图 6-21　轴座的半剖视图

三、将轴座的俯视图改画成半剖视图

如图 6-21 所示，用过上侧横向小孔轴线的剖切平面将轴座剖开，将右半部分绘制成剖视图，左半部分绘制成外形图，具体画法：将俯视图右半部分表示小孔的细虚线改画成粗实线，擦除多余的轮廓线，并在剖面区域绘制剖面线；将左半部分上的细虚线擦除，使其变为外形图。

四、标注剖视图名称

半剖视图的标注方法与全剖视图相同。图 6-21 所示的半剖视图按照省略标注的原则，主视图上的半剖视图未标注剖切符号和视图名称，俯视图上的半剖视图的标注则省略箭头。

任务三　绘制局部剖视图

【学习目标】

掌握局部剖视图的概念及画法规定，初步具有绘制局部剖视图的能力。

【任务描述】

上箱体的主视图、俯视图和立体图如图 6-22 所示，试读懂两视图，分析其结构形状，并选择合适的剖视图表达其内外结构。

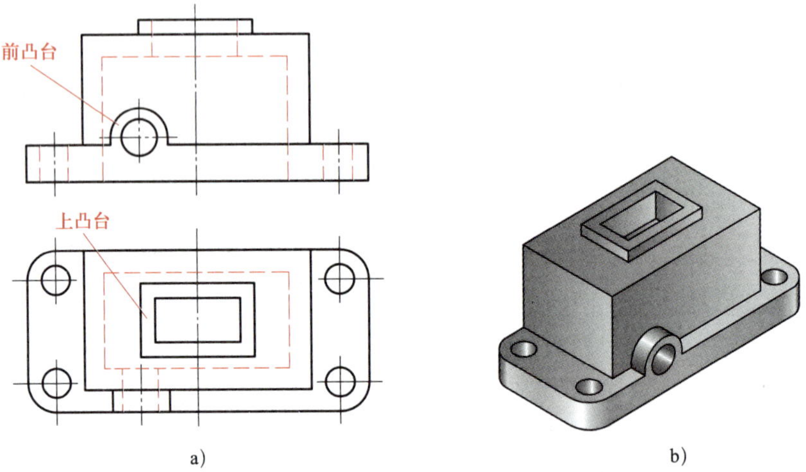

图 6-22　上箱体

a）主视图、俯视图　b）立体图

【相关知识】

一、局部剖视图的概念

用剖切面局部地剖开机件所画出的剖视图称为局部剖视图，如图 6-23a 所示。

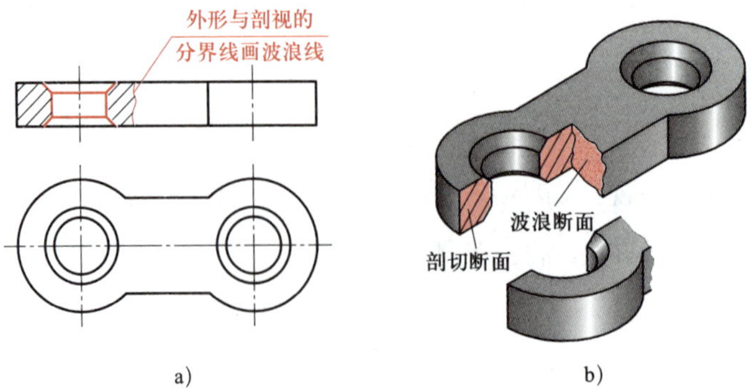

图 6-23　吊耳

a）局部剖视图　b）立体图

二、局部剖视图的画法规定

1. 局部剖视图与视图之间一般用波浪线分界，如图 6-24 所示。
2. 波浪线应画在机件的实体上，不能画在机件的中空处或超出图形轮廓线。
3. 局部剖视图的波浪线不能与图形的轮廓线重合，也不能用轮廓线代替。

图 6-24 所示为波浪线的正确画法，图 6-25 所示为波浪线的错误画法。

4. 当单一剖切平面的剖切位置明确时，局部剖视图不必标注。

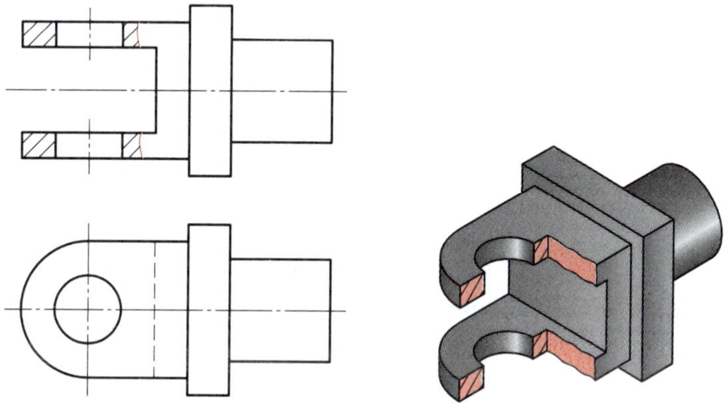

图 6-24　波浪线的正确画法

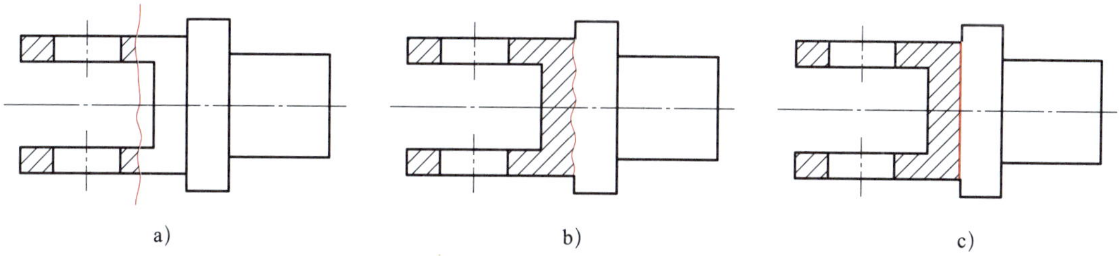

图 6-25　波浪线的错误画法
a）波浪线画在中空处和超出图形轮廓线
b）波浪线与图形的轮廓线重合　c）波浪线用轮廓线代替

【任务实施】

一、分析结构并选择表达方法

图 6-22 所示上箱体是一个开口向下的长方形箱体，在下方的连接板上有四个连接孔；在上箱体的上方有一个矩形凸台，在矩形凸台上有一个方孔与箱体内腔相连；在箱体的前面，连接板的上方有一个拱形凸台，其上圆孔与箱体内腔相通。该机件上下、前后、左右都不对称，很显然，用全剖视图虽然能表达其内部结构，但不能同时表达外部凸台的形状；形体结构不对称，也不能用半剖视图表达结构。所以，要想在两视图上既表达内部形状，又表达外部形状，只能将上箱体局部剖开。

二、将主视图改画成局部剖视图

在主视图上，为表达箱体的内部结构，可在右侧过机件的前后近似对称平面进行剖切，局部剖开内腔；在左侧用通过连接孔轴线的正平剖切平面进行剖切，局部剖开连接孔。在主视图上保留前面拱形凸台的外形，如图 6-26 所示。

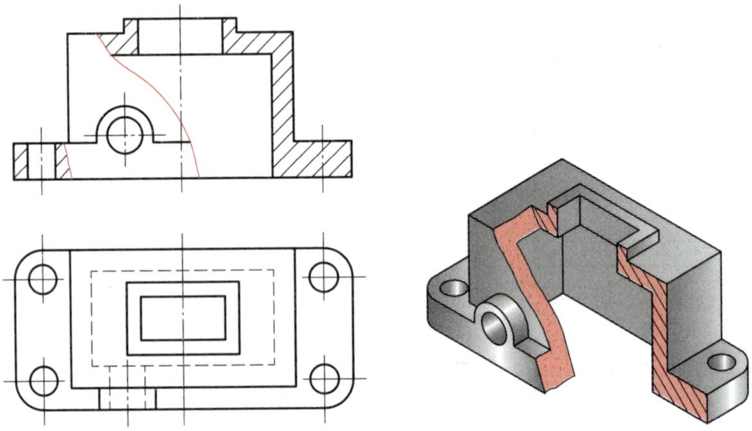

图 6-26　上箱体主视图的表达方案

在将主视图改画成局部剖视图时，将剖切平面后面的可见轮廓用粗实线绘制，在剖切分界处绘制波浪线。

三、将俯视图改画成局部剖视图

在俯视图上，用过前面拱形凸台上圆孔轴线的水平面进行局部剖切，以表达拱形凸台上圆孔及内腔的形状结构，如图 6-27 所示。

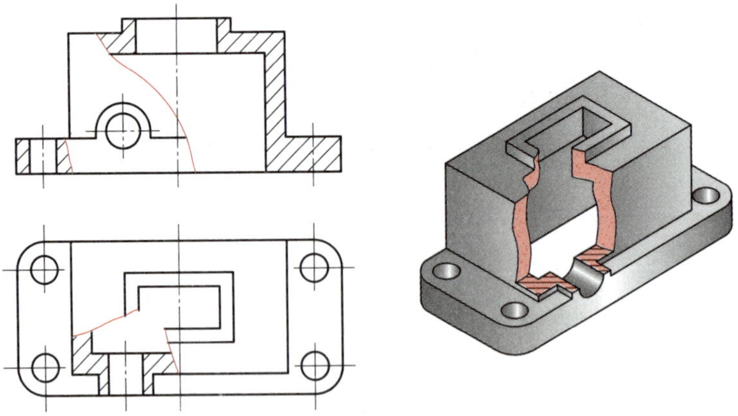

图 6-27　上箱体俯视图的表达方案

【知识拓展】

绘制局部剖视图时的注意事项

在绘制剖视图时，当对称图形的轮廓线与对称中心线重合时，应避免采用半剖视图，而采用局部剖视图。如图 6-28 所示的轴套，虽然它左右对称，但由于方孔在主视图上的轮廓线与对称中心线重合，所以主视图不宜采用半剖视图，而应采用局部剖视图。

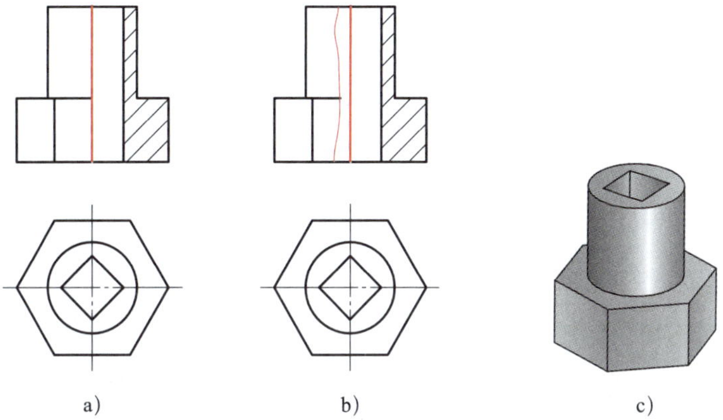

图 6-28　轴套宜采用局部剖视图表达
a）错误　b）正确　c）立体图

任务四　绘制用单一剖切平面剖切的剖视图

【学习目标】

1. 了解剖切面的种类。
2. 掌握用不平行于任何基本投影面的单一剖切平面剖切机件获得剖视图的画法。
3. 初步具有绘制剖视图的能力。

【任务描述】

图 6-29 所示为某汽车上的制动杆，试选择合适的剖视图表达该机件。

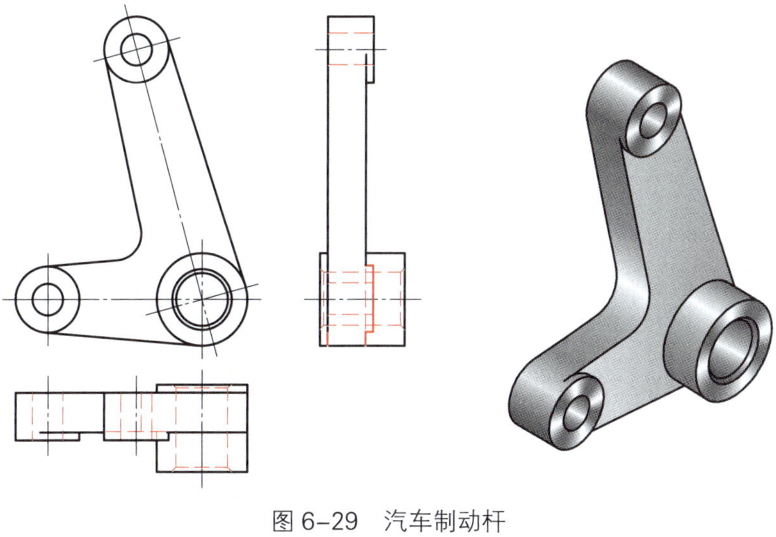

图 6-29　汽车制动杆

【任务实施】

一、分析结构并选择表达方法

图 6-29 所示汽车制动杆由左、右、上三个圆筒和连接板组成，表达左、右圆筒的结构可以用一个水平剖切平面剖开机件，绘制全剖的俯视图；表达上侧圆筒的形状及其与右侧圆筒的相对位置可以用一个正垂剖切平面剖开机件，绘制全剖视图。

二、绘制全剖的俯视图

如图 6-30 所示，用一个通过左、右圆筒轴线的水平剖切平面 *B—B* 将机件剖开，绘制全剖的俯视图。在该俯视图上可以表达左、右圆筒的形状。由于 *B—B* 全剖视图按投影关系配置，所以可以省略表示投射方向的箭头。

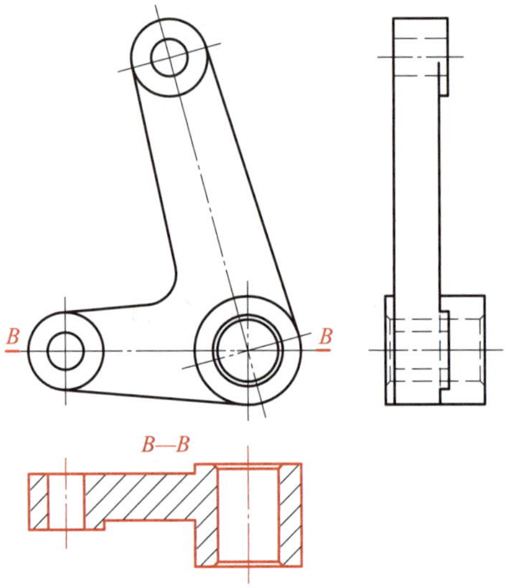

图 6-30　绘制全剖的俯视图

三、绘制倾斜剖切的全剖视图

用一个通过上侧圆筒和右侧圆筒轴线的倾斜剖切平面将机件剖开，用于表达机件右上部分的结构。其投影过程如图 6-31 所示，用一个正垂剖切平面剖开机件，将左侧部分移除，然后按照斜视图的投射方式，将右侧部分向一个与剖切面平行的投影面投射，即获得一个倾斜的全剖视图。

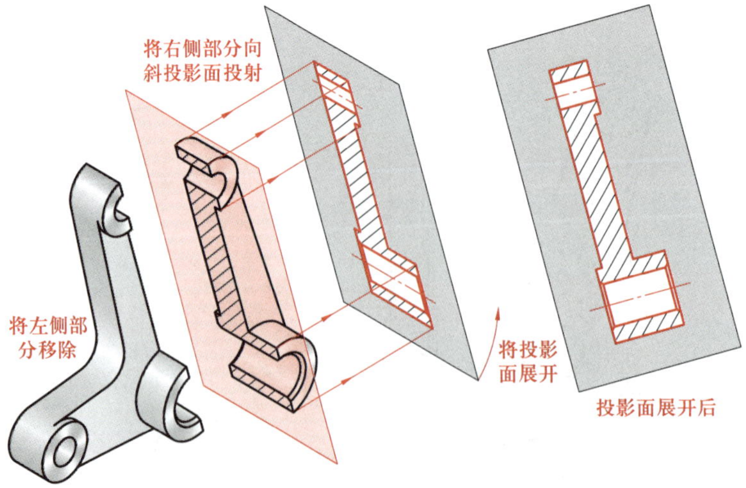

图 6-31　倾斜剖切的投影过程

用正垂剖切平面 *A*—*A* 剖切连杆获得的剖视图如图 6-32 所示，该图可以清楚地表达上侧圆筒的内部结构，以及上侧圆筒与右侧圆筒之间的位置关系。

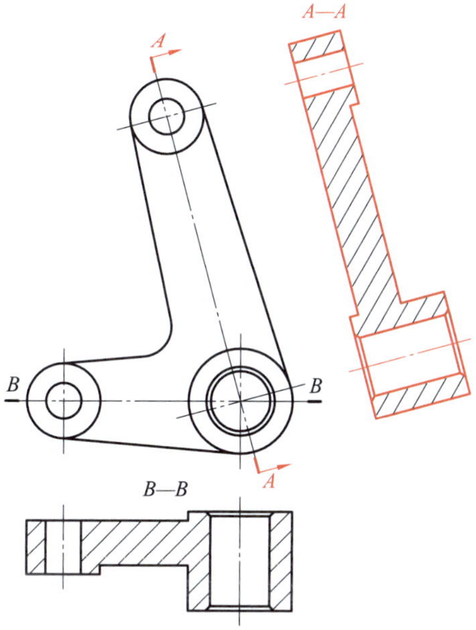

图 6-32　绘制 *A*—*A* 全剖视图

采用不平行于任何基本投影面的单一剖切平面获得的剖视图，通常比照斜视图的配置形式配置并标注。所以图 6-32 中的 *A*—*A* 剖视图标注了剖切位置、投射方向和剖视图名称。

【知识拓展】

一、倾斜剖视图的转平绘制

为画图方便和合理利用图纸，可将采用不平行于任何基本投影面的剖切平面剖切获得的剖视图旋转放正配置，并在剖视图名称旁按图形的旋转方向标注旋转符号。与斜视图的标注方式一样，剖视图名称应注写在靠近旋转符号的箭头端，如图 6-33 所示。

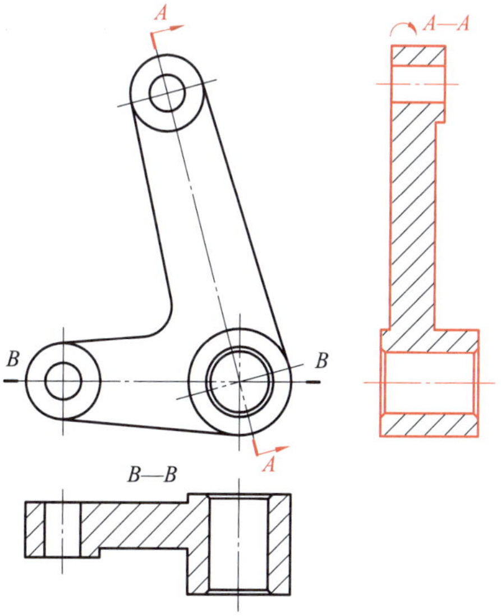

图 6-33　转平绘制 *A*—*A* 全剖视图

二、剖切面的种类

剖切面有剖切平面和剖切柱面两种。常用的剖切平面有单一剖切平面、几个平行的剖切平面、几个相交的剖切平面等。单一剖切平面又包括与基本投影面平行的单一剖切平面和不平行于任何基本投影面的单一剖切平面。本教材中不涉及剖切柱面。

任务五　绘制用几个平行的剖切平面剖切的剖视图

【学习目标】

1. 掌握用几个平行的剖切平面剖切机件获得剖视图的画法。
2. 初步具有绘制剖视图的能力。
3. 了解剖切平面转折处的画法。

【任务描述】

图 6-34 所示为某汽车发动机气缸盖后盖板，试读懂两视图，并选择合适的剖切方法表达其俯视图。

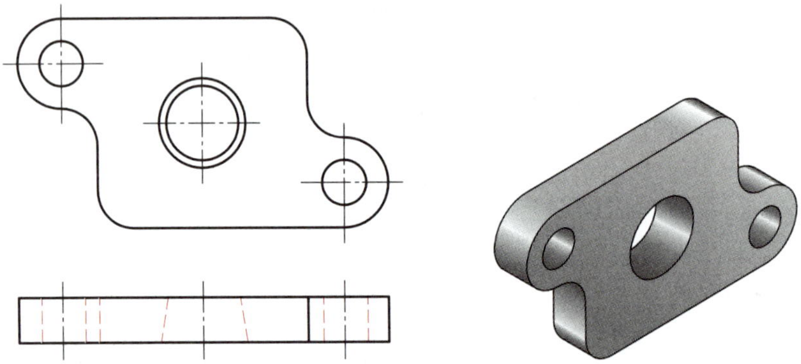

图 6-34　汽车发动机气缸盖后盖板

【任务实施】

一、分析结构并选择表达方法

图 6-35 所示后盖板的中间有一个圆锥孔，左上方和右下方各有一个圆柱孔。为了在俯视图上表达这些内部结构，需要用三个水平剖切平面将机件剖开，从而使机件中不同层次的内部结构在一个剖视图中得到表达，如图 6-35 所示。

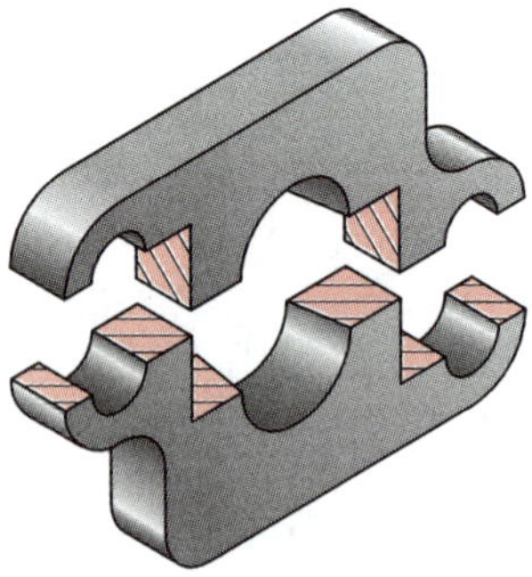

图 6-35　用三个平行的剖切平面剖切后盖板

二、绘制用三个平行的剖切平面剖切的全剖视图

用三个平行的剖切平面剖切后盖板的剖视图如图 6-36 所示，三个剖切平面分别剖切了左上侧圆柱孔、中间圆锥孔和右下侧圆柱孔，因此这三个孔都用粗实线绘制。

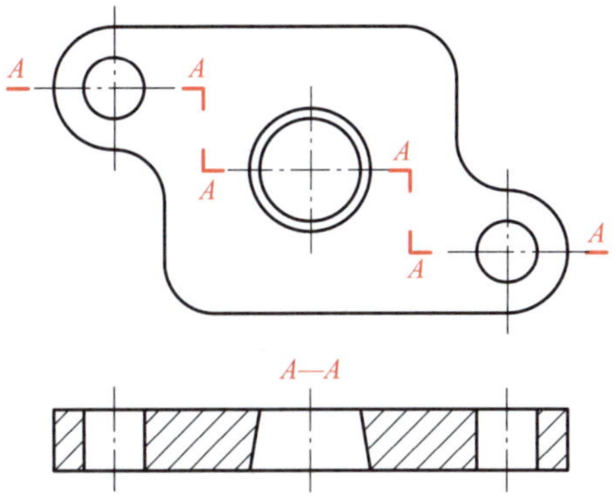

图 6–36　用三个平行的剖切平面剖切后盖板的剖视图

三、标注剖视图

用几个平行的剖切平面剖切的剖视图的标注如图 6–36 所示，在剖切平面的起迄处和转折处绘制了剖切符号，并标注了相同的字母。由于剖视图按投影关系配置，所以省略了表示投射方向的箭头。

【知识拓展】

剖切平面转折处的画法

在用几个平行的剖切平面剖切并绘制剖视图时，不应画出剖切平面转折处的投影（见图 6–37a），剖切平面转折处不应与图形的轮廓线重合（见图 6–37b），剖视图中一般不应出现不完整的要素（见图 6–37c）。

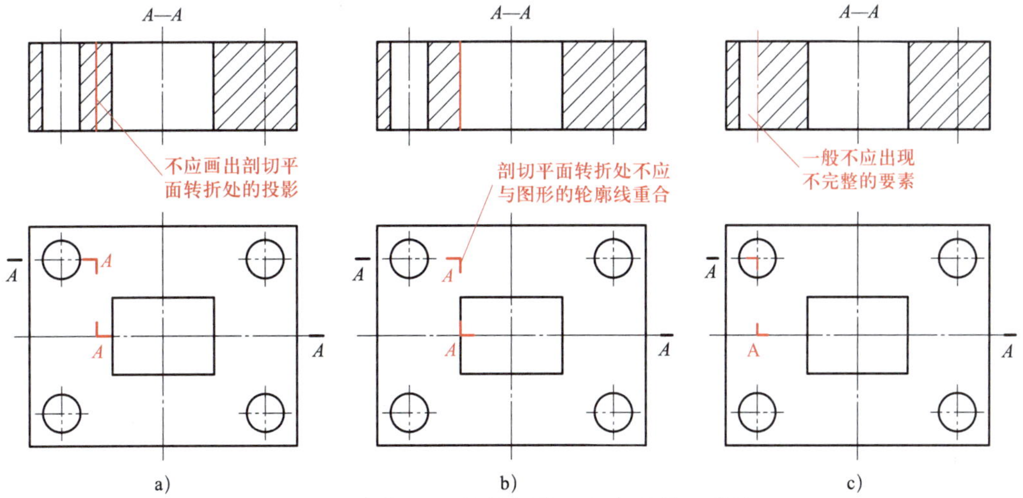

图 6–37　剖切平面的转折处不应出现的几种情况

a）不应画出剖切平面转折处的投影　b）剖切平面转折处不应与图形的轮廓线重合

c）剖视图中一般不应出现不完整的要素

任务六　绘制用几个相交的剖切平面剖切的剖视图

【学习目标】

掌握用几个相交的剖切平面剖切机件获得剖视图的画法。

【任务描述】

图 6-38 所示为端盖，试读懂两视图，并选择合适的剖切方法表达其主视图。

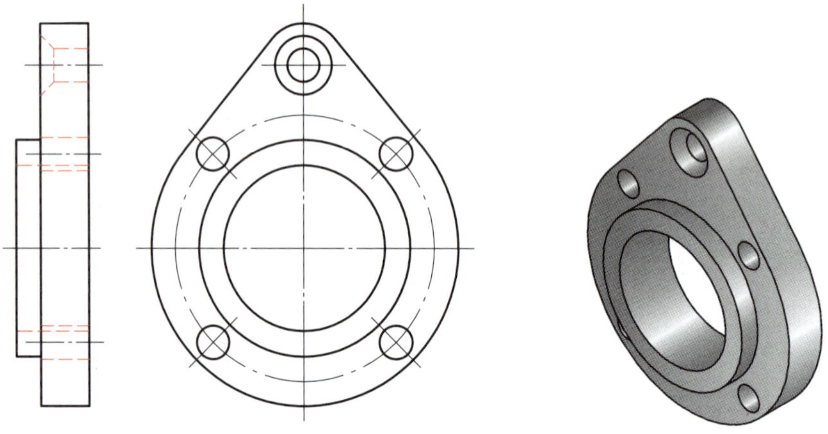

图 6-38　端盖

【任务实施】

一、分析结构并选择表达方法

图 6-38 所示端盖的中间有圆孔，其周围有四个小孔，端盖上方有一个锥形沉孔。很显然，该零件的主视图不能用单一剖切平面剖切，也不能用两个平行的剖切平面剖切，只能用两个相交的剖切平面剖切。如图 6-39 所示，用一个与 *V* 面平行的剖切平面和一个与 *W* 面垂直的剖切平面将端盖剖开，即可获得一个反映端盖内部结构的剖视图。

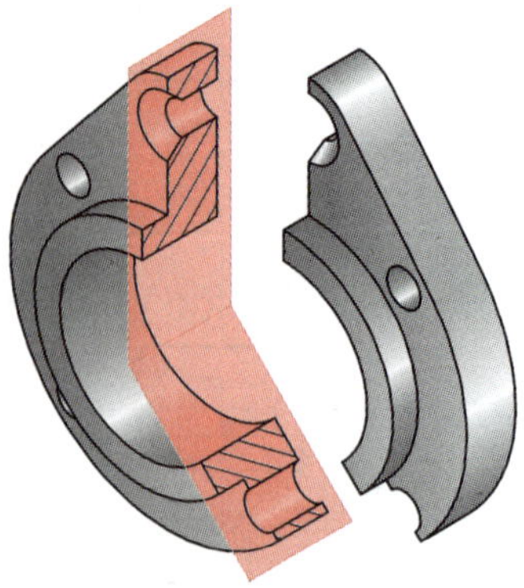

图 6-39　用两个相交的剖切平面剖切端盖

二、绘制用正平剖切平面剖切端盖上部的剖视图

用正平剖切平面剖切端盖上部的剖视图如图 6-40 所示，它可以反映上侧的锥形沉孔和中间大圆柱孔的结构形状。

三、绘制用倾斜的剖切平面剖切后的剖视图

用侧垂剖切平面剖切端盖可以表达四个均匀分布的小孔及中间大圆柱孔的结构形状，如图 6-41 所示。绘图时要注意，倾斜的剖切平面所剖到的结构应先旋转到与选定的投影面平行后再进行投射，此时，旋转部分的某些结构不再符合直接的投影关系。

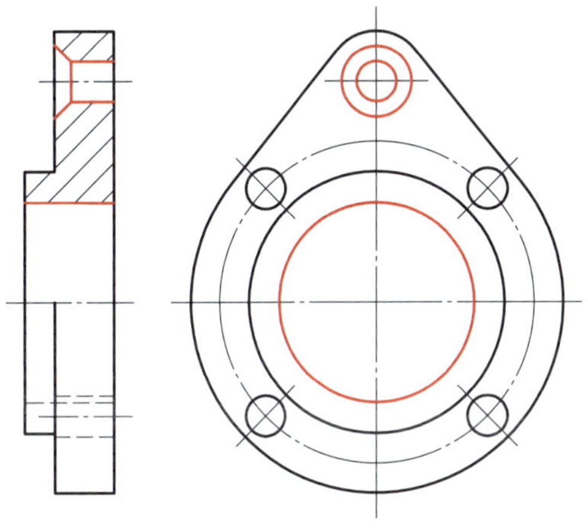

图 6-40　用正平剖切平面剖切端盖上部的剖视图

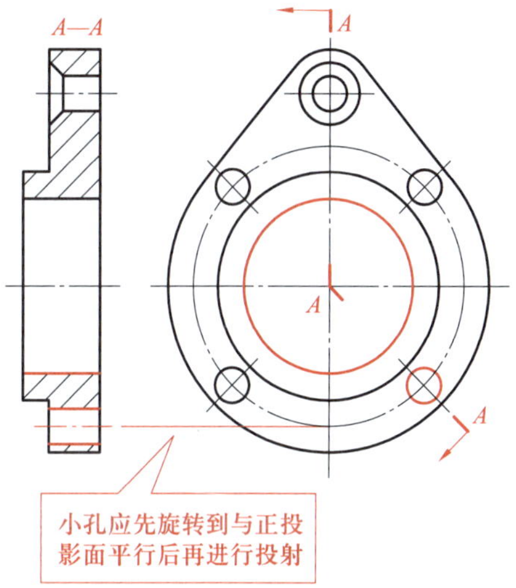

图 6-41　用两个相交的剖切平面剖切的剖视图

四、标注剖视图的名称

国家标准规定，在用几个相交的剖切平面剖切的剖视图中，一般应标注剖切位置、投射方向和剖视图名称，并且表示投射方向的箭头与表示剖切位置的粗实线要垂直。如图 6-41 所示，在图中标注了剖切位置、投射方向和剖视图名称。

单一剖切平面、几个平行的剖切平面和几个相交的剖切平面均可用于绘制全剖视图、半剖视图和局部剖视图，在绘制断面图时这些剖切方法同样适用。

课题三　绘制断面图

任务一　绘制移出断面图

【学习目标】

1. 了解断面图的概念和种类。
2. 掌握移出断面图的画法和标注规则。

【任务描述】

主轴的主视图、左视图及立体图如图 6-42 所示，试读懂两视图，并选择合适的剖切方法表达该零件。

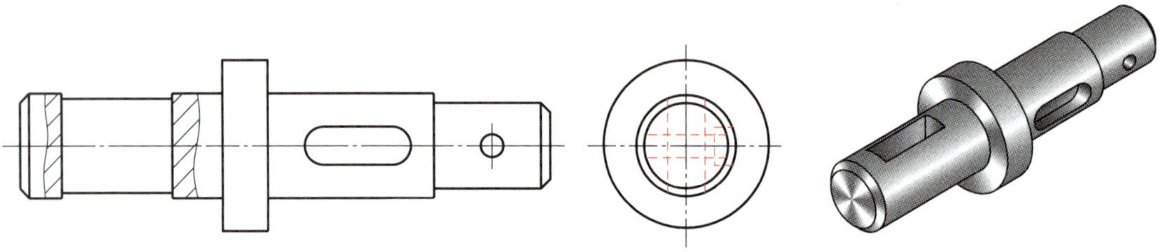

图 6-42　主轴

【任务实施】

一、分析结构并选择表达方法

在图 6-42 中，主轴的轴径在主视图上已经表达清楚，左视图主要用于表达方槽、平键槽和圆孔的断面形状。但是在左视图中，圆和细虚线较多，不便于读图。为解决这个问题，可用垂直于轴线的剖切平面分别在方槽、平键槽和圆孔等位置剖开（见图 6-43），绘制各个断面的形状，以替代左视图。

二、绘制剖切平键槽的移出断面图

如图 6-44 所示，用垂直于主轴轴线的剖切平面将平键槽所在轴颈剖开，获得断面图①，即可将平键槽的结构表达清楚。这种用剖切平面将机件断开，画出的剖切平面与机件接触部分的图形称为断面图，断面图分为移出断面图和重合断面图两种。画在视图轮廓之外的断面图称为移出断面图。移出断面的轮廓线用粗实线绘制。

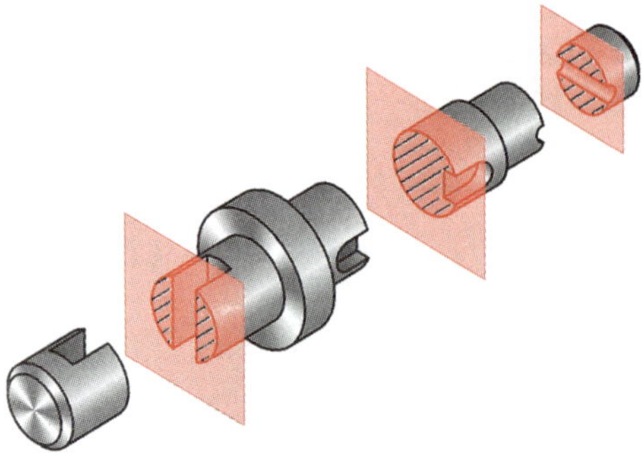

图 6-43　剖切主轴

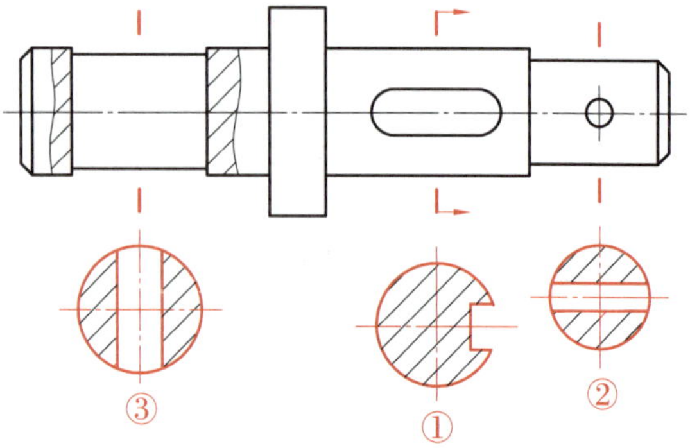

图 6-44　主轴的断面图

平键槽轴颈的断面图为一个带缺口的圆，缺口表示平键槽的宽度和深度，由于剖切平面将平键槽剖开后断面向右投射，所以缺口按照投影规律绘制在图形右侧（见图 6-44 中的断面图①）。

三、绘制剖切圆孔的移出断面图

用一个垂直于主轴轴线且过圆孔轴线的剖切平面剖切右侧的圆孔，即获得表达圆孔断面形状的移出断面图②，如图 6-44 所示，在该移出断面图上，除绘制了断面形状外，还绘制了剖切平面后面圆孔的轮廓线。国家标准规定，当剖切平面通过回转面形成的孔或凹坑的轴线时，这些结构应按剖视绘制。

四、绘制剖切方槽的移出断面图

在方槽的中间位置用一个垂直于主轴轴线的剖切平面剖开主轴，即获得表达方槽断面形状的移出断面图③，如图 6-44 所示，在该断面图上绘制了方槽后面部分的投影，这同样是为了防止一个图形被分割成两部分。国家标准规定，当剖切平面通过非圆孔会导致出现完全分离的图形时，这些结构应按剖视绘制。

【知识拓展】

移出断面图的标注规则

移出断面图的标注与剖视图类似，一般应用大写拉丁字母标注移出断面图的名称“×—×”，在相应的视图上用剖切符号表示剖切位置和投射方向，并标注相同的字母。下列情况下可以简化标注，但是移出断面图不能省略表示剖切位置的符号（短粗实线）。

1. 配置在剖切符号延长线上的不对称移出断面不必标注字母。

2. 不配置在剖切符号延长线上的对称移出断面以及按投影关系配置的移出断面一般不必标注箭头。

3. 配置在剖切符号延长线上的对称移出断面，不必标注字母和箭头。

移出断面图的标注示例见表 6-3。

表 6-3 移出断面图的标注示例

移出断面图的位置	移出断面图形状前后对称	移出断面图形状前后不对称
在剖切符号延长线上	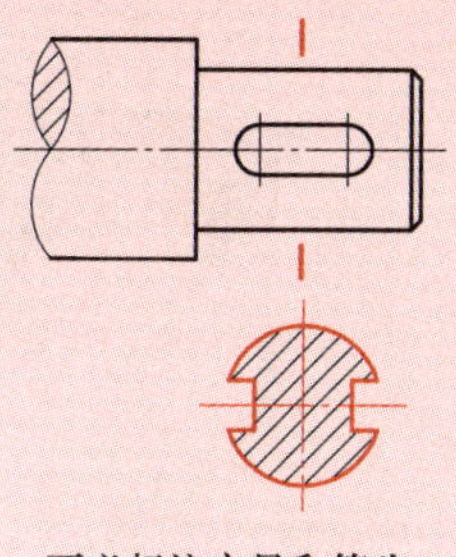 不必标注字母和箭头	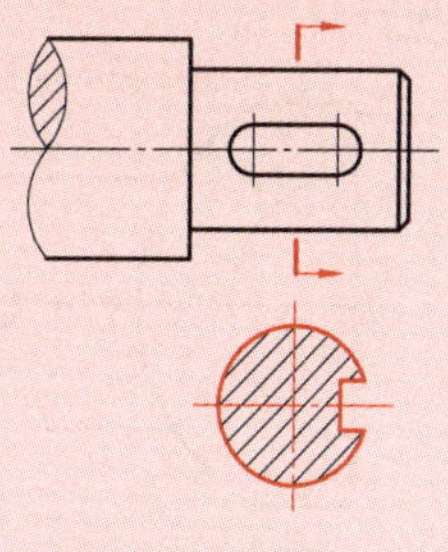 不必标注字母

续表

移出断面图的位置	移出断面图形状前后对称	移出断面图形状前后不对称
按投影关系配置	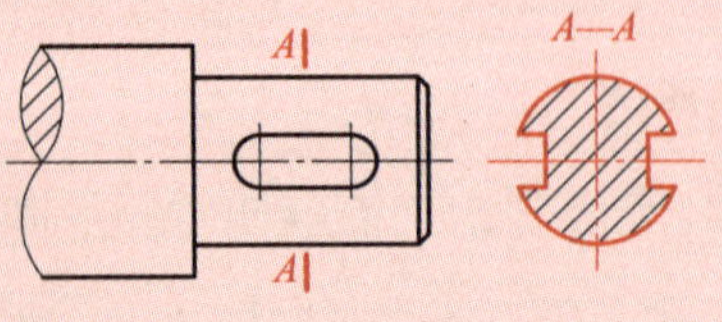 不必标注箭头	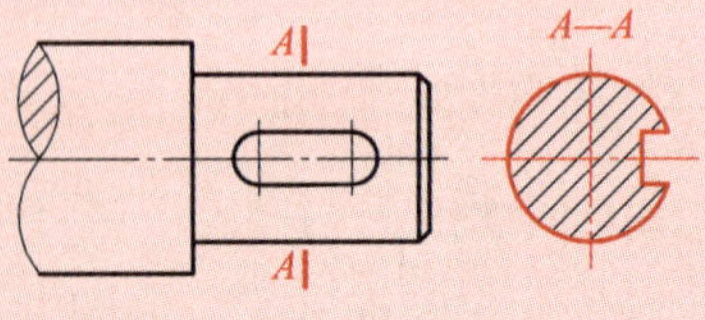 不必标注箭头
在其他位置	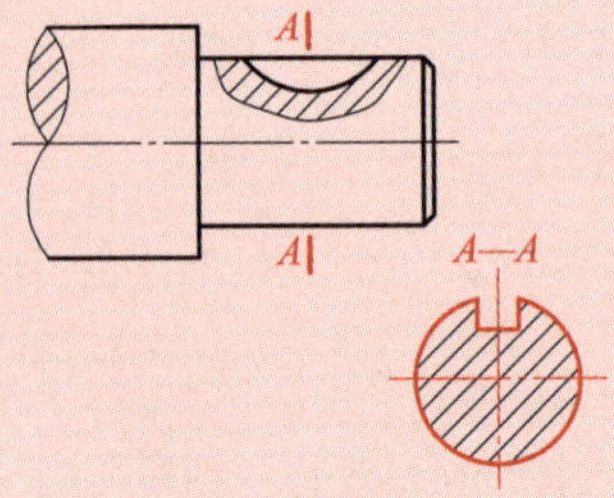 不必标注箭头	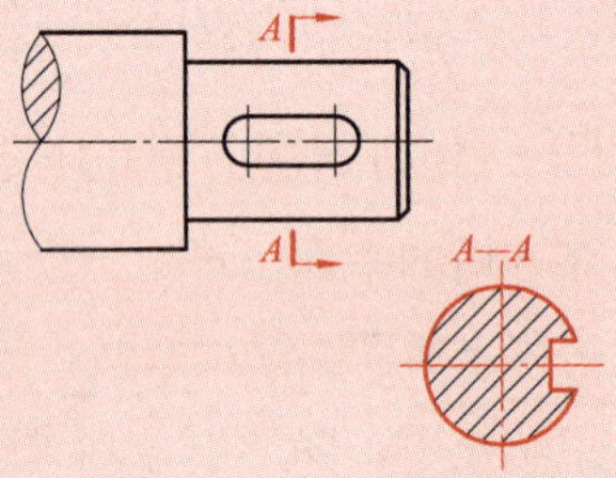 需要标注剖切符号、箭头和字母

任务二　绘制重合断面图

【学习目标】

掌握重合断面图的画法和标注方法。

【任务描述】

拨叉的主视图、俯视图及立体图如图 6-45 所示，试读懂两视图，并选择合适的剖切方法表达该机件。

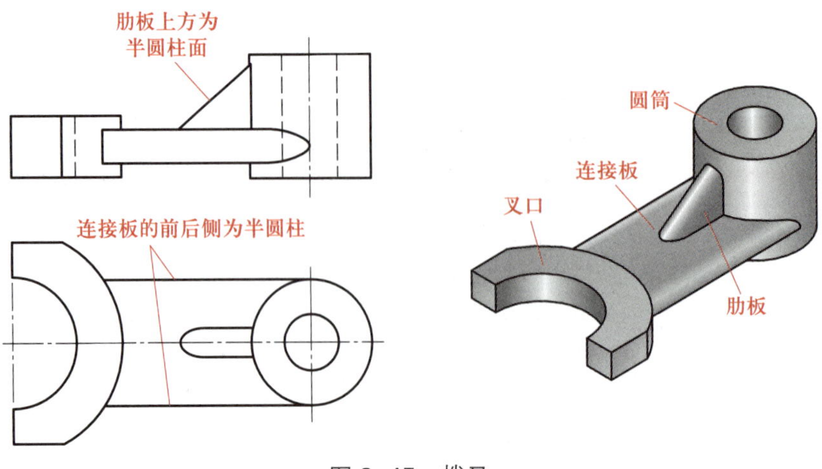

图 6-45　拨叉

【任务实施】

一、分析结构并选择表达方法

如图 6-45 所示，拨叉主要由圆筒、叉口、连接板和肋板等组成。主视图可采用全剖视图表达其内部结构，俯视图不变，这样尚未完全表达清楚的结构主要是连接板和肋板的断面形状，表达这些结构可采用断面图。

二、绘制全剖的主视图

拨叉全剖的主视图如图 6-46 所示，该图可以将圆筒和叉口的内部结构表达清楚。在主视图上肋板虽然也被剖切到，但是没有绘制剖面线，而是用圆筒和连接板的轮廓线将其与相邻结构分开，这是因为国家标准规定：对于机件的肋板、轮辐及薄壁等，如纵向剖切，这些结构都不画剖面符号，而是用粗实线将它们与其他邻接部分分开。

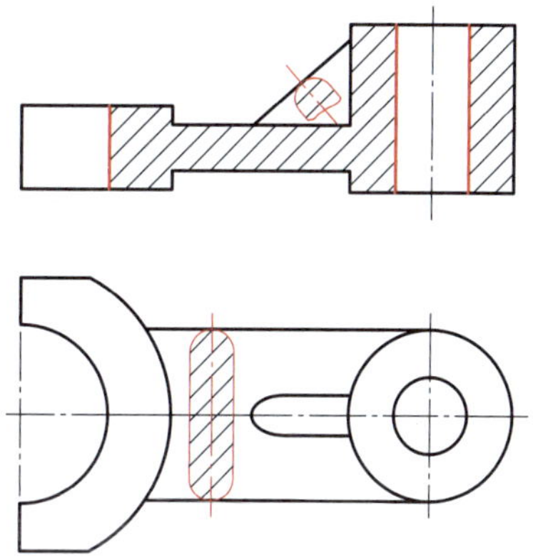

图 6-46　拨叉全剖的主视图及断面图

三、绘制表达连接板断面形状的重合断面图

如图 6-46 所示，连接板的断面图绘制在俯视图中，断面图的轮廓线用细实线绘制，断面上绘制剖面线。这种绘制在视图轮廓线之内的断面图称为重合断面图。重合断面图的轮廓线用细实线绘制。

四、绘制表达肋板形状的重合断面图

如图 6-46 所示，表达肋板形状的重合断面图只绘制了一部分（在主视图中），在其断裂边界处绘制波浪线。

【知识拓展】

一、视图中的轮廓线与重合断面图的图形重叠

当视图中的轮廓线与重合断面图的图形重叠时，视图中的轮廓线应完整画出，不能间断，如图 6-47 所示。

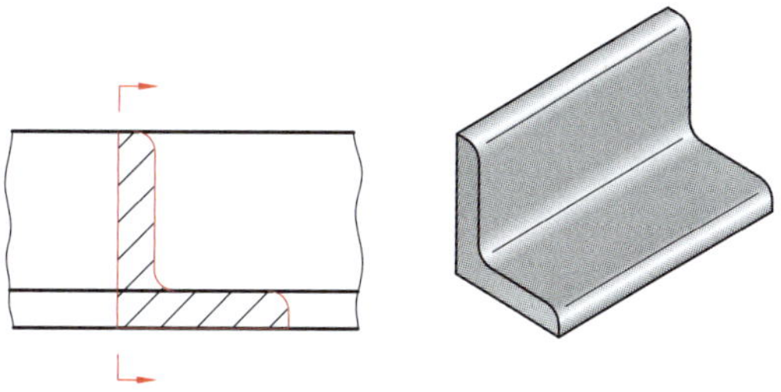

图 6-47　重合断面图的画法

二、重合断面图的标注

国家标准规定：对称的重合断面图不必标注，不对称的重合断面图可以省略标注。因此，

图 6-46 中的重合断面图没有标注，图 6-47 中的重合断面图可以省略标注。

课题四　图样的其他表达方法

任务一　绘制从动轴的局部放大图

【学习目标】

掌握局部放大图的概念、画法和标注方法。

【任务描述】

图 6-48 所示为用 1：1 的比例绘制的从动轴的图样，图中三处沟槽的结构尺寸非常小，中间位置的沟槽还采用了细虚线表达内部结构，在主视图上很难将结构表达清楚，更无法标注尺寸，试选择合适的表达方法表达这些局部结构。

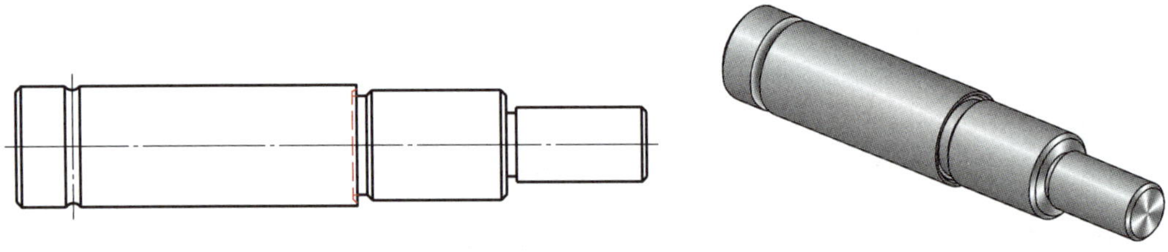

图 6-48　从动轴

【任务实施】

一、分析结构并选择表达方法

如果将图 6-48 所示的从动轴整体放大，则整个图形非常大。因此，只能将三处细小的结构采用放大的比例绘制局部视图。将机件的局部结构用大于原图形所采用的比例画出的图形称为局部放大图。

二、绘制局部放大图

如图 6-49 所示，在主视图的下方绘制了三个局部放大图，局部放大图 Ⅰ 和 Ⅲ 的结构相对简单，采用了 2.5：1 的放大比例绘图，绘制成视图。局部放大图 Ⅱ 的结构相对复杂，采用了 4：1 的放大比例绘图，为使图形简单清晰，绘制成断面图。采用局部放大图后，主视图中的细虚线就可以省略不画了。

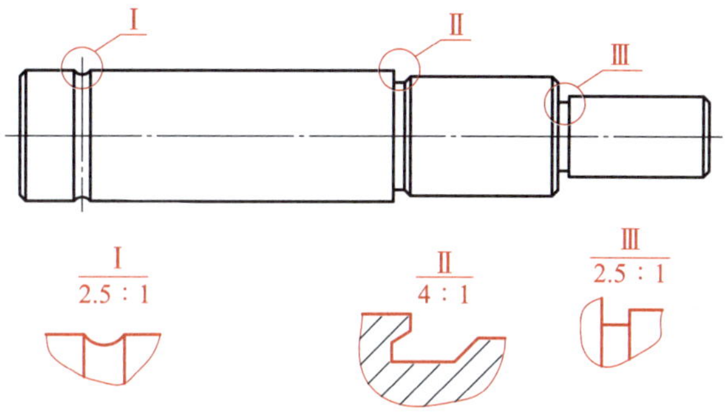

图 6-49　从动轴的局部放大图

三、标注局部放大图名称及绘图比例

如图 6-49 所示，在主视图上用细实线圆圈出被放大的部分，用指引线标注部位的名称，在相应的局部放大图上方用分数的形式标注局部放大图的名称和绘图比例，分子是与被放大部位相同的罗马数字，用于标注局部放大图的名称，分母为绘图比例。

【知识拓展】

局部放大图的画法规则

1. 绘制局部放大图时，一般用细实线圆圈出被放大部位，其放大的图形尽量配置在被放大部位附近。

2. 局部放大图断裂处的边界线用波浪线绘制。

3. 当机件上有多处被放大部位时，必须用罗马数字依次标明，并在相应局部放大图上方以分数形式标出相同的罗马数字和放大比例（见图 6-49）。仅有一个放大图时，只需标注比例即可，如图 6-50 所示。

4. 局部放大图可画成视图、剖视图和断面图，与被放大部位原来的表达方法无关。

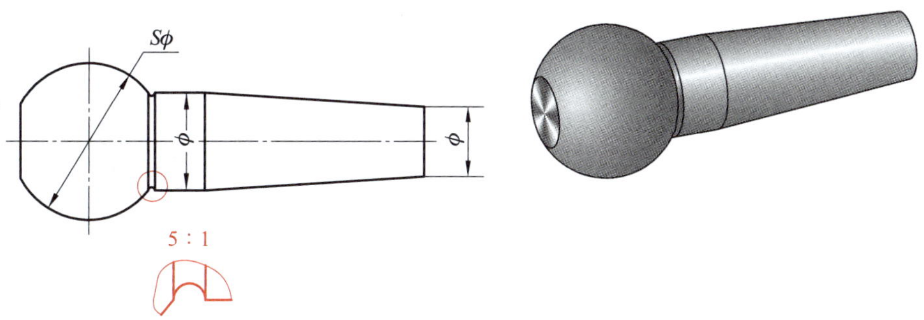

图 6-50　球头销

任务二　用简化画法绘制端盖

【学习目标】

掌握均匀分布的肋板、轮辐、孔等结构在剖视图中的画法。

【任务描述】

图 6-51 所示为端盖的主视图、俯视图和立体图，试按照制图国家标准规定的有关简化画法修改主视图和俯视图。

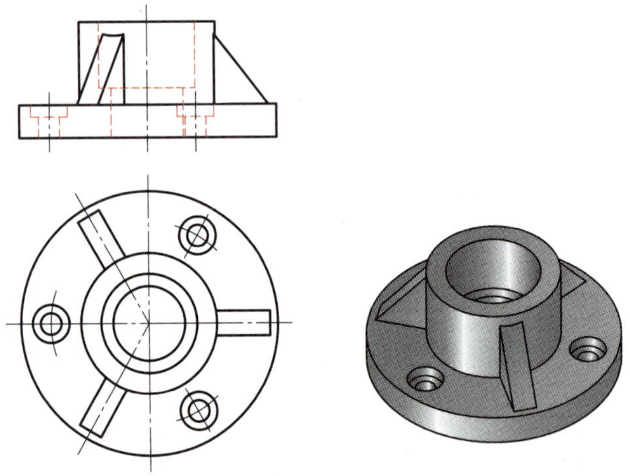

图 6-51　端盖

【任务实施】

一、分析结构并选择表达方法

端盖由底部的法兰盘、上方的圆筒和均匀分布的三块肋板组成。圆筒中间为大阶梯孔，法兰盘上有三个均匀分布的圆柱形沉孔。主视图采用全剖视图可以清晰地表达机件上大阶梯孔、圆柱形沉孔的形状，俯视图画外形视图可以表达形体的全部结构。

二、绘制全剖的主视图

如图 6-52 所示，端盖的主视图采用了全剖的主视图，因为剖切平面纵向剖切到右侧肋板，故按未剖切处理，用粗实线将其与圆筒和法兰盘分开。

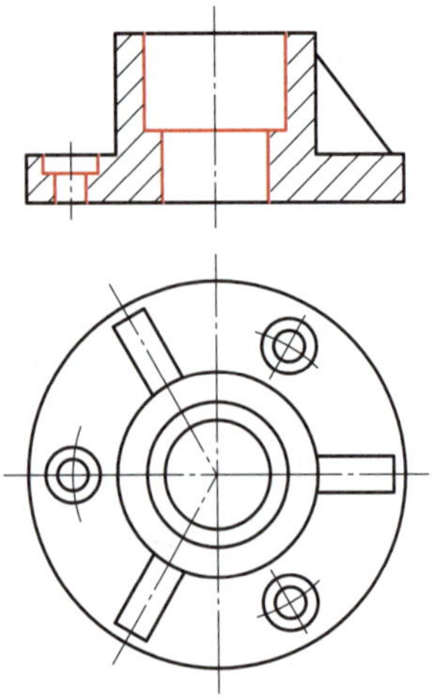

图 6-52　全剖的主视图

三、在主视图上用简化画法表达肋板和阶梯孔

国家标准规定，当零件回转体上均匀分布的肋板、轮辐、孔等结构不处于剖切平面上时，可将这些结构旋转到剖切平面上画出。按照该项规定，左侧的肋板和右侧的沉孔都应该旋转到剖切平面上绘制，如图 6-53 所示。

四、用简化画法表达三个沉孔

国家标准规定：若干直径相同且成规律分布的孔，可以只画出一个或少量几个，其余用细点画线表示其中心位置。对图 6-53 中的沉孔进行简化绘制，在主视图上删除右侧沉孔的轮廓线，在俯视图上删除右侧两个沉孔的轮廓线，获得的图形如图 6-54 所示。这样绘制的视图，既简单明了，又不会产生歧义。画图时应注意，表示孔位置的轴线或中心线不能省略。

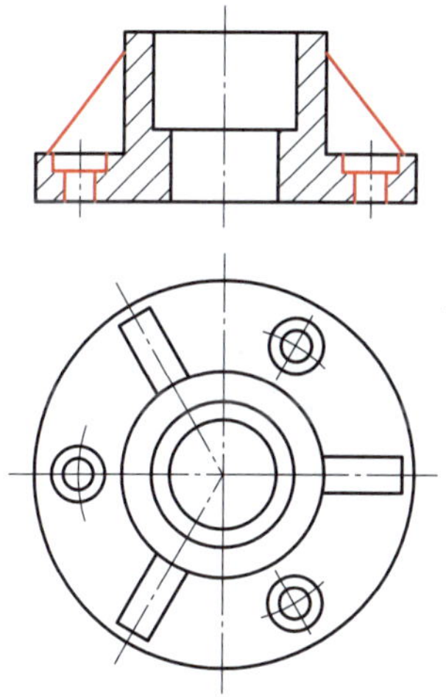

图 6-53　在主视图上将均匀分布的肋板和孔旋转到剖切平面上画出

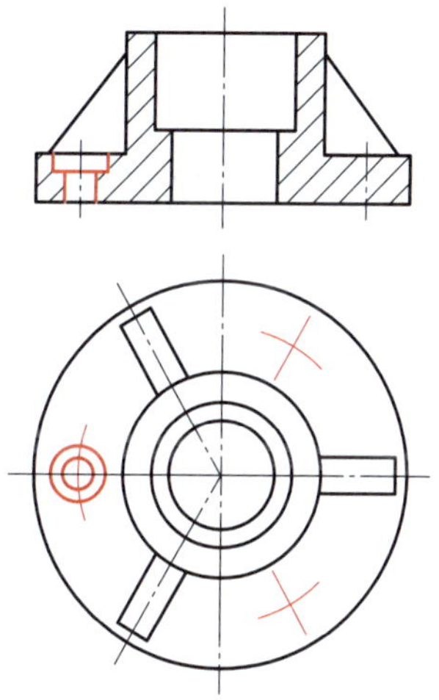

图 6-54　将沉孔简化绘制

【知识拓展】

使用简化画法时的注意事项

1. 在不致引起误解时，应避免使用细虚线表达不可见结构。也就是说，在视图或剖视图中，细虚线一般不画，当画少量细虚线可以使视图表达更加完善时，允许画出必要的细虚线，如图 6-55 所示。

2. 在某些情况下，由于圆角的存在，导致零件表面的交线变得不够明显，为了便于读图时区分不同的表面，需要用细实线绘制出没有圆角过渡时两零件表面的理论交线，这种表面交线称为过渡线，如图 6-56 所示。绘制过渡线时应注意以下两点：

（1）过渡线只能画到两表面轮廓的理论交点为止，不能与铸件圆角轮廓相交。

（2）当两条过渡线相交时，过渡线在交点附近应断开。

3. 当图形不能充分表达平面时，可用平面符号（两条相交的细实线）表示，如图 6-57 所示。

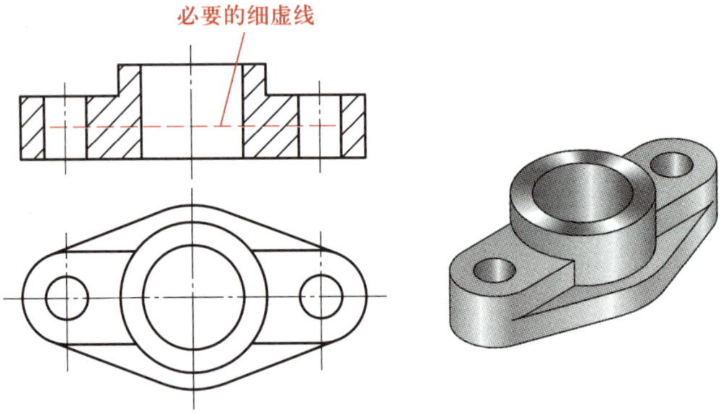

图 6-55　需要画出细虚线的剖视图

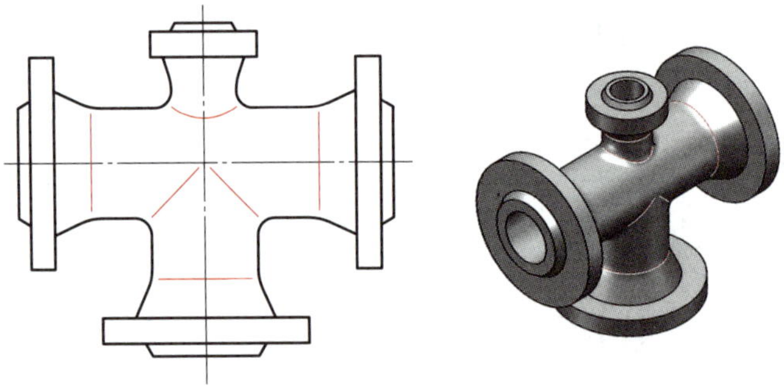

图 6-56　过渡线的画法

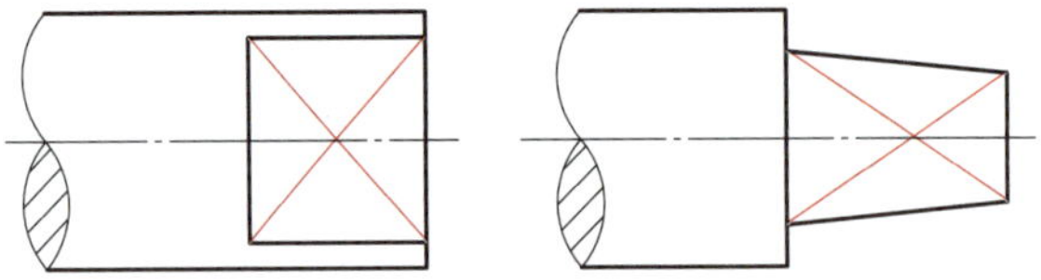

a)　　b)

图 6-57　平面的表示法

a）矩形平面　b）梯形平面

模块七 标准件与通用件的表示法

在各种机器和设备中，经常需要用到螺栓、螺母、齿轮、键、滚动轴承、弹簧等标准件和通用件。这些零部件用途广、用量大，且结构与尺寸已全部或部分标准化。在机械图样中，为简化作图，对标准件和通用件上的某些结构和形状不是按其真实投影画出，而是根据相应的国家标准所规定的简化画法进行绘图。本模块主要介绍标准件和通用件的有关规定画法。

课题一 绘制螺纹及螺纹连接图

任务一 绘制螺纹

【学习目标】

了解螺纹的基本结构，掌握外螺纹、内螺纹和螺纹连接图的画法。

【任务描述】

图 7-1 所示为夹紧机构，螺杆通过螺纹将压块连接在座体上，试用规定画法分别绘制螺杆、座体和螺纹连接图。

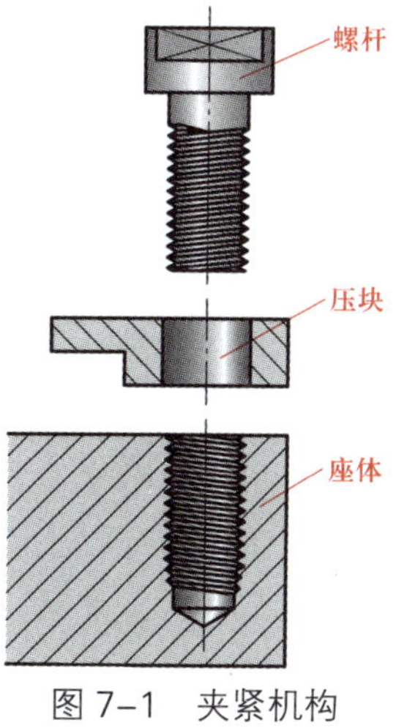

图 7-1 夹紧机构

【相关知识】

一、螺纹的概念

螺纹是指在圆柱或圆锥表面上具有相同牙型、沿螺旋线连续凸起的牙体，在圆柱表面上形成的螺纹称为圆柱螺纹，在圆锥表面上形成的螺纹称为圆锥螺纹。在圆柱或圆锥外表面上形成的螺纹称为外螺纹，在圆柱或圆锥内表面上形成的螺纹称为内螺纹。图 7-2 所示为圆柱外螺纹和圆柱内螺纹。

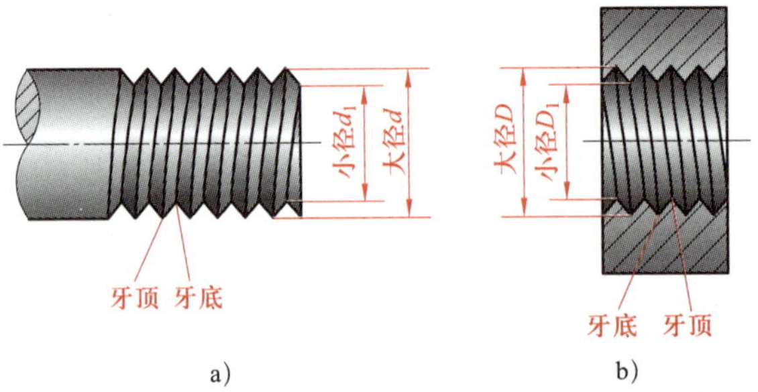

图 7-2 圆柱螺纹的结构

a）圆柱外螺纹 b）圆柱内螺纹

二、圆柱螺纹的直径

圆柱螺纹的直径主要有螺纹大径、螺纹小径、公称直径等，如图 7-2 所示。

1. 螺纹大径

螺纹大径是与外螺纹牙顶或内螺纹牙底相切的假想圆柱的直径。外螺纹大径用 d 表示，内螺纹大径用 D 表示。

2. 螺纹小径

螺纹小径是与外螺纹牙底或内螺纹牙顶相切的假想圆柱的直径。外螺纹小径用 d_1 表示，内螺纹小径用 D_1 表示。

3. 公称直径

螺纹的公称直径是代表螺纹尺寸的直径。除管螺纹外，公称直径是指螺纹的大径。

外螺纹的大径和内螺纹的小径又称为顶径，外螺纹的小径和内螺纹的大径又称为底径。

【任务实施】

一、绘制螺杆

按照螺纹的实际形状绘图非常麻烦，为简化作图，国家标准规定了简化表示方法。

螺杆的画法如图 7-3 所示，外螺纹的牙顶用粗实线绘制，牙底用细实线绘制。绘图时，小径尺寸取 $d_1 \approx 0.85d$，牙顶线与牙底线之间的间距一般不小于 0.7 mm。在反映螺纹轴线的视图中，螺纹终止线用粗实线绘制，表示螺纹牙底的细实线要画入倒角。在垂直于螺纹轴线的视图中，用粗实线绘制牙顶圆，用细实线绘制牙底圆，表示牙底的细实线圆只画约 3/4 圈，不画倒角圆。

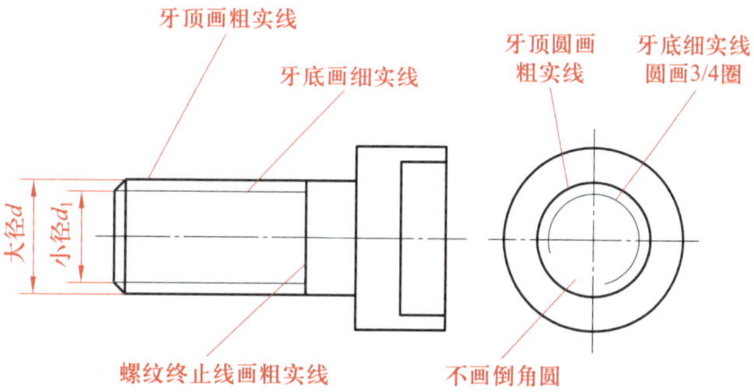

图 7–3　螺杆的画法

二、绘制座体

在座体上加工不通螺孔的顺序：先用钻头钻出圆孔（直径稍大于螺纹小径），如图 7–4a 所示；然后用丝锥攻出螺纹，如图 7–4b 所示。

座体上螺孔的画法如图 7–5 所示，在剖视图中，内螺纹的牙顶用粗实线绘制，牙底用细实线绘制，剖面线画至牙顶粗实线处。在图样上，小径尺寸取 $D_1 \approx 0.85D$，牙顶线与牙底线之间的距离一般不小于 0.7 mm，在垂直于螺纹轴线的视图中，用粗实线绘制牙顶圆，用细实线绘制牙底圆，表示牙底的细实线圆只画约 3/4 圈，不画倒角圆。在主视图上，剖

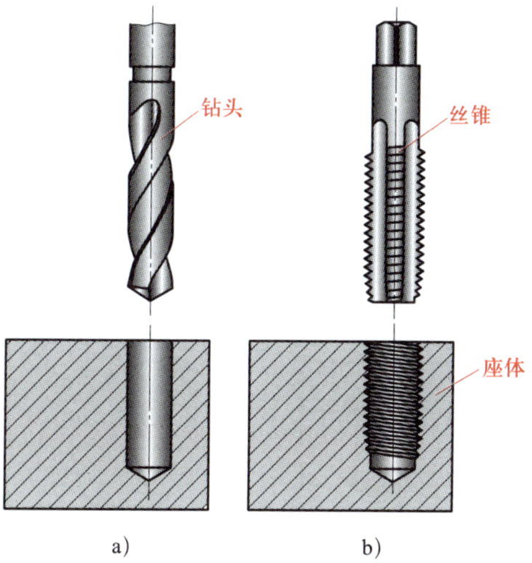

图 7–4　螺孔的加工
a）钻孔　b）攻螺纹

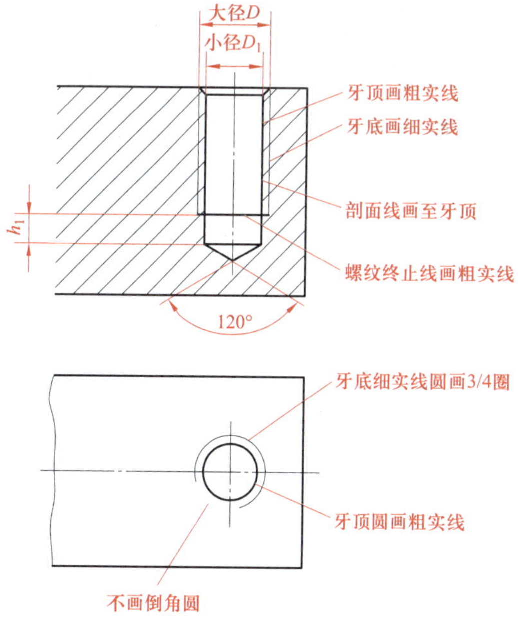

图 7–5　座体上螺孔的画法

面线要画至牙顶粗实线处。

由于钻头端部的锥度为 118°，所以钻孔底部锥角画成 120°。用丝锥加工不通螺孔时，其底部加工不出有效螺纹，因此光孔的深度比螺纹部分的尺寸要大些，绘图时一般取 $h_1=D_1/2$。

三、绘制螺纹连接图

内、外螺纹连接图常以剖视图来表达，如图 7-6 所示。画图时，内、外螺纹的旋合部分应按外螺纹的画法绘制，其余部分仍按各自的画法表示，倒角、圆角等工艺结构可以省略不画。应注意，内、外螺纹的牙顶线和牙底线要分别对齐。

一般情况下，螺杆旋入螺孔后，螺孔要留有一定的余量，绘图时一般取 $h_2=D_1/2$。

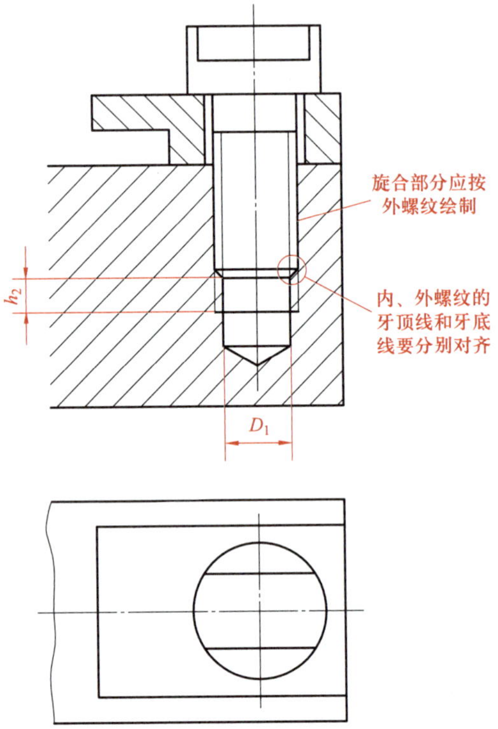

图 7-6　螺纹连接的画法

【知识拓展】

一、几种常见螺纹的画法

1. 外螺纹在剖视图中的画法

在外螺纹的剖视图（或断面图）中，剖面线应画到粗实线，螺纹终止线只画牙顶线与牙底线之间的部分，如图 7-7 所示。

2. 螺纹连接在投影为圆的剖视图中的画法

在螺纹连接投影为圆的剖视图中，内、外螺纹的旋合部分也应按外螺纹的画法绘制，如图 7-8 所示。

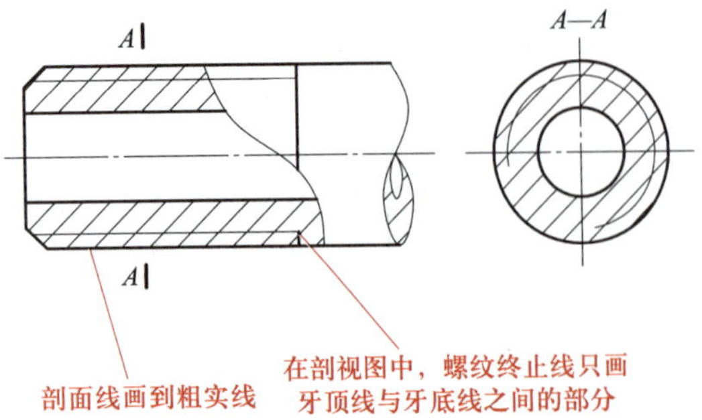

图 7-7　外螺纹在剖视图中的画法

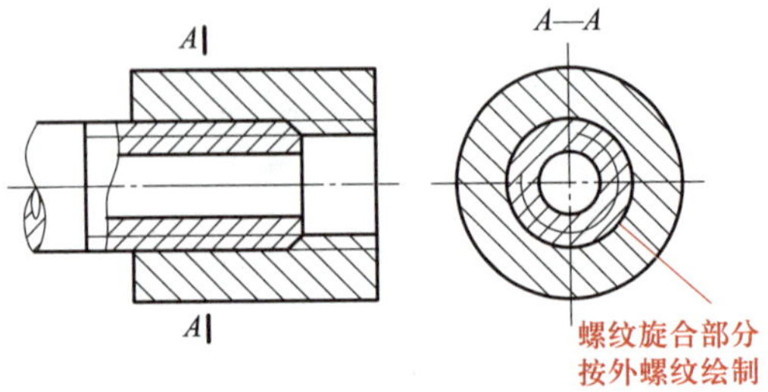

图 7-8　螺纹旋合部分的画法

3. 圆锥螺纹的画法

圆锥外螺纹的画法如图 7-9a 所示，圆锥内螺纹的画法如图 7-9b 所示。其共同的特点是，在垂直于螺纹轴线的视图中，只画出可见端的牙底圆，另一端的牙底圆不画。

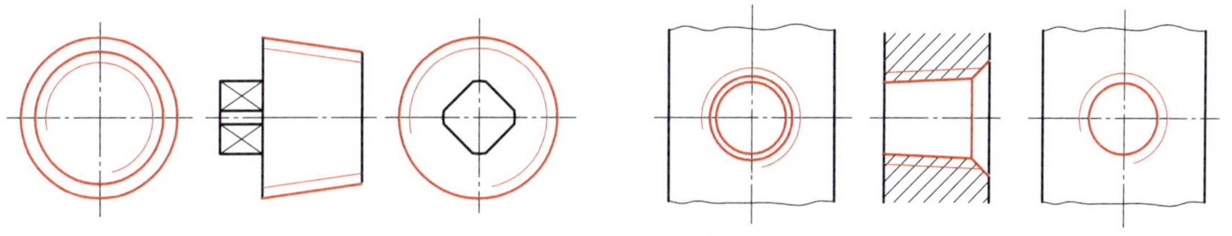

a)　　b)

图 7-9　圆锥螺纹的画法
a）圆锥外螺纹　b）圆锥内螺纹

二、螺纹标记在图样上的标注

1. 公称直径以 mm 为单位的螺纹，其标记应直接标注在螺纹大径的尺寸线上或其引出线上，如图 7-10 所示。

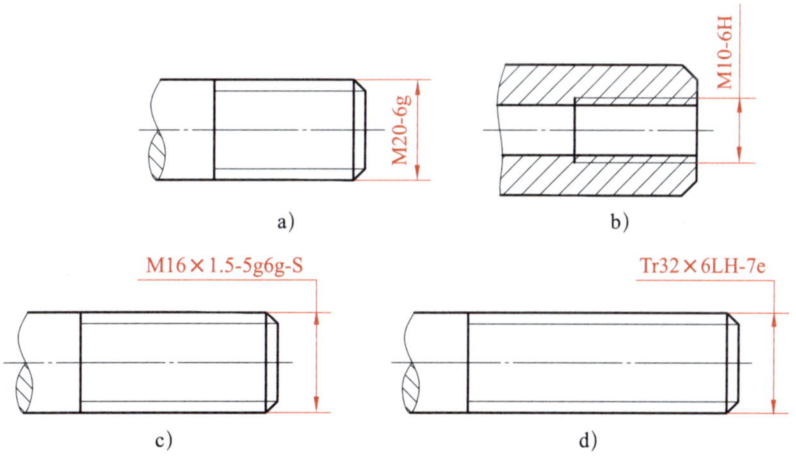

图 7-10　普通螺纹和梯形螺纹标记在图样上的标注
a）、b）、c）普通螺纹　d）梯形螺纹

2. 管螺纹的标记一律标注在引出线上，引出线应由螺纹大径处引出或由对称中心处引出，如图 7-11 所示。

3. 螺纹副标记的标注方法与螺纹标记的标注方法相同，如图 7-12 所示。

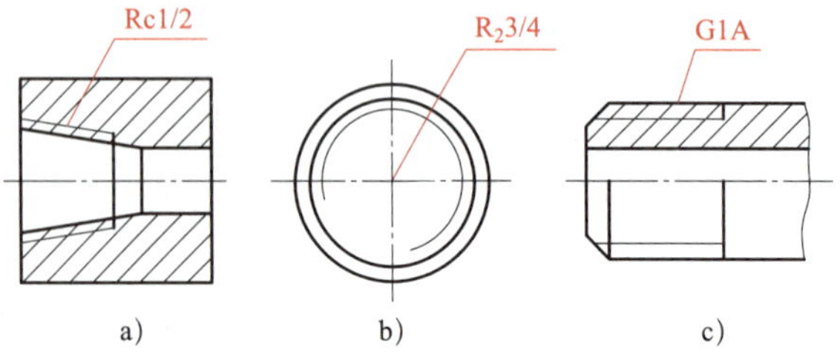

图 7-11　管螺纹标记在图样上的标注

a）、b）圆锥管螺纹　c）圆柱管螺纹

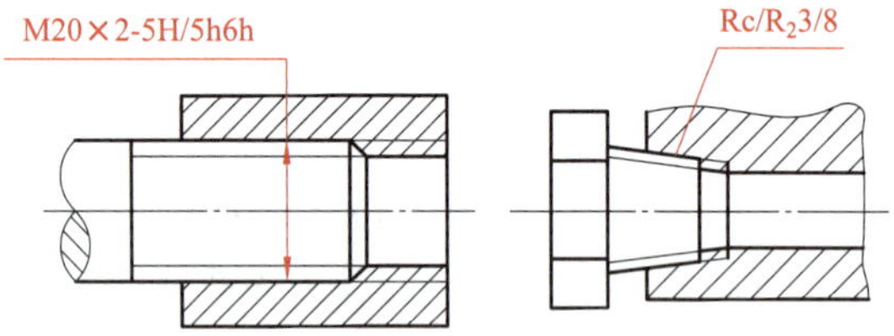

图 7-12　螺纹副标记的标注

任务二　绘制螺栓连接图

【学习目标】

1. 掌握螺纹紧固件的比例画法。
2. 了解螺纹紧固件的标记。
3. 掌握螺栓连接图的画法，了解螺纹紧固件的简化画法。

【任务描述】

图 7-13 所示为用螺栓、螺母和垫圈连接两块连接板，上、下两块连接板的尺寸如图 7-14 所示，试选用合适的螺栓、螺母和垫圈，并绘制其螺栓连接图。

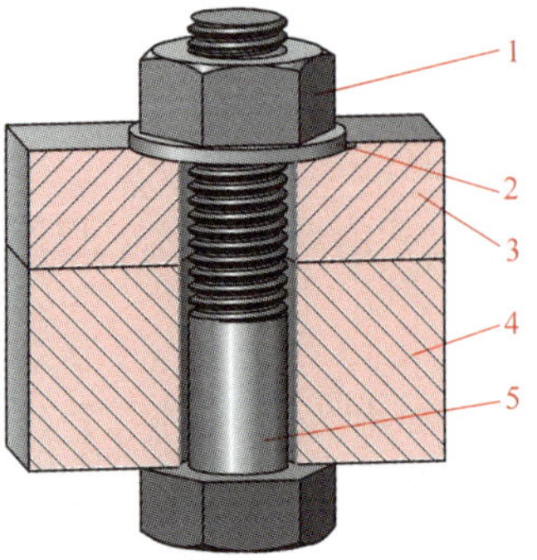

图 7-13　螺栓连接示意图

1—螺母　2—垫圈　3—上连接板

4—下连接板　5—螺栓

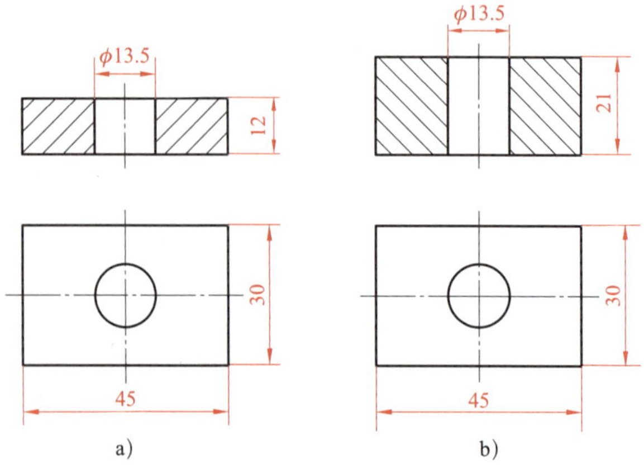

图 7-14　螺栓连接的连接板的尺寸

a）上连接板　b）下连接板

【相关知识】

一、螺纹紧固件的比例画法

在装配图中绘制螺纹连接件的视图时，为了作图简便和提高效率，通常采用比例画法。比例画法是指当螺纹大径选定后，除螺栓、螺钉、双头螺柱等紧固件的有效长度要根据被紧固件的情况确定外，紧固件的其他各部位的尺寸都按照螺纹大径 d（或 D）的一定比例作图的方法。常用的螺纹紧固件有螺栓、螺母、双头螺柱、螺钉和垫圈等，其结构和比例画法见表 7-1。

表 7-1　常用螺纹紧固件的结构和比例画法

名称	结构	视图及画图比例
六角头螺栓	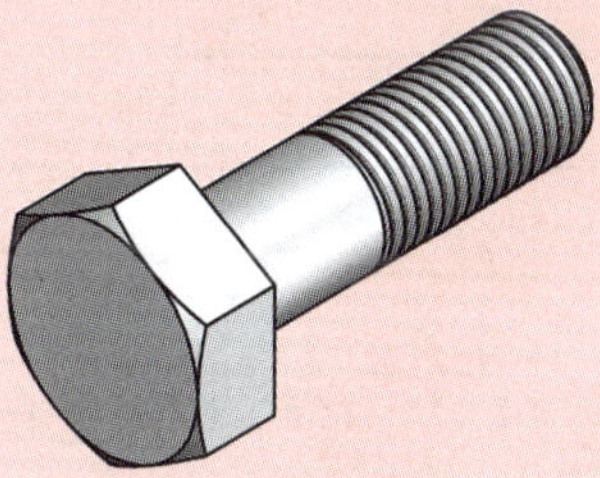	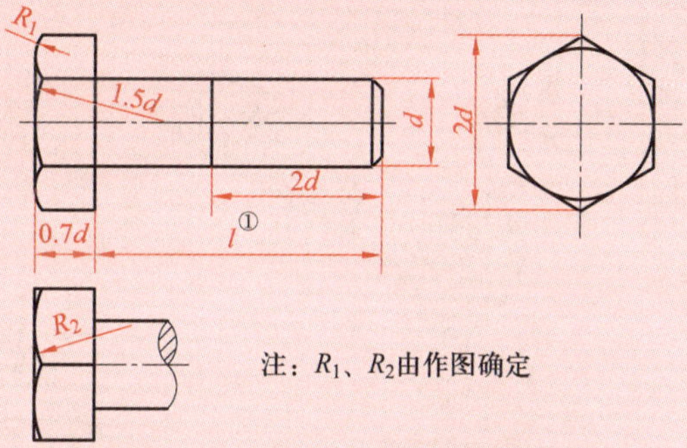 注：R_1、R_2由作图确定
双头螺柱	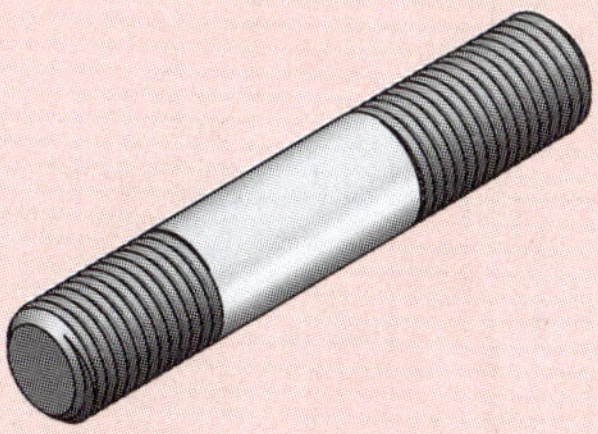	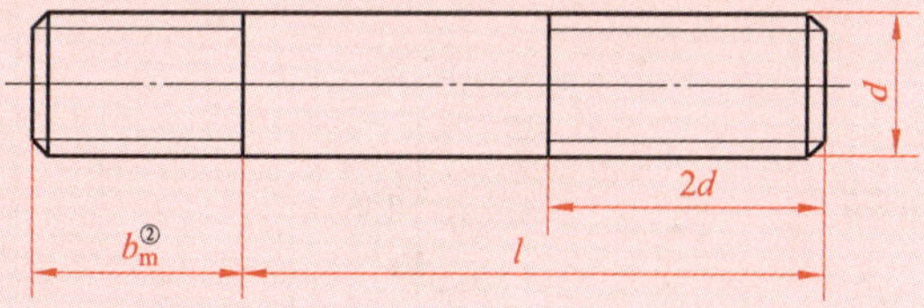
开槽圆柱头螺钉	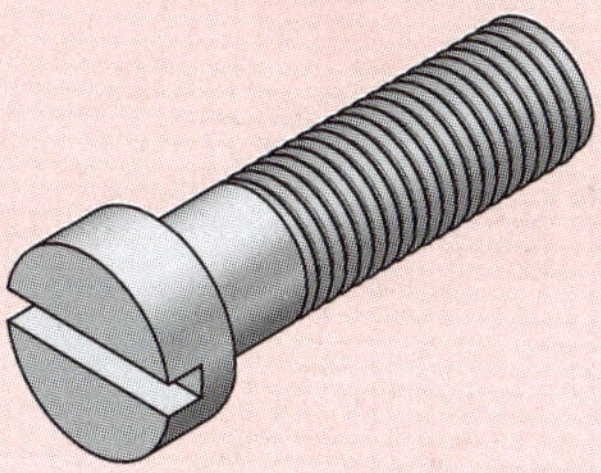	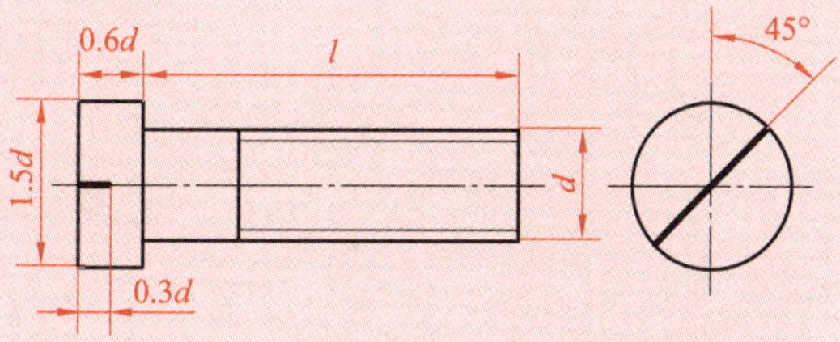 注：表示槽的图线宽度可以等于两倍的粗实线宽度，也可以等于粗实线宽度

续表

名称	结构	视图及画图比例
十字槽 沉头 螺钉	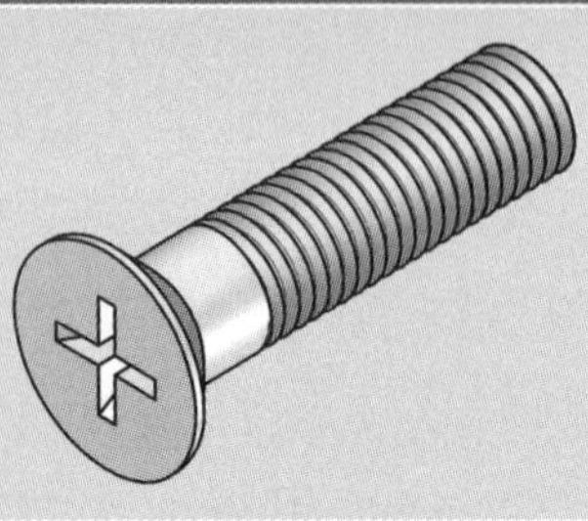	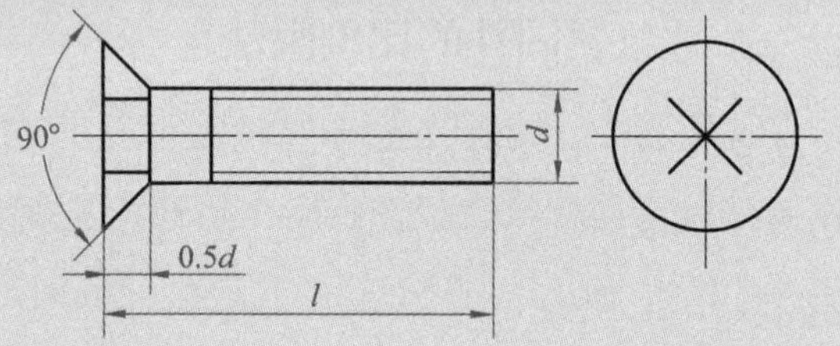
内六角 圆柱头 螺钉	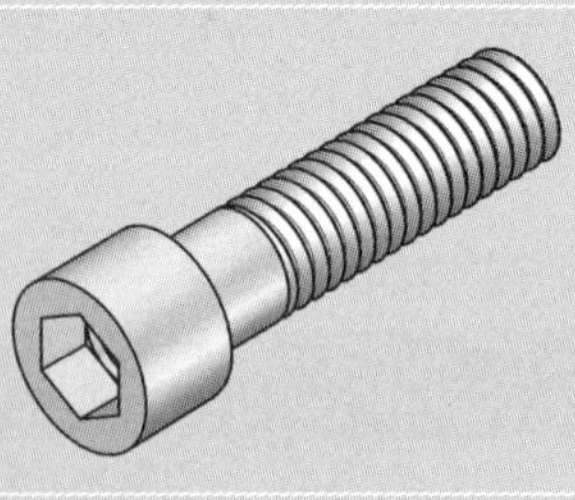	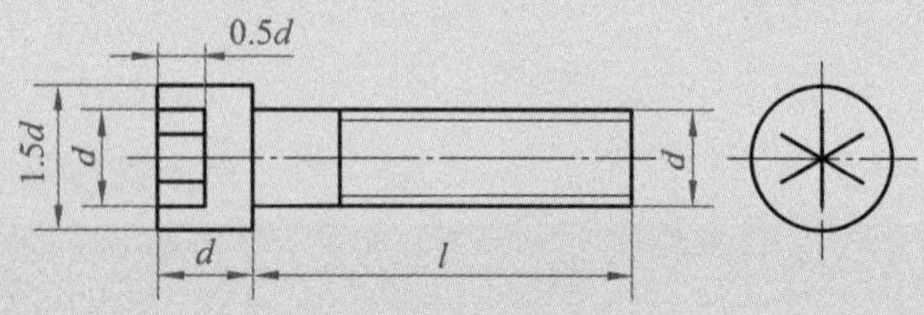
开槽 沉头 螺钉	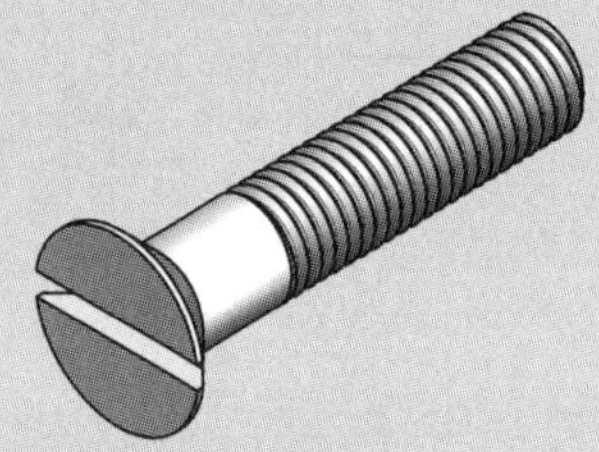	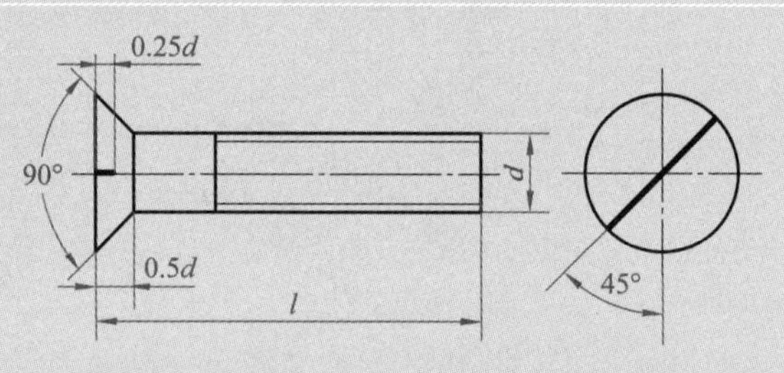注：表示槽的图线宽度可以等于两倍的粗实线宽度，也可以等于粗实线宽度
六角 螺母	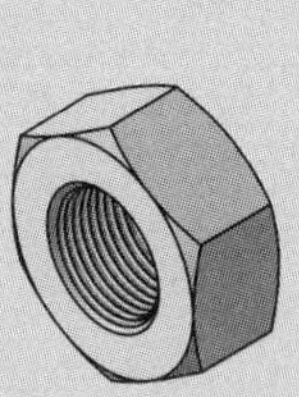	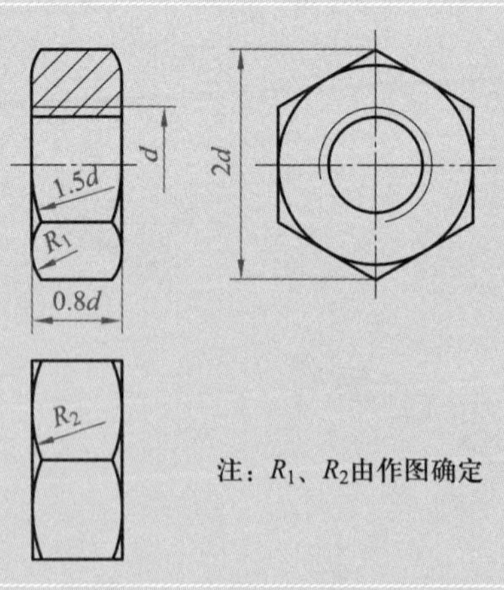注：R_1、R_2由作图确定
平垫圈	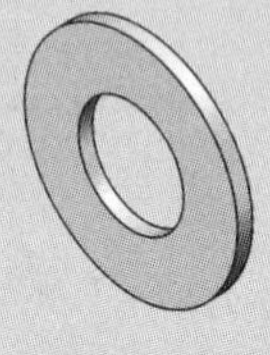	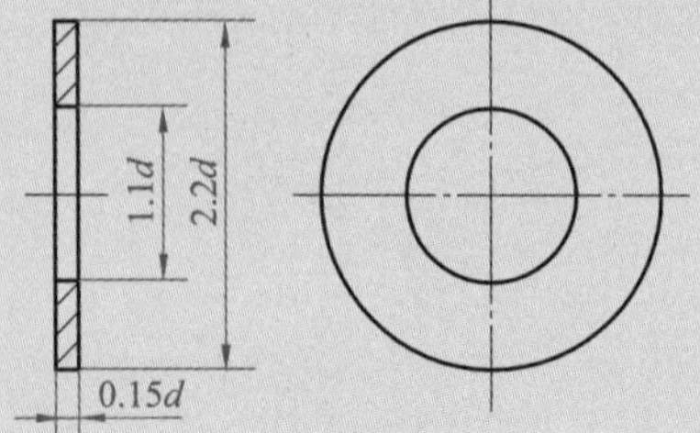

续表

名称	结构	视图及画图比例
弹簧垫圈		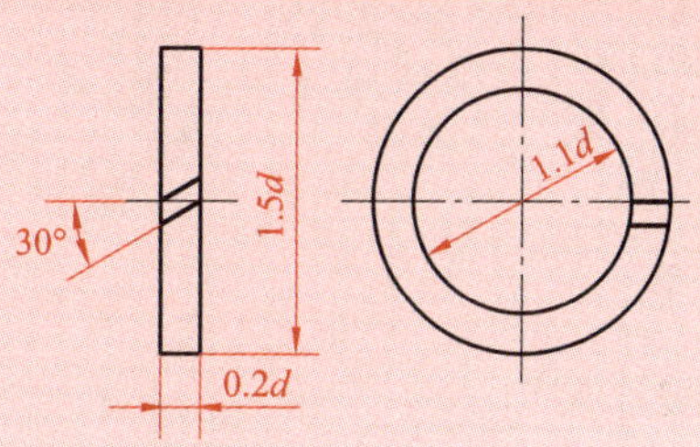

注：① l 为螺栓、双头螺柱、螺钉的公称长度，可通过查阅相关手册获得。

② b_m 为双头螺柱旋入机体一端的长度。

二、螺纹紧固件的标记

螺纹紧固件的简化标记一般由“名称　标准号　螺纹规格或公称尺寸 × 公称长度（必要时）”组成。根据螺纹紧固件的标记可以查阅相关国家标准获得其类别、尺寸、公差、材料及表面处理要求等。

“螺栓　GB/T 5780　M10×40”表示：六角头螺栓，产品等级为 C 级，规格尺寸（螺纹大径 d）为 10 mm，公称长度（螺杆长度）l 为 40 mm，表面不经处理。

“螺母　GB/T 41　M10”表示：1 型六角螺母，产品等级为 C 级，规格尺寸（螺纹大径 D）为 10 mm，表面不经处理。

“垫圈　GB/T 95　10”表示：平垫圈，公称尺寸为 10 mm，产品等级为 C 级，表面不经处理。查阅 GB/T 95—2002 可知，垫圈的内径 d_1=11 mm。

【任务实施】

一、选择螺纹连接件

本任务涉及的螺纹连接件主要有螺栓、螺母和垫圈等。螺栓可以选择 C 级六角头螺栓（GB/T 5780—2016），螺母选择 C 级 1 型六角螺母（GB/T 41—2016）、垫圈选择 C 级平垫圈（GB/T 95—2002）。

螺栓连接时，首先将螺栓的螺杆穿过被连接件的通孔，然后在螺杆上套上垫圈，拧紧螺母。为了便于装配，机件上通孔的直径比螺纹大径大一些。在本任务中，根据被连接件上孔的直径，查阅 GB/T 5780—2016，选择螺栓规格尺寸为 M12，同时选择相同规格的螺母和垫圈。

二、绘制螺栓连接图

绘制螺栓连接图的步骤见表 7-2。

表 7-2　绘制螺栓连接图的步骤

步骤	图示	画法与规定
1. 画被连接零件的视图	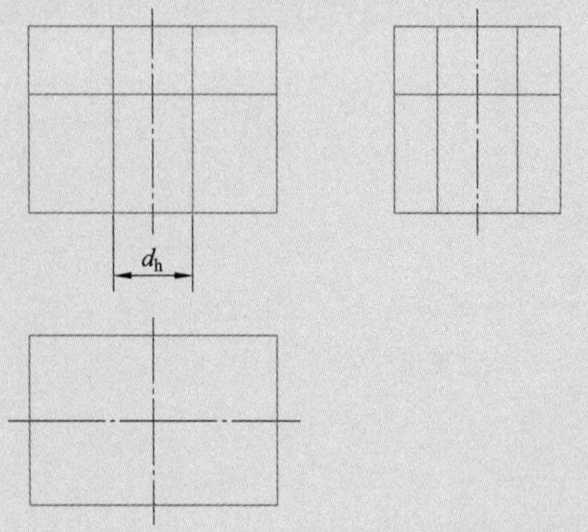	两个零件接触表面只画一条粗实线，不得将轮廓线特意加粗，一般取 $d_h \approx 1.1d$（d 为螺杆的螺纹大径） 在俯视图上，因孔被螺母遮挡，故孔的轮廓圆可以不画
2. 在主视图、左视图上画螺栓的头部	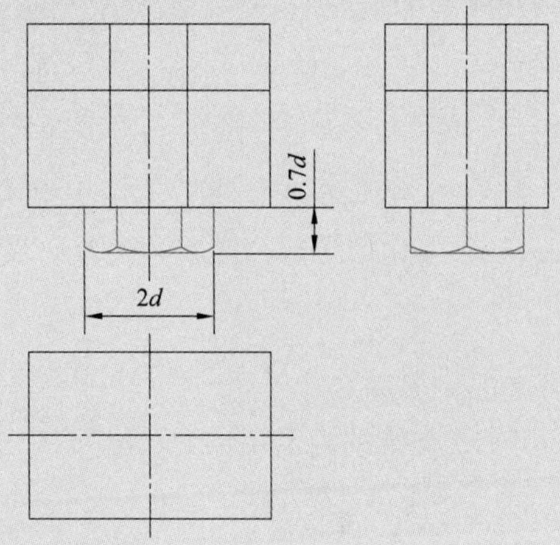	
3. 在三个视图上画垫圈的投影	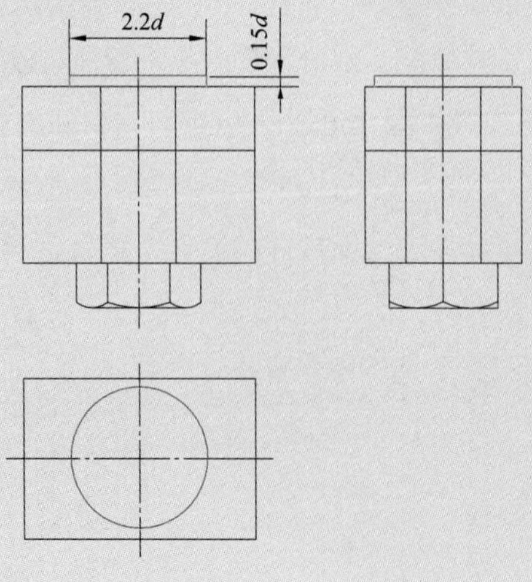	国家标准规定，标准件纵向剖切时按未剖切绘制。如图所示，垫圈在主视图、左视图上按未剖切绘制。在俯视图上，垫圈内孔的投影被螺母遮挡，故不用绘制

续表

步骤	图示	画法与规定
4. 在三个视图上画螺母的投影	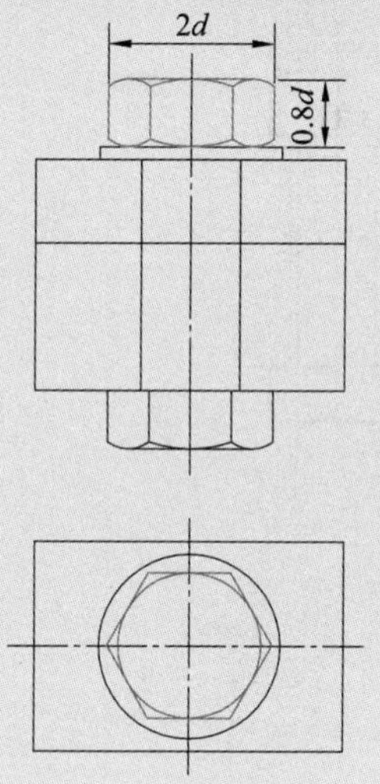	同样，螺母在主视图、左视图上按未剖切绘制。在俯视图上，螺母内螺纹的投影被螺杆遮挡，故不用绘制
5. 在三个视图上绘制螺栓上螺杆部分的投影	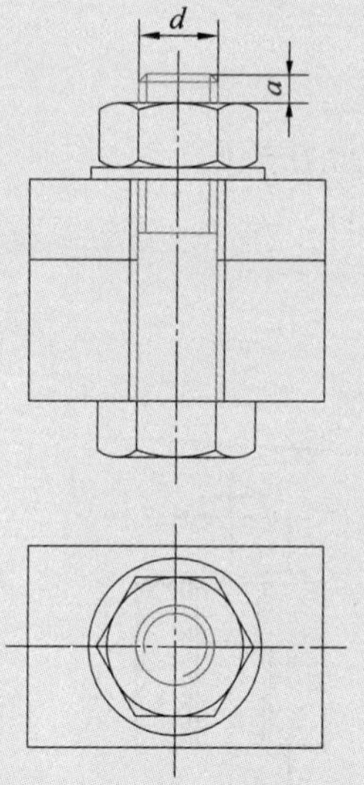	（1）取螺杆伸出螺母部分的高度 a=0.3d （2）凡不接触的表面，不论间隙多小，在图上应画出两条轮廓线，且最小间隙不小于 0.7 mm （3）通孔内的螺杆上应画出牙底线和螺纹终止线，表示拧紧螺母时有足够的螺纹长度
6. 画剖面线	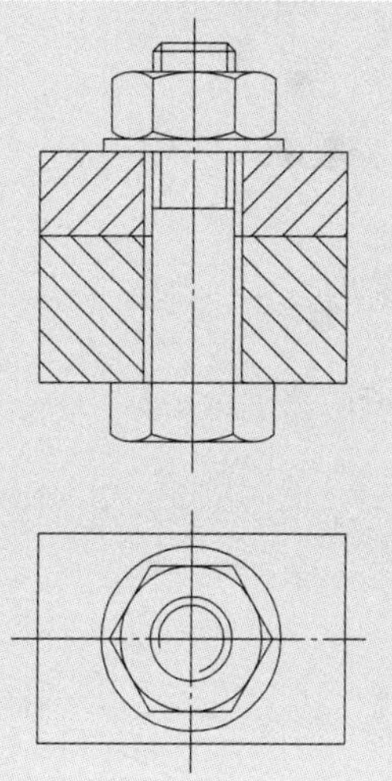	在装配图中，同一个零件在各剖视图中的剖面线的倾斜方向和间隔应相同，相邻两零件的剖面线方向应相反

续表

步骤	图示	画法与规定
7. 校核，按线型描深图线	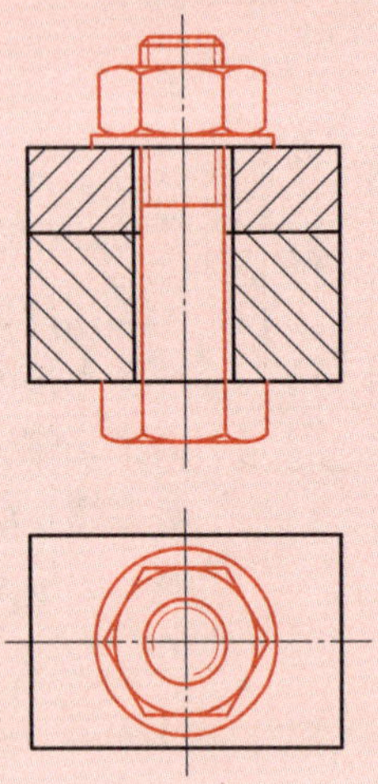	螺栓、螺母和垫圈等只绘制外形图

【知识拓展】

螺纹紧固件的简化画法规则

1. 在装配图中，当剖切平面通过螺杆的轴线时，螺柱、螺栓、螺钉、螺母及垫圈等均按未剖切绘制。

2. 螺纹紧固件的工艺结构如倒角、退刀槽、缩颈、凸肩等均可省略不画，如图 7-15 所示。

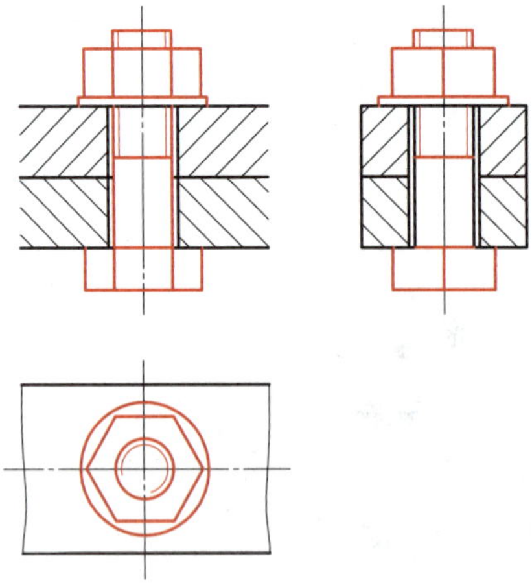

图 7-15　螺栓连接的简化画法

任务三　绘制螺钉连接图

【学习目标】

掌握螺钉连接图的画法。

【任务描述】

螺钉可将一较薄的零件连接到一较厚的零件上。如图 7-16 所示，上板较薄，其上加工通孔；下板较厚，其上加工不通螺孔。用螺钉连接时，为了保证连接牢固，螺钉上的螺纹要高出螺孔，并且螺孔中也不能全部旋入螺杆。两块连接板的尺寸如图 7-17 所示，试选择合适规格的开槽圆柱头螺钉，用 2∶1 的比例绘制其连接图。

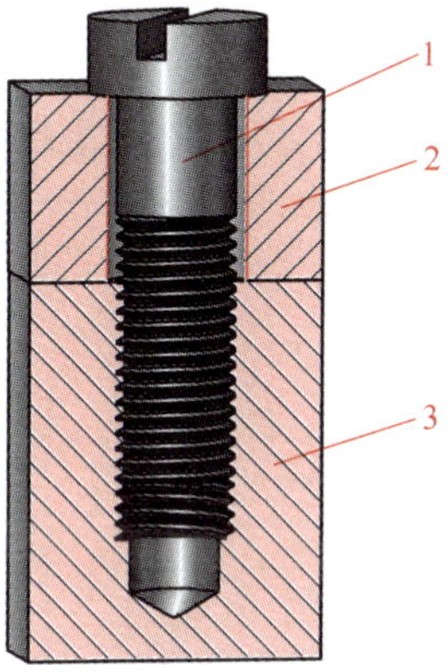

图 7-16　开槽圆柱头螺钉连接示意图
1—开槽圆柱头螺钉　2—上连接板　3—下连接板

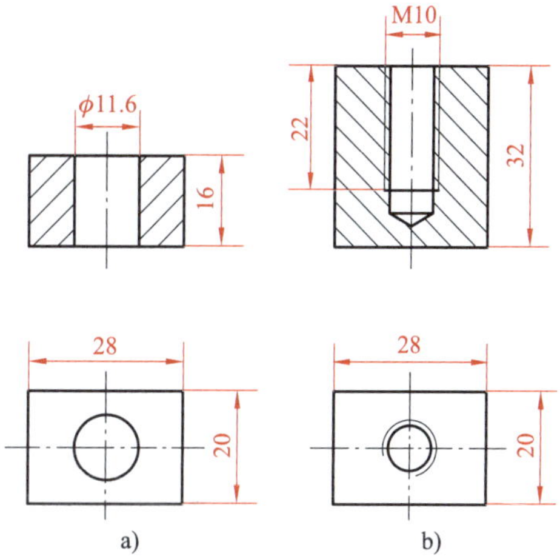

图 7-17　螺钉连接的连接板的尺寸
a）上连接板　b）下连接板

【任务实施】

图 7-16 所示开槽圆柱头螺钉的螺钉头是在圆柱体上开槽，螺杆下部的螺纹与下连接板上的螺孔旋合。根据连接板的尺寸，选用 M10 的开槽圆柱头螺钉（GB/T 65—2016）。绘制螺钉连接图的步骤见表 7-3，绘图时注意采用 2∶1 的比例。

表 7-3　绘制螺钉连接图的步骤

步骤	图示	画法与规定
1. 画两个被连接件的视图	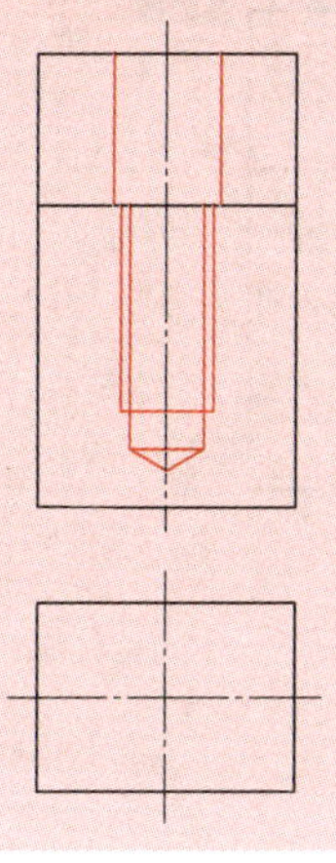	将主视图绘制成剖视图，俯视图和左视图绘制成外形图。在俯视图上，上连接板的通孔和下连接板的螺孔在最后会被螺钉头遮挡，故省略不画

续表

步骤	图示	画法与规定
2. 绘制螺钉的螺杆部分在主视图上的投影	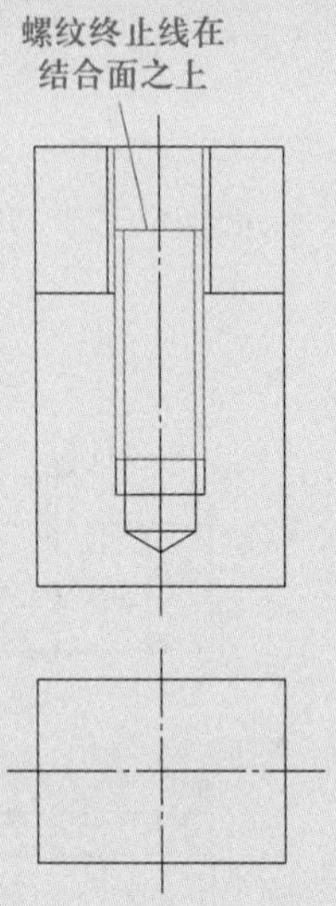	（1）内、外螺纹旋合部分按外螺纹绘制 （2）螺钉的螺纹终止线在两被连接件的结合面之上 （3）内、外螺纹牙顶线和牙底线要分别对齐
3. 绘制螺钉头在三视图上的投影	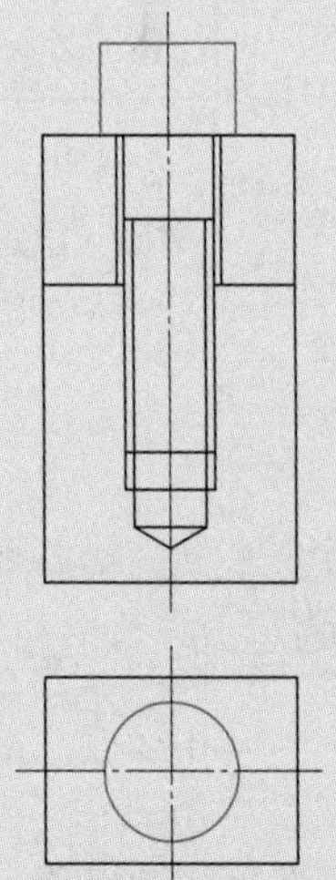	
4. 绘制螺钉的一字槽 5. 画剖面线 6. 检查并校核，按线型描深图线	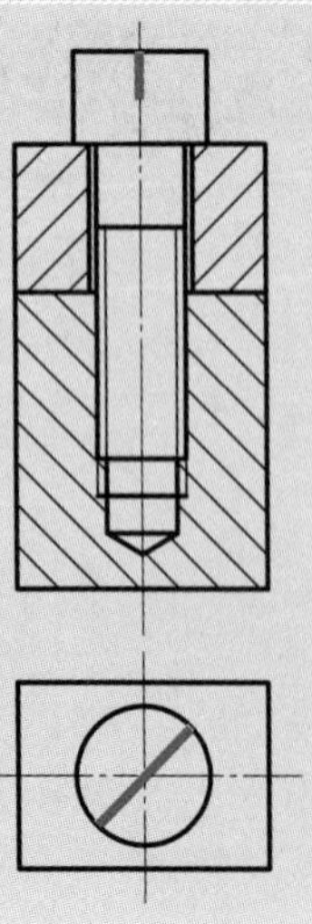	（1）螺钉一字槽在主视图、左视图上的画法相同 （2）螺钉一字槽的水平投影与水平方向成 45°夹角

【知识拓展】

一、开槽沉头螺钉和内六角圆柱头螺钉连接图的画法

开槽沉头螺钉连接图的画法如图 7-18a 所示，内六角圆柱头螺钉连接图的画法如图 7-18b 所示。

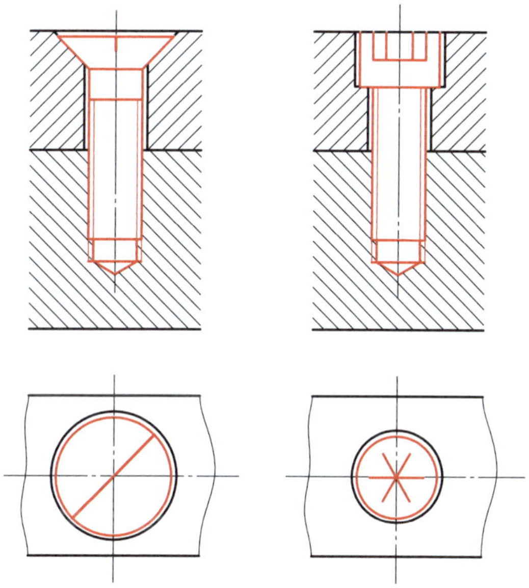

a) b)

图 7-18 螺钉连接的画法

a）开槽沉头螺钉连接图 b）内六角圆柱头螺钉连接图

二、不通螺孔的简化画法

在装配图中，不通螺孔可不画出钻孔深度，仅按有效螺纹部分的深度（不包括螺尾）画出，如图 7-18 所示。

任务四 绘制双头螺柱连接图

【学习目标】

1. 了解双头螺柱的类型。
2. 掌握双头螺柱连接图的画法。

【任务描述】

当被连接的两零件之一较厚，或不允许钻成通孔而难用螺栓连接时，或因拆装频繁，为保护箱体上的螺纹不宜采用螺钉连接时，可采用双头螺柱连接。双头螺柱连接如

图 7-19 所示，在连接中采用弹簧垫圈，可以起到一定的防松作用。两块连接板的尺寸如图 7-20 所示，要求双头螺柱旋入螺孔端的螺纹长度 b_m=1.5d（d 为螺纹的公称直径），试选用合适规格的双头螺柱、螺母和弹簧垫圈，绘制其连接图。

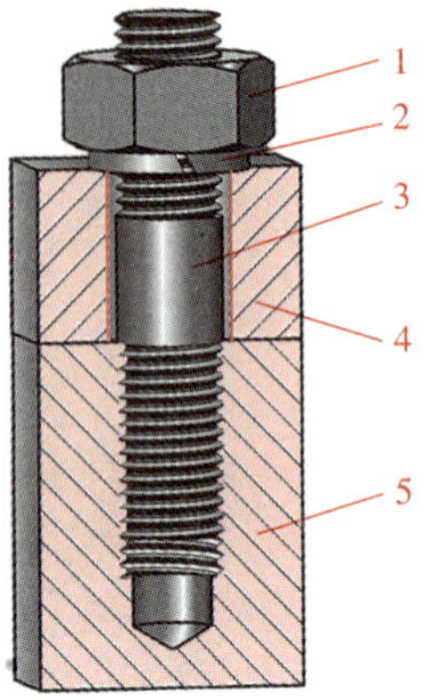

图 7-19 双头螺柱连接
1—螺母 2—弹簧垫圈 3—双头螺柱
4—上连接板 5—下连接板

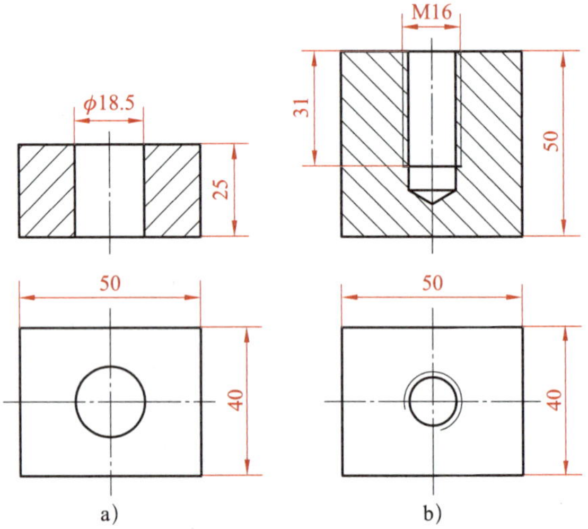

图 7-20 双头螺柱连接的连接板的尺寸
a）上连接板 b）下连接板

【相关知识】

双头螺柱的类型

双头螺柱在圆柱体的两端制有螺纹，使用时，其一端（旋入端）旋入机体上的螺孔内，另一端（旋螺母端）旋螺母。根据双头螺柱的细部结构，可将其分为 A 型和 B 型两种，如图 7-21 所示。双头螺柱旋入端的长度 b_m 有四种，对应的国家标准分别是 GB/T 897—1988（b_m=1d）、GB/T 898—1988（b_m=1.25d）、GB/T 899—1988（b_m=1.5d）和 GB/T 900—1988（b_m=2d）。根据被旋入零件的材料不同，双头螺柱旋入端采用不同的长度，钢对钢一般用 b_m=d，钢对铸铁一般用 b_m=（1.25 ~ 1.5）d，钢对铝合金一般用 b_m=2d。

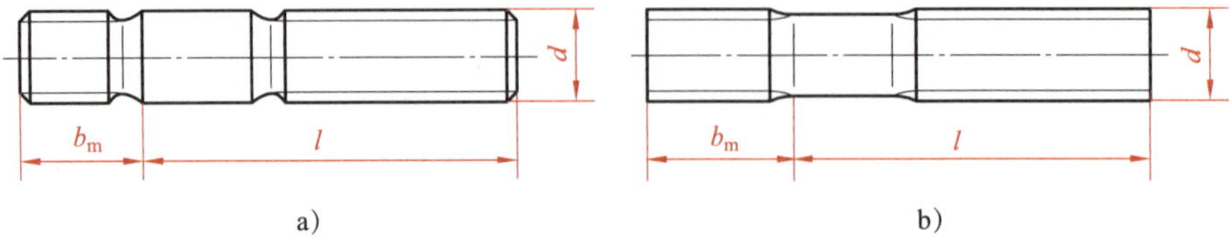

图 7-21 双头螺柱的类型
a）A 型双头螺柱 b）B 型双头螺柱

【任务实施】

图 7-19 所示的双头螺柱连接的上半部分与螺栓连接相同，下半部分是螺杆与螺孔的连接，它与螺钉连接的不同是双头螺柱的下端螺纹全部旋入下板的螺孔中。根据下板螺孔尺寸选用 M16 的双头螺柱、M16 的六角螺母（GB/T 41—2016）和规格尺寸为 16 的弹簧垫圈。绘制双头螺柱连接图的步骤见表 7-4。

表 7-4　绘制双头螺柱连接图的步骤

步骤	图示	画法与规定
1. 画两个被连接件的视图	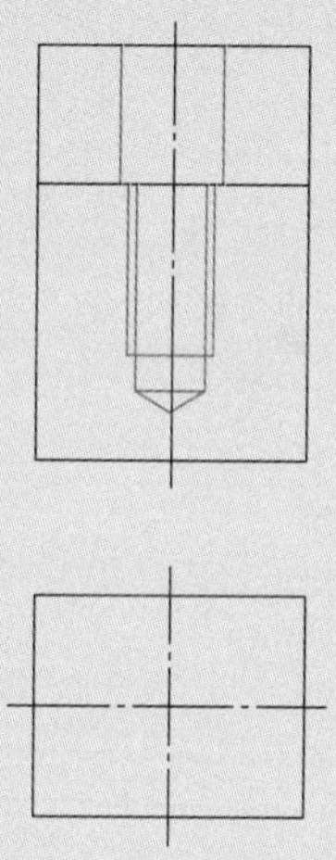	将主视图绘制成剖视图，俯视图、左视图绘制成外形图。在俯视图上，各连接板的通孔和螺孔在最后会被螺母和双头螺柱遮挡，故省略不画
2. 在主视图上绘制双头螺柱	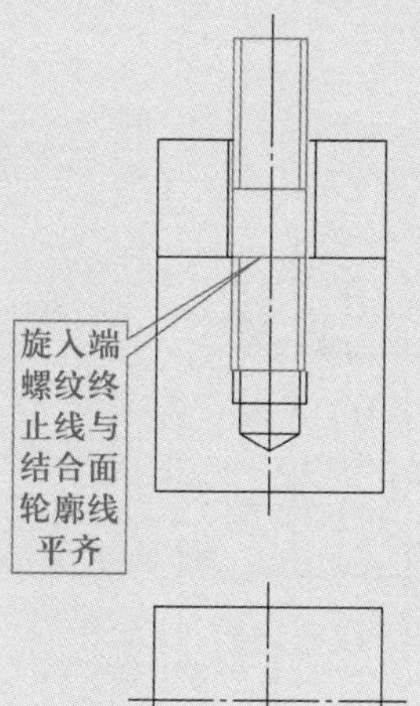	为了保证连接牢固，双头螺柱的旋入端应全部旋入螺孔内，旋入端螺纹终止线应与两连接板结合面的轮廓线平齐

续表

步骤	图示	画法与规定
3. 在主视图上绘制弹簧垫圈和螺母的投影 4. 在俯视图上绘制螺母和双头螺柱的投影	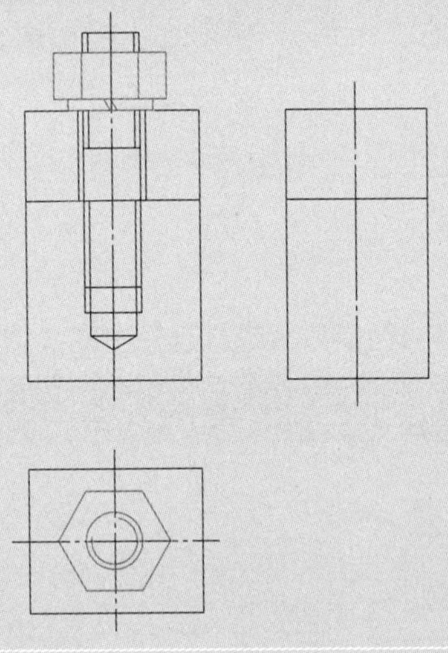	螺母和弹簧垫圈只绘制外形图
5. 绘制弹簧垫圈、螺母和双头螺柱在左视图上的投影	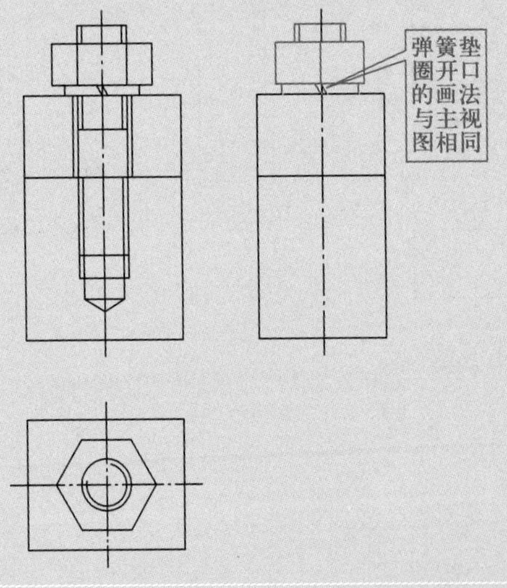	弹簧垫圈开口的画法在主视图、左视图上相同
6. 画剖面线 7. 检查并校核，按线型描深图线	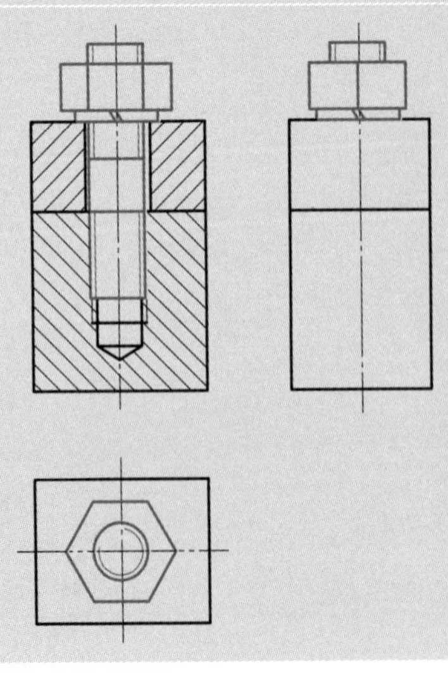	

课题二 绘制齿轮的视图

任务一 绘制直齿圆柱齿轮的视图

【学习目标】

1. 了解直齿圆柱齿轮主要几何要素的名称和尺寸计算方法。
2. 掌握圆柱齿轮及其啮合图的画法。

【任务描述】

圆柱齿轮传动主要用于两平行轴之间的传动，一般分为直齿圆柱齿轮传动、斜齿圆柱齿轮传动、人字齿轮传动、齿轮齿条传动等。已知相互啮合的两个直齿圆柱齿轮的形状如图 7-22 所示，两齿轮的模数 m=2.5 mm，小齿轮的齿数 z_1=18，齿宽 b_1=16 mm；大齿轮的齿数 z_2=35 mm，齿宽 b_2=14 mm。试绘制两个直齿圆柱齿轮的视图和啮合图，齿轮上除轮齿之外其他结构的尺寸可以自行设计。

图 7-22 相互啮合的两个直齿圆柱齿轮的形状

【相关知识】

一、直齿圆柱齿轮主要几何要素的名称

直齿圆柱齿轮主要几何要素的名称及代号如图 7-23 所示，其概念见表 7-5。

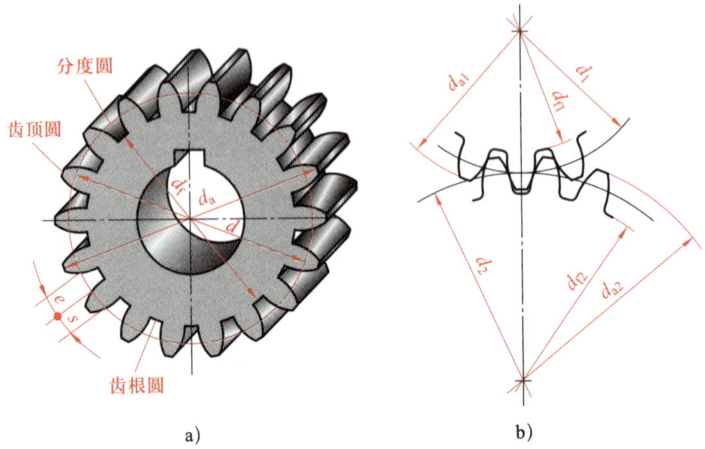

图 7-23　直齿圆柱齿轮主要几何要素的名称及代号
a）单个齿轮　b）齿轮啮合

表 7-5　直齿圆柱齿轮主要几何要素的概念

序号	要素名称	概　　念	代号
1	齿顶圆	过齿轮各轮齿顶部的圆	直径 d_a
2	齿根圆	过齿轮各齿槽底部的圆	直径 d_f
3	齿厚	分度圆上一个轮齿两侧齿廓间的弧长	s
4	齿槽宽	分度圆上齿槽两齿廓间的弧长	e
5	分度圆	计算齿轮各部分尺寸的基准圆，该圆上的齿厚与齿槽宽相等	直径 d
6	齿数	齿轮的轮齿数量	z
7	模数	计算齿轮几何要素的一个重要参数，已标准化，具体可查阅有关标准	m
8	齿宽	齿轮的有齿部位沿分度线方向度量的宽度	b

二、直齿圆柱齿轮主要几何要素的计算公式

直齿圆柱齿轮主要几何要素的计算公式见表 7-6。

表 7-6　直齿圆柱齿轮主要几何要素的计算公式

名称	代号	公式
分度圆直径	d	$d=mz$
齿顶圆直径	d_a	$d_a=m(z+2)$
齿根圆直径	d_f	$d_f=m(z-2.5)$
中心距	a	$a=\frac{1}{2}d_1+\frac{1}{2}d_2=\frac{1}{2}m(z_1+z_2)$

【任务实施】

直齿圆柱齿轮的齿形一般为渐开线，为了简化作图，一般情况下在视图上不需绘制齿轮轮齿的详细结构，而是用国家标准规定的表示方法绘图。

一、绘制小齿轮

1. 尺寸计算

根据小齿轮的模数 2.5 mm、齿数 18，可计算小齿轮各部分的尺寸。

分度圆直径：$d_1=mz_1$=2.5 mm × 18=45 mm

齿顶圆直径：$d_{a1}=m(z_1+2)$=2.5 mm ×（18+2）=50 mm

齿根圆直径：$d_{f1}=m(z_1-2.5)$=2.5 mm ×（18−2.5）=38.75 mm

2. 绘制小齿轮的视图

绘制小齿轮视图的步骤见表 7-7。

表 7-7 绘制小齿轮视图的步骤

步骤	图示	说明
1. 画齿轮中心线、定位线 2. 画分度圆、分度线	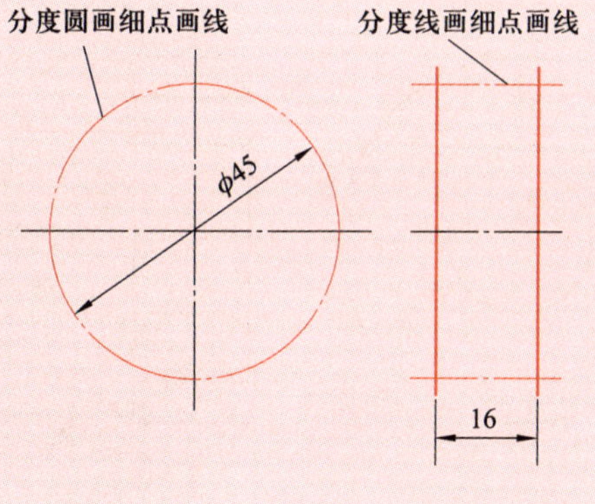	国家标准规定，分度圆和分度线用细点画线绘制
3. 画齿顶圆、齿顶线	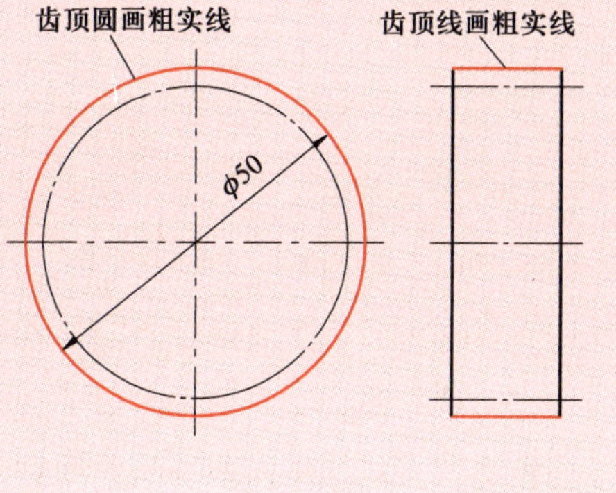	国家标准规定，齿顶圆和齿顶线用粗实线绘制

续表

步骤	图示	说明
4. 画齿根圆、齿根线	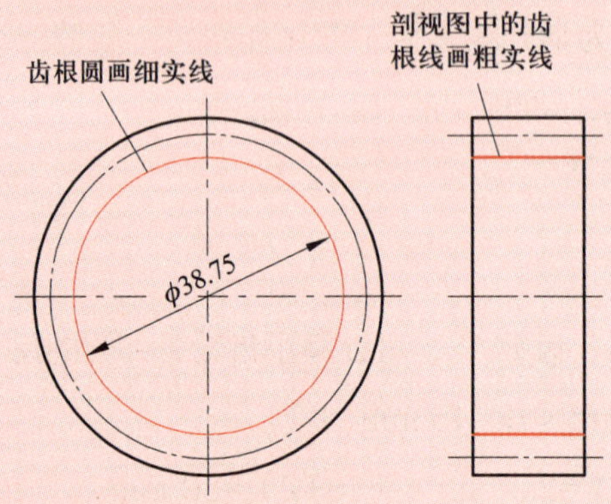	国家标准规定，在外形图中的齿根圆和齿根线用细实线绘制，也可省略不画。在剖视图中的齿根线用粗实线绘制
5. 画孔、键槽等	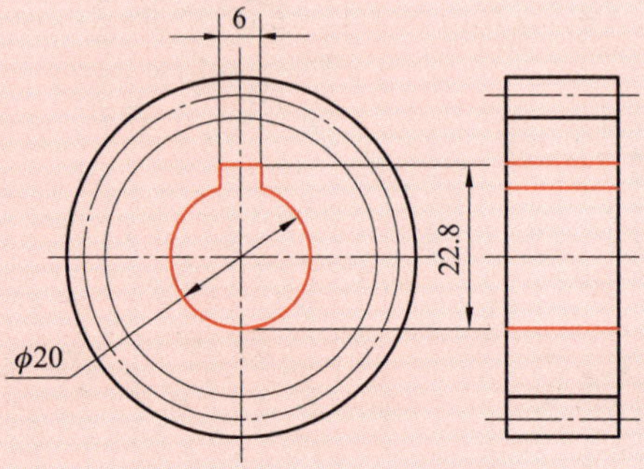	孔的尺寸根据图 7-22 自行确定，键槽的尺寸可查阅 GB/T 1095—2003
6. 校核，绘制剖面线，按线型描深图线	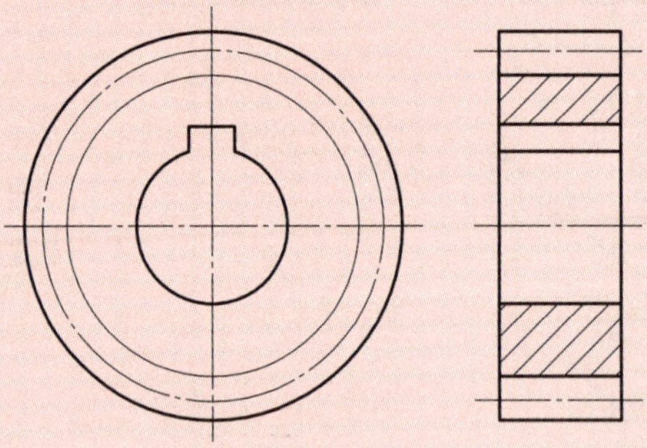	在剖视图中，当剖切平面通过齿轮的轴线时，轮齿一律按不剖处理

二、绘制大齿轮

1. 尺寸计算

根据大齿轮的模数 2.5 mm、齿数 35，可计算大齿轮各部分的尺寸。

分度圆直径：$d_2=mz_2$=2.5 mm×35=87.5 mm

齿顶圆直径：$d_{a2}=m(z_2+2)$=2.5 mm×（35+2）=92.5 mm

齿根圆直径：$d_{f2}=m(z_2-2.5)$=2.5 mm×（35-2.5）=81.25 mm

2. 绘制大齿轮的视图

绘制大齿轮视图的步骤与小齿轮类似，只是齿坯部分的结构有所不同，见表 7-8。

表 7-8　绘制大齿轮视图的步骤

步骤	图示	说明
1. 画齿轮中心线、定位线 2. 画轮齿部分	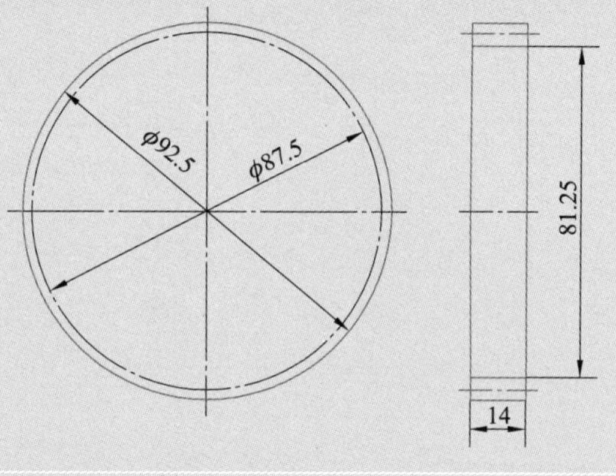	主视图上的齿根圆可省略不画
3. 画轮毂和轮辐等	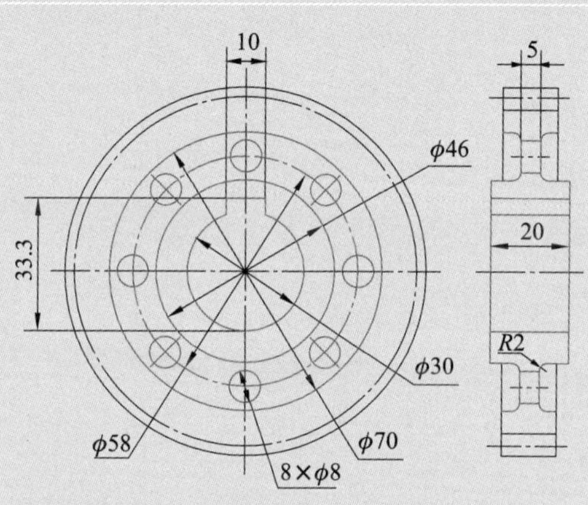	轮毂、轮辐的尺寸根据图 7-22 自行确定，键槽的尺寸可查阅 GB/T 1095—2003
4. 校核，绘制剖面线，按线型描深图线	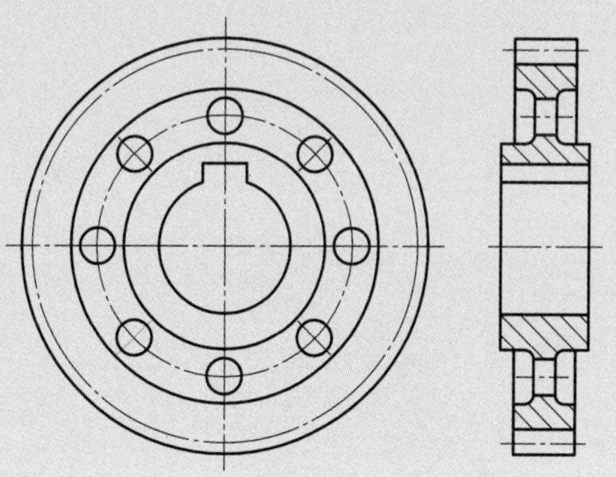	齿顶圆和齿顶线画粗实线，分度圆和分度线画细点画线，左视图中的齿根线画粗实线

三、绘制齿轮啮合图

1. 计算中心距

中心距：$a=\dfrac{1}{2}m(z_1+z_2)=\dfrac{1}{2}\times 2.5\text{ mm}\times(18+35)=66.25\text{ mm}$

2. 绘制视图

绘制两个直齿圆柱齿轮啮合图的步骤见表 7-9。

表 7-9　绘制两个直齿圆柱齿轮啮合图的步骤

步骤	图示
1. 画齿轮中心线、定位线	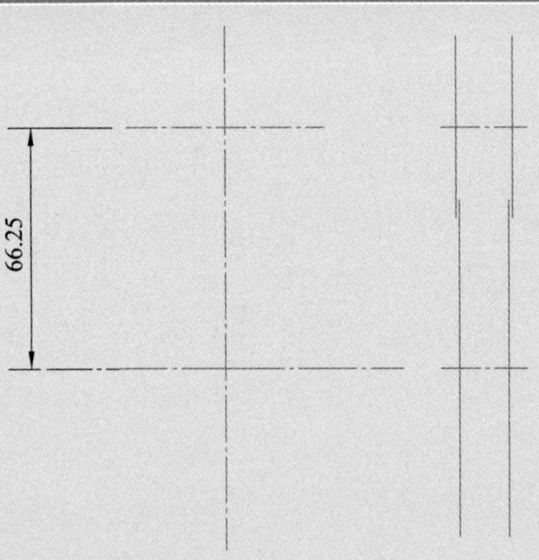
2. 画齿轮的轮齿 在左视图上，将一个齿轮的齿顶用粗实线绘制，另一个齿轮的轮齿被遮挡部分用细虚线绘制，也可省略不画	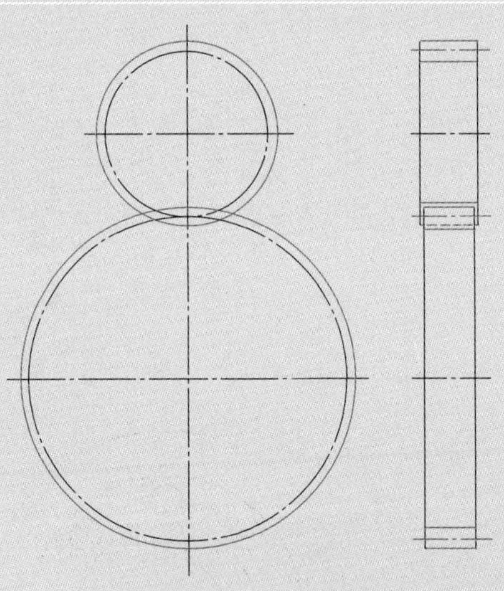
3. 画轮毂、轮辐等	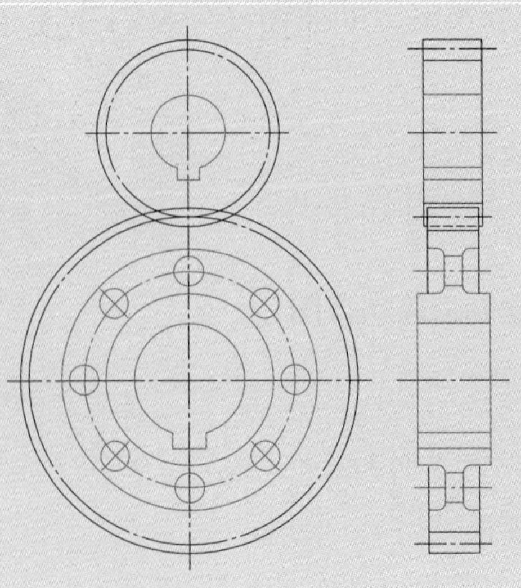

续表

步骤	图示
4. 校核，按线型描深图线，绘制剖面线	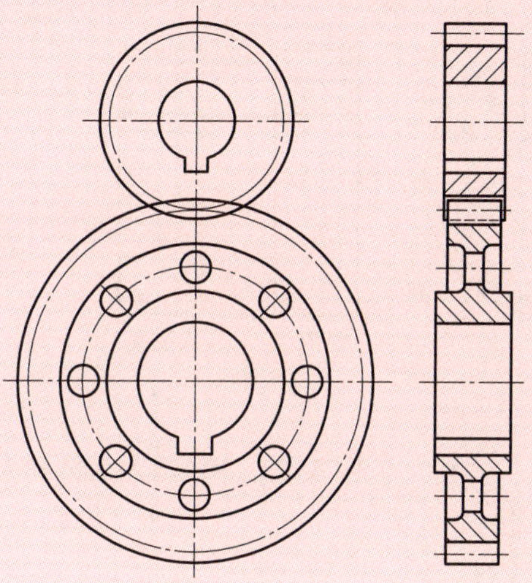

【知识拓展】

一、直齿圆柱齿轮啮合的外形图画法

直齿圆柱齿轮啮合的外形图如图 7-24 所示，在主视图上啮合区内的齿顶圆可以不画，在左视图上重合的分度线用粗实线绘制，大、小齿轮的齿宽按一个尺寸绘制。

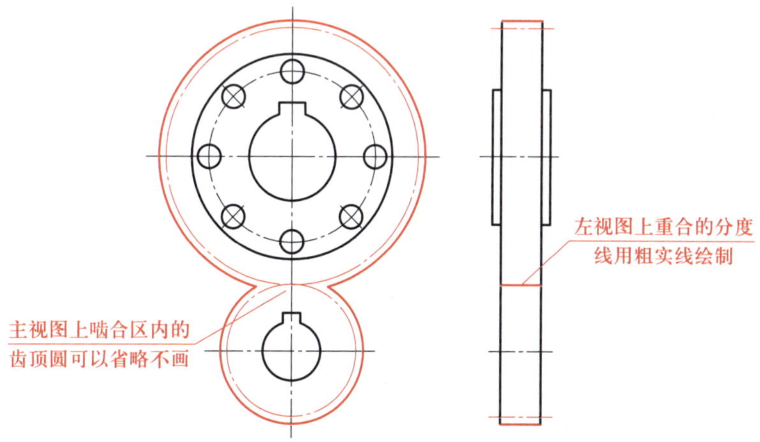

图 7-24　直齿圆柱齿轮啮合的外形图

二、斜齿圆柱齿轮和人字齿圆柱齿轮的画法

斜齿圆柱齿轮和人字齿圆柱齿轮的画法与直齿圆柱齿轮基本相同，当需要表达齿轮的轮齿方向时，可在未剖处用三条平行的细实线表示轮齿的方向，如图 7-25 所示。

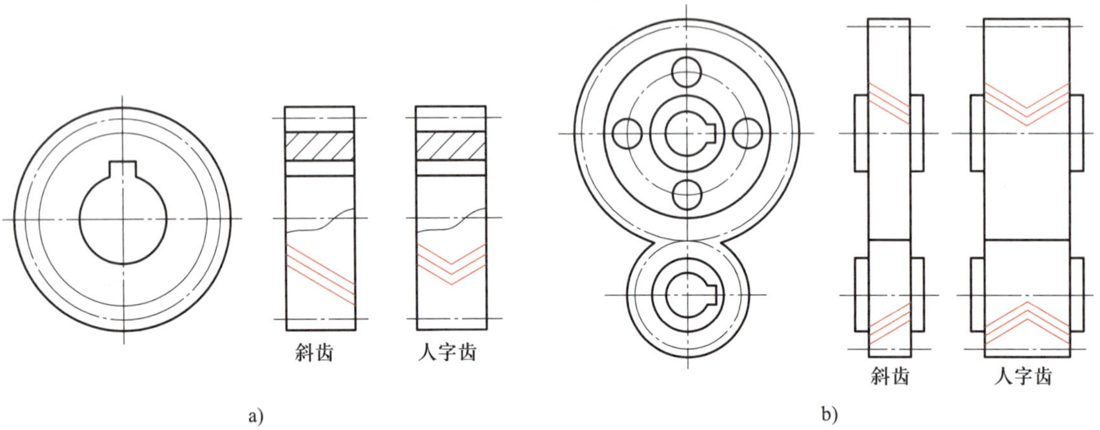

图 7-25　斜齿圆柱齿轮和人字齿圆柱齿轮的画法
a）单个齿轮　b）啮合图

任务二　绘制直齿锥齿轮的视图

【学习目标】

1. 了解直齿锥齿轮主要几何要素的名称和尺寸计算方法。
2. 掌握锥齿轮及其啮合图的画法。

【任务描述】

锥齿轮主要用于两相交轴之间的传动。已知轴线正交的两相互啮合的收缩顶隙直齿锥齿轮如图 7-26 所示，模数 m=2 mm，齿宽 b=16 mm，小直齿锥齿轮的齿数 z_1=25，大直齿锥齿轮的齿数 z_2=43。试绘制其视图及啮合图。

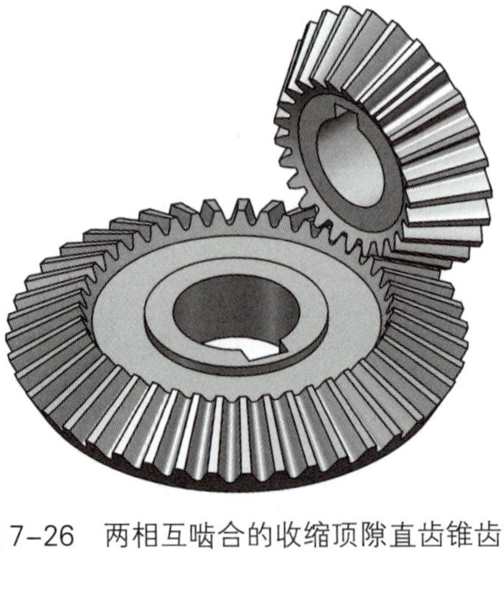

图 7-26　两相互啮合的收缩顶隙直齿锥齿轮

【相关知识】

一、直齿锥齿轮的结构

锥齿轮的齿形是在圆锥体上形成的，所以锥齿轮一端大、另一端小，它的齿高是逐渐变化的，因此其分度线、齿顶线和齿根线是倾斜的。锥齿轮分为收缩顶隙锥齿轮和等顶隙锥齿轮两种，收缩顶隙锥齿轮的顶锥、根锥和分度圆锥面具有同一顶点；等顶隙锥齿轮的分度圆锥面和根锥共有同一锥顶，而顶锥的母线平行于配对锥齿轮的根锥母线。其中，收缩顶隙直齿锥齿轮最常用。图 7-27 所示为收缩顶隙直齿锥齿轮，其主要结构要素的名称及含义见表 7-10。

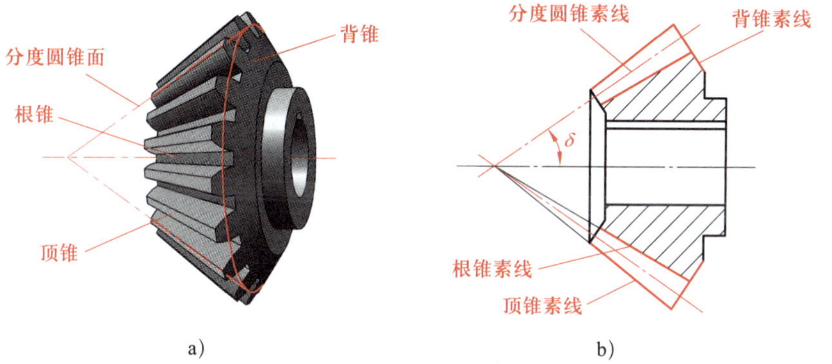

图 7-27　收缩顶隙直齿锥齿轮的结构
a）立体图　b）剖视图

表 7-10　收缩顶隙直齿锥齿轮主要结构要素的名称及含义

名称	含义
分度圆锥面	直齿锥齿轮的分度曲面，简称分锥
顶锥	直齿锥齿轮的齿顶曲面
根锥	直齿锥齿轮的齿根曲面
背锥	直齿锥齿轮大端的一个锥面，其母线与分度圆锥面垂直相交

二、收缩顶隙直齿锥齿轮的几何尺寸计算

收缩顶隙直齿锥齿轮的几何尺寸如图 7-28 所示，其计算公式见表 7-11。为了便于设计与制造，国家标准规定大端参数为标准值。直齿锥齿轮的背锥素线与分度圆锥面素线垂直。直齿锥齿轮轴线与分度圆锥面素线间的夹角称为分锥角（δ），当相啮合的两直齿锥齿轮轴线垂直时：$\delta_1+\delta_2=90°$。

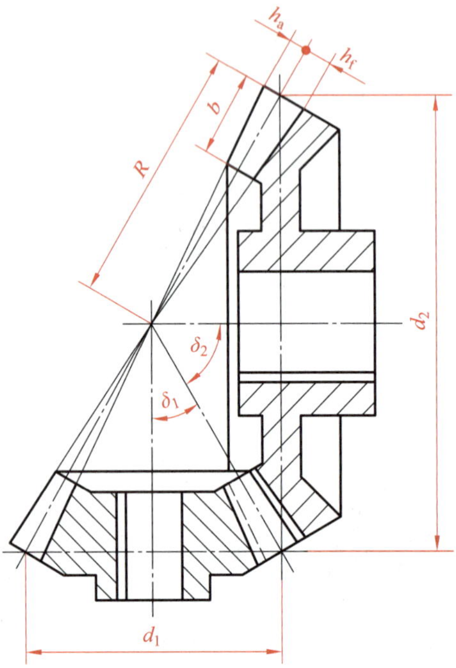

图 7-28　收缩顶隙直齿锥齿轮的几何尺寸

表 7-11　收缩顶隙直齿锥齿轮的几何尺寸计算公式

名称	符号	计算公式
分锥角	δ	$\delta_1=\arctan\dfrac{z_1}{z_2}$，$\delta_2=90°-\delta_1$
分度圆直径	d	$d_1=mz_1$，$d_2=mz_2$
齿顶高	h_a	$h_a=h_{a1}=h_{a2}=m$
齿根高	h_f	$h_f=h_{f1}=h_{f2}=1.2m$
锥距	R	$R=\dfrac{1}{2}\sqrt{d_1^2+d_2^2}$
齿宽	b	$b\leqslant R/3$

【任务实施】

一、计算收缩顶隙直齿锥齿轮的主要几何尺寸

收缩顶隙直齿锥齿轮主要几何尺寸的计算见表 7-12。

表 7-12 收缩顶隙直齿锥齿轮主要几何尺寸的计算

名称	符号	计算公式	
		小直齿锥齿轮	大直齿锥齿轮
齿顶高	h_a	$h_a=m=2$ mm	
齿根高	h_f	$h_f=1.2m=2.4$ mm	
全齿高	h	$h=h_a+h_f=4.4$ mm	
分度圆直径	d	$d_1=mz_1=50$ mm	$d_2=mz_2=86$ mm
分锥角	δ	$\delta_1=\arctan\dfrac{z_1}{z_2}\approx 30.17°$	$\delta_2=90°-\delta_1\approx 59.83°$
锥距	R	$R=\dfrac{1}{2}\sqrt{d_1^2+d_2^2}\approx 49.74$ mm	
齿宽	b	$b\leqslant R/3$，取 $b=16$ mm	

二、绘制小直齿锥齿轮

单个直齿锥齿轮通常用两个视图表达，并且其反映轴线的视图采用全剖视图；在投影为圆的视图中只画大、小端齿顶圆和大端分度圆。绘制小直齿锥齿轮视图的步骤见表 7-13。

表 7-13 绘制小直齿锥齿轮视图的步骤

步骤	图示
1. 画分度圆锥面、背锥、大端分度圆等	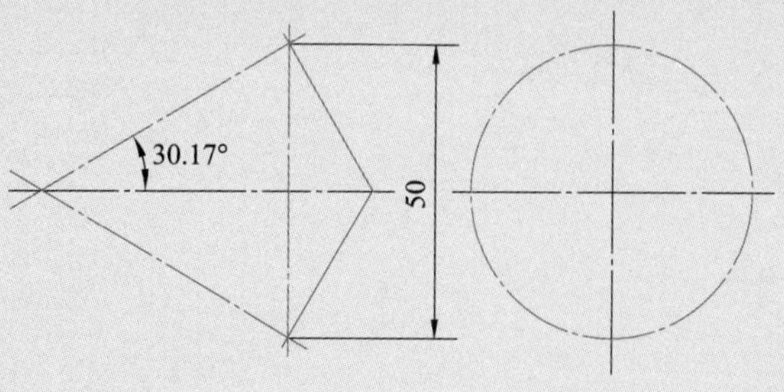
2. 画轮齿部分 注意：在主视图上齿顶线、齿根线和分度线汇交于一点。在左视图上只画大、小端齿顶圆和大端分度圆	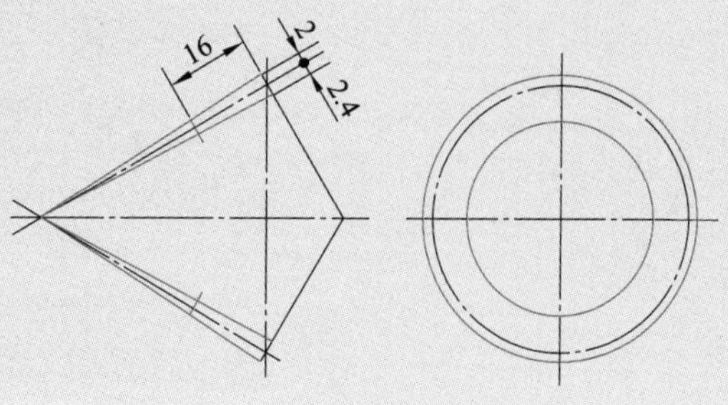

续表

步骤	图示
3. 画其他结构 直齿锥齿轮其他结构的尺寸自行确定	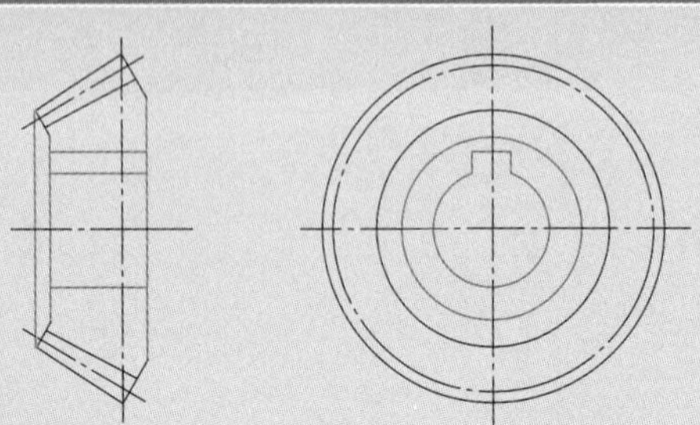
4. 校核视图，按线型描深图线，绘制剖面线 注意：小端齿顶圆画粗实线	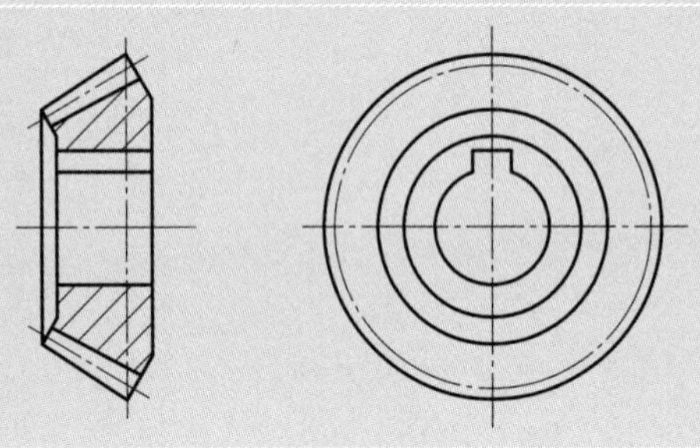

三、绘制大直齿锥齿轮

绘制大直齿锥齿轮视图的步骤与小直齿锥齿轮类似，见表 7-14。

表 7-14　绘制大直齿锥齿轮视图的步骤

步骤	图示
1. 画分度圆锥面、背锥、大端分度圆等	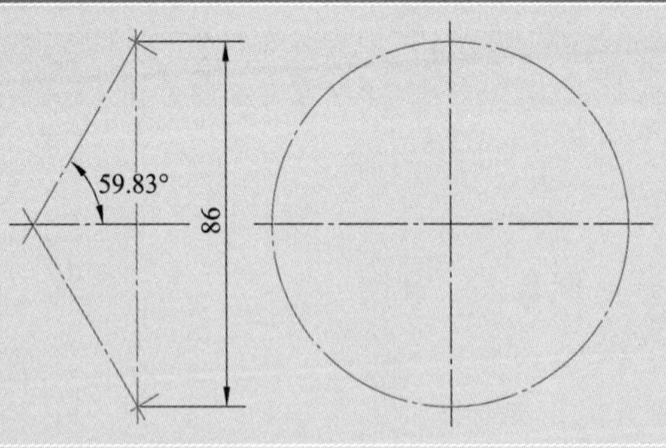
2. 画轮齿部分 注意：在主视图上齿顶线、齿根线和分度线汇交于一点。在左视图上只画大、小端齿顶圆和大端分度圆	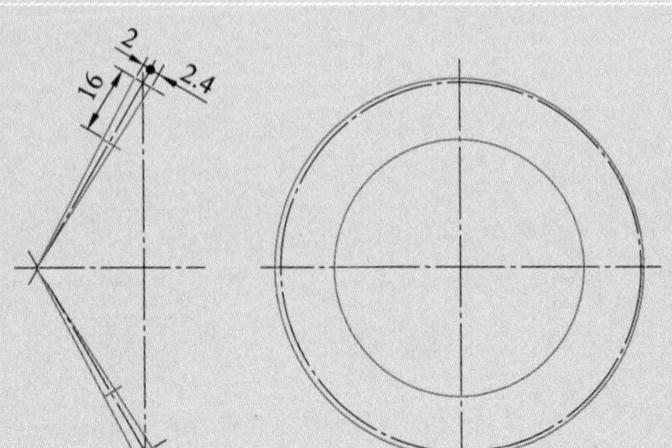

续表

步骤	图示
3. 画其他结构 直齿锥齿轮其他结构的尺寸自行确定	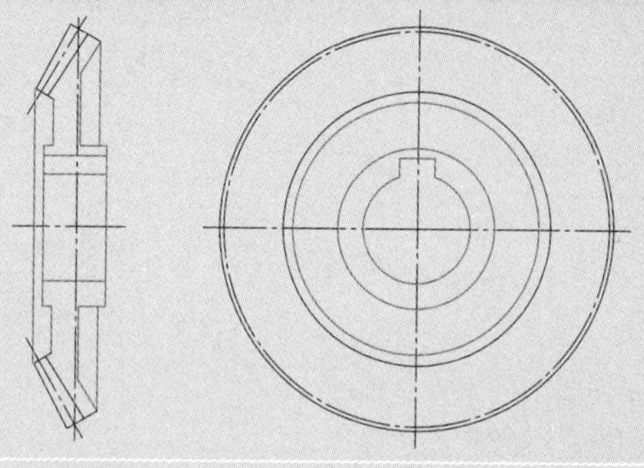
4. 校核视图，按线型描深图线，绘制剖面线 注意：小端齿顶圆画粗实线	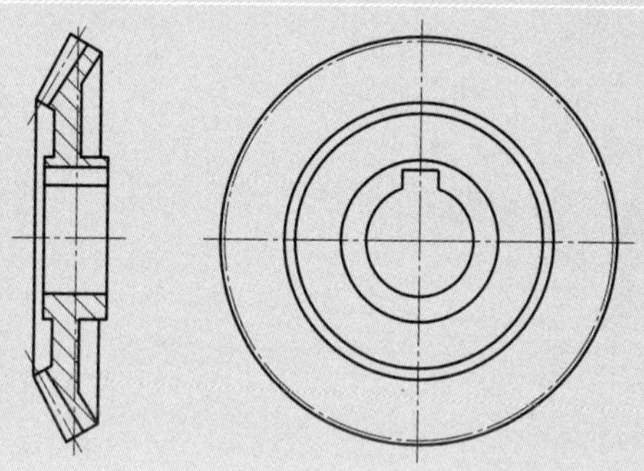

四、绘制锥齿轮啮合图

绘制锥齿轮啮合图的步骤见表 7-15。

表 7-15　绘制锥齿轮啮合图的步骤

步骤	图示
1. 画分度圆锥面 2. 画轮齿部分 注意：将主视图上啮合区内小直齿锥齿轮的齿顶线画成细虚线	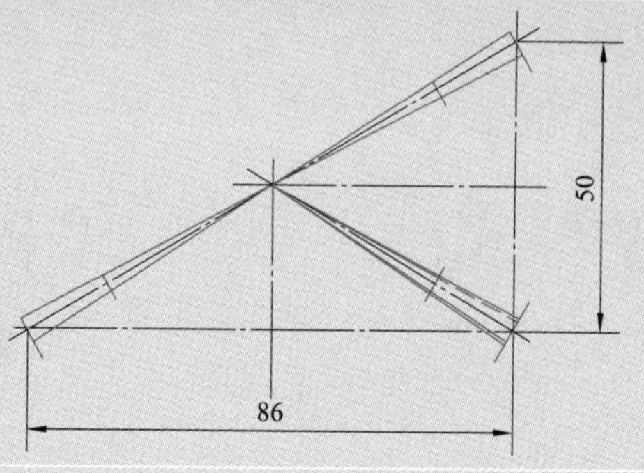
3. 画其他结构（轴孔除外）	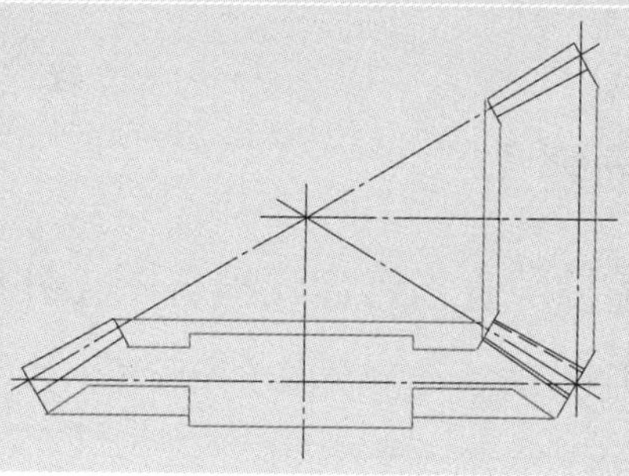

续表

步骤	图示
4．画俯视图 注意： （1）小直齿锥齿轮绘制外形图，大端齿顶连线绘制粗实线 （2）俯视图上大直齿锥齿轮被小直齿锥齿轮遮挡部分的轮廓线不画 5．画主视图上轴孔的投影	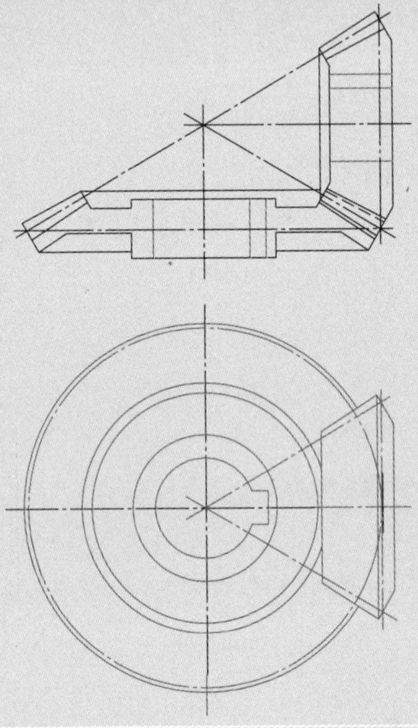
6．校核视图，按线型描深图线，绘制剖面线	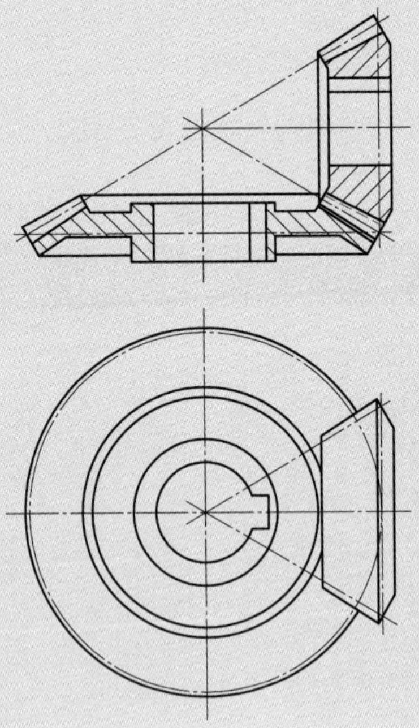

【知识拓展】

一、收缩顶隙直齿锥齿轮啮合图（外形图）的画法

收缩顶隙直齿锥齿轮啮合图（外形图）如图 7-29 所示，在反映两直齿锥齿轮轴线的主视图上，啮合区重合的分度线画粗实线。

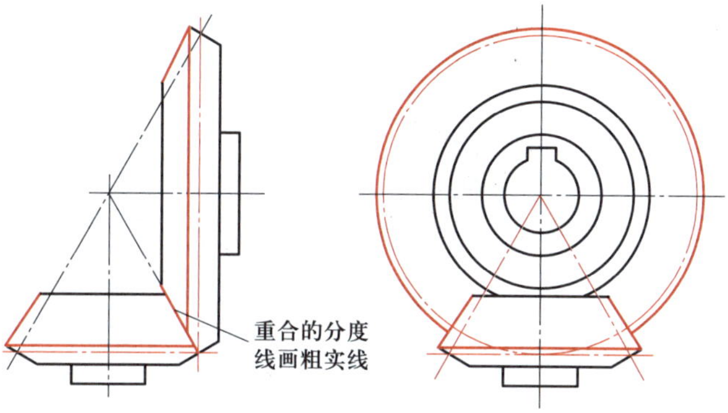

图 7-29 收缩顶隙直齿锥齿轮啮合图（外形图）

二、曲线齿锥齿轮的画法

绘制曲线齿锥齿轮的视图时，可用三条平行的细实线表示轮齿的方向，如图 7-30 所示。

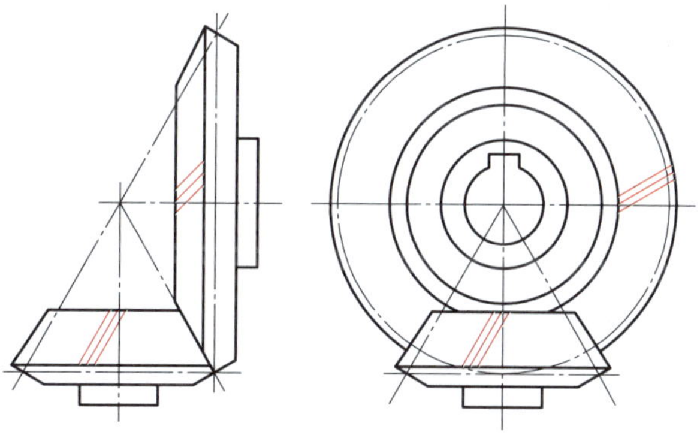

图 7-30 曲线齿锥齿轮的画法

课题三 绘制键连接图和销连接图

任务一 绘制普通型平键连接图

【学习目标】

1. 了解普通型平键的结构，掌握普通型平键连接图的画法。
2. 了解普通型半圆键连接图的画法。

【任务描述】

图 7-31 所示为半联轴器，连接盘与轴的轴向固定采用紧定螺钉连接，周向固定采用键连接。半联轴器各零件的形状及尺寸如图 7-32 所示，试绘制半联轴器的装配图。

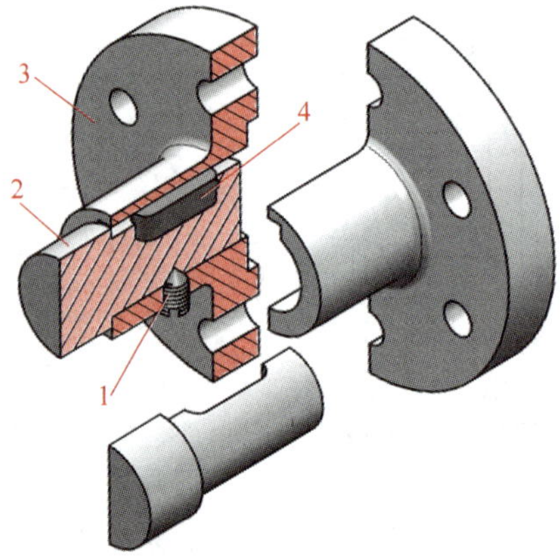

图 7-31　半联轴器

1—开槽锥端紧定螺钉　2—轴　3—连接盘　4—A 型普通型平键

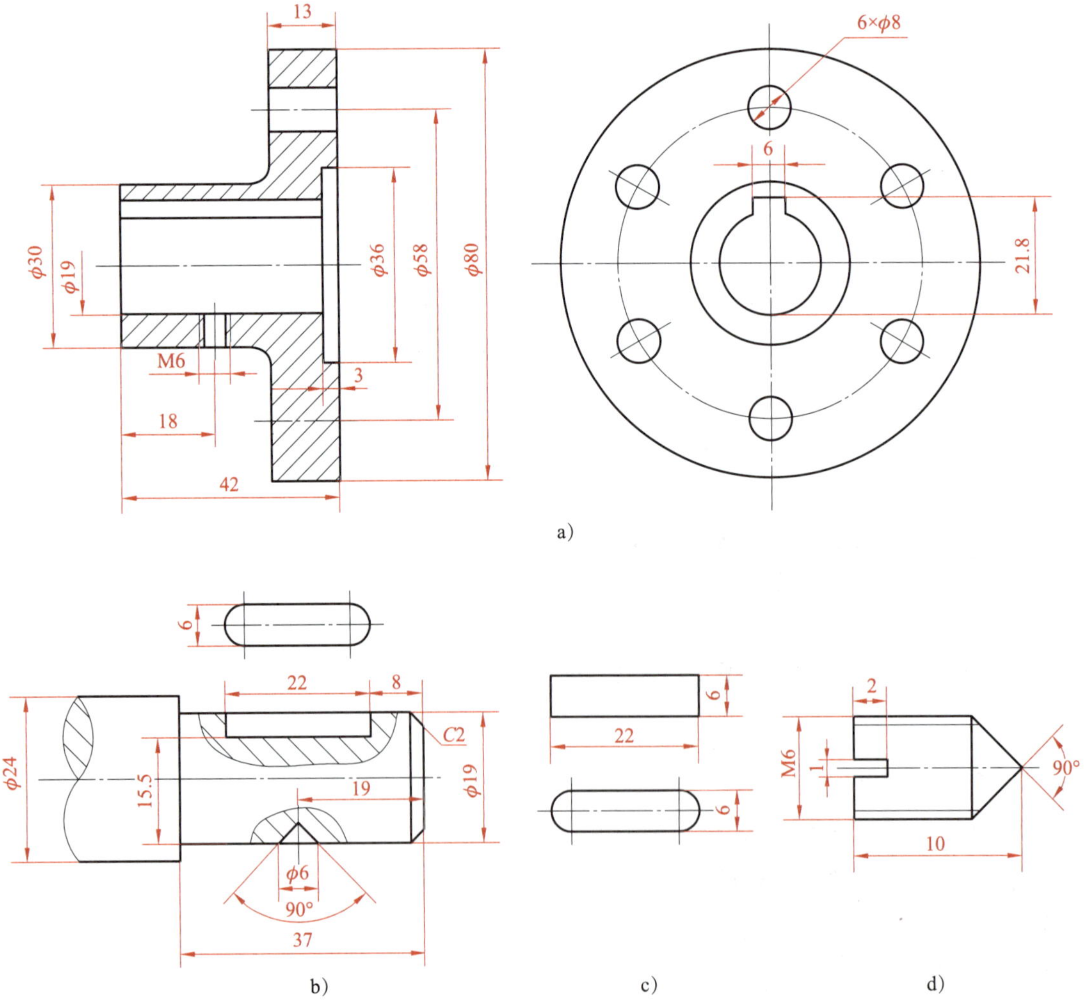

图 7-32　半联轴器各零件的形状及尺寸

a）连接盘　b）轴　c）A 型普通型平键　d）开槽锥端紧定螺钉

【相关知识】

一、普通型平键的类型

普通型平键有 A 型（圆头）、B 型（方头）和 C 型（单圆头）三种，如图 7-33 所示。

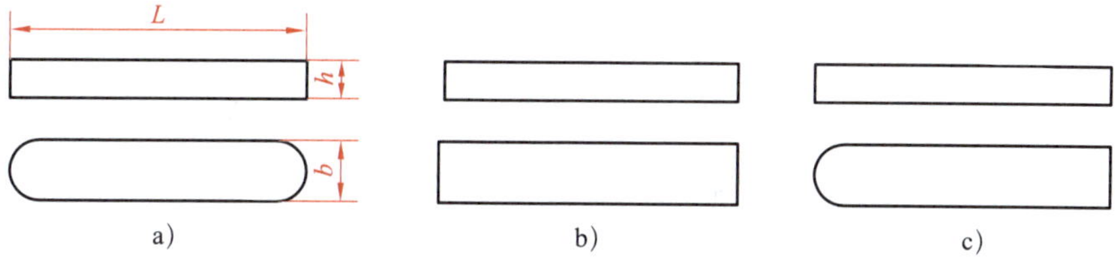

图 7-33　普通型平键的类型

a）A 型　b）B 型　c）C 型

二、普通型平键的标记

普通型平键的标记示例：GB/T 1096　键 6×10×100。

查阅 GB/T 1096—2003 可知，该标记表示：A 型普通型平键、b=16 mm、h=10 mm、L=100 mm。

“GB/T 1096　键 B16×10×100”和“GB/T 1096　键 C16×10×100”则分别表示 B 型普通型平键和 C 型普通型平键。

三、普通型平键连接图的画法

普通型平键连接图的画法如图 7-34 所示。画图时应注意以下几点：

1. 由于普通型平键的侧面与键槽的侧面配合，配合表面应画一条线。

2. 键在安装时应先嵌入轴上的键槽中，因此键与轴上键槽的底面之间也是接触表面，也应画一条线。

3. 键的顶端与孔上的键槽底面之间有间隙，应画两条线，即分别画出它们的轮廓线。

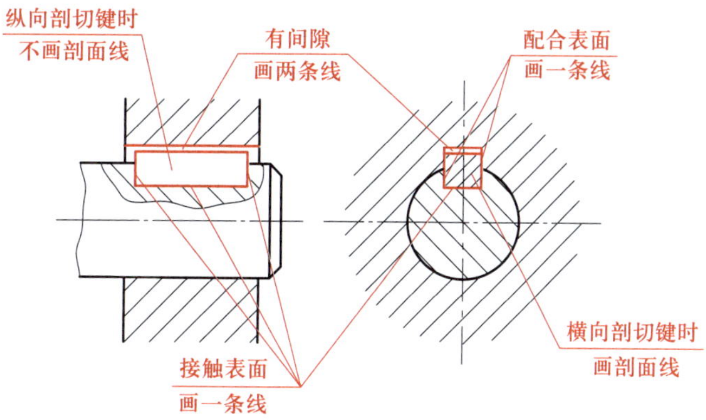

图 7-34　普通型平键连接图的画法

4. 纵向剖切键时，键按不剖处理；横向剖切键时，键上应画剖面线。故在图 7-34 中，主视图上普通型平键按不剖处理，左视图上普通型平键按被剖切到处理。

【任务实施】

半联轴器在装配时，首先将 A 型普通型平键嵌入轴上的键槽内，再对准连接盘轮毂上轴孔的键槽，将它们装配在一起，然后旋入开槽锥端紧定螺钉。普通型平键的底面与轴上键槽的底面属于接触表面，两侧面与轴上键槽和孔上键槽的侧面属于配合表面，上表面与孔上键槽底面之间有间隙，属于非接触表面。画图时，接触表面和配合表面画一条线，非接触表面画两条线。开槽锥端紧定螺钉连接部位按外螺纹绘制。绘制半联轴器装配图的步骤见表 7-16。

表 7-16　绘制半联轴器装配图的步骤

步骤	图示
1. 绘制中心线和作图基准线 2. 绘制轴的主视图	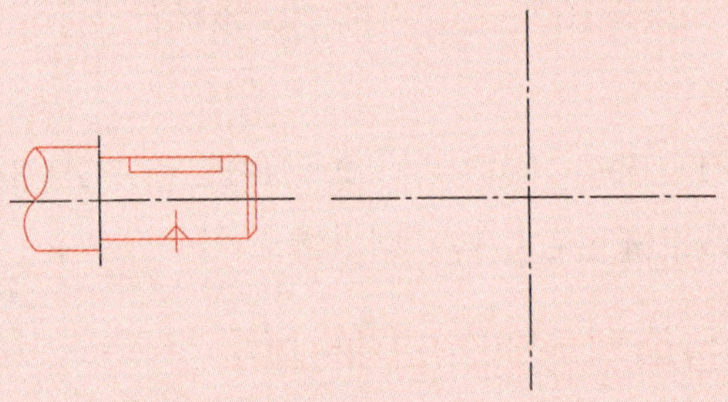
3. 绘制连接盘的主视图和左视图	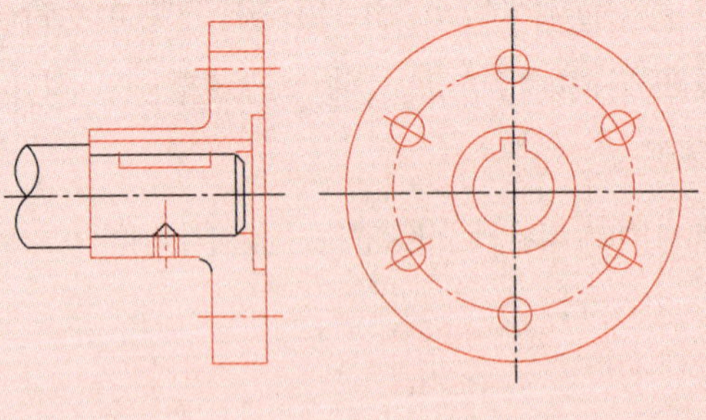
4. 绘制普通型平键在主视图和左视图上的投影	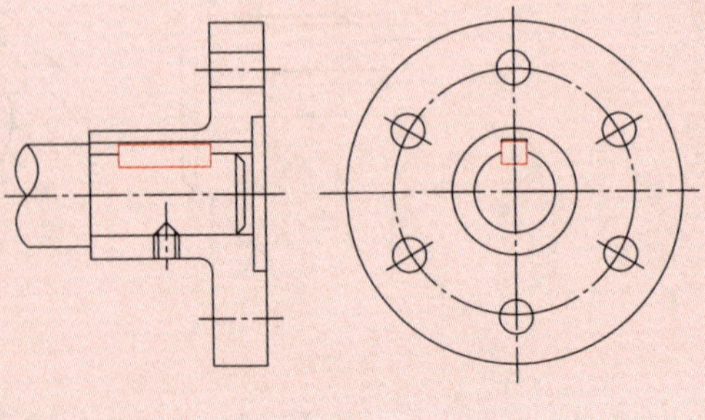

续表

步骤	图示
5. 绘制开槽锥端紧定螺钉在主视图和左视图上的投影	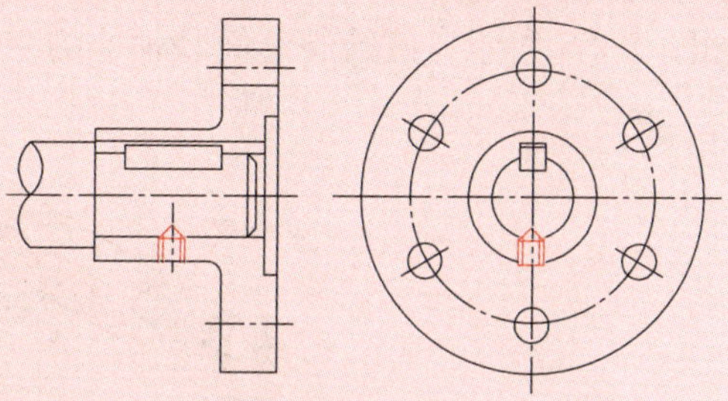
6. 绘制剖切符号，标注剖视图名称 7. 检查并校核，按线型描深图线 8. 在主视图的轴上绘制局部剖的分界线，在主视图和左视图上绘制剖面线	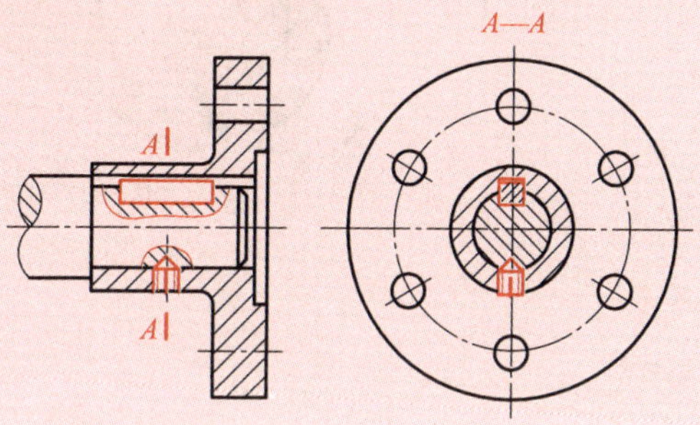

【知识拓展】

普通型半圆键连接图的画法

普通型半圆键也是一种常用的连接键，其形状如图 7-35a 所示。普通型半圆键连接图的画法如图 7-35b 所示，普通型半圆键的圆柱面与键槽底面属于接触表面，画一条线；普通型半圆键的两侧面与键槽两侧面属于配合表面，画一条线；普通型半圆键的顶面与孔上键槽的底面之间有间隙，属于非接触表面，画两条线。

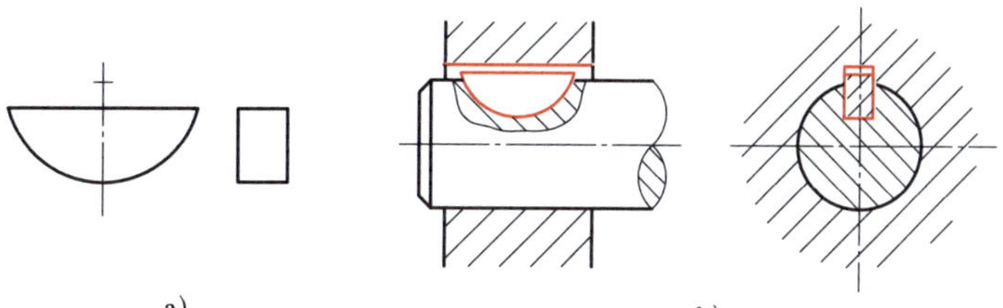

a)　　b)

图 7-35　普通型半圆键及其连接图

a）普通型半圆键　b）普通型半圆键连接图

任务二　绘制圆柱销连接式套筒联轴器

【学习目标】

了解圆柱销和圆锥销的结构和标记，掌握销连接图的画法。

【任务描述】

图 7-36 所示为套筒联轴器，套筒与轴之间采用圆柱销连接。套筒联轴器各零件的形状及尺寸如图 7-37 所示，试绘制套筒联轴器的装配图。

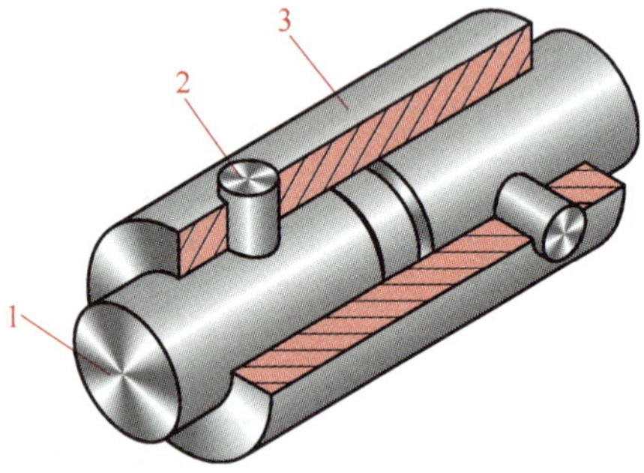

图 7-36　套筒联轴器

1—轴　2—圆柱销　3—套筒

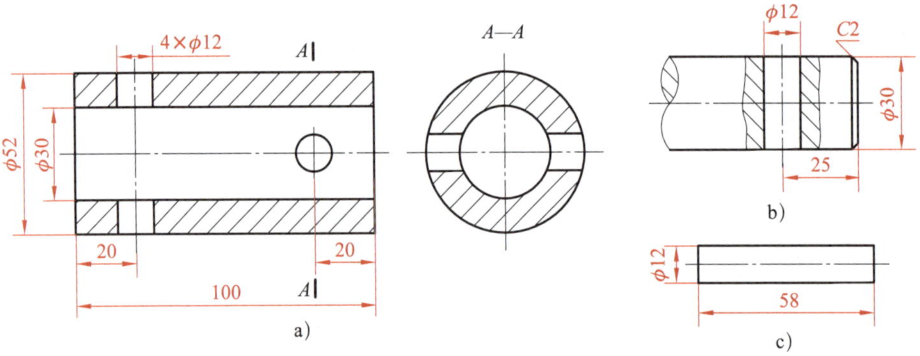

图 7-37　套筒联轴器各零件的形状及尺寸

a）套筒　b）轴　c）圆柱销

【相关知识】

一、销的形状

圆柱销和圆锥销是标准件，其形状如图 7-38 所示，圆柱销为圆柱两头倒角，圆锥销为圆锥两头倒圆。

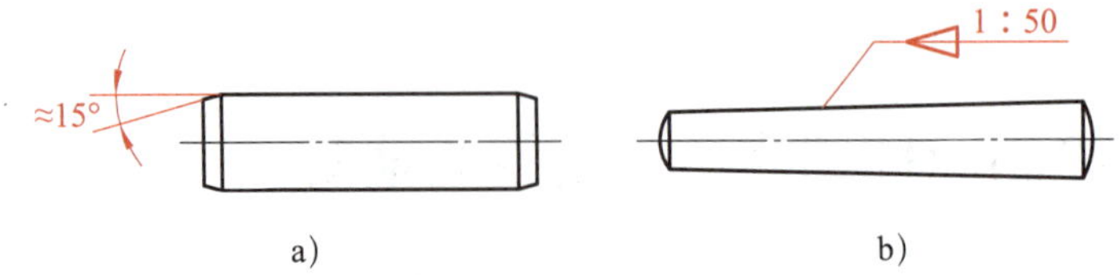

图 7-38　销

a）圆柱销　b）圆锥销

二、销的标记

圆柱销的标记示例：销　GB/T 119.1　6m6×30。

该标记表示：公称直径 d=6 mm、公差为 m6、公称长度 l=30 mm 的圆柱销。

圆锥销的标记示例：销　GB/T 117　6×30。

该标记表示：公称直径 d=6 mm、公称长度 l=30 mm 的 A 型圆锥销。

三、销连接图的画法

图 7-39 所示为圆柱销和圆锥销连接图，圆柱销或圆锥销的圆柱面或圆锥面与被连接件上的销孔属于配合表面，画一条线；此外，因为图中的剖切平面通过销的轴线剖切，所以销按未剖切绘制。在销连接图中，一般可省略圆柱销上的倒角和圆锥销两端的圆弧面。

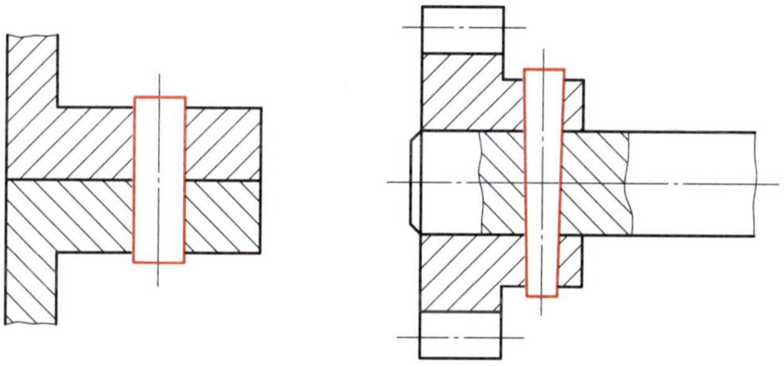

a)　　　　b)

图 7-39　销连接图

a）圆柱销连接　b）圆锥销连接

【任务实施】

在套筒联轴器中采用了两个圆柱销，其工作表面是圆柱面，圆柱面与套筒和轴上的圆柱孔配合，属于配合表面。绘制套筒联轴器装配图的步骤见表 7-17。

表 7-17　绘制套筒联轴器装配图的步骤

步骤	图示
1. 绘制轴线和中心线 2. 绘制轴（轴上的销孔除外）	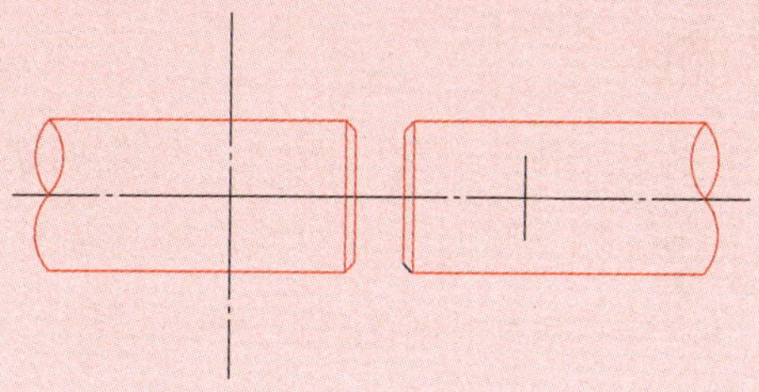

续表

步骤	图示
3. 绘制套筒（套筒上的销孔除外）	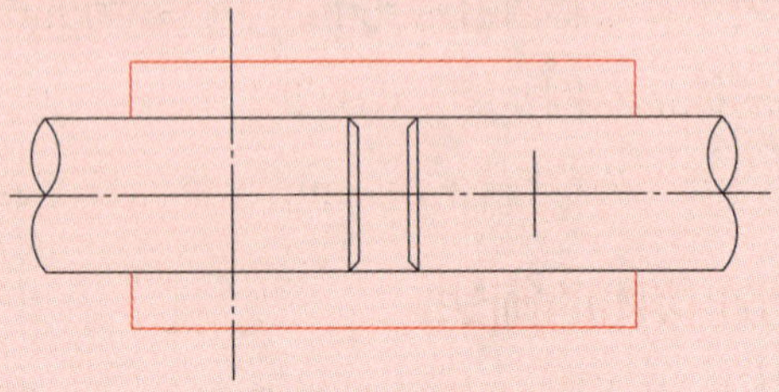
4. 绘制圆柱销	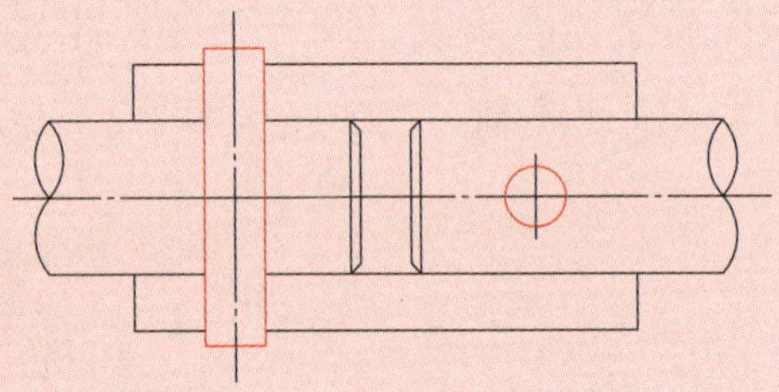
5. 检查并校核，按线型描深图线 6. 绘制局部剖的分界线和剖面线	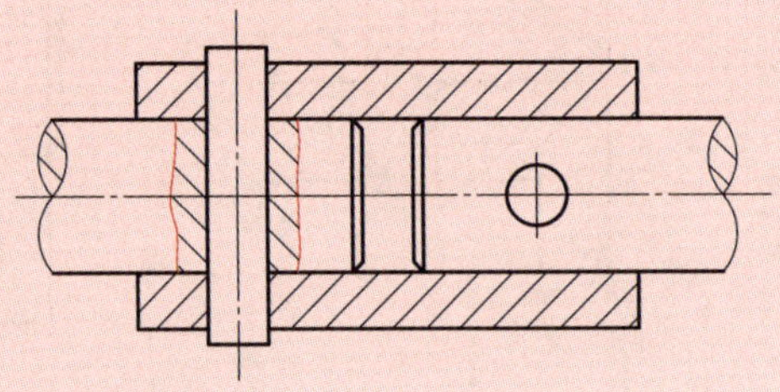

课题四　绘制滚动轴承和弹簧

任务一　绘制深沟球轴承

【学习目标】

1. 了解常用滚动轴承的结构和标记。
2. 掌握滚动轴承的通用画法和常用滚动轴承的规定画法，了解滚动轴承的特征画法。

【任务描述】

滚动轴承属于标准件，在机械设备中使用的滚动轴承一般由专门的工厂生产，所以机械设计人员在绘制装配图时不需要绘制滚动轴承的详细结构，只需要按照国家标准规定的画法绘制。滚动轴承规定的画法有三种：通用画法、特征画法和规定画法。试按规定画法绘制标记为“滚动轴承　6208　GB/T 276—2013”的滚动轴承。

【相关知识】

一、滚动轴承的基本结构

滚动轴承是一种支承转动轴的标准件，因为它能大大减小轴与孔之间的摩擦力，所以使用广泛。图 7-40 所示为几种常用的滚动轴承。滚动轴承一般由内圈（轴圈）、外圈（座圈）、滚动体、保持架四部分组成。在装配图中绘制滚动轴承时，不必绘制其详细结构，一般可用通用画法、特征画法和规定画法进行表达。

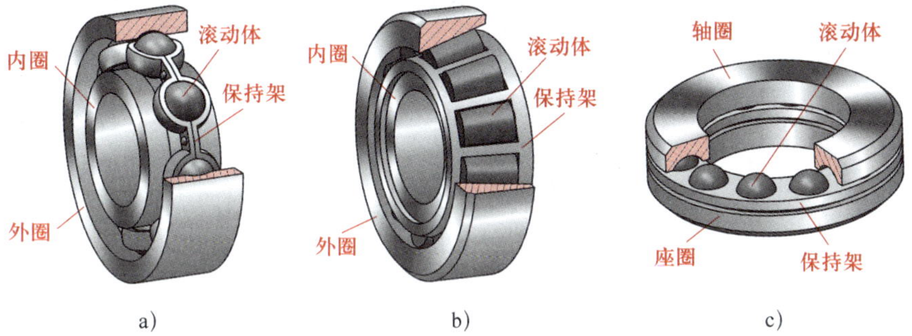

图 7-40　常用的滚动轴承

a）深沟球轴承　b）圆锥滚子轴承　c）推力球轴承

二、滚动轴承的标记

标记示例：滚动轴承　30205　GB/T 297—2015。

该标记表示滚动轴承的代号为 30205，国家标准编号为 GB/T 297—2015。查阅 GB/T 297—2015 可知，该轴承名称为圆锥滚子轴承，根据轴承代号可在 GB/T 297—2015 中查得其外形尺寸。

三、滚动轴承的通用画法

在装配图中，当不必确切地表示滚动轴承的外形轮廓、载荷特性及结构特征时，可采用通用画法。通用画法是在轴的两侧用矩形线框（粗实线）及位于线框中央正立的十字形符号（粗实线）表示滚动轴承，如图 7-41 所示。通用画法适用于表达各种类型的滚动轴承。

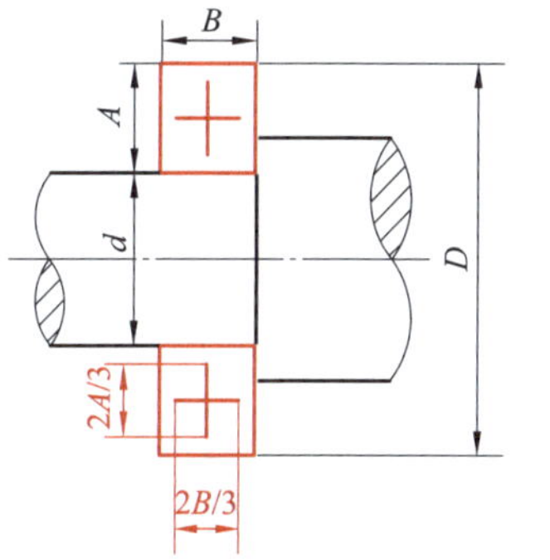

图 7-41　滚动轴承的通用画法

四、滚动轴承的规定画法

当需要表达滚动轴承的主要结构时，可采用规定画法，常用滚动轴承的装配示意图和规定画法见表 7-18。在采用规定画法绘制滚动轴承时应注意以下几点：

1. 内、外圈（或轴圈、座圈）的剖面线应方向一致、间隔相同。

2. 规定画法一般只用在图的一侧，图的另一侧应按通用画法绘制。

表 7-18　常用滚动轴承的装配示意图和规定画法

名称和标准号	装配示意图	规定画法
深沟球轴承 （GB/T 276—2013）	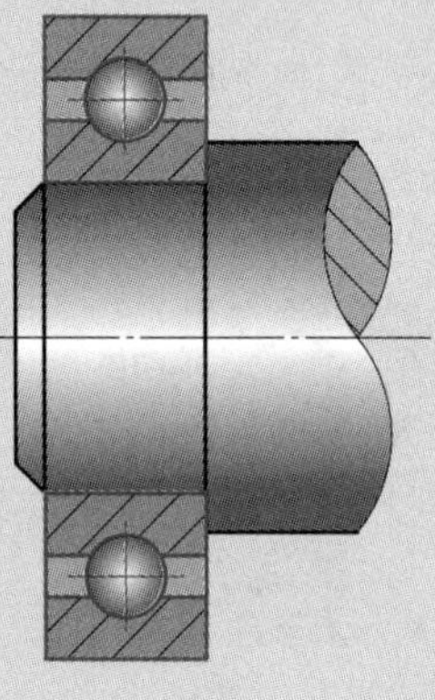	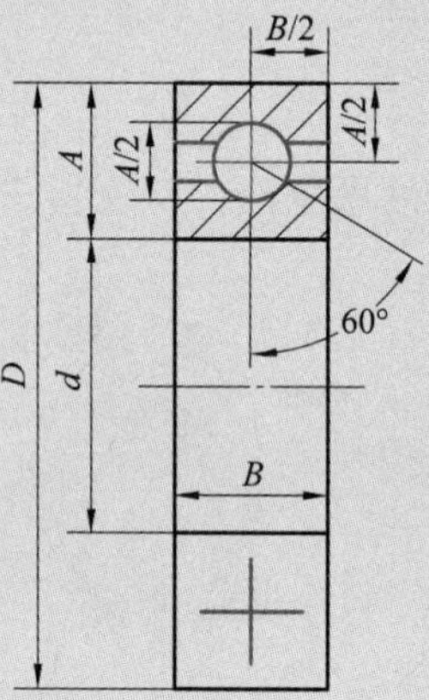
圆锥滚子轴承 （GB/T 297—2015）	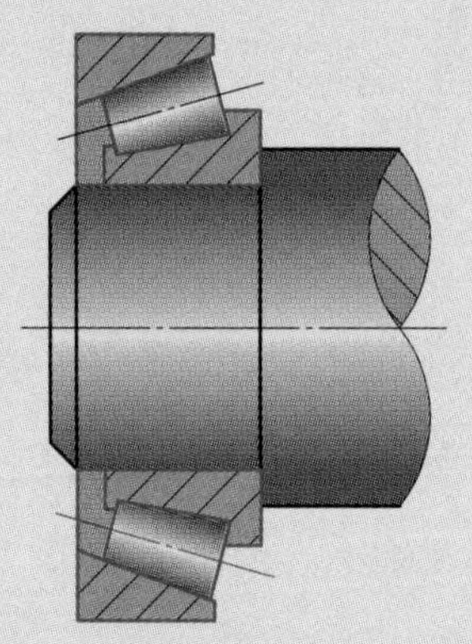	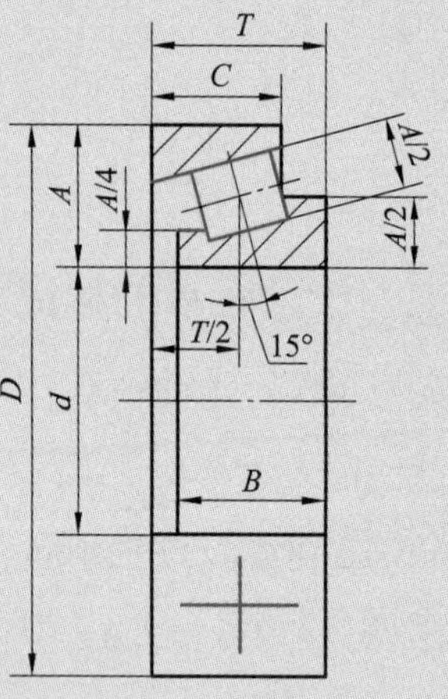
推力球轴承 （GB/T 301—2015）	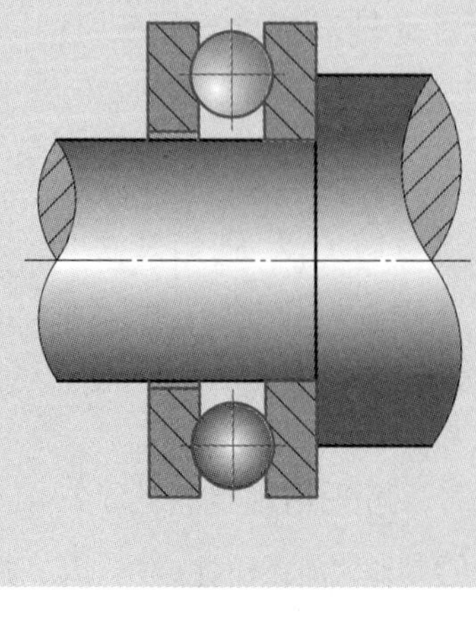	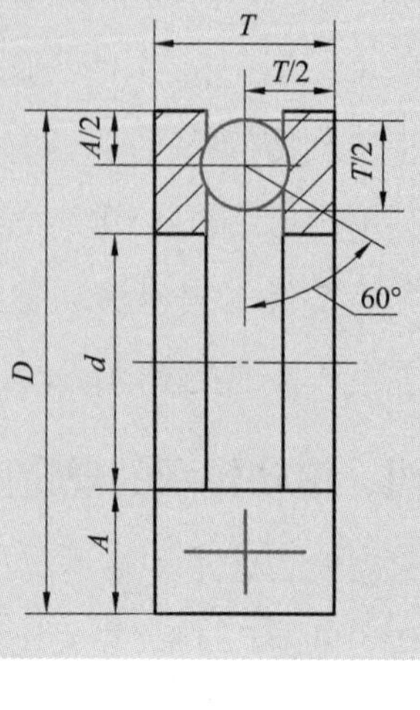

【任务实施】

一、查表获得滚动轴承的外形尺寸

“GB/T 276—2013”是深沟球轴承的国家标准编号，6208是滚动轴承的代号，查阅GB/T 276—2013可得该深沟球轴承的外形尺寸，比如，轴承的宽度B=18 mm、内径d=40 mm、外径D=80 mm等。

二、用规定画法绘制滚动轴承

用规定画法绘制标记为“滚动轴承　6208　GB/T 276—2013”的深沟球轴承的步骤见表7-19。

表7-19　用规定画法绘制深沟球轴承的步骤

步骤	图示
1. 绘制滚动轴承内、外圈的轮廓线	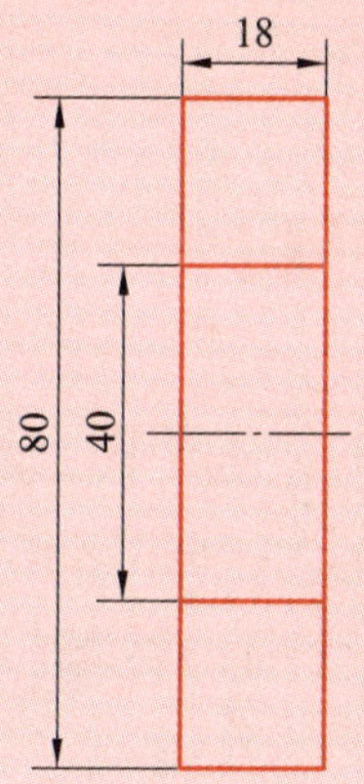
2. 绘制滚动体的轮廓线	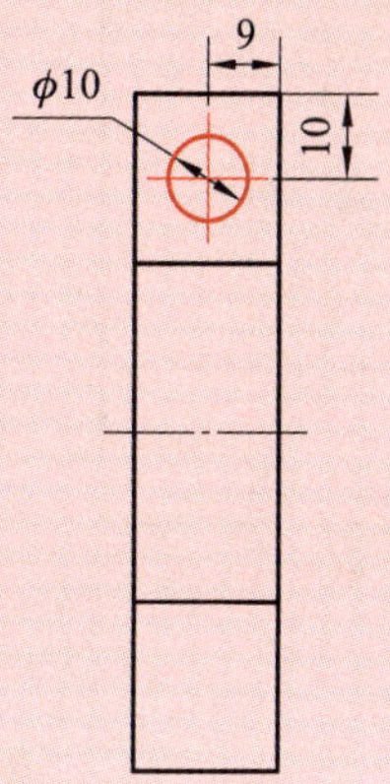

续表

步骤	图示
3. 补画内、外圈缺少的轮廓线和剖面线 4. 绘制剖面线 内、外圈的剖面线应方向一致、间隔相同，滚动体上不画剖面线	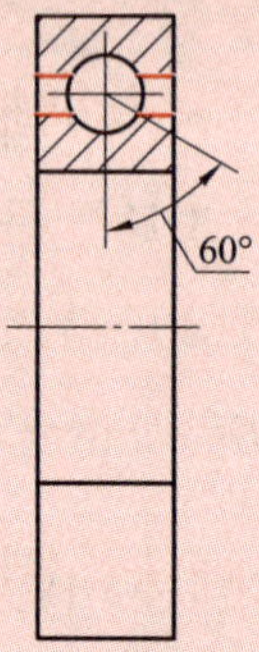
5. 用通用画法绘制轴承的另一半 规定画法一般只用在图的一侧，图的另一侧应按通用画法绘制	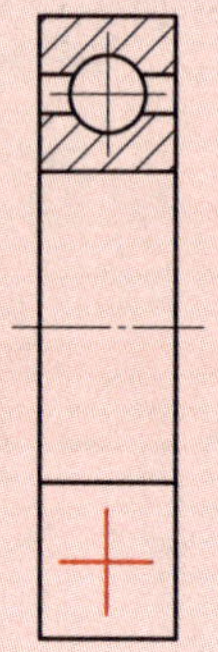

【知识拓展】

滚动轴承的特征画法

在装配图的剖视图中，当需要形象地表达滚动轴承的结构特征时，可采用特征画法。滚动轴承的特征画法是在表达轴承的矩形线框（粗实线）内，用粗实线画出表示滚动轴承结构特征和载荷特性的要素符号。常用滚动轴承的特征画法如图 7-42 所示。

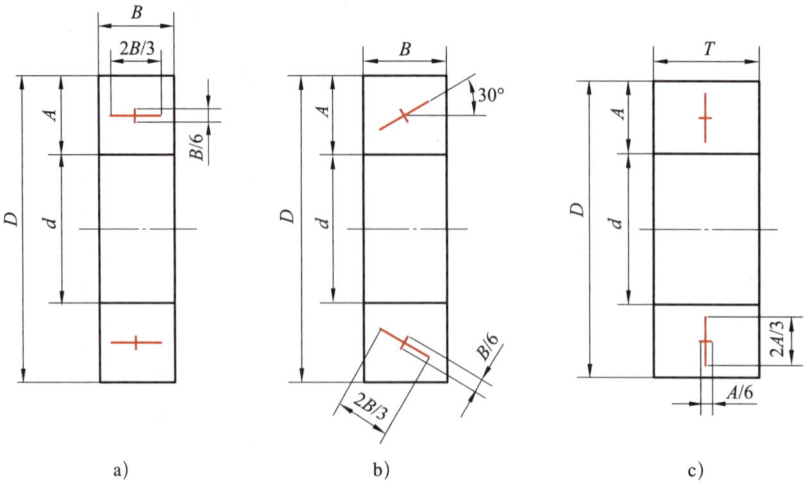

图 7-42 常用滚动轴承的特征画法
a）深沟球轴承 b）圆锥滚子轴承 c）推力球轴承

任务二　绘制弹簧

【学习目标】

1. 了解圆柱螺旋压缩弹簧各部分的名称及代号，掌握其画法。
2. 了解拉伸弹簧和扭转弹簧的画法，了解弹簧在装配图中的画法。

【任务描述】

弹簧属于通用件，在机械工程中应用非常广泛，主要用于减振、夹紧、复位、调节等。如图 7-43 所示，已知圆柱螺旋压缩弹簧外径 D=60 mm，弹簧簧丝直径 d=5 mm，节距 t=10 mm，有效圈数 n=6，支承圈数 n_2=2.5，右旋。试画出该弹簧的主视图（全剖）和俯视图。

图 7-43　圆柱螺旋压缩弹簧

【相关知识】

一、弹簧的种类

弹簧的种类很多，常用的有圆柱螺旋压缩弹簧、圆柱螺旋拉伸弹簧、圆柱螺旋扭转弹簧、平面涡卷弹簧和板弹簧等，如图 7-44 所示。

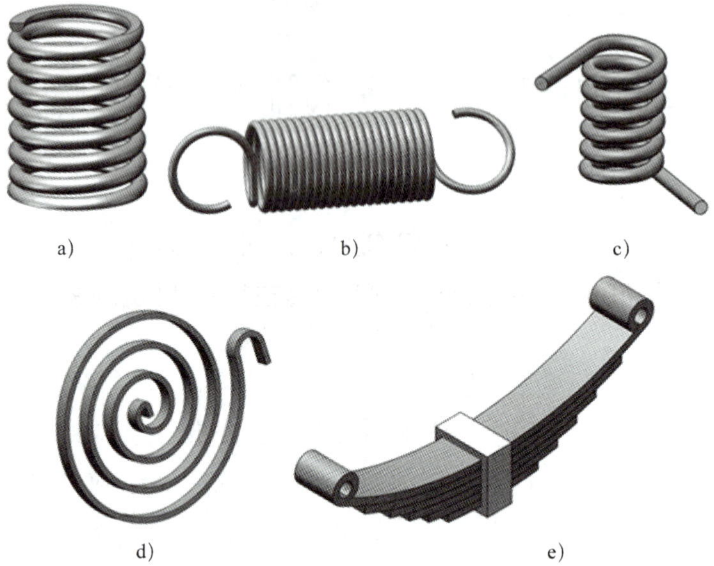

图 7-44　弹簧的种类
a）圆柱螺旋压缩弹簧　b）圆柱螺旋拉伸弹簧　c）圆柱螺旋扭转弹簧
d）平面涡卷弹簧　e）板弹簧

二、圆柱螺旋压缩弹簧的主要几何尺寸

圆柱螺旋压缩弹簧的主要几何尺寸如图 7-45 所示。

1. 弹簧直径

（1）弹簧线径

弹簧线径是指用来缠绕弹簧的钢丝直径，用 d 表示。

（2）弹簧外径

弹簧外径是指弹簧的外圈直径，用 D_2 表示。

（3）弹簧内径

弹簧内径是指弹簧的内圈直径，用 D_1 表示。

（4）弹簧中径

弹簧中径是指弹簧内径和弹簧外径的平均值，用 D 表示。

$$D=（D_1+D_2）/2=D_1+d=D_2-d$$

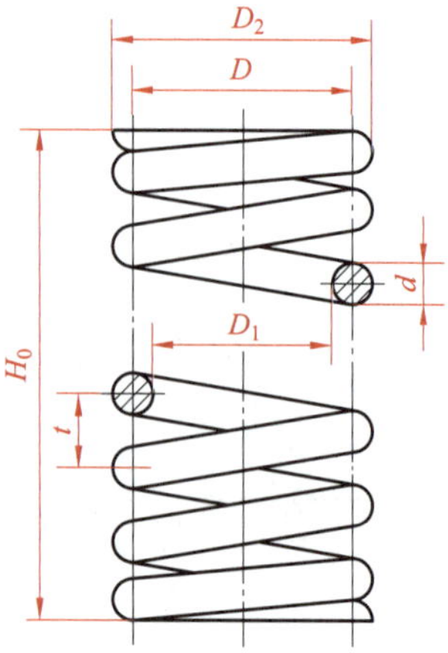

图 7-45　圆柱螺旋压缩弹簧的主要几何尺寸

2. 弹簧圈数

（1）有效圈数

有效圈数是指弹簧能保持相同节距（节距的定义见下文）的圈数，用 n 表示。

（2）支承圈数

支承圈数是指为使弹簧工作平稳，将圆柱螺旋压缩弹簧两端并紧磨平的圈数，用 n_2 表示。一般情况下，支承圈数有 1.5 圈、2 圈、2.5 圈等。

（3）总圈数

有效圈数与支承圈数之和称为总圈数，用 n_1 表示。

$$n_1=n+n_2$$

3. 节距

节距是指圆柱螺旋压缩弹簧在自由状态时，两相邻有效圈截面中心线之间的轴向距离，用 t 表示。

4. 弹簧的旋向

螺旋弹簧旋向一般为右旋，在组合弹簧中各层弹簧的旋向为左右旋向相间，外层一般为右旋。

5. 弹簧的自由高度（长度）

弹簧的自由高度（长度）是指弹簧无负荷作用时的高度（长度），用 H_0 表示。

圆柱螺旋压缩弹簧的自由高度（长度）受端部结构的影响，难以计算出精确值。其近似计算公式为

$$H_0=nt+(n_2-0.5)d$$

三、圆柱螺旋弹簧的画法

圆柱螺旋弹簧的画法如图 7-46 所示。

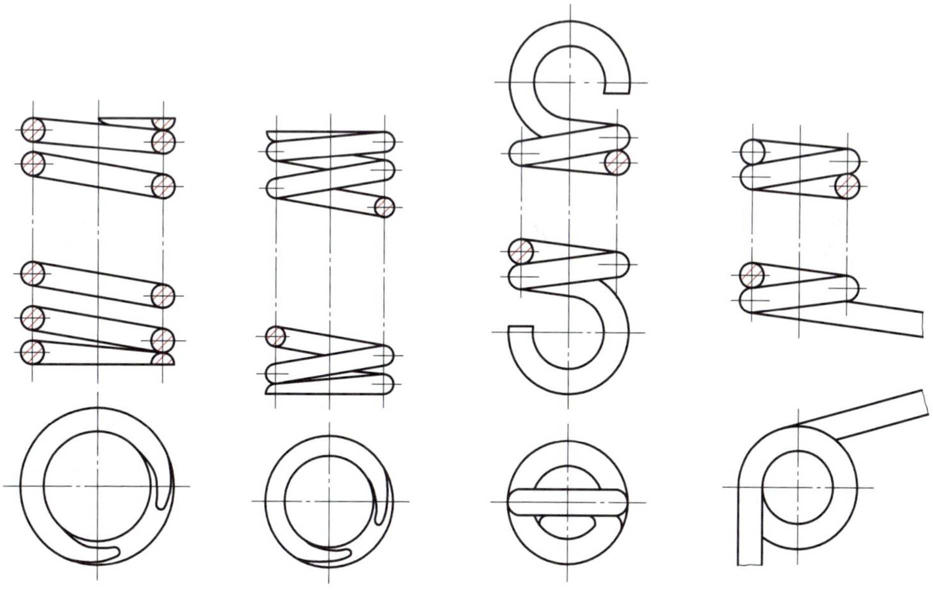

a)　　b)　　c)　　d)

图 7-46　圆柱螺旋弹簧的画法

a)、b) 压缩弹簧　c) 拉伸弹簧　d) 扭转弹簧

圆柱螺旋弹簧的画法规定如下：

1. 在平行于圆柱螺旋弹簧轴线的投影面的视图中，其各圈的轮廓应画成直线。

2. 左旋圆柱螺旋弹簧、右旋圆柱螺旋弹簧均可画成右旋，对必须保证的旋向要求应在“技术要求”中注明。

3. 当要求圆柱螺旋压缩弹簧两端并紧且磨平时，无论支承圈的圈数有多少和末端贴紧情况如何，均可按图 7-46a、图 7-46b 的形式绘制，必要时也可按支承圈的实际结构绘制。

4. 有效圈数在四圈以上的圆柱螺旋弹簧中间部分可以省略。省略后，允许适当缩短图形的长度。

【任务实施】

圆柱螺旋压缩弹簧是由横截面为圆形的金属材料沿螺旋线缠绕而成的，在绘制其图样时，首先要计算弹簧的几何尺寸，然后按规定画图。

一、尺寸计算

弹簧的中径 $D=D_2-d=60\ \text{mm}-5\ \text{mm}=55\ \text{mm}$。

自由高度 $H_0=nt+(n_2-0.5)d=6\times10\ \text{mm}+(2.5-0.5)\times5\ \text{mm}=70\ \text{mm}$。

二、绘制剖视图

绘制圆柱螺旋压缩弹簧的视图时，可按照图 7-46a 所示将主视图绘制成剖视图，也可按照图 7-46b 所示绘制成视图。所绘图形只用于示意表达弹簧的结构，故不考虑支承圈数的数值。绘制圆柱螺旋压缩弹簧剖视图的步骤见表 7-20。

表 7-20　绘制圆柱螺旋压缩弹簧剖视图的步骤

步骤	图示
1. 根据弹簧的自由高度 70 mm 和弹簧中径 55 mm 画主视图的中心线、上侧轮廓线和下侧轮廓线	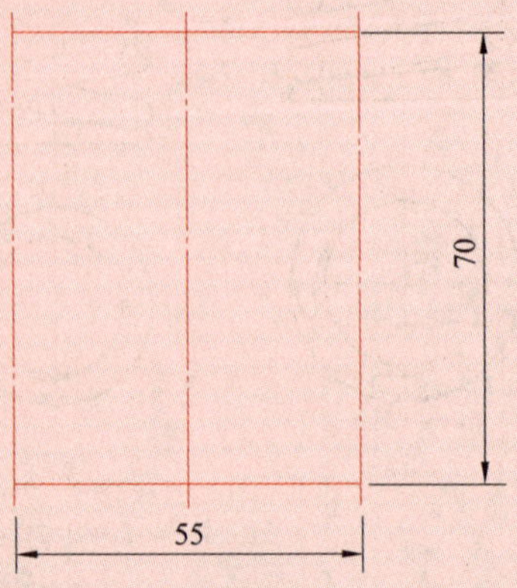

续表

步骤	图示
2. 根据弹簧线径 ϕ5 mm 绘制弹簧的支承圈	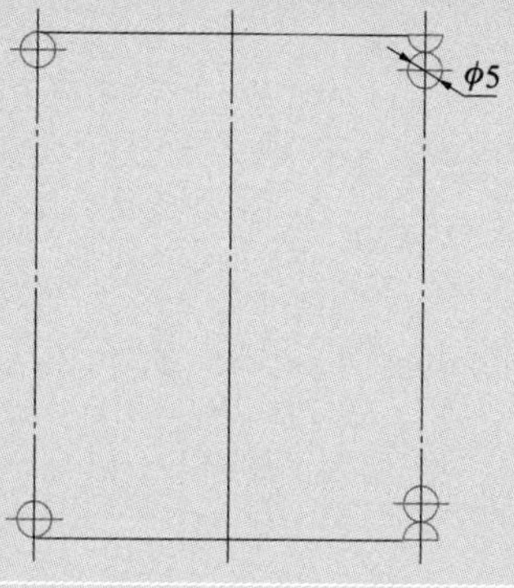
3. 根据节距 10 mm 绘制弹簧的部分有效圈	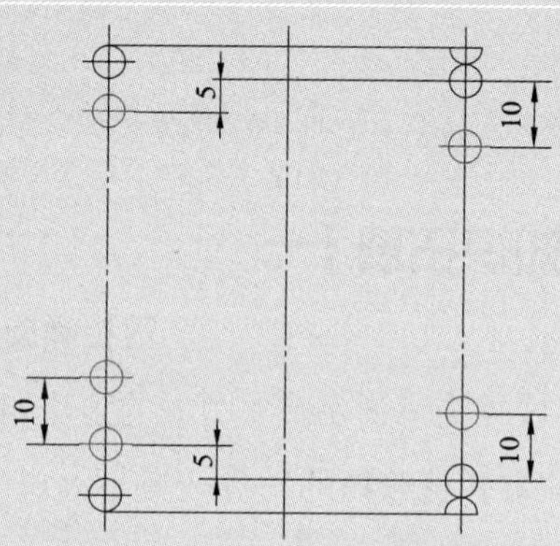
4. 绘制各圈轮廓线 注意：弹簧上侧磨平部分的轮廓线从对称中心线处开始绘制	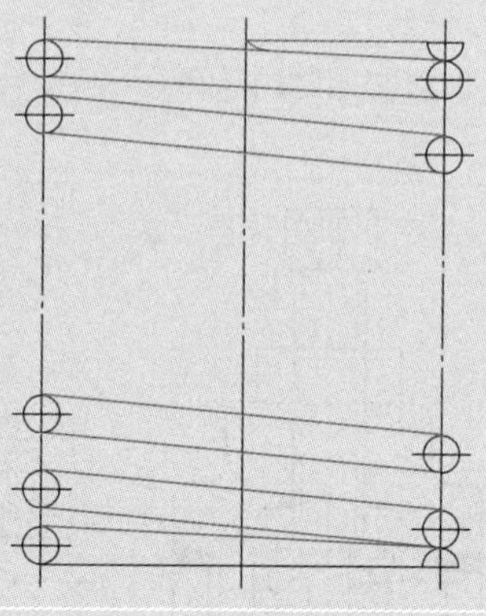
5. 绘制俯视图	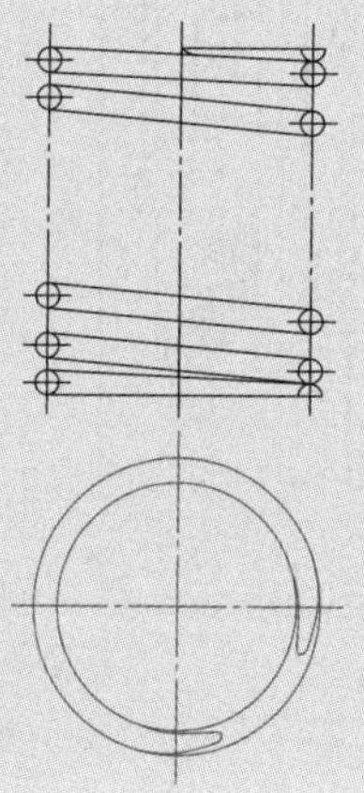

续表

步骤	图示
6. 绘制剖面线，按线型描深图线	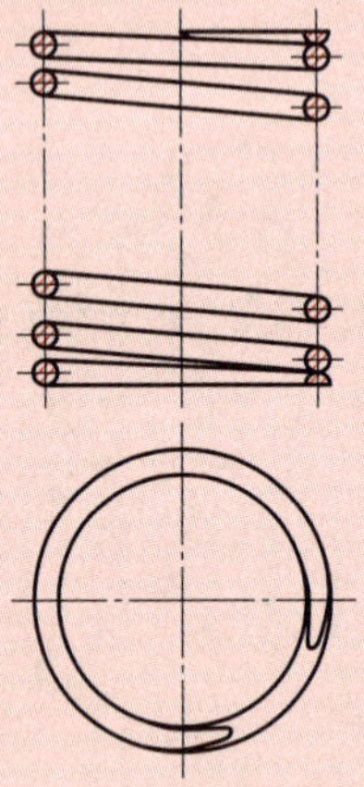

【知识拓展】

圆柱螺旋弹簧在装配图中的画法

圆柱螺旋弹簧在装配图中的画法如图 7-47 所示。其画法规定如下：

1. 被弹簧遮挡的结构一般不画出，可见部分的轮廓线画至弹簧外轮廓线或钢丝断面中心线。

2. 当弹簧的钢丝断面直径在图形上≤ 2 mm 时，可用示意画法或采用涂黑表示。

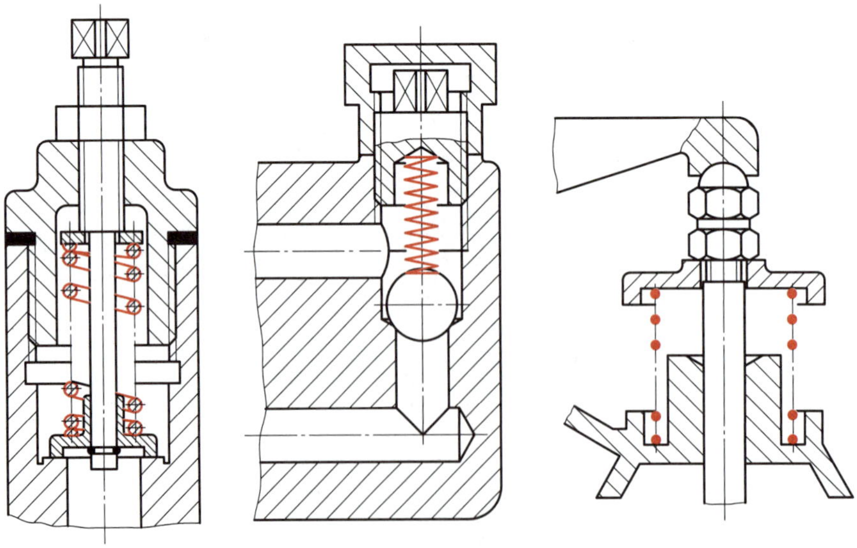

a)　　b)　　c)

图 7-47　圆柱螺旋弹簧在装配图中的画法

a）普通画法　b）示意画法　c）涂黑表示

模块八
识读汽车机械图样

课题一　识读汽车零件图

任务一　认识零件图

【学习目标】

1. 了解零件图的概念，掌握零件图的主要内容和表达方法，能识读简单的零件图。
2. 掌握尺寸公差的知识，能读懂图样上标注的尺寸公差。
3. 了解表面结构要求的知识，能读懂图样上标注的表面结构符号。

【任务描述】

汽车的机械部分是由各种零件装配而成的，汽车的装配与维修离不开汽车零件，装配和维修的技术人员要能读懂零件图。表达零件的结构形状、尺寸和技术要求的图样称为零件图。图 8-1 所示为汽车发动机前悬置支架的零件图。试识读该零件图，了解零件图上的主要内容。

【相关知识】

一、公称尺寸与极限尺寸

1. 公称尺寸

公称尺寸是指由图样规范定义的理想形状要素的尺寸，它是由设计者根据零件的使用要求，通过计算、试验或按类比法确定的尺寸。孔、轴的公称尺寸分别用 D、d 表示。如图 8-2 所示，孔直径的公称尺寸为“ϕ10”，轴直径的公称尺寸为“ϕ20”，两端面之间距离的公称尺寸为“35”。

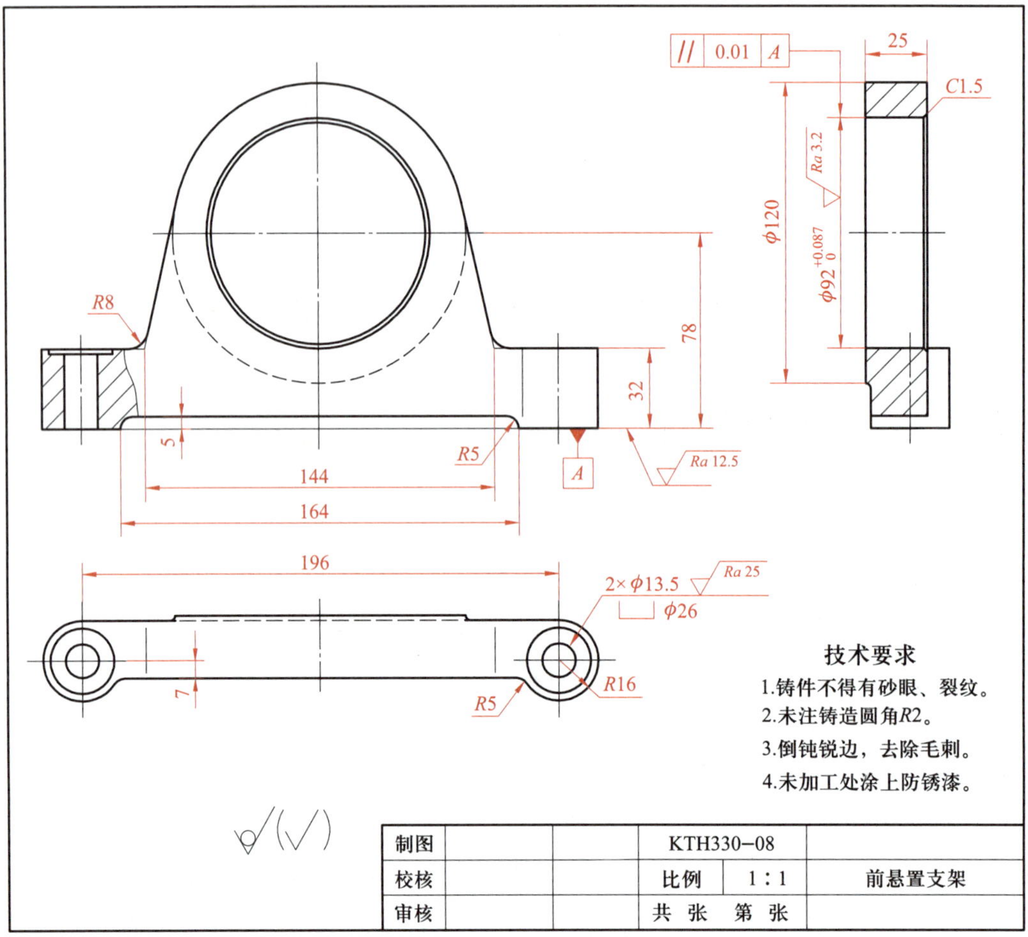

图 8-1　汽车发动机前悬置支架的零件图

2. 极限尺寸

极限尺寸是指允许实际尺寸变化的两个界限值，分为上极限尺寸和下极限尺寸。上极限尺寸是指尺寸要素允许的最大尺寸，下极限尺寸是指尺寸要素允许的最小尺寸。孔的上极限尺寸用 D_{ULS} 表示，下极限尺寸用 D_{LLS} 表示；轴的上极限尺寸用 d_{ULS} 表示，下极限尺寸用 d_{LLS} 表示，如图 8-3 所示。合格工件的实际尺寸应在上极限尺寸与下极限尺寸之间，也可等于上极限尺寸或下极限尺寸。

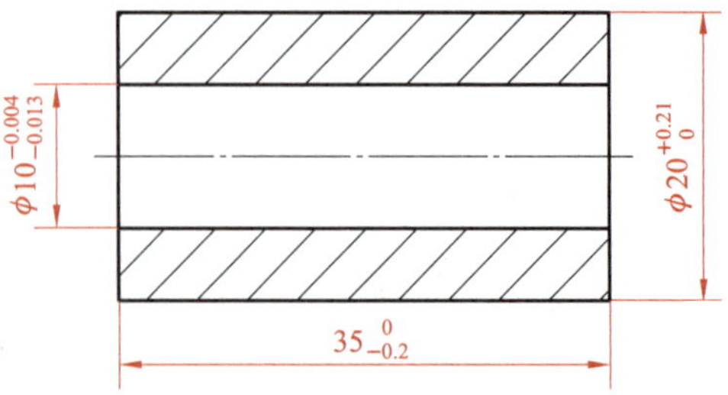

图 8-2　公称尺寸

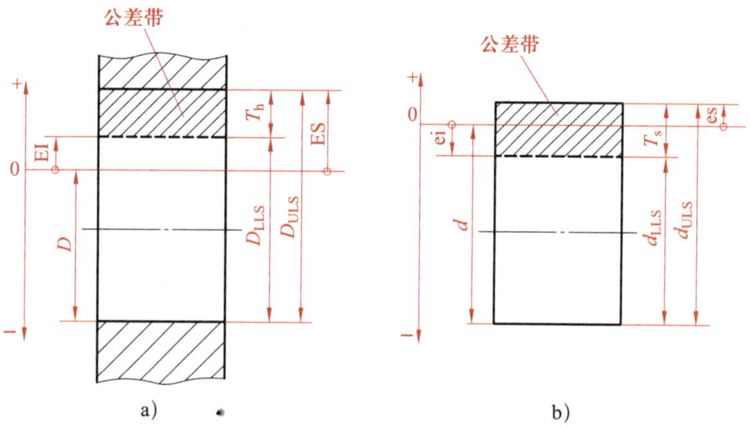

图 8-3 极限尺寸、极限偏差与公差

a）孔 b）轴

二、极限偏差与公差

1. 极限偏差

极限偏差分为上极限偏差和下极限偏差。

上极限偏差是指上极限尺寸减其公称尺寸所得的代数差。孔、轴的上极限偏差分别用字母 ES、es 表示，上极限偏差、上极限尺寸、公称尺寸三者之间的关系用公式表示为

$$ES=D_{ULS}-D$$

$$es=d_{ULS}-d$$

下极限偏差是指下极限尺寸减其公称尺寸所得的代数差。孔、轴的下极限偏差分别用字母 EI、ei 表示。下极限偏差、下极限尺寸、公称尺寸三者之间的关系用公式表示为

$$EI=D_{LLS}-D$$

$$ei=d_{LLS}-d$$

公称尺寸、极限尺寸和极限偏差之间的关系如图 8-3 所示。上极限偏差和下极限偏差都可以是负值、零或正值。

图 8-3 中与“0”对齐的那条横向细实线称为公称尺寸线，其左侧两端带箭头的竖线表示极限偏差的方位。确定公差带相对公称尺寸线位置的那个极限偏差称为基本偏差。基本偏差一般为靠近公称尺寸线的那个极限偏差，但是有些情况下为离公称尺寸线较远的那个极限偏差。

2. 极限偏差的表示方法

在图样上标注极限偏差时，必须遵循以下规定：

（1）上极限偏差标注在公称尺寸的右上方，下极限偏差标注在公称尺寸的右下方，其

数字比尺寸数字小一号，如“$\phi 20^{+0.025}_{-0.008}$”。

（2）当上极限偏差（或下极限偏差）为 0 时，要将上、下极限偏差的个位“0”对齐，如“$\phi 30^{\ 0}_{-0.013}$”。

（3）小数点后的“0”一般不注出，但当上、下极限偏差的小数点后的数字位数不同时，可以用“0”补齐，且小数点对齐，如“$\phi 45^{-0.025}_{-0.050}$”。

（4）当上、下极限偏差的数字相同，正负相反时，只需注写一次数字，且高度与公称尺寸相同，并在极限偏差与公称尺寸之间注出符号“±”，如“57±0.02”。

3. 公差

公差又称为尺寸公差，是上极限尺寸与下极限尺寸之差，等于上极限偏差与下极限偏差之差。孔、轴的尺寸公差分别用 T_h、T_s 表示（见图 8-3），即

$$T_h=|D_{ULS}-D_{LLS}|=|ES-EI|$$

$$T_s=|d_{ULS}-d_{LLS}|=|es-ei|$$

公差是一个没有符号的绝对值。因此，在公差值的前面不应出现“+”号或“-”号，也不能取零值。

4. 公差带

上极限尺寸和下极限尺寸之间（包括上极限尺寸和下极限尺寸）的尺寸变动值称为公差带，它由公差大小和相对于公称尺寸线的位置确定，如图 8-3 所示。

公差带可以在公称尺寸线上侧，也可以在公称尺寸线下侧，或者包括公称尺寸线。

【任务实施】

分析图 8-1 可知，一张完整的零件图一般包括图形、尺寸、技术要求和标题栏等内容。

一、图形

在零件图中，可以采用视图、剖视图、断面图、局部放大图等表达方法及其他规定画法，用一组图形完整、清晰地表达零件各部分的形状和结构。

图 8-1 所示的汽车发动机前悬置支架采用了主视图、俯视图和左视图三个视图表达，其中主视图和俯视图采用外形视图，左视图采用全剖视图。分析图 8-1 可知，该零件由底座、支承板和支承环等组成，在支承环上有一个支承孔，在底座上有两个上端锪平的螺栓孔，如图 8-4 所示。

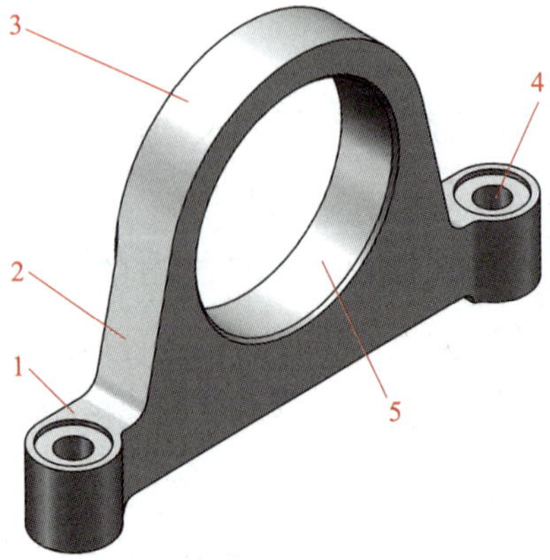

图 8-4　汽车发动机前悬置支架立体图
1—底座　2—支承板　3—支承环
4—上端锪平的螺栓孔　5—支承孔

二、尺寸

为表达零件各部分的形状大小和相对位置关系，在零件图上标注了一组尺寸，以满足零件制造和检验的需要。零件图上尺寸的类型与组合体三视图上尺寸的类型相同，即零件图上的尺寸也分为定形尺寸、定位尺寸和总体尺寸等。为了便于生产加工，优先标注零件的总长、总宽和总高。

在图 8-1 中，标注了反映汽车发动机前悬置支架各部分结构大小和位置的定形尺寸、定位尺寸以及总体尺寸等。如确定支承环形状的外圆直径 $\phi120$、支承孔的直径 $\phi92^{+0.087}_{0}$，确定支承孔位置的尺寸 78。图中的引出标注 $\frac{2\times\phi13.5}{\sqcup\phi26}$ 表示：底座上有两个尺寸相同的锪平沉孔，通孔的直径为 13.5 mm，锪平圆的直径为 26 mm。两个锪平沉孔之间的中心距为 196 mm。图中的引出标注 $C1.5$ 表示 $\phi92^{+0.087}_{0}$ 孔的前端进行 45°倒角，倒角的轴向尺寸为 1.5 mm。其他尺寸请读者自行分析。

三、技术要求

在零件图上可以用规定的代号、数字、字母或另加文字注解，简明、准确地给出零件在制造和检验时应达到的质量要求，如尺寸公差、几何公差、表面结构要求，以及热处理和其他技术要求等。

在图 8-1 中，重要的尺寸（支承孔的直径 $\phi92^{+0.087}_{0}$）标注了极限偏差。

在图 8-1 中，标注了几何公差框格 | // | 0.01 | A | 和基准符号 A，标注了表面结构符号 $\sqrt{Ra\ 3.2}$、$\sqrt{Ra\ 12.5}$、$\sqrt{Ra\ 25}$ 和 $\sqrt{}$($\sqrt{}$)。鉴于篇幅所限，在此不展开分析，读者可查阅其他相关资料或国家标准。

在图 8-1 中，有四项用文字注写的技术要求，用于说明零件在铸造、金属切削加工过程中及其后的技术要求。

四、标题栏

在零件图的右下角需要绘制标题栏，在标题栏中注写图样名称、比例和材料等内容，相关人员在制图、校核、审核栏签名。识读图 8-1 的标题栏可知，该零件图所表达的零件名称是前悬置支架，材料为 KTH330-08（可锻铸铁）。

任务二　识读汽车前悬架钢板弹簧销零件图

【学习目标】

1. 掌握识读零件图的方法与步骤。
2. 掌握轴套类零件的视图表达方法。
3. 掌握识读零件图的一般方法和步骤。

【任务描述】

识读零件图的目的是根据零件图想象零件的结构形状，了解零件的尺寸和技术要求。汽车前悬架钢板弹簧销零件图如图 8-5 所示，试通过识读该零件图掌握识读零件图的一般方法与步骤。

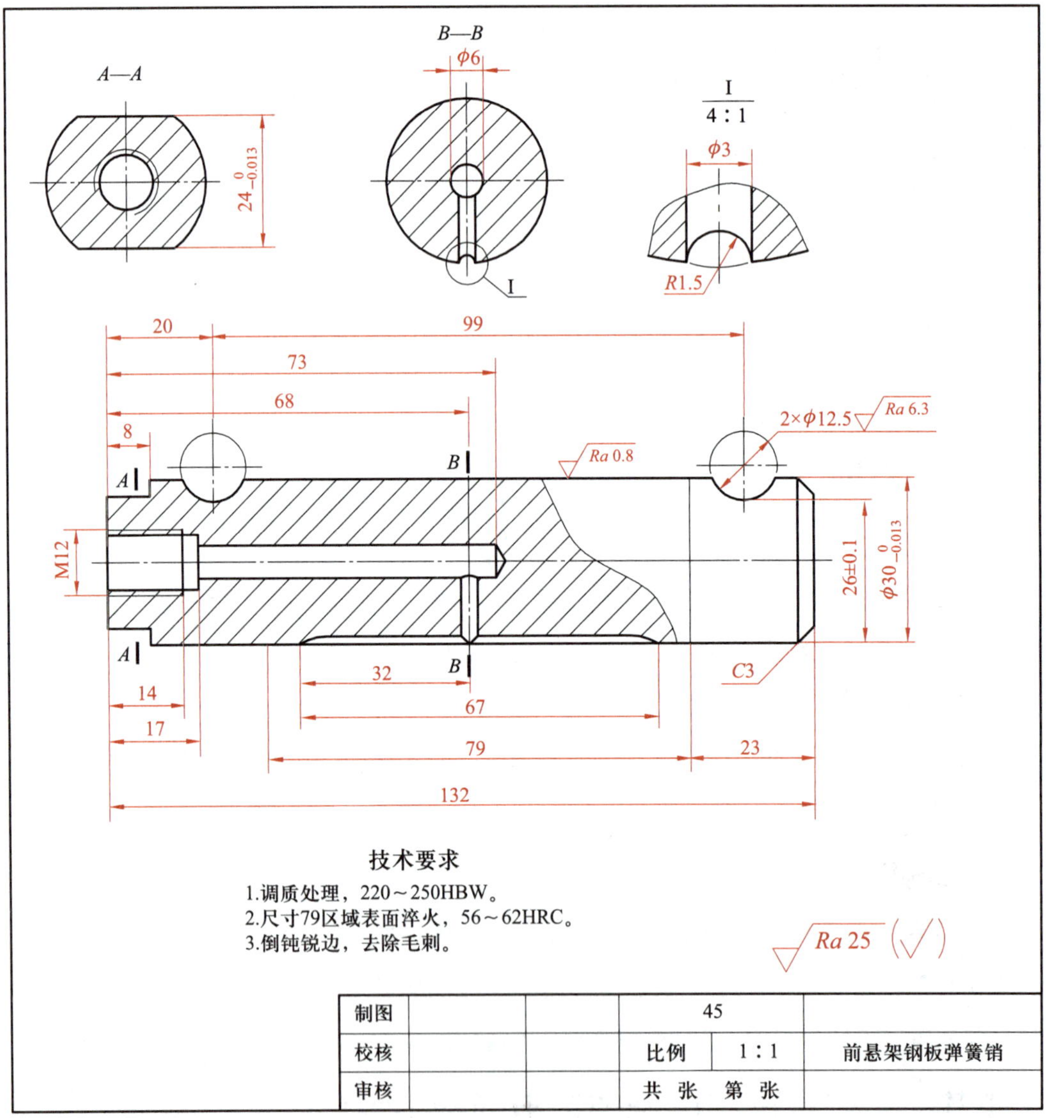

图 8-5 汽车前悬架钢板弹簧销零件图

【任务实施】

在识读零件图时，首先应该看标题栏，了解零件的基本信息；其次看图形，掌握零件结构形状，了解零件在机器或部件中的位置和作用，以及与其他零件的装配关系；然后识读尺寸，了解零件各部分的大小，并结合尺寸进一步识读图形；最后分析技术要求，了解零件的加工方法和步骤等。当然，上述步骤并不是一成不变的，应该根据实际情况灵活读图。

一、看标题栏

由图 8-5 的标题栏可知，该零件的名称是前悬架钢板弹簧销，材料为 45 钢，绘图比例为 1∶1。

二、分析图形

机械零件按结构可分为轴套类、轮盘类、叉架类和箱体类四类，图 8-5 所示前悬架钢板弹簧销属于轴套类零件，这类零件的加工以车削为主，绘制主视图时一般将轴线水平放置。多采用一个基本视图，并根据结构采用断面图、局部视图表达槽、孔等结构，如有细小结构需要表达或标注尺寸时，可以采用局部放大图。图 8-5 所示汽车前悬架钢板弹簧销零件图上有四个图形，分别是一个基本视图（主视图）、两个移出断面图和一个局部放大图。其中主视图采用局部剖视，用于表达轴颈的外形、内部孔和下侧槽的结构和形状。移出断面图 *A—A* 用于表达左侧台阶的断面形状，移出断面图 *B—B* 用于表达 ϕ3 孔和下侧槽的形状。绘制局部放大图主要是为了方便标注尺寸。通过分析图形，想象出前悬架钢板弹簧销的结构和形状，如图 8-6 所示。

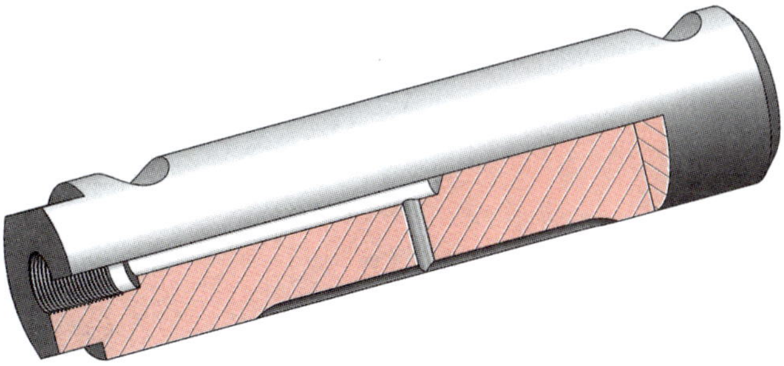

图 8-6　前悬架钢板弹簧销立体图

三、分析尺寸

前悬架钢板弹簧销的主体结构为圆柱体，其直径尺寸为 $\phi30_{-0.013}^{\ 0}$，右侧的倒角尺寸为 $C3$，其左侧上、下各有一个轴肩，确定轴肩形状的定形尺寸为 $24_{-0.013}^{\ 0}$ 和 8。在左端面上有一个螺孔，其螺纹代号为 M12。轴向不通孔的直径为 6 mm，中间下侧小孔的直径为 3 mm。下侧油槽的圆弧半径为 1.5 mm，油槽的长度为 67 mm，油槽的定位尺寸为 32。在销的上侧有两个直径为 12.5 mm 的圆弧槽，其定位尺寸为 26 ± 0.1、20 和 99。其他尺寸请读者自行分析。

四、识读技术要求

在图 8-5 中，标注了公差的尺寸有 $24_{-0.013}^{\ 0}$、$\phi30_{-0.013}^{\ 0}$ 和 26 ± 0.1。其他技术要求请读者自行分析。

任务三　识读卧式柴油机飞轮零件图

【学习目标】

1. 掌握公差带代号的知识，能读懂图样上标注的公差带代号。
2. 初步具有识读零件图的能力。

【任务描述】

图 8-7 所示为卧式柴油机飞轮零件图，试识读该零件图。

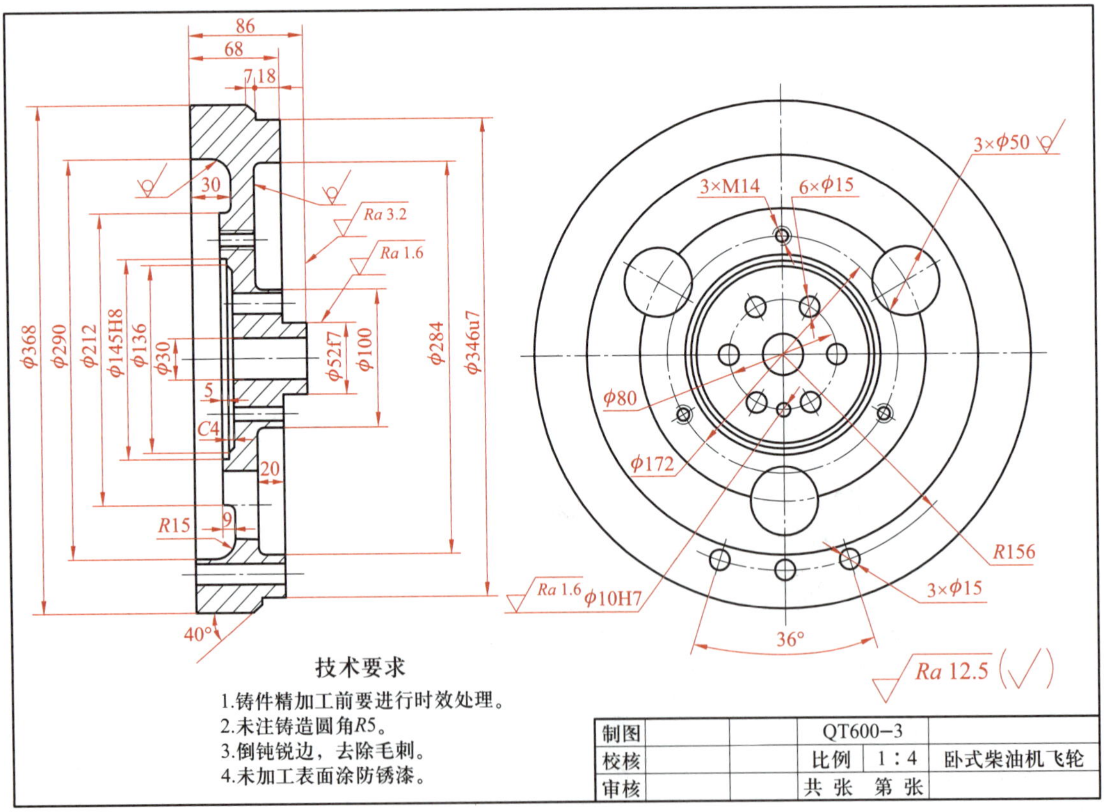

图 8-7　卧式柴油机飞轮零件图

【相关知识】

一、标准公差

标准公差分为 20 个等级，分别为 IT01、IT0、IT1、IT2、…、IT18。其中，IT01 精度最高，其余依次降低，IT18 精度最低。同一公称尺寸的标准公差值依次增大，即 IT01 公差值最小，IT18 公差值最大。常用标准公差的数值可查阅国家标准《产品几何技术规范（GPS） 线性尺寸公差 ISO 代号体系 第 1 部分：公差、偏差和配合的基础》（GB/T 1800.1—2020）。

二、基本偏差

基本偏差是指确定公差带相对公称尺寸位置的那个极限偏差，它可能是上极限偏差，也可能是下极限偏差，通常多是靠近零线的那个极限偏差。国家标准规定，孔、轴的基本偏差各有 28 种，如图 8-8 所示。

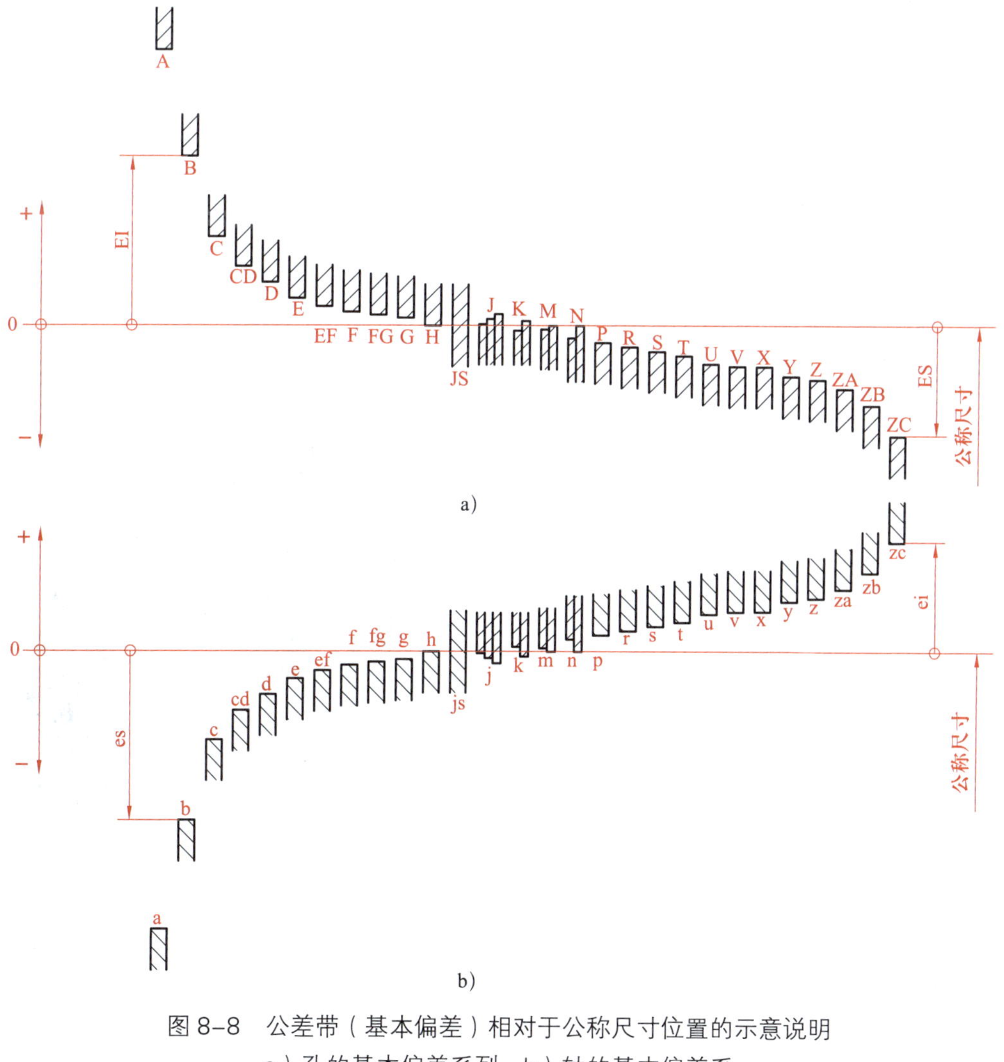

图 8-8 公差带（基本偏差）相对于公称尺寸位置的示意说明

a）孔的基本偏差系列 b）轴的基本偏差系

基本偏差用字母表示，孔的基本偏差用大写字母表示，轴的基本偏差用小写字母表示。基本偏差的数值可查阅国家标准《产品几何技术规范（GPS） 线性尺寸公差 ISO 代号体系 第 1 部分：公差、偏差和配合的基础》（GB/T 1800.1—2020）。

三、公差带代号

孔和轴的公差带代号分别由代表孔的基本偏差的大写字母或轴的基本偏差的小写字母与代表标准公差等级的数字组合而成。例如，F6、H7、P8 等为孔的公差带代号，fg6、h7、p7 等为轴的公差带代号。

在图样上标注尺寸公差时，可用公称尺寸与公差带代号表示，也可用公称尺寸与极限偏差表示，还可用公称尺寸与公差带代号、极限偏差共同表示。例如，轴 $\phi16d9$ 也可用 $\phi16^{-0.050}_{-0.093}$ 或 $\phi16d9\left(^{-0.050}_{-0.093}\right)$ 表示；孔 $\phi40G7$ 也可用 $\phi40^{+0.034}_{+0.009}$ 或 $\phi40G7\left(^{+0.034}_{+0.009}\right)$ 表示。

【任务实施】

一、看标题栏

通过看标题栏可知，该零件的名称是卧式柴油机飞轮，材料为 QT600-3，绘图比例为 1∶4。查阅其他技术资料可知飞轮的作用是储存做功行程的能量以克服发动机进气、压缩和排气行程的阻力和其他阻力，使曲轴能均匀地旋转。

二、分析图形

该零件图采用主视图和左视图表达，主视图采用单一剖切平面的全剖视，这样能清晰地表达飞轮各种孔、槽的结构，左视图则表达孔的位置分布情况。因为 6 × $\phi15$ 孔均匀分布，所以可以按被剖切到绘制。通过分析图形，想象出卧式柴油机飞轮的结构和形状，如图 8-9 所示。

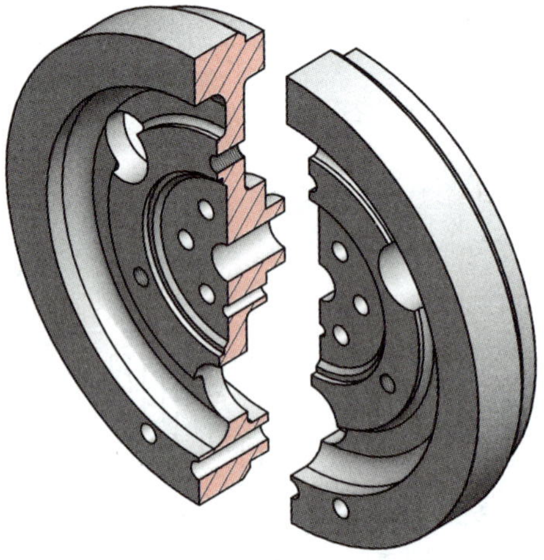

图 8-9　卧式柴油机飞轮立体图

三、分析尺寸

绝大部分外圆和孔的尺寸标注在主视图上，这样直径尺寸可以同时反映该处的结构为圆柱或圆孔。识读该零件图的尺寸可知，飞轮的最大外圆直径为 368 mm，总长度为 86 mm。在飞轮上有三个 M14 的螺孔，均匀分布在直径为 172 mm 的圆上。在靠近中央的位置有六个 $\phi15$ 的通孔，均匀分布在直径为 80 mm 的圆上，在该圆上还有一个 ϕ10H7 的圆孔。在下侧有三个 ϕ15 的通孔，其定位尺寸为 R156 和 36°。其他尺寸请读者自行分析。

四、识读技术要求

在该零件图上有四个尺寸标注了尺寸公差，分别是 ϕ145H8、ϕ52f7、ϕ346u7 和 ϕ10H7。此外还标注了表面结构要求和四项用文字描述的技术要求。

任务四　识读刹车支架零件图

【学习目标】

初步具有识读零件图的能力。

【任务描述】

图 8-10 所示为刹车支架零件图，试识读该零件图。

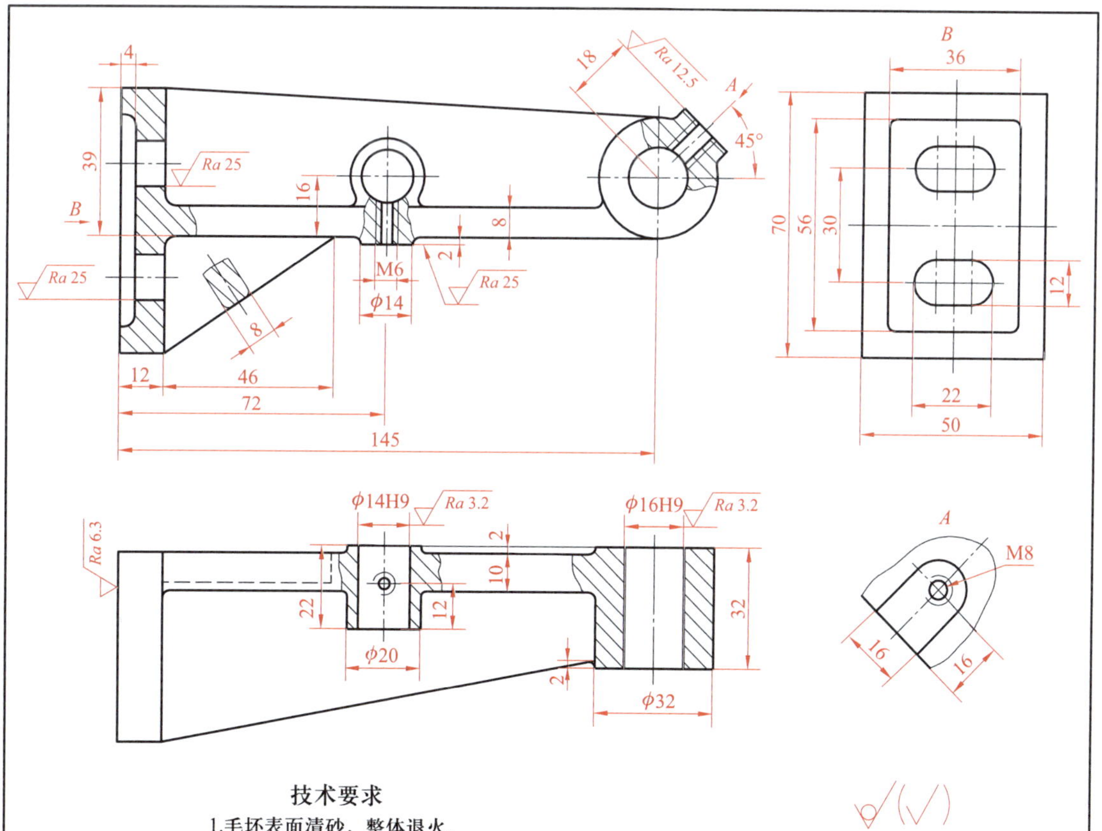

技术要求

1. 毛坯表面清砂，整体退火。
2. 未注铸造圆角 $R2 \sim R5$。
3. 倒钝锐边，去除毛刺。
4. 未加工表面涂防锈漆。

制图			HT200		
校核			比例	1∶1	刹车支架
审核			共 张	第 张	

图 8-10　刹车支架零件图

【任务实施】

一、看标题栏

通过看标题栏可知，该零件的名称是刹车支架，材料为 HT200，绘图比例为 1∶1。

二、分析图形

该零件采用主视图、俯视图、*B* 向局部视图、*A* 向斜视图和主视图上的一个重合断面图共五个图形表达。通过分析主视图、俯视图可知，该刹车支架由左侧的安装板、中间的小支承圆筒、右侧的大支承圆筒、水平支承板、竖支承板和肋板组成，如图 8-11 所示。在安装板的左侧有一个矩形的凹坑，在安装板的上、下各有一个键槽形孔（见图 8-10 主视图和 *B* 向局部视图）。在中间小支承圆筒的下侧有一个直径为 14 mm 的凸台，其上有一个螺孔与小支承圆筒的孔相通（见图 8-10 主视图和俯视图）。在右侧大支承圆筒的斜上方有一个 U 形平台（形状见 *A* 向斜视图），其上有一个螺孔与大支承圆筒的孔相通。水平支承板下侧的肋板后面与水平支承板及竖支承板平齐（见图 8-10 俯视图中的细虚线），其断面形状用重合断面图表达。

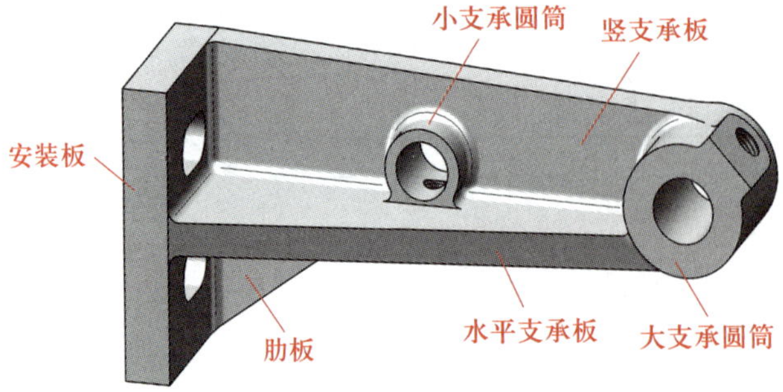

图 8-11　刹车支架立体图

三、分析尺寸

该零件长度方向的尺寸基准是左侧面，以此为基准标注了小支承圆筒的定位尺寸 72、大支承圆筒的定位尺寸 145；高度方向的尺寸基准是水平支承板的下面，以此为基准标注了确定安装板高度方向位置的尺寸 39；宽度方向的尺寸基准是安装板、水平支承板、竖支承板和肋板的公共后面，以此为基准标注了确定小支承圆筒和大支承圆筒位置的尺寸 2。其他尺寸请读者自行分析。

四、识读技术要求

该零件图上的小支承圆筒和大支承圆筒的孔径都给出了尺寸公差要求，分别是 ϕ14H9 和 ϕ16H9。此外还标注了表面结构要求和四项用文字描述的技术要求。

课题二 识读汽车装配图

任务一 认识装配图

【学习目标】

1. 了解装配图的概念，掌握装配图的主要内容，能识读简单的装配图。
2. 掌握装配图的规定画法。

【任务描述】

装配图是表达机器或部件的图样，主要用来表示机器（或部件）的整体结构形状、机器（或部件）的工作原理、各零件间的相对位置和装配连接关系。在设计新产品时，一般应先画出装配图，然后根据装配图绘制零件图；零件制成后，再根据装配图将零件装配成机器或部件；在安装、使用和维修设备时，也常需要通过装配图来了解机器的结构。

滑动轴承用来支承做旋转运动的轴，一般情况下成对使用，将两个滑动轴承分别装在一根轴的两端。图 8-12 所示为滑动轴承的装配图和立体图。试参照立体图识读其装配图，了解装配图上的主要内容。

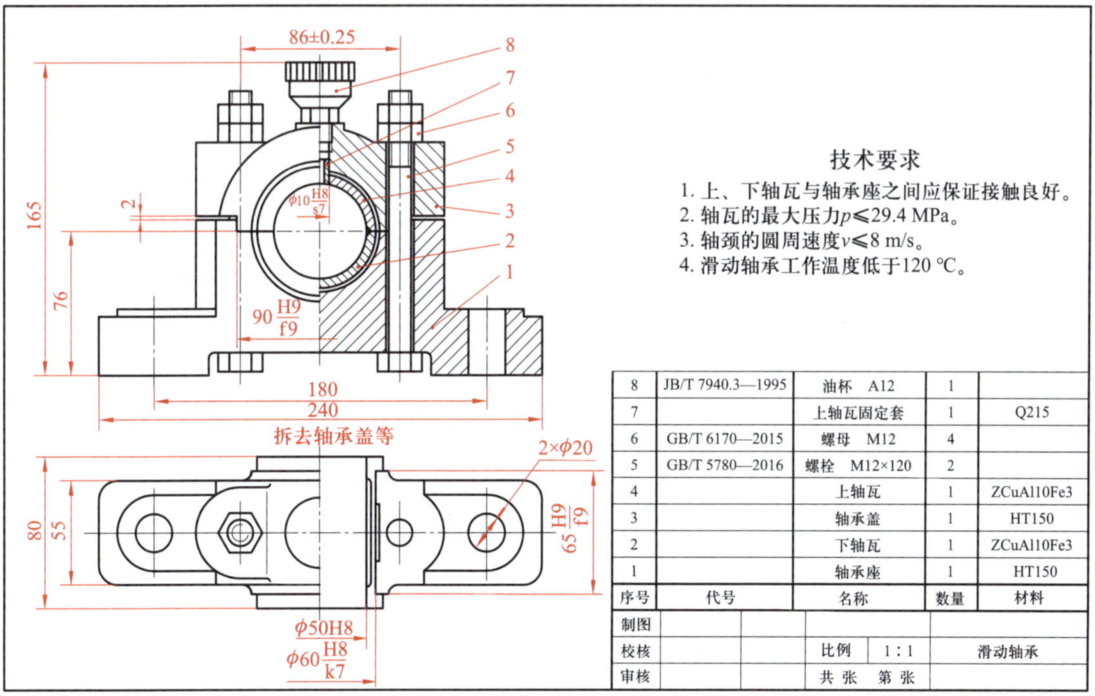

8	JB/T 7940.3—1995	油杯 A12	1	
7		上轴瓦固定套	1	Q215
6	GB/T 6170—2015	螺母 M12	4	
5	GB/T 5780—2016	螺栓 M12×120	2	
4		上轴瓦	1	ZCuAl10Fe3
3		轴承盖	1	HT150
2		下轴瓦	1	ZCuAl10Fe3
1		轴承座	1	HT150
序号	代号	名称	数量	材料

制图				
校核		比例	1∶1	滑动轴承
审核		共 张	第 张	

a）

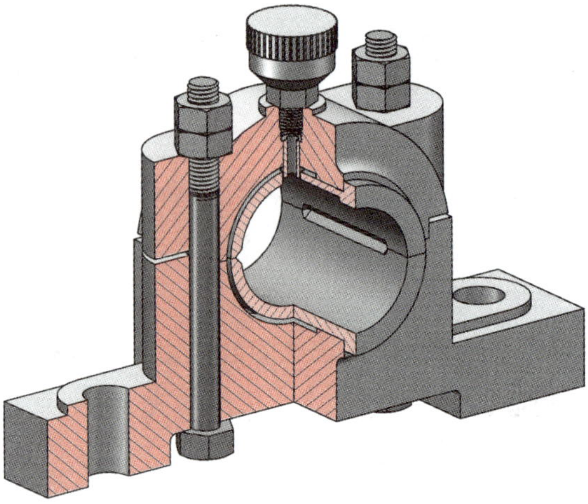

b）

图 8-12 滑动轴承

a）装配图 b）立体图

【任务实施】

分析图 8-12a 可知，一张完整的装配图一般由一组图形、必要的尺寸、装配及使用中的技术要求、标题栏和明细栏组成。

一、图形

装配图上图形的表达目的不同于零件图，对装配图来说，应从整体出发，将机器或部件的整体结构、工作原理、装配关系放在首位，兼顾主要零件的基本结构和形状。至于每个零件的具体结构和形状则由零件图详细表达。

图 8-12a 所示的滑动轴承装配图采用主视图、俯视图两个视图，其中主视图采用半剖视图；俯视图左侧绘制滑动轴承的外形视图，右侧绘制拆去螺栓、螺母、轴承盖、油杯、上轴瓦固定套等零件后的外形视图，并在俯视图上方注写了文字“拆去轴承盖等”，这种假想拆去某些零件再绘图的方法称为拆卸画法。

由滑动轴承装配图不难看出，轴承座位于滑动轴承的下部，它和轴承盖由两个螺栓紧固，起支承和压紧上、下轴瓦的作用。轴承盖上端装有油杯，用于给轴瓦加注润滑油。

二、尺寸

装配图上的尺寸主要用来表达机器或部件的规格、性能，各零件之间的配合关系，装配体的总体大小以及安装要求等，一般需要注出以下几种尺寸。

1. 规格、性能尺寸

图 8-12a 中的尺寸 ϕ50H8 确定了所支承轴颈的大小，从而也确定了滑动轴承的大小，这种表示机器或部件规格大小或工作性能的尺寸称为规格、性能尺寸。这类尺寸是设计、了解、选用机器（或部件）的依据。

2. 配合尺寸

公称尺寸相同的相互结合的孔和轴之间的关系称为配合，配合代号用分式表示，分子为孔的公差代号，分母为轴的公差代号。图 8-12a 中的尺寸 $\phi 10\frac{H8}{s7}$ 表示 ϕ10H8 的孔（上轴瓦）与 ϕ10s7 的轴（上轴瓦固定套）之间的配合。

在装配图上，表示零件间配合性质和公差等级的尺寸称为配合尺寸。图 8-12a 中的尺寸 $90\frac{H9}{f9}$、$65\frac{H9}{f9}$、$\phi 60\frac{H8}{k7}$ 等都是配合尺寸。

3. 安装尺寸

表示将部件安装在机器上或机器安装在基础上所需的尺寸称为安装尺寸。图 8-12a 中的尺寸 180、2×ϕ20 为安装尺寸。

4. 外形尺寸

表示机器或部件的总长、总宽、总高等的尺寸称为外形尺寸。图 8-12a 中的尺寸 240、80 和 165 为外形尺寸。

5. 其他重要尺寸

这类尺寸是指在设计过程中经过计算或根据需要而确定的，但又不属于以上四种尺寸的尺寸。图 8-12a 中的尺寸 76、55、2、86±0.25 等为其他重要尺寸。

在装配图上标注尺寸时，各类尺寸并非全部注出，有时同一尺寸可能具有几种不同的含义。因此，在装配图上标注尺寸需根据具体情况来确定。

三、技术要求

在装配图上需要用文字说明或标注符号指明机器或部件在装配、调试、检验、安装和使用中应遵守的技术条件和要求。在该装配图上用文字标注了四项技术要求。

四、零件序号、明细栏和标题栏

为了便于读图、管理图样和组织生产，装配图必须对每种零件编写零件序号，同时在标题栏上方编制相应的明细栏，并按零件序号将零件一一列出，注明零件的名称、数量、材料等。在标题栏中注明装配体的名称、图号、绘图比例等。

【知识拓展】

装配图的规定画法

用于零件图的各种表达方法同样适用于装配图，但由于装配图侧重于表达机器或部件的工作原理、装配关系等整体情况，国家标准对装配图又单独制定了一些画法规定。

一、相邻零件轮廓线的画法

两相邻零件的接触表面（见图 8-13 中的①）和配合表面（见图 8-13 中的②）只画一条共有的轮廓线；不接触的两零件表面，即使间隙很小，也必须分别画出各自的轮廓线（见图 8-13 中的③和④）。

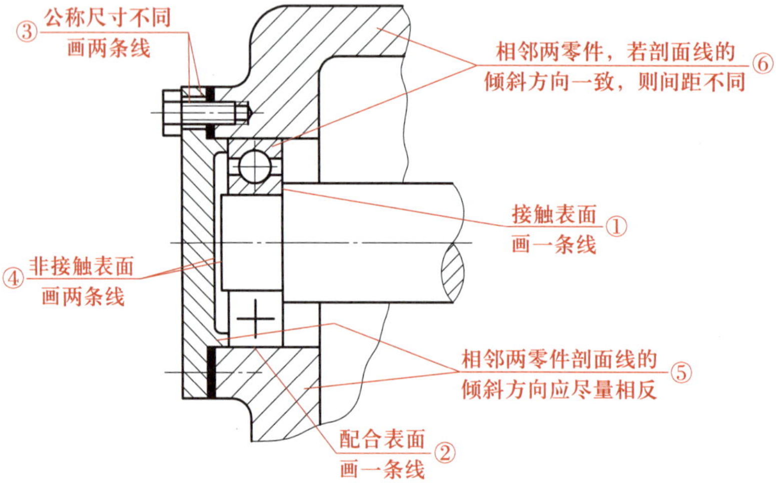

图 8-13　装配图的规定画法

二、相邻零件剖面线的画法

为区分不同的零件，在剖视图、断面图中，相邻两零件剖面线的倾斜方向应尽量相反（见图 8-13 中的⑤）；若方向一致，则间距不同（见图 8-13 中的⑥）。同一零件在不同视图中的剖面线的方向和间距应保持一致。

三、紧固件和实心零件的画法

对于紧固件（螺栓、螺母、垫圈、螺钉等）和轴、连杆、球、键、销等实心零件，若纵向剖切，且剖切平面通过其对称平面或轴线时，则这些零件均按未被剖切绘制，如图 8-12a 中的六角头螺栓和轴即按未剖绘制。但当剖切平面垂直于这些零件的轴线剖切时，则应按被剖切到绘制。

任务二 识读齿轮泵装配图

【学习目标】

掌握识读装配图的步骤，能识读一般装配图。

【任务描述】

齿轮泵是汽车润滑系统中提供压力油的动力元件，图 8-14 所示为齿轮泵装配图，试识读该装配图。

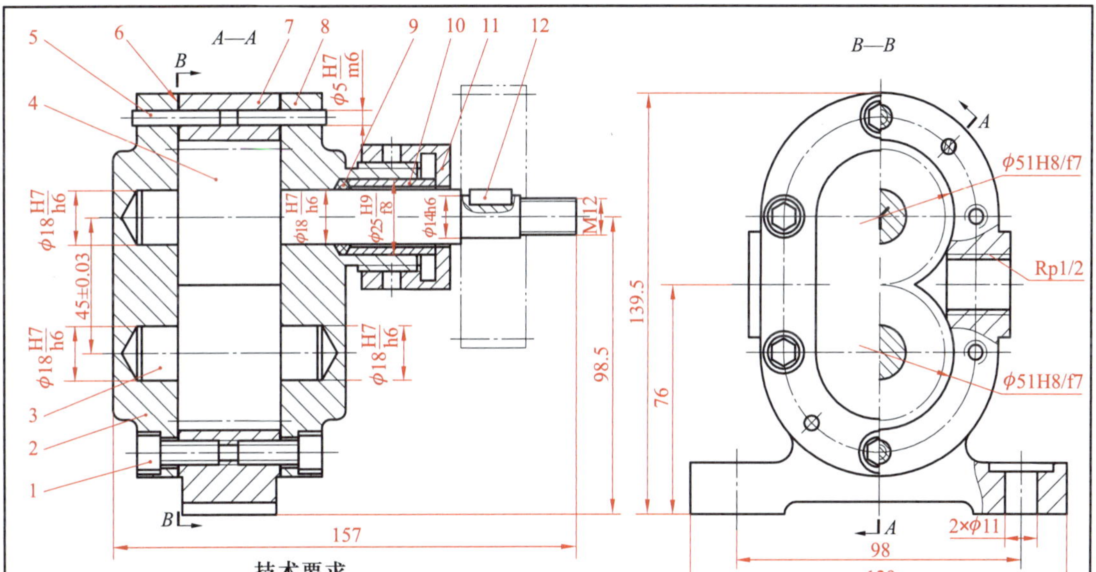

技术要求

1.齿轮侧面与泵盖的间隙为0.05～0.10，间隙用垫片调节。
2.齿轮泵装配后，用手转动主动齿轮轴，不得有卡阻现象。
3.不得有渗漏现象。

序号	代号	名称	数量	材料
12	GB/T 1096—2003	键 5×5×14	1	
11		压盖螺母	1	Q235
10		轴套	1	Q235
9		密封圈	1	毛毡
8		右泵盖	1	HT200
7		泵体	1	HT200
6		垫片	2	毛毡
5	GB/T 119.2—2000	圆柱销 5×30	4	
4		主动齿轮轴	1	45
3		从动齿轮轴	1	45
2		左泵盖	1	HT200
1	GB/T 70.1—2008	螺钉 M8×20	12	

制图				
校核			比例 1∶1	齿轮泵
审核			共 张 第 张	

图 8-14 齿轮泵装配图

【任务实施】

装配图上的信息比较多，在读图时首先要看标题栏和明细栏，了解大致结构和用途，其次分析视图，读懂主要零件的结构和形状，分析装配关系和工作原理，最后了解技术要求等内容。

一、概括了解

从图 8-14 的标题栏中可以看出，该装配体为齿轮泵，是一种在汽车上为润滑系统提供压力油的动力元件。从明细栏中可以看出，它由泵体、左泵盖、右泵盖、主动齿轮轴、从动齿轮轴等 12 种零件装配而成，其中内六角圆柱头螺钉、圆柱销和普通型平键是标准件。

二、读懂视图，分析装配关系和工作原理

从图 8-14 所示齿轮泵装配图中可知，齿轮泵装配图采用两个视图表达其结构和工作原理。全剖的主视图表达零件间的装配关系。左视图采用半剖视图和两处局部剖切，半剖视图沿着左泵盖与泵体的结合面剖切。两处局部剖切中，一个用于表达进、出油口的结构，另一个用于表达安装孔的形状。左泵盖 2、右泵盖 8 和泵体 7 各用两个定位销定位，各用六个内六角圆柱头螺钉连接。相互啮合的主动齿轮轴 4 和从动齿轮轴 3 安装在由泵体、左泵盖和右泵盖形成的空腔内，轴两端的轴颈支承在左泵盖和右泵盖的轴孔中，主动轴右侧从右泵盖中伸出，通过齿轮传动获得动力。由密封圈 9、轴套 10 和压盖螺母 11 组成的密封装置对主动轴与右泵盖之间的缝隙进行密封。左泵盖、右泵盖和泵体之间通过垫片 6 密封。

对齿轮泵装配图中的视图进行分析，在头脑中形成齿轮泵的立体结构，如图 8-15 所示。

齿轮泵的工作原理在左视图上反映得比较清楚。根据左视图，绘制齿轮泵的工作原理图，如图 8-16 所示。当齿轮按图示箭头方向旋转时，右侧吸油腔相互啮合的轮齿逐渐脱开，密封工作容积逐渐增大，形成局部真空，因此油箱中的油液在外界大气压力的作用下，经吸油口进入吸油腔，将齿间的槽充满，并随着齿轮旋转，把油液带到左侧压油腔。随着齿轮的相互啮合，压油腔密封工作腔容积不断减小，油液便被挤出，从压油口输送到压力管路中去。齿轮啮合时，轮齿的接触线把吸油腔和压油腔分开。

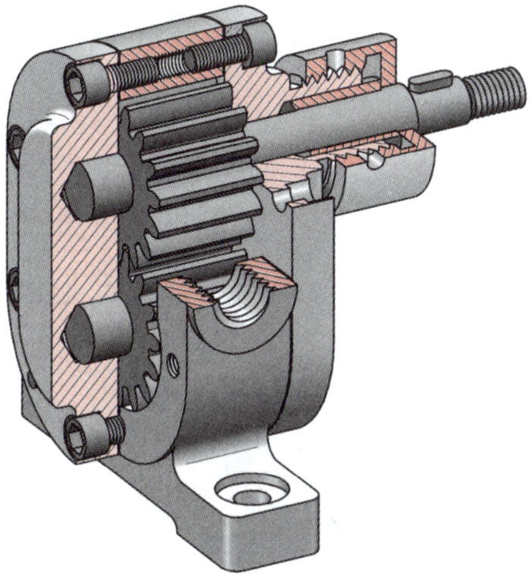

图 8-15 齿轮泵的立体图

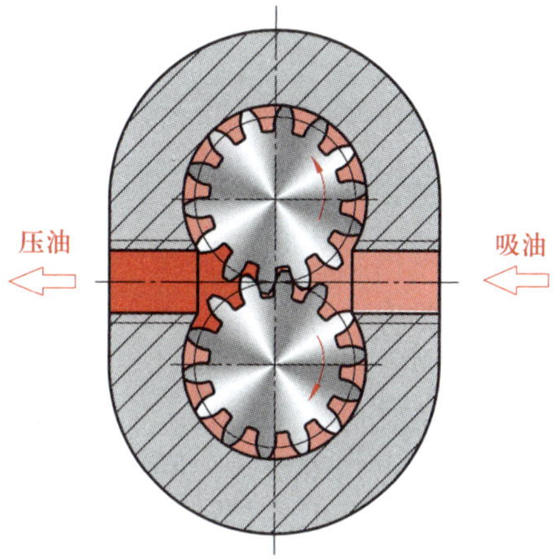

图 8-16 齿轮泵的工作原理图

三、分析尺寸及技术要求

从动齿轮轴 3 和主动齿轮轴 4 与左、右泵盖之间有配合关系，标注了配合尺寸 $\phi18\frac{H7}{h6}$；轴套 10 和右泵盖 8 之间有配合关系，标注了配合尺寸 $\phi25\frac{H9}{f8}$；圆柱销 5 与泵体及左、右泵盖之间有配合关系，标注了配合尺寸 $\phi5\frac{H7}{m6}$；从动齿轮轴 3 和主动齿轮轴 4 上的齿轮与泵体之间有配合关系，标注了配合尺寸 $\phi51\frac{H8}{f7}$。在齿轮泵装配图上标注了总长 157、总宽 129 和总高 139.5。该装配体的安装尺寸有 98 和 2×ϕ11。45±0.03、ϕ14h6、98.5、76 属于其他重要尺寸。此外，该装配图中还标注了普通螺纹的螺纹代号 M12、管螺纹的螺纹代号 Rp1/2。

在该装配图上还用文字标注了装配技术要求，详见图 8-14。

四、综合归纳

在概括了解、分析视图的基础上，对尺寸、技术要求进行分析，然后综合分析装配图的各项内容，以对装配体的结构形状、工作原理和装配关系等有一个较完整、明确的认识。实际上，上述各项步骤是不能截然分开的，通常需要对视图、尺寸、技术要求、标题栏和明细栏等进行反复对照、分析，以读懂装配图。

任务三 识读气门组件结构图

【学习目标】

识读气门组件结构图，读懂其工作原理。

【任务描述】

在汽车专业教材中，有大量表示汽车机械原理的结构图，它们都是按照机械制图的绘图原理和装配图的绘图规则绘制的。在结构图中，为了简化作图，一般省略倒角、圆角等工艺结构。图 8-17a 所示为汽车发动机气门组件的结构图，下面结合轴测图（见图 8-17b）识读该结构图。

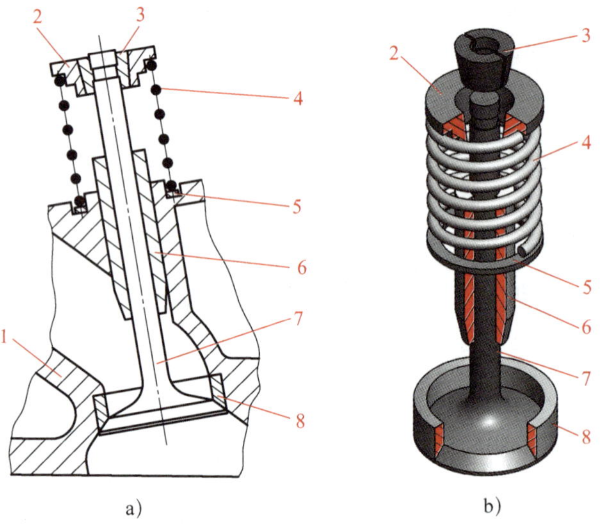

图 8-17　气门组件

a）结构图　b）轴测图

1—气缸盖　2—弹簧座　3—锁夹　4—弹簧　5—弹簧垫

6—导管　7—气门　8—气门座

【任务实施】

一、分析气门组件的组成及装配关系

气门组件包括气门、气门座、导管、弹簧、锁夹等零件，如图 8-17所示。气门、气门座、导管、锁夹等都是回转体零件，锁夹由左、右两块组成。装配气门组件时，先将气门座 8 和导管 6 装到气缸盖 1 上；然后将气门 7 的头部（大端）压在气门座上，杆部从气门导管 6 中伸出；再将弹簧 4 和弹簧座 2 套在气门上并压下一定距离，以便安装锁夹 3；将两块锁夹装在气门杆部的槽上，松开弹簧座，从而使弹簧座用锁夹固定在气门杆部的尾端。弹簧的一端支承在弹簧垫上，另一端压靠在弹簧座上。

二、分析气门组件的工作原理

气门的功能是按照工作循环要求控制进、排气通道的启闭。气门头部的锥面与气门座的锥面形成密封，用来封闭气缸的进、排气通道，杆部在气门导管中往复运动，实现通道的启闭。气门的往复运动通过凸轮机构（图中未画出）实现。在通道关闭时，气门弹簧可保证气门与气门座之间的密封；在通道开启时，气门弹簧可保证气门不因运动时产生的惯性力而脱离凸轮。

任务四　识读活塞连杆组件结构图

【学习目标】

识读活塞连杆组件结构图，读懂其工作原理。

【任务描述】

活塞连杆组件是汽车发动机的一个重要传动部件，其作用是将活塞的往复直线运动转换为曲轴的旋转运动。图 8-18a 所示为活塞连杆组件的结构图，下面结合图 8-18b 所示的轴测分解图识读该结构图。

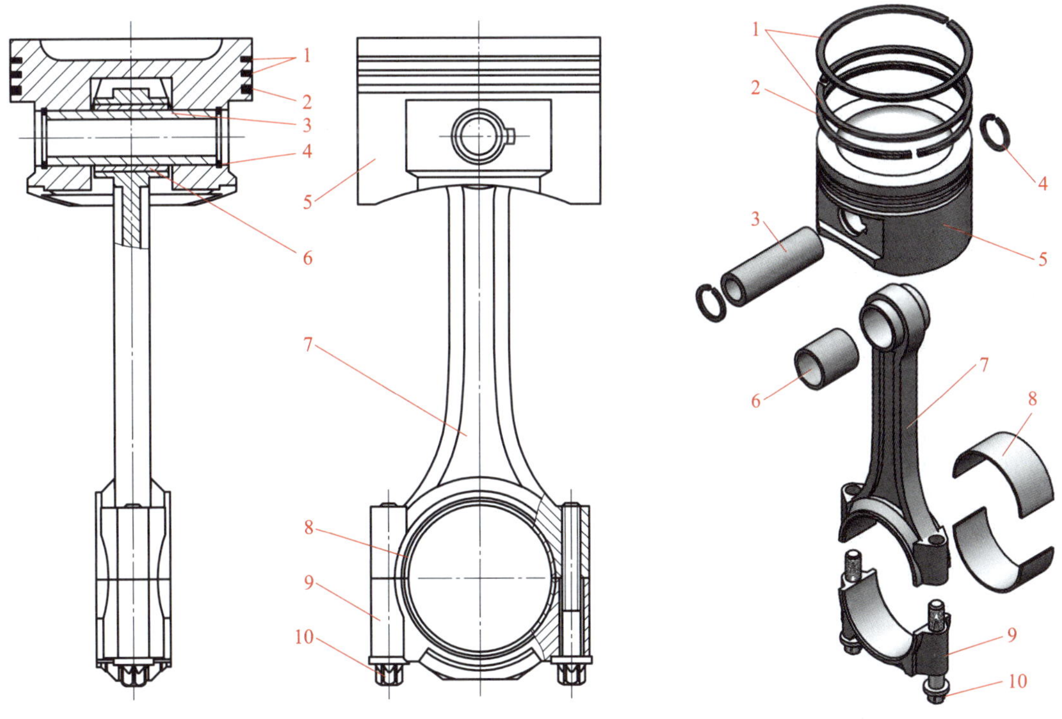

a)　　b)

图 8-18　活塞连杆组件

a）结构图　b）轴测分解图

1—气环　2—油环　3—活塞销　4—锁环　5—活塞

6—连杆衬套　7—连杆　8—轴瓦　9—连杆盖　10—螺栓

【任务实施】

一、分析活塞连杆组件的组成及装配关系

活塞连杆组件包括活塞、连杆、连杆盖、气环、油环、连杆衬套、轴瓦等零件，如图 8-18 所示。活塞外侧上端有三个沟槽，上侧和中间的沟槽用于安装气环，下侧的沟槽用于安装油环。气环和油环上各有一个缺口，安装时各缺口之间的夹角为 120°（见图 8-18b）。活塞销 3 安装在活塞上，其两端用锁环 4 进行轴向固定。轴瓦 8 分为上下两块，安装在由连杆和连杆盖形成的轴孔中，连杆盖 9 和连杆 7 用螺栓 10 连接。连杆、连杆盖、连杆衬套、轴瓦和螺栓组成连杆组构件。连杆组构件上的连杆衬套的轴孔与活塞销形成回转副，上、下轴瓦形成的轴孔与曲轴的轴颈形成回转副。

二、分析活塞连杆组件的工作原理

活塞连杆组件和曲轴组成曲柄滑块机构，如图 8-19 所示。发动机在工作时，活塞做往复直线运动，通过连杆组构件将运动和动力传递给曲轴，并使曲轴做旋转运动。

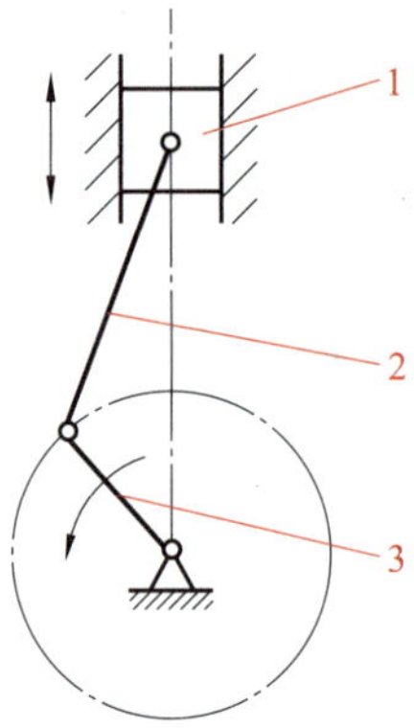

图 8-19　曲柄滑块机构

1—活塞　2—连杆组构件　3—曲轴